国家出版基金项目
NATIONAL PUBLICATION FOUNDATION

〔漢〕司馬遷　撰
〔宋〕裴駰　集解
〔唐〕司馬貞　索隱
〔唐〕張守節　正義

點校本
二十四史
修訂本

史記

第一册
卷一至卷七

中華書局

圖書在版編目(CIP)數據

史記/(漢)司馬遷撰;(宋)裴駰集解;(唐)司馬貞索隱;(唐)張守節正義.—北京:中華書局,2013.9(2024.6 重印)
(點校本二十四史修訂本)
ISBN 978-7-101-09501-2

Ⅰ.史… Ⅱ.①司…②裴…③司…④張… Ⅲ.中國歷史-古代史-紀傳體 Ⅳ.K204.2

中國版本圖書館 CIP 數據核字(2013)第 153758 號

責任編輯:王 勖 魯 明
責任校對:李曉霞
責任印製:管 斌

點校本二十四史修訂本

史 記

(全十册)

〔漢〕司馬遷 撰
〔宋〕裴 駰 集解
〔唐〕司馬貞 索隱
〔唐〕張守節 正義

*

中 華 書 局 出 版 發 行
(北京市豐臺區太平橋西里 38 號 100073)
http://www.zhbc.com.cn
E-mail:zhbc@zhbc.com.cn
北京盛通印刷股份有限公司印刷

*

880×1230 毫米 1/32 · 132⅝印張 · 2700 千字
2013 年 9 月第 1 版 2024 年 6 月第 11 次印刷
印數:64001-68000 册 定價:590.00 元

ISBN 978-7-101-09501-2

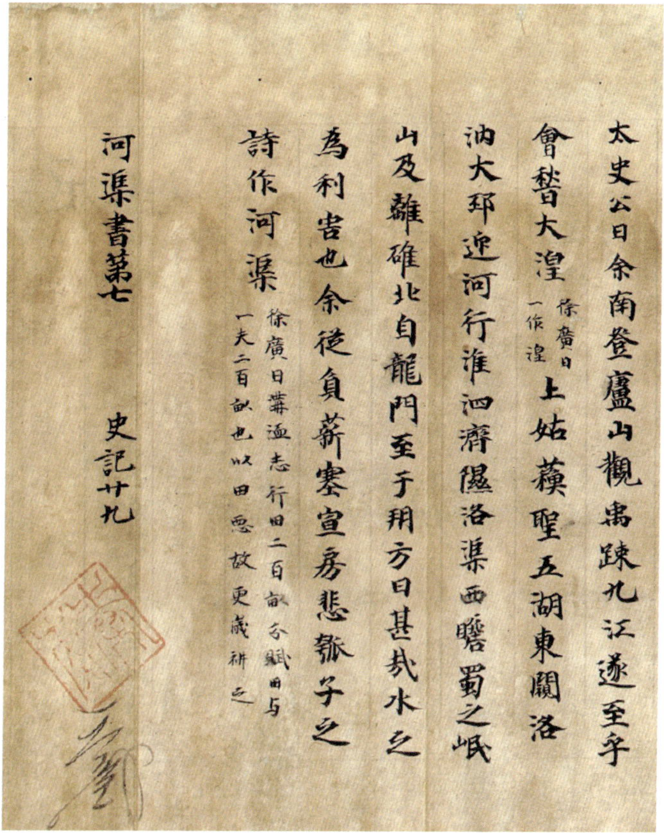

太史公曰余南登盧山觀禹疏九江遂至乎會稽太湟（徐廣曰一作湟）上姑蘇望五湖東闚洛汭大邳迎河行淮泗濟漯洛渠西瞻蜀之岷山及離碓北自龍門至于朔方曰甚哉水之為利害也余從負薪塞宣房悲瓠子之詩作河渠（徐廣曰菑漑志行田二百畝分賦田与一夫二百畝也以田惡故更歲耕之）

河渠書第七　史記廿九

一　唐鈔本史記河渠書殘卷（日本東京國立博物館藏）

史記集解序

裴駰

班固有言曰司馬遷據左氏國語采世本戰國策述楚漢春秋接其後事訖于天漢其言秦漢詳矣至於采經摭傳分散數家之事甚多疏略或有抵梧亦其所涉獵者廣博貫穿經傳馳騁古今上下數千載間斯已勤矣又其是非頗謬於聖人論大道則先黄老而後六經序游俠則退處士而進姦雄述貨殖則崇勢利而羞賤貧此其所蔽也然自劉向楊雄博極群書皆稱遷有良史之才服其善

二　北宋景祐監本（一）（臺北傅斯年圖書館藏）

正義曰因太王所居周原因號曰周

正義曰種曰稼斂曰穡

周本紀第四　史記四

周后稷名弃其母有邰氏女曰姜原韓詩章句曰姜姓原字或曰姜原謚號也姜原爲帝嚳元妃姜原出野見巨人跡心忻然説欲踐之踐之而身動如孕者居期而生子以爲不祥弃之隘巷馬牛過者皆辟不踐徙置之林中適會山林多人遷之而弃渠中冰上飛鳥以其翼覆薦之姜原以爲神遂收養長之初欲弃之因名曰弃弃爲兒時屹如巨人之志其游戲好種樹麻菽麻菽美及爲成人遂好耕農相地之宜宜穀者稼穡焉民皆法則之帝堯聞之舉弃爲農師天下

北宋景祐監本（二）（臺北傅斯年圖書館藏）

五帝本紀第一 ○司馬貞索隱曰紀者記也本其事而記之故曰本紀又紀理也絲縷有紀而帝王書稱紀者言為後代綱紀也

史記一 裴駰曰凡是徐氏義稱徐姓名以別之餘者悉是駰注解并集衆家義

黄帝者 徐廣曰號有熊○索隱曰按有土德之瑞土色黄故稱黄帝猶神農火德王而稱炎帝然也此以黄帝為五帝之首蓋依大戴禮五帝德又譙周宋均亦以為然而孔安國皇甫謐帝王代紀及孫氏注系本並以伏犧神農黄帝為三皇少昊高陽高辛唐虞為五帝注號有熊者以其本是有熊國君之子故也亦號軒轅氏皇甫謐云居軒轅之丘因以為名又以為號又據左傳亦號帝鴻氏也

少典之子 譙周曰有熊國君少典之子也皇甫謐曰有熊今河南新鄭是也○索隱曰少典者諸侯國號非人名也又按國語云少典娶有蟜氏女而生黄帝炎帝然則炎帝亦少典之子炎黄二帝雖則相承如帝王代紀中間凡隔八帝五百餘年若以少典是其父名豈黄帝經五百餘年而始代炎帝後為天子乎何其年之長也又按秦本紀云顓頊氏之裔孫曰女脩吞玄鳥之卵而生大業大業娶少典氏而生柏翳明少典是國號非人名也黄帝即少典氏後代之子孫賈逵亦謂然故左傳高陽氏有才子八人亦謂其後代子孫而稱為子是也譙周字允南蜀人也散騎常侍徵不拜此注所引者是其所著古史考之說也皇甫謐字士安晉人號玄晏先生今所引者是其所作帝王世紀也

姓公孫名曰軒轅 ○索隱曰按皇甫謐云黄帝生

四

南宋淳熙耿秉本（中國國家圖書館藏）

五帝本紀第一　史記一

裴駰曰凡是徐氏義稱徐姓名以别之餘者悉是駰註解并集衆家義。司馬貞索隱曰紀者記也本其事而記之故曰本紀又紀理也絲縷有紀而帝王書稱紀者言爲後代綱紀也。正義曰鄭玄注中候勑省圖云德合五帝坐星者稱帝又坤靈圖云德配天地在正不在私曰帝按太史公依世本大戴禮以黄帝顓頊帝嚳唐堯虞舜爲五帝譙周應劭宋均皆同而孔安國尚書序皇甫謐帝王世紀孫氏注世本並以伏犧神農黄帝爲三皇少昊顓頊高辛唐虞爲五帝裴松之史目云天子稱本紀諸侯曰世家本者繫其本系故曰本紀者理也統理衆事繫之年月名之曰紀第者次序之目一者舉數之由故曰五帝本紀第一。又曰禮云動則左史書之言則右史書之正義云左陽故記動右陰故記言言爲尚書事爲春秋按春秋時置左右史故云史記也

黄帝者徐廣曰號有熊。索隱曰按有土德之瑞土色黄故稱黄帝猶神農火德王而稱炎帝然也此以黄

南宋慶元黄善夫本（中國國家圖書館藏）

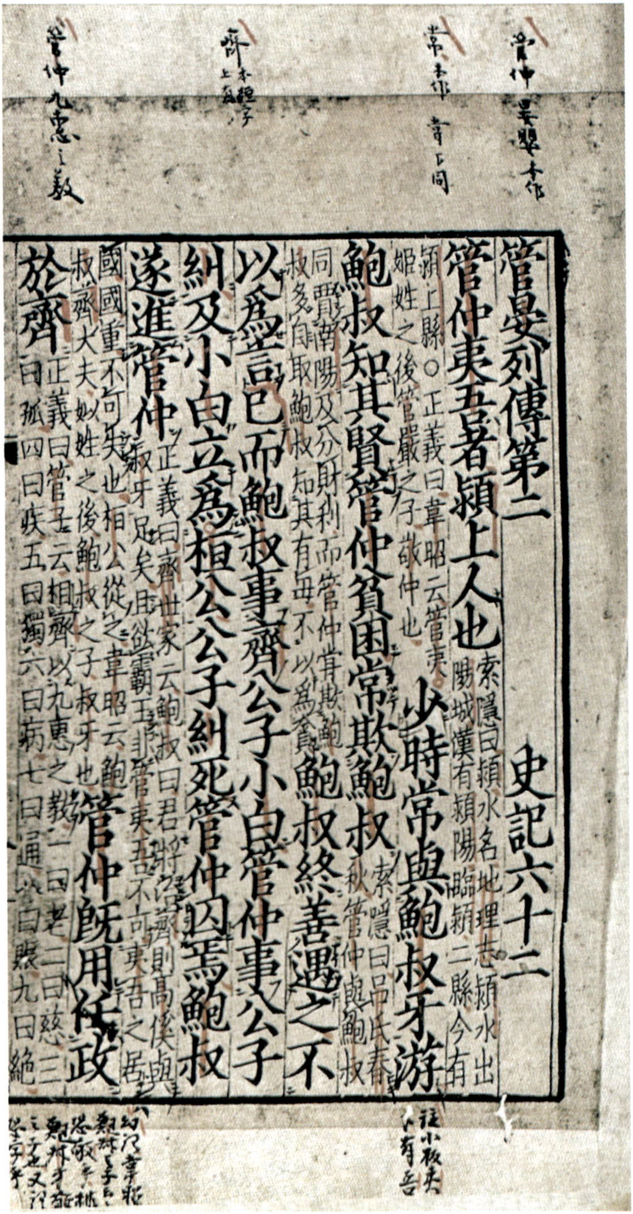
管晏列傳第二　史記六十二

管仲夷吾者潁上人也索隱曰潁水名地理志潁水出陽城漢有潁陽臨潁二縣今有潁上縣○正義曰韋昭云管夷姬姓之後管嚴之子敬仲也少時常與鮑叔牙游鮑叔知其賢管仲貧困常欺鮑叔索隱曰呂氏春秋管仲與鮑叔同賈南陽及分財利而管仲嘗欺鮑叔多自取鮑叔知其有母不以為貪鮑叔終善遇之不以為言已而鮑叔事齊公子小白管仲事公子糾及小白立為桓公公子糾死管仲囚焉鮑叔遂進管仲正義曰齊世家云鮑叔曰君將治齊則高傒與叔牙足矣君且欲霸王非管夷吾不可夷吾之居國國重不可失也桓公從之韋昭云鮑叔齊大夫姒姓之後鮑叔之子叔牙也管仲既用任政於齊正義曰管子云相齊以九惠之教一曰老二曰慈三曰孤四曰疾五曰獨六曰病七曰通窮八曰賑九曰絕

六

南宋慶元黃善夫本（日本國立歷史民俗博物館藏）

天官書第五　史記二十七

索隱曰案天文有五官官者星官也星座有尊卑若人之官曹列位故曰天官。正義曰張衡云文曜麗乎天其動者有七日月五星是也日者陽精之宗月者陰精之宗五星五行之精衆星列布体生於地精成於天列居錯峙各有所屬在野象物在朝象官在人象事其以神著有五列焉是有三十五名一居中央謂之北斗四布於方各七爲二十八舍日月五星歷示吉凶也

中宮天極星索隱曰姚氏案春秋元命包云宮之爲言宣也宮氣立精爲神垣又文耀鉤曰中宮太帝其精北極星含元出氣流精生一也爾雅云北極謂之北辰又春秋合誠圖云北辰其星五在紫微中楊泉物理論云北極天之中陽氣之北極也極南爲太陽極北爲太陰日月五星行太陰則無光行太陽則能照故爲昏明寒暑之限極也其一明者太一常居也索隱曰案春秋合誠圖云紫微太帝室太一之精也。正義曰泰一天帝之別名也劉伯莊云泰一天神之最尊貴者也旁三星三公

七　元至元彭寅翁崇道精舍本（日本宮內廳書陵部藏）

項羽本紀第七

下相 縣名屬臨淮案應劭云相水名出沛國沛國有相縣其水下流又置縣故名下相也 字羽 按下序傳籍字子羽也 季父 按崔浩云伯仲叔季兄弟之次故叔云叔父季云季父也 項燕 此云爲王翦所殺與楚漢春秋同而始皇本紀云項燕自殺不同者葢項燕爲王翦所圍逼而自殺故不同耳 封於項 地理志有項城縣屬汝南也 櫟陽逮 按逮訓及也謂有罪相連及爲櫟陽縣所逮錄也故漢史每制獄皆有逮捕也 抵櫟陽 按服虔云抵歸也韋昭云抵至也劉伯莊云抵相憑託也故應劭云項梁曾坐事繫櫟陽獄從蘄獄掾曹咎取書與司馬欣抵歸巳息也 渡浙江 韋昭云浙江在今錢塘浙音折獄之折晉灼音逝非也葢其流曲折莊子所謂淛河即其水也淛折聲相近也 扛鼎 說文云橫關對舉也韋昭云扛舉也音江 起大澤中 徐氏以爲在沛郡即蘄縣大澤中 先即制人 按謂先舉兵能制得人後則爲人所制故孫卿子曰制人之與爲人制也其相去遠矣 數十百人 此不定數也自百已下或至八十九十故云數十百 慴伏 說文云慴失氣也音之涉反 已下東陽 下音如字按以兵威伏之曰下胡嫁反彼自歸伏曰下如字讀他皆放此東陽縣名屬廣陵也 異軍蒼頭特起 晉灼曰殊異其軍爲蒼頭謂著青帽如淳云特起猶言新起也按爲蒼頭軍特起陳嬰母不許嬰稱王言天下方亂未知瞻烏之止 注潘旌人 按潘旌是邑聚之名後爲縣屬臨淮也 黥布蒲將軍 按布姓英咎繇之後以罪被黥故改姓黥應相者之言韋昭云蒲姓也是英布與蒲將軍二人共以兵屬項梁也服虔以爲英布起蒲非也按布初在江湖 居鄛人 晉灼音勦絶之勦地理志居鄛縣屬廬江郡音巢是故巢國夏桀所奔荀悅漢紀云范增阜陵人也 楚南公 徐廣云楚人善言陰陽者見天文志也 楚雖三戶 臣瓚與蘇林解同謂楚人怨秦雖三戶猶足以亡秦韋昭以爲三戶楚三大姓昭屈景也二說皆非也三戶地名 蠭午 凡物交橫爲午言蠭之起交橫屯聚也故劉向傳注云蠭午雜沓也又鄭玄曰一縱一橫爲午 注與國黨與 按高誘注戰國策云與國同禍福之國也 以市於齊 按張晏云市貿易也韋昭云市利於齊也故劉氏亦云市猶要也晉田假而不殺欲以要齊田榮也 高陵縣 按晉灼云屬琅琊 至安陽 按傅寬傳云從攻安陽扛里則安陽與扛里俱在河南顏師古

明崇禎毛晉汲古閣本史記索隱（北京清華大學圖書館藏）

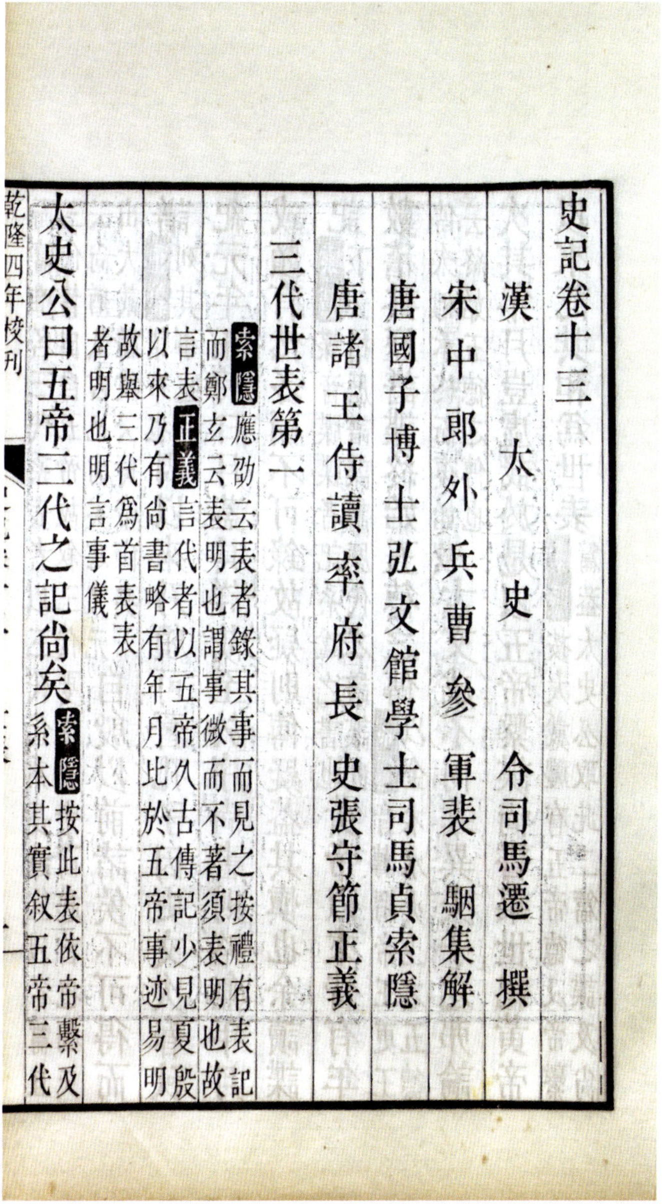
史記卷十三

漢　太　史　令司馬遷撰

宋中郎外兵曹參軍裴駰集解

唐國子博士弘文館學士司馬貞索隱

唐諸王侍讀率府長史張守節正義

三代世表第一

【索隱】應劭云表者錄其事而見之按禮有表記而鄭玄云表明也謂事微而不著須表明也故言表【正義】言代者以五帝久古傳記少見夏殷以來乃有尚書略有年月比於五帝事迹易明故舉三代為首表表者明也明言事儀

太史公曰五帝三代之記尚矣【索隱】按此表依帝繫及系本其實敘五帝三代

乾隆四年校刊

九　清乾隆武英殿本（北京中華書局圖書館藏）

魯周公世家第三　史記三十三

周公旦者周武王弟也集解譙周曰以太王所居周地爲其采邑故謂周公　索隱周地名在岐山之陽本太王所居後以爲周公之菜邑故曰周公即今之扶風雍東北故周城是也謚曰周文公見國語自文王在時旦爲子孝索隱鄒誕本孝作敬也篤仁異於羣子及武王即位旦常輔翼武王用事居多武王九年東伐至盟津周公輔行十一年伐紂至牧野正義衞州即牧野之地東北去朝歌七十三里周公佐武王作牧誓破殷入商宮已殺紂周公把大鉞召公把小鉞以夾武王釁社告紂之罪于天及殷民釋箕子之囚封紂子武庚祿父使管叔蔡叔傅之以續殷祀徧封功臣同姓戚者封周公旦於少昊之虛曲阜正義括地志云兗州曲阜縣外城即魯公伯禽所築也是爲魯公周公不就封留佐武王武王克殷

史記整理人員名録

原點校者 顧頡剛　賀次君　宋雲彬　聶崇岐

修訂主持人 趙生群

修訂承擔單位 南京師範大學

修訂組成員 趙生群　方向東　王華寶　吴新江　王　鍔　曹紅軍　王永吉　蘇　芃

編輯組成員 許逸民　張文强　張繼海　王　勖　王　勇　魯　明　樊玉蘭　王芳軍

點校本二十四史及清史稿修訂緣起

以「二十四史」及清史稿爲代表的紀傳體史書，記載了中國古代從傳説中的黄帝到辛亥革命結束清朝統治前各個朝代的歷史概貌，以歷代王朝的興亡更替爲先後，反映了中國的歷史進程，構成了關於中國古代政治、經濟、軍事、科技、思想文化、社會風俗等各個方面最爲重要的基本史料，使中國和中華民族成爲世界上惟一擁有數千年連貫、完整歷史記載的國家和民族。這是中華民族引以爲榮並值得進一步發揚光大的寶貴歷史文化遺産。

爲了更好地傳承與保護這份珍貴的歷史文化遺産，二十世紀五十至七十年代，在毛澤東主席、周恩來總理的親自部署和國家有關部門的直接領導下，由中華書局承擔組織落實和編輯出版工作，集中全國學術界、出版界的力量，完成了「二十四史」及清史稿的點校整理和出版。從一九五八年九月標點「前四史」及改繪楊守敬地圖工作會議召開，次年九月點校本史記問世，到一九七八年點校本宋史完成出版，整理工作歷時二十年，其間不斷完善點校體例，逐史加以標點、分段、校勘、正誤、補闕，所積累的科學整理方法和豐富的實踐經驗，爲傳統文獻的整理做出了寶貴的探索，確立了現代古籍整理的基本範式和標準。點校本出版之後，以其優秀的學術品質和適宜閱讀的現代形式，逐漸取代了此前的各種舊本，爲學術界和廣大讀者普遍採用，成爲使用最廣泛的權威性通行本。

點校本「二十四史」及清史稿從開始出版，至今已超過半個世紀，上距一九七八年宋史出版，點校工作完成，也已經過去了三十多年。點校本「二十四史」及清史稿的整理出版工作，由於受到當時種種客觀條件的制約，加之整理出版過程歷時綿長，時間跨度大，參與點校者時有變動，點校體例未能統一，或底本選擇不够精當，或校勘過於簡略，或標點間有失誤，各史都存在着不同程度的缺憾。爲適應新時代學術發展和讀者使用的需求，亟需予以全面修訂。

中華書局於二〇〇五年開始籌備「二十四史」及清史稿的修訂工作，梳理學術界關於點校本的意見建議，清理點校工作原始檔案，進一步明確修訂工作重點。二〇〇六年四月召開專家論證會，得到了學術界的積極響應。其後，在新聞出版總署、中國出版集團公司和社會各界學術力量的支持下，正式組建了點校本「二十四史」及清史稿修訂工程組織機構，擬定了修訂工作的各項具體規定，包括修訂工作總則、修訂工作流程，以及標點分段辦法舉例、校勘記寫法細則舉例等一系列規範性文件，並在全國範圍内通過廣泛調研，遴選確定了各史修訂承擔單位和主持人。

點校本「二十四史」及清史稿，是二十世紀中國古籍整理的標誌性成果，修訂本是原點校本在新的歷史時期的延續。修訂工作在原有點校本基礎上展開，嚴格遵守在點校本基礎上進行適度、適當修訂和完善的原則，通過全面系統的版本覆核、文本校訂，解決原點校本存在的問題，彌補不足，力求在原有基礎上，形成一個體例統一、標點準確、校勘精審、閱讀方便的新的升級版本。

修訂工作的總體目標，主要包括兩個方面：一，保持點校本已取得的整理成果和學術優勢，通過各個修訂環節，消弭點校本存在的缺憾，並認真吸收前人與時賢的研究成果，包括當代學術研究的新發現（文物、文獻資料）、新結論（學術定論），使修訂本成爲符合現代古籍整理規範、代表當代學術水準、能够體現二十一世紀新的時代特點的典範之作。二，解決原點校本各史體例不一的問題，做到體例基本統一，包括：規範取校範圍、校勘取捨標準、分段及校勘記、標點方式；撰寫各史修訂本前言、凡例；編製主要參考文獻目録及其他附録、索引。

早在一九六〇年，時任國務院古籍整理出版規劃小組組長的齊燕銘同志，就曾對點校本「二十四史」提出過兩點明確的要求，其一是在學術成果上「超越前人」；其二是經過重版修訂使之「成爲定本」。點校本的學術業績，獲得了學術界和廣大讀者的高度評價和廣泛採用，經過全面修訂，希望能在保持原有學術優勢的基礎上完善提高，進一步確立並鞏固點校本「二十四史」及清史稿的現代通行本地位，「成爲定本」還需要廣大讀者的檢驗和今後不斷的努力。

點校本「二十四史」及清史稿整理工作自二十世紀五十年代起始，至本世紀全面修訂再版，五十餘年間，一代又一代學者如同接力賽跑，前赴後繼，爲之默默奉獻，傾盡心力。點校本的學術成就和首創之功，以及其間展現的幾代人鍥而不捨的爲學精神，將澤被學林，彪炳史册！　值此修訂本出版之際，我們向所有參加過點校工作的前輩學者和出版工作者，表示崇高的敬意，對已故前輩表達深切的懷念，向承擔本次修訂的各位學者專家表示誠摯的謝意，向國家出版基金管理委員會及其辦公室、各史點校和修訂承擔單位、各相關圖書收藏機構，以及關注和支持本次修訂工作的社會各界人士，謹致由衷的謝忱。

中華書局編輯部　二〇一三年七月

修訂前言

一

史記，漢司馬遷撰，是中國第一部紀傳體通史。史記從開始撰寫到最後成書，經過了司馬談、司馬遷父子兩代人的努力。司馬氏先人「世典周史」，司馬談仕於「建元、元封之閒」，長期擔任太史令，曾「學天官於唐都，受易於楊何，習道論於黄子」（太史公自序）。他熟悉史事，精通諸子之學，有意繼春秋而作史，以創作史記爲己任，但生前未能如願。漢武帝元封元年（公元前一一〇年），司馬談病危，囑咐司馬遷繼承父業，完成史記撰著。

司馬遷，字子長，漢左馮翊夏陽（今陝西韓城市）人，生於漢武帝建元六年（公元前一三五年）〔二〕，卒年無考，約在武帝末年。司馬遷「年十歲則誦古文，二十而南游江、淮」（太史公自序）。在南游之前數年間，他曾向董仲舒請教過春秋之學，向孔安國學習過古文尚書。元封三年（公元前一〇八年），司馬遷任太史令，「紬史記石室金匱之書」，開始蒐集史料。太初元年（公元前一〇四年），司馬遷參與修訂的太初曆正式頒佈施行，於是開始撰寫史記。天漢三年（公元前九八年），司馬遷因李陵事件得罪武帝，被處腐刑。漢書司馬遷傳云，「遷既被刑之後，爲中書令，尊寵任職」。遭受腐刑摧殘的司馬遷，更加堅定了完成史記的決心。征和二年（公元前九一年），司馬遷作報任少卿書，云：「僕竊不遜，近自託於無能之辭，網羅天下放失舊聞，略考其行事，綜其終始，稽其成敗興壞之紀，上計軒轅，下至于茲，爲十表，本紀十二，書八章，世家三十，列傳七十，凡百三十篇。」（文選卷四一）概述全書及各部分篇數，與太史公自序全同，可見此時史記已經基本完成。

史記原名太史公書，漢書楊惲傳稱「太史公記」，漢書藝文志稱「太史公百三十篇」，風俗通正失稱「太史記」。大約在東漢桓帝時，史記之名已經通行。

二

史記敍事，始自黄帝，下迄西漢太初。太史公自序云「余述歷黄帝以來至太初而訖，百三十篇」，又云「漢興已來，至于太初百年」，又云「百年之閒，天下遺文古事靡不畢集太史公」，其他各篇也多次提及太初斷限。太史公自序云：「漢興五世，隆在建元，外攘夷狄，内脩法度，封禪，改正朔，易服色。作今上本紀第十二。」太初下限的確定，也與其時漢朝文治武功臻於鼎盛有關。今本史記中涉及太初以後之事，多爲後人增補。

史記全書一百三十篇，五十二萬六千五百字，太史公自序、漢書司馬遷傳皆有明文。但在司馬遷去世之後不久，史記便已殘缺。後漢書班彪傳引班彪略論云：司馬遷「作本紀、世家、列傳、書、表凡百三十篇，而十篇缺焉」。漢書藝文志云：「太史公百三十篇。十篇有録無書。」漢書司馬遷傳也説其中「十篇缺，有録無書」。所謂「有録無書」，指篇名雖存，而其書已亡。漢書藝文志係據七略節縮而成，而七略本於劉向别録，據此可知劉向、劉歆時史記已有亡佚。實際上十篇亡佚的時間，當更在劉向父子之前。漢宣帝、元帝之時，褚少孫已稱求三王世家、龜策列傳不能得，因未盡見諸本，所以他不敢斷言亡闕與否，實則其篇已佚。

漢書司馬遷傳注引三國魏張晏列舉十篇亡書云：「遷没之後，亡景紀、武紀、禮書、樂書、兵書（按即律書）、漢興以來將相年表、日者列傳、三王世家、龜策列傳、傅靳列傳。」後人討論此十篇存亡，多有爭議：或以爲十篇草創未成（如劉知幾），或以爲部分亡佚（如呂祖謙），或以爲十篇未亡（如李長之）。余嘉錫太史公書亡篇考折衷群言，詳加考證，多精當之論，可以參看。

今本史記十篇俱在，當出後人續補。張晏又云：「元成之間，褚先生補缺，作武帝紀、三王世家、龜策、日者傳，言辭鄙陋，非遷本意也。」張晏所云褚少孫補史記四篇，其中三王世家、龜策列傳二篇，褚氏明言求史記原書不能得，因而補其缺，所補文字標明「褚先生曰」；日者列傳雖未明言爲補亡之作，但褚補文字俱在，亦稱「褚先生曰」，應無疑義；今本孝武本紀鈔封禪書成文，篇中無「褚先生曰」，當非褚少孫手筆。錢大昕云今本孝武本紀「或魏晉以後，少孫補篇亦亡，鄉里妄人取此以足其數爾」（廿二史考異卷一）。褚少孫續史篇目有六篇，分别爲三代世表、建元以來侯者年表、外戚世家、梁孝王世家、田叔列傳、滑稽列傳，亦皆標明「褚先生曰」。至於孝景本紀、禮書、樂書、律書、漢興以來將相名臣年表、傅靳蒯成列傳六篇，爲何人所補，今已難以考定。余嘉錫云：「張晏雖能知十篇之目，然於其六篇不言爲誰何所補。雖明知景紀爲劉歆、揚雄、馮衍、史岑等所記，而終不能得其主名。」（太史公書亡篇考）

褚氏之後，繼作者頗多。劉知幾史通云：「史記所書，年止漢武，太初已後，闕而不録。其後劉向、向子歆及諸好事者若馮商、衛衡、揚雄、史岑、梁審、肆仁、晉馮、段肅、金丹、馮衍、韋融、蕭奮、劉恂等相次撰續，迄於哀平間，猶名史記。」（史通通釋卷一二古今正史）班彪以爲各家所撰續書多鄙俗，不足以踵繼史記，「乃繼採前史遺事，傍貫異聞，作後傳數十篇」（後漢書班彪傳），班固等在此基礎上撰成漢書百篇，而各家續書遂亡。

三

史記一百三十篇，分爲五體：本紀記帝王及王朝之事，爲全書之綱領；表載録各個歷史時期王侯將相及相關事件；書分門別類記述歷代典章制度和重要專題；世家記載王侯貴戚及其家族興衰；列傳敍述各色人物事迹及周邊民族歷史。趙翼廿二史劄記云：「司馬遷參酌古今，發凡起例，創爲全史。本紀以序帝王，世家以記侯國，十表以繫時事，八書以詳制度，列傳以誌人物，然後一代君臣政事，賢否得失，總彙於一編之中。自此例一定，歷代作史者，遂不能出其範圍，信史家之極則也。」（卷一各史例目異同）歷代所謂「正史」，從漢書到明史，門類或有增減，名目或有異同，篇目或有損益，但都有紀有傳，絶無例外地沿襲了史記體例。

劉知幾史通六家云：「古往今來，質文遞變，諸史之作，不恒厥體。榷而爲論，其流有六：一曰尚書家，二曰春秋家，三曰左傳家，四曰國語家，五曰史記家，六曰漢書家。」（史通通釋卷一）劉知幾分敍六家，統歸二體。所謂「二體」，就是「編年體」和「紀傳體」。史記採用的是一種綜合性的敍事模式，囊括了記言、記事、編年、國別等形式，編年與紀傳兼而有之。史記縱貫兩千餘年，歷經五帝、三代、春秋、戰國、秦漢，政權更迭，社會形態極爲複雜，採用綜合性的敍事模式，與其所承載的歷史内容有關。就内容而言，史記是對前代史學的一次總結；就體例而論，史記也是集大成之作。

四

史記的史料價值，歷來受到人們的重視。漢書司馬遷傳云：「自劉向、揚雄博極群書，皆稱遷有良史之材，服其善序事理，辨而不華，質而不俚，其文直，其事核，不虚美，不隱惡，故謂之實録。」「實録」二字，反映出前人對史記史料價值的肯定。隨着時間的推移，史記作爲一部歷史著作的價值，愈來愈受到人們的重視，一些原來有爭議的記載也得到了確證。例如，殷本紀中有關殷代先公先王的載述，在殷墟甲骨文出土之前，其正確與否無從證實，學者對此疑信參半。自王國維作殷卜辭中所見先公先王考、殷卜辭中所見先公先王續考二文（觀堂集林卷九），將殷代先公先王從卜辭中剔發出來，使殷本紀所載殷代王統得到了物證。陳直說：「太史公作殷本紀，多合於殷墟甲骨文，由此推論，夏本紀「雖無實物可證，亦必然有其正確性」（史記新證自序）。

雖然史記在史料方面並非盡善盡美，但就總體而言，它是一部價值極高的信史，無愧於「實録」之美譽。由於這一時期的相關文獻大多已經散逸，史記的史料價值顯得尤其寶貴。

五

據太史公自序和漢書司馬遷傳，史記寫成後，「藏之名山，副在京師」，司馬遷歿後，其書稍出，「宣帝時，遷外孫平通侯楊惲祖述其書，遂宣布焉」。魏晉時期，史記流傳稍廣。晉末徐廣，研覈衆本，兼作訓釋，作史記音義。劉宋裴駰，增演徐氏，採經傳百家並先儒之説，作史記集解；至唐代，司馬貞作史記索隱，張守節作史記正義，二人在裴駰文本的基礎。

集解基礎之上探求異文，考證史實，訓釋音義，史記三家注由此具備，奠定了史記通行

史記三家注原本各自單行。隋書經籍志及舊唐書經籍志、新唐書藝文志著録裴駰集解史記八十卷。新唐書藝文志著録史記索隱、史記正義皆爲三十卷。集解八十卷本早已失傳，今本集解散入史記各篇之中。史記正義舊本亦已失傳。史記索隱今有明末毛晉汲古閣單刻本三十卷。三家注中，集解最早與史記正文相附，至南宋出現了集解、索隱二家注合刻本，再由二家注本合以正義，最終形成了三家注合刻本。在這一過程中，因爲裴駰、司馬貞、張守節所據史記正文並不完全相同，所以時有正文與注文不相吻合的現象，後人依據注文改動正文的情況也屢有發生，增加了史記及三家注文本的複雜性。現存最早的三家注合刻本爲南宋建安黄善夫家塾刻本一百三十卷。

史記存世版本很多，賀次君史記書録著録史記版本六十餘種，水澤利忠史記會注考證校補所列史記版本、鈔本資料尤爲豐富。明清時期通行的主要有明嘉靖、萬曆間南北監刻二十一史本、毛晉汲古閣刻十七史本，以及清乾隆武英殿刻二十四史本。近代以來以武英殿本最爲通行，黄善夫本因商務印書館百衲本二十四史據以影印，也流傳甚廣。

清同治年間，金陵書局刊行史記集解索隱正義合刻本一百三十卷，由張文虎主持校

刻，根據錢泰吉校本和所見其他各種舊刻古本、時本加以校勘，系統吸收梁玉繩、王念孫、錢大昕等人的研究成果，並以史記各篇本校，與漢書等書互校，參校太平御覽等類書，對史記予以全面綜合校勘，改正史記正文及三家注錯誤甚夥。張文虎據此撰寫了校刊史記集解索隱正義札記五卷，共計近九千條，其中多數與文字校改相關。金陵書局本是清末以來最好的史記精校本。

六

點校本史記，由顧頡剛、賀次君標點，宋雲彬參考顧頡剛、賀次君標點本重新標點並編輯加工，最後由聶崇岐覆校，於一九五九年九月由中華書局出版，是點校本二十四史系列中最先出版的一種。一九七七年四月，出版點校本史記綫裝大字本。一九八二年十一月，點校本史記第二版印行。

點校本史記以清同治年間金陵書局本史記集解索隱正義合刻本一百三十卷爲底本，主要根據張文虎校刊史記集解索隱正義札記及清代以來諸家之説，訂正史記正文及三家注的文字譌誤，用方圓括號標示字句的增删脱衍，部分校勘意見附見於札記整理本。點校本分段精善，校勘審慎，標點妥貼，有關技術處理得當，出版後受到學術界好評和廣大讀者的歡迎，成爲半個世紀以來最爲通行的史記整理本。

點校本史記的修訂，遵循二十四史及清史稿修訂工程總則體例和工作程序，以原點校本爲基礎，遵守適度、適當修訂和完善的原則，統一體例，彌補不足，以期形成一個體例統一、標點準確、校勘精審、閱讀方便的新的升級版本。

修訂本仍以金陵書局本爲底本，兼顧不同印次的文本差異。校勘所用通校本、參校本涵蓋宋元明清各個時期不同系統最具代表性的史記版本。

通校本五種：

（一）北宋景祐監本史記集解一百三十卷（有配補），二十五史編刊館影印臺北傅斯年圖書館藏本。此本爲現存北宋時期最重要的史記刻本，對史記正文和集解的校勘，釐清三家注的混淆，有重要參考價值。近人研究或以爲此本爲北宋刻南宋初遞修本，爲求方便，仍以「景祐本」稱之。

（二）南宋紹興初杭州刻本史記集解一百三十卷（有配補），中國國家圖書館藏。此本爲北宋刻十四行本史記集解覆刻本，其校勘價值與北宋本相當。

（三）南宋慶元建安黄善夫史記三家注合刻本一百三十卷，日本國立歷史民俗博物館藏。此本爲現存最早的史記三家注合刻本，對於保存史記正義，功不可没。嘉文勝義，彌足寶貴。但作爲建安刻本，校勘不精，誤倒衍脱，不時可見。

（四）明崇禎毛晉汲古閣史記索隱三十卷，清華大學圖書館藏。索隱單刻本保存大量史記及索隱異文，張文虎校刊金陵書局本史記，索隱主要依據此本。

（五）清乾隆四年武英殿史記三家注合刻本，中華書局圖書館藏。此本以明北監本爲底本，經過精心校勘，是清代影響最大的史記版本。

參校本五種：

（一）南宋淳熙三年張杅刊八年耿秉重修史記集解索隱一百三十卷，中國國家圖書館藏。此本爲較早、較爲精善的史記二家注合刻本，對於集解、索隱及其相互關係的辨正具有獨特價值。

（二）元至元二十五年彭寅翁史記三家注合刻本一百三十卷，日本宫内廳書陵部藏。此本以黄善夫本爲底本校訂刊刻，爲黄善夫本之後時間最早、承前啓後的三家注合刻本。

（三）明嘉靖四年柯維熊校金臺汪諒刊史記三家注合刻本一百三十卷，中國國家圖書館藏。此本亦出於黄善夫本又經校勘而成。

（四）明萬曆年間李光縉增補凌稚隆史記評林一百三十卷。此本爲明代最有代表性的史記版本之一。

（五）史記會注考證本，日本史記會注考證校補刊行會一九五六年至一九六〇年刊行。此本爲晚出而具有重要影響的史記版本。

本次修訂以版本對校爲基礎，充分運用本校、他校，審慎使用理校，適當參考相關文獻、舊注引文、類書等資料。全面檢核了點校本對底本所作的校改，包括方圓括號改補和徑改，已經釐正者從之，存疑者慎重斟酌，錯誤者予以糾正。原點校本無校勘記，修訂本不再使用方圓括號標識，凡涉及底本的重要改動、重要版本異文、前人重要異説，均出校記説明所據。

點校本史記完成於現代古籍整理規範逐步建立的初始階段，在標點方式上作出了可貴的探索。此次修訂對原點校本標點作了全面梳理甄别，力求統一體例，修正失誤。對三家注引書作了較爲全面的校覈，對於釐清三家注文本，完善引文標點等，有較明顯的作用。

點校本史記出版以來，學術界和廣大讀者提出了不少校勘或標點方面的意見，或見諸專書，或散在報刊，我們儘可能搜求參考，限於體例，不能一一標示，謹此一併致謝。

史記及三家注内涵廣博，版本複雜，歷代研究資料豐富，懸疑之處尚多，加之水平有限，時間匆迫，修訂工作一定還有不少遺憾和不當之處，敬祈各界讀者批評指正。

點校本史記修訂組　二〇一三年七月

〔一〕太史公自序「（司馬談）卒三歲而遷爲太史令」索隱：「博物志：『太史令茂陵顯武里大夫司馬遷，年二十八，三年六月乙卯除，六百石。』」玉海卷四六：「史記正義：『博物志云遷年二十八，三年六月乙卯除，六百石。』」知索隱、正義同本於博物志。今本太史公自序「五年而當太初元年」正義：「案：遷年四十二歲。」「四十二」當爲「三十二」之誤。

修訂凡例

一　中華書局一九五九年點校本史記，以清同治年間金陵書局史記集解索隱正義合刻本一百三十卷爲底本。此次修訂，以南京大學圖書館藏同治五年至九年刊刻之金陵書局本爲底本，金陵書局本歷次印本的文字或有差異，修訂時儘可能予以參考。

二　修訂所用通校本及簡稱如下：

（一）景祐本：臺北傅斯年圖書館藏北宋景祐監本史記集解一百三十卷（有配補）；

（二）紹興本：中國國家圖書館藏南宋紹興初杭州刻本史記集解一百三十卷（有配補）；

（三）黄本：日本國立歷史民俗博物館藏南宋慶元建安黄善夫史記三家注合刻本一百三十卷；

（四）索隱本：北京清華大學圖書館藏明崇禎毛晉汲古閣史記索隱三十卷；

（五）殿本：北京中華書局圖書館藏清乾隆四年武英殿史記三家注合刻本一百三十卷。

三　修訂所用參校本及簡稱如下：

（一）耿本：中國國家圖書館藏南宋淳熙三年張杅刊八年耿秉重修史記集解索隱一百三十卷；

（二）彭本：日本宫内廳書陵部藏元至元二十五年彭寅翁史記三家注合刻本一百三十卷；

（三）柯本：中國國家圖書館藏明嘉靖四年柯維熊校金臺汪諒刊史記三家注合刻本一百三十卷；

（四）凌本：明萬曆年間李光縉增補凌稚隆史記評林一百三十卷；

（五）會注本：日本史記會注考證校補刊行會一九五六年至一九六〇年刊史記會注考證。

四　修訂所用古鈔本如下：

日本高山寺舊藏、東洋文庫藏夏本紀鈔本（簡稱高山本）；

日本高山寺藏殷本紀鈔本（簡稱高山本）；

日本高山寺藏周本紀鈔本（簡稱高山本）；
日本高山寺舊藏、東洋文庫藏秦本紀鈔本（簡稱高山本）；
日本毛利元昭氏家藏吕后本紀鈔本（簡稱毛利本）；
日本東北大學圖書館藏孝文本紀鈔本（簡稱東北本）；
日本野村氏久原文庫舊藏、大東急記念文庫藏孝景本紀鈔本（簡稱野村本）；
日藏唐鈔本河渠書殘卷（簡稱唐鈔本）；
日藏六朝寫本張丞相列傳殘卷（簡稱六朝寫本）；
日藏六朝寫本酈生陸賈列傳（簡稱六朝寫本）；
法國國家圖書館藏伯二六二七號敦煌本燕召公世家、管蔡世家、伯夷列傳殘卷（簡稱敦煌本）。

五　修訂本以原點校本爲基礎。原點校本對底本所作的校改，此次修訂全部重新覆核，凡原點校本已經釐定改正者從之，存有疑問者慎重斟酌，錯誤者予以糾正。原點校本無校勘記，以方圓括號標示文字正誤及增删，此次修訂取消方圓括號，統一增補校勘記，置於各卷之末。正文及三家注文本的所有重要改動（包括增補、删除、改正、移乙等）均出校説明。原點校本所作校改，總體得當，大多已爲讀者接受，爲求前後銜接，校勘尺度適當放寬。

六　原點校本分段、標點成就卓著，世所公認。此次修訂充分吸收原有成果，改正標點錯誤，彌補其不足。此次修訂全面核對了三家注引書，對引文標點作了適當統一和調整。

七　此次修訂以版本對校爲基礎，充分運用本校、他校，審慎使用理校，適當參考相關文獻（如尚書、左傳、國語、戰國策、漢書等）及舊注引文、類書、出土文獻等資料。

八　校勘採用改字出校、異文校兩種形式。少數明顯的版刻訛誤，隨文改正，不另出校記。原點校本對異體字、俗字、缺筆避諱字等所作的處理，總體得當，且通行已久，修訂本基本予以保留，對原未予統一的部分酌情處理。

九　史記校勘研究，成果極豐，如錢大昕廿二史考異（簡稱考異）、梁玉繩史記志疑（簡稱志疑）、王念孫讀書雜志（簡稱雜志）、張文虎校刊史記集解索隱正義札記（簡稱札記）、張元濟百衲本二十四史校勘記（簡稱百衲本校勘記）、日本瀧川資言史記會注考證（簡稱會注）、王叔岷史記斠證（簡稱斠證）、施之勉史記會注考證訂補（簡稱訂補）、日本水澤利忠史記會注考證校補（簡稱校補）等重要專著及已發表之專文，凡引用諸家之説，均標注姓名。所引各家著述，統一編製主要參考文獻，附於書後。

一〇　校勘記凡引史記，只標注卷次篇名，不出書名。其他典籍，均詳列書名（或簡稱）卷次或篇目。

一一　范曄後漢書原本無志，劉昭取司馬彪續漢書八志補入，分爲三十卷，並爲之作注，後與原書紀傳並行，爲行文方便，校勘記徑稱「後漢書志」。

一二　司馬貞補史記條例，史記索隱單刻本附於書後，史記各合刻本均予保留，置於相關篇目之前，惟金陵書局本或存或删。此次修訂，據耿本、黄本、彭本、柯本、索隱本、凌本、殿本等補全。所補文字以黄本爲主，若黄本有文字譌誤，隨文説明，他本譌誤，則一概從略。司馬貞補三皇本紀影響較大，且爲史記索隱之組成部分，此次修訂，以索隱單刻本爲底本，列爲附録，以便讀者查閲。金陵書局本於索隱注引原文提示語，多有删削，少數導致所指不明者，據索隱單刻本校補。

一三　金陵書局本各卷小題（即各篇篇名）在上，大題（即書名）在下，點校本依照武英殿本格式，改爲大題在前，小題在後；金陵書局本三家注散在正文之下，點校本移至每段之後，以注碼標明位置（十表除外）；金陵書局本司馬貞史記索隱序史記索隱後序、張守節史記正義序及史記正義之論史例論注例論字例論音例音字例發字例謚法解列國分野、裴駰史記集解序，原在書前，點校本移至書後，並依年代先後將史記集解序移至史記索隱序之前。如此改動，眉目清楚，修訂本一仍其舊。

一四　點校本於十二諸侯年表、六國年表、秦楚之際月表、漢興以來諸侯王年表、漢興以來將相名臣年表眉端加標公曆紀元，又於十二諸侯年表、六國年表、漢興以來諸侯王年表雙頁左邊加標國名，頗便閱讀，修訂本亦予保留。

一五　新編史記人名索引、史記地名索引、史記三家注引書索引，另行出版。

史記目録

第一册

史記卷一　五帝本紀第一 …… 一
史記卷二　夏本紀第二 …… 六三
史記卷三　殷本紀第三 …… 一一九
史記卷四　周本紀第四 …… 一四五
史記卷五　秦本紀第五 …… 二二三
史記卷六　秦始皇本紀第六 …… 二八九
史記卷七　項羽本紀第七 …… 三七九

第二册

史記卷八　高祖本紀第八 …… 四三五
史記卷九　吕太后本紀第九 …… 五〇三

史記卷十　孝文本紀第十……五二五
史記卷十一　孝景本紀第十一……五五九
史記卷十二　孝武本紀第十二……五七五
史記卷十三　三代世表第一……六二三
史記卷十四　十二諸侯年表第二……六四七
史記卷十五　六國年表第三……八三五

第三册

史記卷十六　秦楚之際月表第四……九二一
史記卷十七　漢興以來諸侯王年表第五……九六七
史記卷十八　高祖功臣侯者年表第六……一〇四九
史記卷十九　惠景閒侯者年表第七……一一六九
史記卷二十　建元以來侯者年表第八……一二二五
史記卷二十一　建元已來王子侯者年表第九……一二七五
史記卷二十二　漢興以來將相名臣年表第十……一三三九

第四册

史記卷二十三　禮書第一……一三七一

史記卷二十四　樂書第二……一三九七
史記卷二十五　律書第三……一四七九
史記卷二十六　曆書第四……一四九九
史記卷二十七　天官書第五……一五三九
史記卷二十八　封禪書第六……一六三一
史記卷二十九　河渠書第七……一六九五
史記卷三十　平準書第八……一七一一

第五册

史記卷三十一　吴太伯世家第一……一七四七
史記卷三十二　齊太公世家第二……一七八九
史記卷三十三　魯周公世家第三……一八三三
史記卷三十四　燕召公世家第四……一八七五
史記卷三十五　管蔡世家第五……一八九一
史記卷三十六　陳杞世家第六……一九〇五
史記卷三十七　衞康叔世家第七……一九二三

史記卷三十八 宋微子世家第八……一九四三
史記卷三十九 晉世家第九……一九七七
史記卷四十 楚世家第十……二〇三九
史記卷四十一 越王句踐世家第十一……二〇九九
史記卷四十二 鄭世家第十二……二一二一

第六册

史記卷四十三 趙世家第十三……二一四七
史記卷四十四 魏世家第十四……二二一九
史記卷四十五 韓世家第十五……二二五九
史記卷四十六 田敬仲完世家第十六……二二七九
史記卷四十七 孔子世家第十七……二三〇九
史記卷四十八 陳涉世家第十八……二三六五
史記卷四十九 外戚世家第十九……二三八七
史記卷五十 楚元王世家第二十……二四一三
史記卷五十一 荆燕世家第二十一……二四一九

史記卷五十二　齊悼惠王世家第二十二……二四二七
史記卷五十三　蕭相國世家第二十三……二四四五
史記卷五十四　曹相國世家第二十四……二四五五
史記卷五十五　留侯世家第二十五……二四七一
史記卷五十六　陳丞相世家第二十六……二四九三
史記卷五十七　絳侯周勃世家第二十七……二五〇九
史記卷五十八　梁孝王世家第二十八……二五三一
史記卷五十九　五宗世家第二十九……二五四七
史記卷六十　三王世家第三十……二五六一

第七册

史記卷六十一　伯夷列傳第一……二五八一
史記卷六十二　管晏列傳第二……二五九三
史記卷六十三　老子韓非列傳第三……二六〇三
史記卷六十四　司馬穰苴列傳第四……二六二五
史記卷六十五　孫子吴起列傳第五……二六三一

史記卷六十六　伍子胥列傳第六……二一六四一
史記卷六十七　仲尼弟子列傳第七……二六五七
史記卷六十八　商君列傳第八……二七〇七
史記卷六十九　蘇秦列傳第九……二七二三
史記卷七十　張儀列傳第十……二七七一
史記卷七十一　樗里子甘茂列傳第十一……二八〇三
史記卷七十二　穰侯列傳第十二……二八二一
史記卷七十三　白起王翦列傳第十三……二八三一
史記卷七十四　孟子荀卿列傳第十四……二八四七
史記卷七十五　孟嘗君列傳第十五……二八五九
史記卷七十六　平原君虞卿列傳第十六……二八七五
史記卷七十七　魏公子列傳第十七……二八八九
史記卷七十八　春申君列傳第十八……二八九九
史記卷七十九　范雎蔡澤列傳第十九……二九一五
史記卷八十　樂毅列傳第二十……二九四五

第八册

史記卷八十一　廉頗藺相如列傳第二十一……二九五七
史記卷八十二　田單列傳第二十二……二九七三
史記卷八十三　魯仲連鄒陽列傳第二十三……二九八一
史記卷八十四　屈原賈生列傳第二十四……三〇〇九
史記卷八十五　吕不韋列傳第二十五……三〇四一
史記卷八十六　刺客列傳第二十六……三〇五三
史記卷八十七　李斯列傳第二十七……三〇八三
史記卷八十八　蒙恬列傳第二十八……三一一三
史記卷八十九　張耳陳餘列傳第二十九……三一二一
史記卷九十　魏豹彭越列傳第三十……三一四一
史記卷九十一　黥布列傳第三十一……三一五一
史記卷九十二　淮陰侯列傳第三十二……三一六五
史記卷九十三　韓信盧綰列傳第三十三……三一九一
史記卷九十四　田儋列傳第三十四……三二〇七

史記卷九十五　樊酈滕灌列傳第三十五……三二一五
史記卷九十六　張丞相列傳第三十六……三二四三
史記卷九十七　酈生陸賈列傳第三十七……三二六一
史記卷九十八　傅靳蒯成列傳第三十八……三二七九
史記卷九十九　劉敬叔孫通列傳第三十九……三二八九
史記卷一百　季布欒布列傳第四十……三三〇五
史記卷一百一　袁盎鼂錯列傳第四十一……三三二五

第九册

史記卷一百二　張釋之馮唐列傳第四十二……三三二九
史記卷一百三　萬石張叔列傳第四十三……三三四五
史記卷一百四　田叔列傳第四十四……三三五九
史記卷一百五　扁鵲倉公列傳第四十五……三三六九
史記卷一百六　吴王濞列傳第四十六……三四一五
史記卷一百七　魏其武安侯列傳第四十七……三四三五
史記卷一百八　韓長孺列傳第四十八……三四五七

史記卷一百九　李將軍列傳第四十九……三四六七
史記卷一百十　匈奴列傳第五十……三四八三
史記卷一百一十一　衛將軍驃騎列傳第五十一……三五三七
史記卷一百一十二　平津侯主父列傳第五十二……三五七三
史記卷一百一十三　南越列傳第五十三……三五九三
史記卷一百一十四　東越列傳第五十四……三六〇九
史記卷一百一十五　朝鮮列傳第五十五……三六一七
史記卷一百一十六　西南夷列傳第五十六……三六二五
史記卷一百一十七　司馬相如列傳第五十七……三六三七

第一〇册

史記卷一百一十八　淮南衡山列傳第五十八……三七三九
史記卷一百一十九　循吏列傳第五十九……三七六七
史記卷一百二十　汲鄭列傳第六十……三七七三
史記卷一百二十一　儒林列傳第六十一……三七八五
史記卷一百二十二　酷吏列傳第六十二……三八〇三

史記卷一百二十三　大宛列傳第六十三……三八三三
史記卷一百二十四　游俠列傳第六十四……三八六五
史記卷一百二十五　佞幸列傳第六十五……三八七七
史記卷一百二十六　滑稽列傳第六十六……三八八五
史記卷一百二十七　日者列傳第六十七……三九〇七
史記卷一百二十八　龜策列傳第六十八……三九一七
史記卷一百二十九　貨殖列傳第六十九……三九四九
史記卷一百三十　太史公自序第七十……三九八九
附録一
史記集解序　裴駰……四〇三五
附録二
史記索隱序　司馬貞……四〇四三
史記索隱後序　司馬貞……四〇四五
補史記序　司馬貞……四〇四七

三皇本紀 司馬貞……四〇五一
附録三
史記正義序 張守節……四〇五七
史記正義 張守節……四〇五九
論史例……四〇五九
論注例……四〇五九
論字例……四〇六〇
論音例……四〇六一
音字例……四〇六二
發字例……四〇六二
謚法解……四〇六四
列國分野……四〇七八
附録四
史記點校後記 一九五九年版……四〇八三
主要參考文獻……四一〇七

史記卷一

五帝本紀第一

[集解]凡是徐氏義，稱徐姓名以別之。餘者悉是駰注解，并集衆家義。[索隱]紀者，記也。本其事而記之，故曰本紀。又紀，理也，絲縷有紀。而帝王書稱紀者，言爲後代綱紀也。[正義]鄭玄注中候勑省圖云：「德合五帝坐星者，稱帝。」又坤靈圖云：「德配天地，在正不在私，曰帝。」案：太史公依世本、大戴禮，以黃帝、顓頊、帝嚳、唐堯、虞舜爲五帝。譙周、應劭、宋均皆同。而孔安國尚書序、皇甫謐帝王世紀、孫氏注世本，並以伏犧、神農、黃帝爲三皇，少昊、顓頊、高辛、唐、虞爲五帝。裴松之史目云「天子稱本紀，諸侯曰世家」。本者，繫其本系，故曰本；紀者，理也，統理衆事，繫之年月，名之曰紀；第者，次序之目；一者，舉數之由：故曰五帝本紀第一。禮云：「動則左史書之，言則右史書之。」正義云：「左陽，故記動。右陰，故記言。言爲尚書，事爲春秋。」案：春秋時置左、右史，故云史記也。

黄帝者，〔一〕少典之子，〔二〕姓公孫，名曰軒轅。〔三〕生而神靈，弱而能言，〔四〕幼而徇齊，〔五〕長而敦敏，成而聰明。〔六〕

〔一〕集解徐廣曰：「號有熊。」索隱案：有土德之瑞，土色黄，故稱黄帝，猶神農火德王而稱炎帝然也。此以黄帝爲五帝之首，蓋依大戴禮五帝德。又譙周、宋均亦以爲然。而孔安國、皇甫謐帝王代紀及孫氏注系本並以伏犧、神農、黄帝爲三皇，少昊、高陽、高辛、唐、虞爲五帝。注「號有熊」者，以其本是有熊國君之子故也。亦號軒轅氏。皇甫謐云：「居軒轅之丘，因以爲名，又以爲號。」又據左傳，亦號帝鴻氏也。正義輿地志云：「涿鹿本名彭城，黄帝初都，遷有熊也。」案：黄帝有熊國君，乃少典國君之次子，號曰有熊氏，又曰縉雲氏，又曰帝鴻氏，亦曰帝軒氏。母曰附寶，之祁野，見大電繞北斗樞星，感而懷孕，二十四月而生黄帝於壽丘。壽丘在魯東門之北，今在兖州曲阜縣東北六里。生日角龍顔，有景雲之瑞，以土德王，故曰黄帝。封泰山，禪亭亭。亭亭在牟陰。

〔二〕集解譙周曰：「有熊國君，少典之子也。」皇甫謐曰：「有熊，今河南新鄭是也。」索隱少典者，諸侯國號，非人名也。又案：國語云「少典娶有蟜氏女，生黄帝、炎帝」。然則炎帝亦少典之子。炎黄二帝雖則相承，如帝王代紀中間凡隔八帝，五百餘年。若以少典是其父名，豈黄帝經五百餘年而始代炎帝後爲天子乎？何其年之長也！又案：秦本紀云「顓頊氏之裔孫曰女脩，吞玄鳥之卵而生大業，大業娶少典氏而生柏翳」。明少典是國號，非人名也。黄帝即少典氏後代之子孫，賈逵亦謂然，故左傳「高陽氏有才子八人」，亦謂其後代子孫而稱爲子是也。譙周，字允南，蜀人，魏散騎常侍徵，不拜。此注所引者，是其人所著古史考之説也。皇甫謐，字士安，晉人，號玄晏先生。今所引者，是其所作帝王代紀也。

【三】索隱 案：皇甫謐云「黄帝生於壽丘，長於姬水，因以爲名，又以爲號」。是本姓公孫，長居姬水，因改姓姬。

【四】索隱 弱謂幼弱時也。蓋未合能言之時而黄帝即言，所以爲神異也。潘岳有哀弱子篇，其子未七旬曰弱。正義 言神異也。易曰「陰陽不測之謂神」，書云「人惟萬物之靈」，故謂之神靈也。

【五】集解 徐廣曰：「墨子曰『年踰十五，則聰明心慮無不徇通矣』。」駰案：徇，疾；齊，速也。言聖德幼而疾速也。索隱 斯文未是。今案：徇、齊，皆德也。書曰「聰明齊聖」，左傳曰「子雖齊聖」，謂聖德齊肅也。又案：孔子家語及大戴禮並作「叡齊」，一本作「慧齊」。叡、慧，皆智也。太史公採大戴禮而爲此紀，今彼文無作「徇」者。史記舊本亦有作「濬齊」。蓋古字假借「徇」爲「濬」，濬，深也，義亦並通。爾雅「齊」「速」俱訓爲疾。尚書大傳曰「多聞而齊給」。鄭注云「齊，疾也」。今裴氏注云徇亦訓疾，未見所出。或當讀「徇」爲「迅」，迅於爾雅與齊俱訓疾，則迅濬雖異字，而音同也。又爾雅曰「宣、徇，遍也。濬，通也」。是「遍」之與「通」義亦相近。言黄帝幼而才智周偏，且辯給也。故墨子亦云「年踰五十，則聰明心慮不徇通矣」。俗本作「十五」，非是。案：謂年老踰五十不聰明，何得云「十五」？

【六】正義成謂年二十冠成人也。聰明，聞見明辯也。此以上至「軒轅」，皆大戴禮文。

軒轅之時，神農氏世衰。【一】諸侯相侵伐，暴虐百姓，而神農氏弗能征。於是軒轅乃習用干戈，以征不享，【二】諸侯咸來賓從。而蚩尤最爲暴，莫能伐。【三】炎帝欲侵陵諸侯，諸侯咸歸軒轅。軒轅乃修德振兵，【四】治五氣，【五】蓺五種，【六】撫萬民，度四方，【七】教熊羆貔貅貙虎，【八】以與炎帝戰於阪泉之野。【九】三戰，然後得其志。【一〇】蚩尤作亂，不用帝命。【一一】於是黃帝乃徵師諸侯，與蚩尤戰於涿鹿之野，【一二】遂禽殺蚩尤。【一三】而諸侯咸尊軒轅爲天子，代神農氏，是爲黃帝。天下有不順者，黃帝從而征之，平者去之，【一四】披山通道，【一五】未嘗寧居。

【一】集解皇甫謐曰：「易稱『庖犧氏沒，神農氏作』，是爲炎帝。」班固曰：「教民耕農，故號曰神農。」索隱世衰，謂神農氏後代子孫道德衰薄，非指炎帝之身，即班固所謂「參盧」，皇甫謐所云「帝榆罔」是也。正義帝王世紀云：「神農氏，姜姓也。母曰任姒，有蟜氏女登爲少典妃〔二〕，遊華陽，有神龍首，感生炎帝。人身牛首，長於姜水。有聖德，以火德王，故號炎帝。初都陳，又徙魯。又曰魁隗氏，又曰連山氏，又曰列山氏。」括地志云：「厲山在隨州隨縣北百里，山東有石穴，曰神農生於厲鄉〔三〕，所謂列山氏也。春秋時爲厲國。」

【二】索隱 謂用干戈以征諸侯之不朝享者。本或作「亭」，亭訓直，以征諸侯之不直者。

【三】集解 應劭曰：「蚩尤，古天子。」瓚曰：「孔子三朝記曰『蚩尤，庶人之貪者』。」索隱 案：此紀云「諸侯相侵伐，蚩尤最爲暴」，則蚩尤非爲天子也。又管子曰，蚩尤受盧山之金而作五兵〔四〕，明非庶人，蓋諸侯號也。劉向別録云「孔子見魯哀公，問政，比三朝，退而爲此記，故曰三朝。凡七篇，並入大戴記」。今此注見用兵篇也。正義 龍魚河圖云：「黄帝攝政，有蚩尤兄弟八十一人，並獸身人語，銅頭鐵額，食沙石子，造立兵仗刀戟大弩，威振天下，誅殺無道，不慈仁。萬民欲令黄帝行天子事，黄帝以仁義不能禁止蚩尤，乃仰天而歎。天遣玄女下授黄帝兵信神符，制伏蚩尤，帝因使之主兵，以制八方。蚩尤没後，天下復擾亂，黄帝遂畫蚩尤形像以威天下，天下咸謂蚩尤不死，八方萬邦皆爲弭服。」山海經云：「黄帝令應龍攻蚩尤。蚩尤請風伯、雨師以從大風雨，黄帝乃下天女曰『魃』以止雨。雨止，遂殺蚩尤。」孔安國曰「九黎君號蚩尤」是也。

【四】正義 振，整也。

【五】集解 王肅曰：「五行之氣。」索隱 謂春甲乙木氣，夏丙丁火氣之屬，是五氣也。

【六】集解 駰案：蓺，樹也。詩云「蓺之荏菽」。周禮曰「穀宜五種」。鄭玄曰「五種，黍、稷、菽、麥、稻也」。索隱 藝，種也，樹也。五種即五穀也，音朱用反。此注所引見詩大雅生民之篇。爾雅云「荏菽，戎菽」也，郭璞曰「今之胡豆」，鄭氏曰「豆之大者」是也。正義 蓺音魚曳反。

種音腫。

【七】集解王肅曰：「度四方而安撫之。」正義度音徒洛反。

【八】索隱書云「如虎如貔」，爾雅云「貔，白狐」，禮曰「前有摯獸，則載貔貅」是也。爾雅又曰「貙獌似貍」。此六者猛獸，可以教戰。周禮有服不氏，掌教擾猛獸。即古服牛乘馬，亦其類也。正義熊音雄。羆音碑。貔音毗。貅音休。貙音丑于反。羆如熊，黄白色。郭璞云：「貔，執夷，虎屬也。」案：言教士卒習戰，以猛獸之名名之，用威敵也。

【九】集解服虔曰：「阪泉，地名。」皇甫謐曰：「在上谷。」正義阪音白板反。括地志云：「阪泉，今名黄帝泉，在嬀州懷戎縣東五十六里。出五里至涿鹿東北，與涿水合。又有涿鹿故城，在嬀州東南五十里，本黄帝所都也。晉太康地里志云『涿鹿城東一里有阪泉，上有黄帝祠』。」案：阪泉之野則平野之地也。

【一〇】正義謂黄帝克炎帝之後。

【一一】正義言蚩尤不用黄帝之命也。

【一二】集解服虔曰：「涿鹿，山名，在涿郡。」張晏曰：「涿鹿在上谷。」索隱或作「濁鹿」，古今字異耳。案：地理志上谷有涿鹿縣，然則服虔云「在涿郡」者，誤也。

【一三】集解皇覽曰：「蚩尤冢在東平郡壽張縣闞鄉城中，高七丈，民常十月祀之。有赤氣出，如匹絳帛，民名爲蚩尤旗。肩髀冢在山陽郡鉅野縣重聚，大小與闞冢等。傳言黄帝與蚩尤戰於涿鹿之野，黃帝殺之，身體異處，故別葬之。」［索隱］案：皇甫謐云「黃帝使應龍殺蚩尤于凶黎之谷」。或曰，黃帝斬蚩尤于中冀，因名其地曰「絶轡之野」。注「皇覽」，書名也。記先代冢墓之處，宜皇王之省覽，故曰皇覽。是魏人王象、繆襲等所撰也。

【一四】［正義］平服者即去之。

【一五】［集解］徐廣曰：「披，他本亦作『陂』。字蓋當音詖。陂者，旁其邊之謂也。披語誠合今世，然古今不必同也。」［索隱］披音如字，謂披山林草木而行以通道也。徐廣音詖，恐稍紆也。

東至于海，登丸山，【一】及岱宗。【二】西至于空桐，【三】登雞頭。【四】南至于江，登熊、湘。【五】北逐葷粥，【六】合符釜山，【七】而邑于涿鹿之阿。【八】遷徙往來無常處，以師兵爲營衞。【九】官名皆以雲命，爲雲師。【一〇】置左右大監，監于萬國。【一一】萬國和，而鬼神山川封禪與爲多焉。【一二】獲寶鼎，迎日推筴。【一三】舉風后、力牧、常先、大鴻【一四】以治民。順天地之紀、【一五】幽明之占、【一六】死生之説、【一七】存亡之難。【一八】時播百穀草木，【一九】淳化鳥獸蟲蛾，【二〇】旁羅日月星辰水波【二一】土石金玉，【二二】勞勤心力耳目，節用水火材物。【二三】有土德之瑞，故號黃帝。【二四】

【一】［集解］徐廣曰：「丸，一作『凡』。」駰案：地理志曰丸山在郎邪朱虛縣。［索隱］注「丸，一作『凡』」，凡音扶嚴反。［正義］丸音桓。括地志云：「丸山即丹山，在青州臨朐縣界朱虛故縣西北二十里，丹水出焉。」丸音紈。守節案：地志唯有凡山，蓋凡山、丸山是一山耳。諸處字誤，或「丸」或「凡」也。漢書郊祀志云「禪丸山」，顏師古云「在朱虛」，亦與括地志相合，明丸山是也。

【二】正義泰山，東岳也。在兗州博城縣西北三十里也。

【三】集解應劭曰：「山名。」韋昭曰：「在隴右。」

【四】索隱山名也。後漢王孟塞雞頭道，在隴西。一曰崆峒山之別名。正義括地志云：「空桐山在肅州福禄縣東南六十里。」抱朴子內篇云「黃帝西見中黃子，受九品之方，過空桐，從廣成子受自然之經」，即此山。括地志又云：「笄頭山一名崆峒山，在原州平高縣西百里，禹貢涇水所出。輿地志云或即雞頭山也。酈元云蓋大隴山異名也。莊子云廣成子學道崆峒山，黃帝問道於廣成子，蓋在此。」案：二處崆峒皆云黃帝登之，未詳孰是。

【五】集解封禪書曰：「南伐至于召陵，登熊山〔五〕。」地理志曰湘山在長沙益陽縣。正義括地志云：「熊耳山在商州上洛縣西十里，齊桓公登之以望江漢也。湘山一名艑山，在岳州巴陵縣南十八里也。」

【六】集解匈奴傳曰：「唐虞以上有山戎、獫狁、葷粥，居于北蠻。」索隱匈奴別名也。唐虞已上曰山戎，亦曰熏粥，夏曰淳維，殷曰鬼方，周曰玁狁，漢曰匈奴。正義葷音薰。粥音育。

【七】索隱合諸侯符契圭瑞，而朝之於釜山，猶禹會諸侯於塗山然也。又案：郭子橫洞冥記稱東方朔云「東海大明之墟有釜山，山出瑞雲，應王者之符命」，如堯時有赤雲之祥之類。蓋黃帝黃雲之瑞，故曰「合符應於釜山」也。 正義 括地志云：「釜山在嬀州懷戎縣北三里，山上有舜廟。」

【八】正義 廣平曰阿。涿鹿，山名，已見上。涿鹿故城在山下，即黃帝所都之邑於山下平地。

【九】正義 環繞軍兵爲營以自衞，若轅門即其遺象。

【一〇】集解 應劭曰：「黃帝受命，有雲瑞，故以雲紀事也。春官爲青雲，夏官爲縉雲，秋官爲白雲，冬官爲黑雲，中官爲黃雲。」張晏曰：「黃帝有景雲之應，因以名師與官。」

【一一】正義 監，上監去聲，下監平聲。若周、邵分陝也。

【一二】集解 徐廣曰：「多，一作『朋』。」 索隱 與音羊汝反。與猶許也。言萬國和同，而鬼神山川封禪祭祀之事，自古以來帝皇之中，推許黃帝以爲多。多猶大也。

【一三】集解 晉灼曰：「策，數也，迎數之也。」瓚曰：「日月朔望未來而推之，故曰迎日。」 索隱 封禪書曰「黃帝得寶鼎神策」，下云「於是推策迎日」，則神策者，神蓍也。黃帝得蓍以推筭曆數，於是逆知節氣日辰之將來，故曰推策迎日也。 正義 筴音策。迎，逆也。黃帝受神筴，命大撓造甲子，容成造曆是也。

【一四】集解 鄭玄曰：「風后，黃帝三公也。」班固曰：「力牧，黃帝相也。」大鴻，見封禪書。 正義 舉，任用。四人皆帝臣也。帝王世紀云：「黃帝夢大風吹天下之塵垢皆去，又夢人執千鈞之弩，驅羊萬羣。帝寤而歎曰：『風，爲號令執政者也；垢，去土后在也。天下豈有姓風名后者哉？夫千鈞之弩，異力者也。驅羊數萬羣，能牧民爲善者也。天下豈有姓力名牧者哉？』於是依二占而求之，得風后於海隅，登以爲相。得力牧於大澤，進以爲將。黄帝因著占夢經十一卷。」藝文志云：「風后兵法十三篇，圖二卷。孤虚二十卷。力牧兵法十五篇。」鄭玄云：「風后，黄帝之三公也。」案：黄帝仰天地置列侯衆官，以風后配上台，天老配中台，五聖配下台，謂之三公也。封禪書云「鬼臾區號大鴻，黄帝大臣也。死葬雍，故鴻冢是」。藝文志云「鬼容區兵法三篇」也。

【一五】〖正義〗言黄帝順天地陰陽四時之紀也。

【一六】〖正義〗幽，陰；明，陽也。占，數也。言陰陽五行，黄帝占數而知之。此文見大戴禮。

【一七】〖集解〗徐廣曰：「一云『幽明之數，合死生之説』。」〖正義〗説謂儀制也。民之生死。此謂作儀制禮則之説。

【一八】〖索隱〗存亡猶安危也。易曰「危者安其位，亡者保其存」是也。難猶説也。凡事是非未盡，假以往來之詞，則曰難。又上文有「死生之説」，故此云「存亡之難」，所以韓非著書有説林、説難也。〖正義〗難音乃憚反。存亡猶生死也。黄帝之前，未有衣裳屋宇。及黄帝造屋宇，制衣服，營殯葬，萬民故免存亡之難。

【一九】〖集解〗王肅曰：「時，是也。」〖索隱〗爲一句。〖正義〗言順四時之所宜而布種百穀草木也。

【二〇】索隱為一句。蛾音牛綺反。一作「豸」。豸〔六〕。言淳化廣被及之。正義蛾音魚起反。又音豸，豸音直氏反。蟻，蚍蜉也。爾雅曰：「有足曰蟲，無足曰豸。」

【二一】集解徐廣曰：「一作『沃』。」

【二二】索隱旁，非一方。羅，廣布也。今案：大戴禮作「歷離」。離即羅也。言帝德旁羅日月星辰水波，及至土石金玉。謂日月揚光，海水不波，山不藏珍，皆是帝德廣被也。正義旁羅猶遍布也。日月，陰陽時節也。星，二十八宿也。辰，日月所會也。水波，瀾漪也。言天不異災，土無別害，水少波浪，山出珍寶。

【二三】正義節，時節也。水，陂障決洩也。火，山野禁放也。材，木也。物，事也。言黃帝教民，江湖陂澤山林原隰皆收採禁捕以時，用之有節，令得其利也。大戴禮云「宰我問於孔子曰：『予聞榮伊曰黃帝三百年。請問黃帝者人耶？何以至三百年？』孔子曰：『勞勤心力耳目，節用水火材物，生而民得其利百年，死而民畏其神百年，亡而民用其教百年，故曰三百年也。』」

【二四】索隱炎帝火，黃帝土代之，即「黃龍地螾見」是也。螾，土精，大五六圍，長十餘丈。螾音引。正義螾音以刃反。

黃帝二十五子，其得姓者十四人。【一】

【一】索隱舊解破四為三，言得姓十三人耳。今案：國語胥臣云「黃帝之子二十五宗，其得姓者十四人，為十二姓，姬、酉、祁、己、滕、葴、任、荀、僖、姞、儇、衣是也。唯青陽與夷鼓同己姓」。又云「青陽與蒼林爲姬姓」。是則十四人爲十二姓，其文甚明。唯姬姓再稱青陽與蒼林，蓋國語文誤，所以致令前儒共疑。其姬姓青陽當爲玄囂，是帝嚳祖，本與黃帝同姬姓。其國語上文青陽，即是少昊金天氏爲己姓者耳。既理在不疑，無煩破四爲三〔七〕。

黃帝居軒轅之丘，〔一〕而娶於西陵之女〔八〕，〔二〕是爲嫘祖。〔三〕嫘祖爲黃帝正妃，〔四〕生二子，其後皆有天下：其一曰玄囂，是爲青陽，〔五〕青陽降居江水；〔六〕其二曰昌意，降居若水。〔七〕昌意娶蜀山氏女，曰昌僕，生高陽，高陽有聖悳焉。〔八〕黃帝崩，〔九〕葬橋山。〔一〇〕其孫昌意之子高陽立，是爲帝顓頊也。

〔一〕集解皇甫謐曰：「受國於有熊，居軒轅之丘，故因以爲名，又以爲號。山海經曰『在窮山之際，西射之南』。」張晏曰：「作軒冕之服，故謂之軒轅。」

〔二〕正義西陵，國名也。

〔三〕集解徐廣曰：「祖，一作『俎』。嫘，力追反。」索隱一曰雷祖，音力堆反。正義一作「傫」。

〔四〕索隱案：黃帝立四妃，象后妃四星。皇甫謐云：「元妃西陵氏女，曰累祖，生昌意。次妃方雷氏女，曰女節，生青陽。次妃彤魚氏女，生夷鼓，一名蒼林。次妃嫫母，班在三人之下。」案：國語夷鼓、蒼林是二人。又案：漢書古今人表彤魚氏生夷鼓，嫫母生蒼林，不得如謐所說。太史公乃據大戴禮，以累祖生昌意及玄囂，玄囂即青陽也。皇甫謐以青陽爲少昊，乃方雷氏所生，是其所見異也。

【五】索隱 玄囂，帝嚳之祖。案：皇甫謐及宋衷皆云玄囂青陽即少昊也。今此紀下云「玄囂不得在帝位」，則太史公意青陽非少昊明矣。而此又云「玄囂是爲青陽」，當是誤也。謂二人皆黃帝子，並列其名，所以前史因誤以玄囂青陽爲一人耳。宋衷又云：「玄囂青陽是爲少昊，繼黃帝立者，而史不敍，蓋少昊金德王，非五運之次，故敍五帝不數之也。」

【六】正義 括地志云：「安陽故城在豫州新息縣西南八十里。應劭云古江國也。地理志亦云安陽古江國也。」

【七】索隱 降，下也。言帝子爲諸侯，降居江水〔九〕。江水、若水皆在蜀，即所封國也。水經曰「水出旄牛徼外，東南至故關爲若水，南過邛都，又東北至朱提縣爲盧江水」，是蜀有此二水也。

【八】正義 華陽國志及十三州志云：「蜀之先肇於人皇之際。黃帝爲子昌意娶蜀山氏，後子孫因封焉。帝顓頊高陽氏，黃帝之孫，昌意之子，母曰昌僕，亦謂之女樞。」河圖云：「瑤光如蜺貫月，正白，感女樞於幽房之宮，生顓頊，首戴干戈，有德文也。」

【九】集解 皇甫謐曰：「在位百年而崩，年百一十一歲。」索隱 案：大戴禮「宰我問孔子曰：『榮伊言黃帝三百年，請問黃帝何人也〔一〇〕？抑非人也？何以至三百年乎？』對曰：『生而人得其利百年，死而人畏其神百年，亡而人用其教百年。』」則士安之說略可憑矣。正義 列仙傳云：「軒轅自擇亡日與羣臣辭。還葬橋山，山崩，棺空，唯有劍舄在棺焉。」

【一〇】集解皇覽曰：「黃帝冢在上郡橋山。」索隱地理志橋山在上郡陽周縣，山有黃帝冢也。正義括地志云：「黃帝陵在寧州羅川縣東八十里子午山。地理志云上郡陽周縣橋山南有黃帝冢〔一二〕。」案：陽周，隋改爲羅川。爾雅云山鋭而高曰橋也。

帝顓頊高陽者，【一】黃帝之孫而昌意之子也。靜淵以有謀，疏通而知事；養材以任地，【二】載時以象天，【三】依鬼神以制義，【四】治氣以教化，【五】絜誠以祭祀。北至于幽陵，【六】南至于交阯，【七】西至于流沙，【八】東至于蟠木。【九】動靜之物，【一〇】大小之神〔一三〕，【一一】日月所照，莫不砥屬。【一二】

【一】集解皇甫謐曰：「都帝丘，今東郡濮陽是也。」索隱宋衷云：「顓頊，名；高陽，有天下號也。」張晏云：「高陽者，所興地名也。」

【二】索隱言能養材物以任地。大戴禮作「養財」。

【三】索隱載，行也。言行四時以象天。大戴禮作「履時以象天」。履亦踐而行也。

【四】索隱鬼神聰明正直，當盡心敬事，因制尊卑之義，故禮曰「降于祖廟之謂仁義」是也。正義鬼之靈者曰神也。鬼神謂山川之神也。能興雲致雨，潤養萬物也，故己依馮之剬義也。剬，古制字。

【五】索隱謂理四時五行之氣以教化萬人也。

【六】正義幽州也。

【七】正義阯音止。交州也。

【八】集解地理志曰流沙在張掖居延縣。正義濟，渡也。括地志云：「居延海南，甘州張掖縣東北千六十四里是〔一三〕。」

【九】集解海外經曰：「東海中有山焉，名曰度索。上有大桃樹，屈蟠三千里。東北有門，名曰鬼門，萬鬼所聚也。天帝使神人守之，一名神荼，一名鬱壘，主閱領萬鬼。若害人之鬼，以葦索縛之，射以桃弧，投虎食也。」

【一〇】正義動物謂鳥獸之類，靜物謂草木之類。

【一一】正義大謂五嶽、四瀆，小謂丘陵墳衍。

【一二】集解王肅曰：「砥，平也。四遠皆平而來服屬。」索隱依王肅音止蜀，據大戴禮作「砥礪」也。

帝顓頊生子曰窮蟬。【一】顓頊崩，【二】而玄囂之孫高辛立，是爲帝嚳。

【一】索隱系本作「窮係」。宋衷云：「一云窮係，謚也。」正義帝舜之高祖也。

【二】集解皇甫謐曰：「在位七十八年，年九十八。」皇覽曰：「顓頊冢在東郡濮陽頓丘城門外廣陽里中。頓丘者城，門名頓丘道。」索隱皇甫謐云：「據左氏，歲在鶉火而崩。葬東郡。」又山海經曰：「顓頊葬鮒魚山之陽，九嬪葬其陰。」

帝嚳高辛者，【一】黄帝之曾孫也。高辛父曰蟜極，【二】蟜極父曰玄囂，玄囂父曰黄帝。自玄囂與蟜極皆不得在位，至高辛即帝位。【三】高辛於顓頊爲族子。

【一】集解張晏曰：「少昊以前，天下之號象其德。顓頊以來，天下之號因其名。高陽、高辛，皆所興之地名。顓頊與嚳皆以字爲號，上古質故也。」索隱宋衷曰：「高辛，地名，因以爲號。嚳，名也。」皇甫謐云：「帝嚳名夋也。」

【二】正義蟜音居兆反。本作「橋」，音同。又巨遥反。帝堯之祖也。正義帝王紀云：「俈母無聞焉。」

【三】集解皇甫謐曰：「都亳，今河南偃師是。」

高辛生而神靈，自言其名。【一】普施利物，不於其身。聰以知遠，明以察微。順天之義，知民之急。仁而威，惠而信，脩身而天下服。取地之財而節用之，撫教萬民而利誨之，曆日月而迎送之，【二】明鬼神而敬事之。【三】其色郁郁，其德嶷嶷。【四】其動也時，其服也士。【五】帝嚳溉執中而徧天下，【六】日月所照，風雨所至，莫不從服。【七】

【一】正義帝王紀云：「帝俈高辛，姬姓也。其母生見其神異，自言其名曰岌〔一四〕。齠齔有聖德，年十五而佐顓頊，三十登位，都亳，以人事紀官也。」

【二】正義言作曆弦、望、晦、朔，日月未至而迎之，過而送之，上「迎日推策」是也。

【三】正義天神曰神，人神曰鬼。又云聖人之精氣謂之神，賢人之精氣謂之鬼。言明識鬼神而敬事也。

【四】索隱郁郁猶穆穆也。嶷嶷，德高也。今案：大戴禮「郁」作「神」，「嶷」作「俟」。

【五】索隱舉動應天時，衣服服士服，言其公且廉也。

【六】集解徐廣曰：「古『既』字作水旁。『偏』字一作『尹』。」索隱即尚書「允執厥中」是也。正義溉音既。言帝俈治民，若水之溉灌，平等而執中正，偏於天下也。

【七】正義以上大戴文也。

帝嚳娶陳鋒氏女，【一】生放勳。【二】娶娵訾氏女，生摯。【三】帝嚳崩，【四】而摯代立。帝摯立，不善，崩〔一五〕，【五】而弟放勳立，是爲帝堯。

【一】索隱鋒音峯。案：系本作「陳酆氏」。皇甫謐云「陳鋒氏女曰慶都」。慶都，名也。正義鋒音峯。又作「豐」。帝王紀云「帝俈有四妃，卜其子皆有天下。元妃有邰氏女，曰姜嫄，生后稷。次妃有娀氏女，曰簡狄，生卨。次妃陳豐氏女，曰慶都，生放勛。次妃娵訾氏女，曰常儀，生帝摯」也。

【二】正義放音方往反。勳亦作「勛」，音許云反。言堯能放上代之功，故曰放勛。謚堯。姓伊祁氏。帝王紀云：「帝堯陶唐氏，祁姓也。母慶都，十四月生堯。」

【三】索隱案：皇甫謐云「女名常宜」也。正義娵，足須反。訾，紫移反。

【四】集解皇甫謐曰：「在位七十年，年百五歲。」皇覽曰：「帝嚳冢在東郡濮陽頓丘城南臺陰野中。」

【五】索隱古本作「不著」，音張慮反。俗本作「不善」。不善謂微弱，不著猶不著明。衛宏云：「摯立九年而唐侯德盛，因禪位焉。」正義帝王紀云：「帝摯之母於四人中班最在下，而摯於兄弟最長，得登帝位。封異母弟放勛爲唐侯。摯在位九年，政微弱，而唐侯德盛，諸侯歸之，摯服其義，乃率羣臣造唐而致禪。唐侯自知有天命，乃受帝禪。乃封摯於高辛。」今定州唐縣也。

帝堯者，【一】放勳。【二】其仁如天，【三】其知如神。【四】就之如日，【五】望之如雲。【六】富而不驕，貴而不舒。【七】黄收純衣，【八】彤車乘白馬，能明馴德，【九】以親九族。九族既睦，便章百姓。【一〇】百姓昭明，合和萬國。

【一】集解謚法曰：「翼善傳聖曰堯。」索隱堯，謚也。放勳，名。帝嚳之子，姓伊祁氏。案：皇甫謐云「堯初生時，其母在三阿之南，寄於伊長孺之家，故從母所居爲姓也」。正義徐廣云：「號陶唐。」帝王紀云：「堯都平陽，於詩爲唐國。」徐才宗國都城記云：「唐國，帝堯之裔子所封。其北，帝夏禹都，漢曰太原郡，在古冀州太行恒山之西。其南有晉水。」括地志云：

「今晉州所理平陽故城是也。平陽河水一名晉水也。」

【二】集解徐廣曰：「號陶唐。」皇甫謐曰：「堯以甲申歲生，甲辰即帝位，甲午徵舜，甲寅舜代行天子事，辛巳崩，年百一十八，在位九十八年。」

【三】索隱如天之函養也。

【四】索隱如神之微妙也。

【五】索隱如日之照臨，人咸依就之，若葵藿傾心以向日也。

【六】索隱如雲之覆渥，言德化廣大而浸潤生人，人咸仰望之，故曰如百穀之仰膏雨也。

【七】索隱舒猶慢也。大戴禮作「不豫」。

【八】集解徐廣曰：「純，一作『紂』。」駰案：太古冠冕圖云「夏名冕曰收」。禮記曰「野夫黃冠」。鄭玄曰「純衣，士之祭服」。索隱收，冕名。其色黃，故曰黃收，象古質素也。純，讀曰緇。

【九】集解徐廣曰：「馴，古訓字。」索隱史記「馴」字徐廣皆讀曰訓。訓，順也。言聖德能順人也。案：尚書作「俊德」，孔安國云「能明用俊德之士」，與此文意別也。

【一〇】集解徐廣曰：「下云『便程東作』，然則訓平爲便也。」駰案：尚書並作「平」字。孔安國曰「百姓，百官」。鄭玄曰「百姓，羣臣之父子兄弟」。索隱古文尚書作「平」，此文蓋讀「平」爲浦耕反。平既訓便，因作「便章」。其今文作「辯章」。古「平」字亦作「便」，音婢緣反。便則訓辯，遂爲辯章。鄒誕生本亦同也。

乃命羲、和，【一】敬順昊天，【二】數法【三】日月星辰，【四】敬授民時。【五】分命羲仲，居郁夷，曰暘谷。【六】敬道日出，便程東作。【七】日中，星鳥，以殷中春。【八】其民析，鳥獸字微。【九】申命羲叔，居南交。【一〇】便程南爲，敬致。【一一】日永，星火，以正中夏。【一二】其民因，鳥獸希革。【一三】申命和仲，【一四】居西土，【一五】曰昧谷。【一六】敬道日入，便程西成。【一七】夜中，星虛，【一八】以正中秋。【一九】其民夷易，鳥獸毛毨。【二〇】申命和叔，居北方，曰幽都。【二一】便在伏物。【二二】日短，星昴，以正中冬。【二三】其民燠，鳥獸氄毛。【二四】歲三百六十六日，以閏月正四時。【二五】信飭【二六】百官，衆功皆興。

【一】集解孔安國曰：「重、黎之後，羲氏、和氏世掌天地之官。」正義呂刑傳云：「重即羲，黎即和，雖別爲氏族，而出自重黎也。」案：聖人不獨治，必須賢輔，乃命相天地之官，若周禮天官卿、地官卿也。

【二】正義敬猶恭勤也。元氣昊然廣大，故云昊天。釋天云：「春爲蒼天，夏爲昊天，秋爲旻天，冬爲上天。」而獨言昊天者，以堯能敬天大，故以昊大言之。

【三】索隱尚書作「曆象日月」，則此言「數法」，是訓「曆象」二字，謂命羲和以曆數之法觀察日月星辰之早晚，以敬授人時也。

【四】正義曆數之法，日之甲乙，月之大小，昏明遞中之星，日月所會之辰，定其天數，以爲一歲之曆。

【五】正義尚書考靈耀云：「主春者，張昏中，可以種稷。主夏者，火昏中，可以種黍菽。主秋者，虛昏中，可以種麥。主冬者，昴昏中，可以收斂也。」天子視四星之中，知民緩急，故云敬授民時也。

【六】集解尚書作「嵎夷」。孔安國曰：「東表之地稱嵎夷。日出於暘谷。羲仲，治東方之官。」索隱舊本作「湯谷」，今並依尚書字。案：淮南子曰「日出湯谷，浴於咸池」，則「湯谷」亦有他證明矣。又下曰「昧谷」，徐廣云「一作『柳』」，柳亦日入處地名。太史公博採經記而爲此史，廣記異聞，不必皆依尚書。蓋郁夷亦地之別名也。正義郁音隅。陽或作「暘」。禹貢青州云：「嵎夷既略。」案：嵎夷，青州也。堯命羲仲理東方青州嵎夷之地，日所出處，名曰陽明之谷。羲仲，主東方之官，若周禮春官卿。

【七】集解孔安國曰：「敬道出日，平均次序東作之事，以務農也。」索隱劉伯莊傳皆依古史作平秩音。然尚書大傳曰「辯秩東作」，則是訓秩爲程，言便課其作程者也。正義道音導。便、程，並如字，後同。導，訓也。三春主東，故言日出。耕作在春，故言東作。命羲仲恭勤道訓萬民東作之事，使有程期。

【八】集解孔安國曰：「日中謂春分之日也。鳥，南方朱鳥七宿也。殷，正也。春分之昏，鳥星畢見，以正仲春之氣節。轉以推孟、季，則可知也。」正義下「中」音仲，夏、秋、冬並同。

【九】集解孔安國曰：「春事既起，丁壯就功，言其民老壯分析也。乳化曰字。」尚書「微」作「尾」

字。説云「尾，交接也〔一六〕」。

【一〇】集解孔安國曰：「夏與春交，此治南方之官也。」索隱孔注未是。然則冬與秋交，何故下無其文？且東嵎夷，西昧谷，北幽都，三方皆言地，而夏獨不言地，乃云「與春交」，斯不例之甚也。然南方地有名交阯者，或古文略舉一字名地，南交則是交阯不疑也。正義羲叔，主南方官，若周禮夏官卿也。

【一一】集解孔安國曰：「爲，化也。平序分南方化育之事，敬行其教，以致其功也。」索隱爲依字讀。春言「東作」，夏言「南爲」，皆是耕作營爲勸農之事。孔安國强讀爲「訛」字，雖則訓化，解釋亦甚紆回也。正義爲音于僞反。命羲叔宜恭勤民事。致其種殖，使有程期也。

【一二】集解孔安國曰：「永，長也，謂夏至之日。火，蒼龍之中星，舉中則七星見可知也，以正中夏之節〔一七〕。」馬融、王肅謂日長晝漏六十刻，鄭玄曰五十五刻。

【一三】集解孔安國曰：「因，謂老弱因就在田之丁壯以助農也。夏時鳥獸毛羽希少改易也。革，改也。」

【一四】正義和仲，主西方之官，若周禮秋官卿也。

【一五】集解徐廣曰：「一無『土』字。以爲西者，今天水之西縣也。」駰案：鄭玄曰「西者，隴西之西，今人謂之兑山」。

【一六】集解徐廣曰：「一作『柳谷』。」駰案：孔安國曰「日入于谷而天下冥，故曰昧谷。此居治西方之官，掌秋天之政也」。

【一七】集解孔安國曰：「秋，西方，萬物成也。」

【一八】索隱虛，舊依字讀，而鄒誕生音墟。案：虛星主墳墓，鄒氏或得其理。

【一九】集解孔安國曰：「春言日，秋言夜，互相備也。虛，玄武之中星。亦言七星皆以秋分日見，以正三秋也。」

【二〇】集解孔安國曰：「夷，平也。老壯者在田，與夏平也。毨，理也。毛更生整理〔一八〕。」

【二一】集解孔安國曰：「北稱幽。都，謂所聚也。」 索隱山海經曰「北海之內有山，名幽都」，蓋是也。 正義案：北方幽州，陰聚之地，命和叔居理之。北方之官，若周禮冬官卿。

【二二】索隱使和叔察北方藏伏之物，謂人畜積聚等冬皆藏伏。尸子亦曰「北方者，伏方也」。尚書作「平在朔易」。今案：大傳云「便在伏物」，太史公據之而書。

【二三】集解孔安國曰：「日短，冬至之日也。昴，白虎之中星。亦以七星並見，以正冬節也。」馬融、王肅謂日短晝漏四十刻。鄭玄曰四十五刻，失之。

【二四】集解徐廣曰：「氄音茸。」駰案：孔安國曰「民入室處，鳥獸皆生氄毳細毛以自溫也」。

【二五】索隱夫周天三百六十五度四分度之一，是天度數也。而日行遲，一歲一周天；月行疾，一月一周天。日一日行一度，月一日行十三度十九分度之七。至二十九日半强，月行天一帀，又逐及日而與會。一年十二會，是爲十二月。每月二十九日過半。年分出小月六，是每歲餘六日。又大歲三百六十六日，小歲三百五十五日，舉全數云六十六日。其實一歲唯餘十一日弱。未滿三歲，已成一月，則置閏。若三年不置閏，則正月爲二月。九年差三月，則以春爲夏。十七年差六月，則四時皆反。以此四時不正，歲不成矣。故傳曰「歸餘於終，事則不悖」是也。

【二六】集解徐廣曰：「古『勑』字。」

堯曰：「誰可順此事？」【一】放齊曰：「嗣子丹朱開明。」【二】堯曰：「吁！頑凶，不用。」【三】堯又曰：「誰可者？」讙兜曰：「共工旁聚布功，可用。」【四】堯曰：「共工善言，其用僻，似恭漫天，不可。」【五】堯又曰：「嗟！四嶽：【六】湯湯洪水滔天，浩浩懷山襄陵，【七】下民其憂，有能使治者？」皆曰鯀可。【八】堯曰：「鯀負命毀族，不可。」【九】嶽曰：「异哉，試不可用而已。」【一〇】堯於是聽嶽用鯀。九歲，功用不成。【一一】

【一】正義言將登用之嗣位也。

【二】集解孔安國曰：「放齊，臣名。」正義放音方往反。鄭玄云：「帝堯胤嗣之子，名曰丹朱，開明也。」案：開，解而達也。帝王紀云：「堯娶散宜氏女，曰女皇，生丹朱。」汲冢紀年云：「后稷放帝子丹朱。」范汪荊州記云：「丹水縣在丹川，堯子朱之所封也。」括地志云：「丹水故城在鄧州內鄉縣西南百三十里。丹水故爲縣。」

【三】集解孔安國曰：「吁，疑怪之辭。」正義左傳云：「口不道忠信之言爲嚚，心不則德義之經爲頑。」凶，訟也。言丹朱心既頑嚚，又好爭訟，不可用之。

【四】集解孔安國曰：「讙兜，臣名。」鄭玄曰：「共工，水官名。」正義兜音斗侯反。

【五】正義漫音莫干反。共工善爲言語，用意邪僻也。似於恭敬，罪惡漫天，不可用也。

【六】集解鄭玄曰：「四嶽，四時官，主方嶽之事。」正義嗟嘆鴻水，問四嶽誰能理也。孔安國云：「四嶽，即上羲和四子也。分掌四嶽之諸侯，故稱焉。」

【七】集解孔安國曰：「懷，包；襄，上也。」正義湯音商，今讀如字。蕩蕩，廣平之貌。言水奔突有所滌除，地上之物爲水漂流蕩蕩然。案：懷，藏，包裹之義，故懷爲包。釋言以襄爲駕，駕乘牛馬皆在上也。言水襄上乘陵，浩浩盛大，勢若漫天。

【八】集解馬融曰：「鯀，臣名，禹父。」

【九】正義負音佩，依字通。負，違也。族，類也。鯀性很戾，違負教命，毀敗善類，不可用也。詩云「貪人敗類」也。

【一〇】正義异音異。孔安國云：「异，已。已，退也。言餘人盡已，唯鯀可試，無成乃退。」

【一一】正義爾雅釋天云：「載，歲也。夏曰祀，周曰年，唐、虞曰載〔一九〕。」李巡云：「各自紀事，示不相襲也。」孫炎云：「歲，取歲星行一次也。祀，取四時祭祀一訖也。年，取禾穀一熟也〔二〇〕。載，取萬物終更始也。載者，年之別名，故以載爲年也。」案：功用不成，水害不息，故放退也。至明年得舜，乃殛之羽山，而用其子禹也。

堯曰：「嗟！四嶽：朕在位七十載，汝能庸命，踐朕位？」【一】嶽應曰：「鄙悳忝帝位。」【二】堯曰：「悉舉貴戚及疏遠隱匿者。」衆皆言於堯曰：「有矜在民閒，曰虞舜。」【三】堯曰：「然，朕聞之。其何如？」嶽曰：「盲者子。父頑，母嚚，弟傲，能和以孝，烝烝治，不至姦。」【四】堯曰：「吾其試哉。」【五】於是堯妻之二女，【六】觀其德於二女。【七】舜飭下二女於嬀汭，【八】如婦禮。堯善之，乃使舜慎和五典，【九】五典能從。乃徧入百官，百官時序。賓於四門，四門穆穆，諸侯遠方賓客皆敬。【一〇】堯使舜入山林【一一】川澤，暴風雷雨，舜行不迷。堯以爲聖，召舜曰：「女謀事至而言可績，三年矣。【一二】女登帝位。」舜讓於德，不懌。【一三】正月上日，【一四】舜受終於文祖。文祖者，堯大祖也。【一五】

【一】集解鄭玄曰：「言汝諸侯之中有能順事用天命者，入處我位，統治天子之事者乎？」正義孔安國云：「堯年十六，以唐侯升爲天子，在位七十載，時八十六，老將求代也。」

【二】正義四嶽皆云，鄙俚無德，若便行天子事，是辱帝位。言己等不堪也。

【三】集解孔安國曰：「無妻曰矜。」正義矜，古頑反。

【四】集解孔安國曰：「不至於姦惡。」正義烝，之升反，進也。言父頑，母嚚，弟傲，舜皆和以孝，進之於善，不至於姦惡也。

【五】正義欲以二女試舜，觀其理家之道也。

【六】正義妻音七計反。二女，娥皇、女英也。娥皇無子，女英生商均。舜升天子，娥皇爲后，女英爲妃。

【七】正義視其爲德行於二女，以理家而觀國也。

【八】集解孔安國曰：「舜所居嬀水之汭。」　索隱列女傳云二女長曰娥皇，次曰女英。系本作「女瑩」。大戴禮作「女匽」。皇甫謐云：「嬀水在河東虞鄉縣歷山西。汭，水涯也，猶洛汭、渭汭然也。」　正義飭音勑。下音胡亞反。汭音芮。舜能整齊二女以義理，下二女之心於嬀汭，使行婦道於虞氏也。括地志云：「嬀汭水源出蒲州河東南山〔三二〕。許慎云：『水涯曰汭。』案：地記云『河東郡青山東山中有二泉，下南流者嬀水，北流者汭水。二水異源，合流出谷，西注河。嬀水北曰汭也』。又云『河東縣二里故蒲坂城，舜所都也。城中有舜廟，城外有舜宅及二妃壇』。」

【九】集解鄭玄曰：「五典，五教也。蓋試以司徒之職。」

【一〇】集解馬融曰：「四門，四方之門。諸侯羣臣朝者，舜賓迎之，皆有美德也。」

【一一】索隱尚書云「納于大麓」，穀梁傳云「林屬於山曰麓」，是山足曰麓，故此以爲入山林不迷。孔氏以麓訓録，言令舜大録萬機之政，與此不同。

【一二】集解鄭玄曰：「三年者，賓四門之後三年也。」

【一三】集解徐廣曰：「音亦。今文尚書作『不怡』。怡，懌也。」　索隱古文作「不嗣」，今文作「不怡」，怡即懌也。謂辭讓於德不堪，所以心意不悅懌也。俗本作「澤」，誤爾，亦當爲「懌」。

【一四】集解馬融曰：「上日，朔日也。」正義鄭玄云：「帝王易代，莫不改正。堯正建丑，舜正建子，此時未改，故依堯正月上日也。」

【一五】集解鄭玄曰：「文祖者，五府之大名，猶周之明堂。」索隱注「五府」〔三三〕。尚書帝命驗曰：「五府，五帝之廟。蒼曰靈府，赤曰文祖，黄曰神斗，白曰顯紀，黑曰玄矩。」唐虞謂之五府，夏謂世室，殷謂重屋，周謂明堂，皆祀五帝之所也。正義舜受堯終帝之事於文祖也。尚書帝命驗云：「帝者承天立五府，以尊天重象也。五府者，黄曰神斗。」注云：「唐虞謂之天府，夏謂之世室，殷謂之重屋，周謂之明堂，皆祀五帝之所也。文祖者，赤帝熛怒之府，名曰文祖。火精光明，文章之祖，故謂之文祖。周曰明堂。神斗者，黄帝含樞紐之府，名曰神斗。斗，主也。土精澄靜，四行之主，故謂之神斗。周曰太室。顯紀者，白帝招拒之府，名顯紀。紀，法也。金精斷割萬物，故謂之顯紀。周曰總章。玄矩者，黑帝汁光紀之府，名曰玄矩。矩，法也。水精玄昧，能權輕重，故謂之玄矩。周曰玄堂。靈府者，蒼帝靈威仰之府，名曰靈府。周曰青陽。」

於是帝堯老，命舜攝行天子之政，以觀天命。舜乃在璿璣玉衡，以齊七政。【一】遂類于上帝，【二】禋于六宗，【三】望于山川，【四】辯于羣神。【五】揖五瑞，擇吉月日，見四嶽諸牧，班瑞。【六】歲二月，東巡狩，至於岱宗，祡，【七】望秩於山川。【八】遂見東方君長，合時月正日，【九】同律度量衡，【一〇】脩五禮，【一一】五玉【一二】三帛【一三】二生【一四】一死【一五】爲摯，【一六】如五器，卒乃復。【一七】五月，南巡狩；八月，西巡狩；十一月，北巡狩：皆如初。歸，至于祖禰廟，【一八】用特牛禮。五歲一巡狩，羣后四朝。【一九】偏告以言，【二〇】明試以功，車服以庸。【二一】肇十有二州，決川。【二二】象以典刑，【二三】流宥五刑，【二四】鞭作官刑，【二五】扑作教刑，【二六】金作贖刑。【二七】眚裁過，赦；【二八】怙終【二九】賊，刑。【三〇】欽哉，欽哉，惟刑之靜哉！【三一】

【一】集解 鄭玄曰：「璿璣玉衡，渾天儀也。七政，日、月、五星也。」 正義 說文云：「璿，赤玉也〔二三〕。」案：舜雖受堯命，猶不自安，更以璿璣玉衡以正天文。璣爲運轉，衡爲橫簫，運璣使動於下，以衡望之，是王者正天文器也，觀其齊與不齊。今七政齊，則己受禪爲是。蔡邕云：「玉衡長八尺，孔徑一寸，下端望之，以視星宿。並縣璣以象天〔二四〕，而以衡望之，轉璣窺衡，以知星宿。璣徑八尺，圓周二丈五尺而强也。」鄭玄云：「運轉者爲璣，持正者爲衡。」尚書大傳云：「政者，齊中也。謂春秋冬夏天文地理人道，所以爲政也，道正而萬事順成，故天道政之大也。」

【二】集解 鄭玄曰：「禮祭上帝于圜丘。」 正義 五經異義云：「非時祭天謂之類，言以事類告也。時舜告攝，非常祭也。」王制云：「天子將出，類于上帝。」鄭玄云：「昊天上帝謂天皇大帝，北辰之星。」

【三】集解 鄭玄曰：「六宗，星、辰、司中、司命、風師、雨師也。」駰案：六宗義衆矣。愚謂鄭說爲長。[正義]周語云「精意以享曰禋」也。孫炎云：「禋，絜敬之祭也。」案：星，五緯星也。辰，日月所會十二次也。司中、司命，文昌第五、第四星也。風師，箕星也。雨師，畢星也。孔安國云：「四時寒暑也，日月星也，水旱也。」禮祭法云：「埋少牢於大昭，祭時也。禳祈於坎壇，祭寒暑也。王宮，祭日也。夜明，祭月也。幽禜，祭星。雩禜，祭水旱也。」司馬彪續漢書云：「安帝立六宗，祀於洛陽城西北亥地〔三五〕，禮比大社。」魏因之。至晉初，荀顗言新祀，以六宗之神諸家説不同，乃廢之也。

【四】[集解]徐廣曰：「名山大川。」[正義]望者，遥望而祭山川也。山川，五嶽、四瀆也。爾雅云：「梁山，晉望也。」

【五】[集解]徐廣曰：「辯音班。」駰案：鄭玄曰「羣神若丘陵墳衍」。[正義]辯音遍。謂祭羣神也。

【六】[集解]馬融曰：「揖，斂也。五瑞，公侯伯子男所執，以爲瑞信也。堯將禪舜，使羣牧斂之，使舜親往班之。」[正義]揖音集。周禮典瑞云：王執鎮圭，尺二寸；公執桓圭，九寸；侯執信圭，七寸；伯執躬圭，五寸；子執穀璧，男執蒲璧，皆五寸。言五瑞者，王不在中也。孔文祥云：「宋末，會稽修禹廟，於廟庭山土中得五等圭璧百餘枚，形與周禮同，皆短小。此即禹會諸侯於會稽，執以禮山神而埋之。其璧今猶有在也。」

【七】[集解]馬融曰：「舜受終後五年之二月。」鄭玄曰：「建卯之月也。柴，祭東嶽者考績柴燎也。」[正義]案：既班瑞羣后即東巡者，守土之諸侯會岱宗之嶽，焚柴告至也。王者巡狩，以諸侯自專一國，威福任己，恐其壅遏上命，澤不下流，故巡行問人疾苦也。風俗通云：「太，山之尊者，一曰岱宗，始也，長也，萬物之始，陰陽交代，故爲五嶽之長也。」案：二月，仲月也。仲，中也，言得其中也。

【八】正義乃以秩望祭東方諸侯境内之名山大川也。言秩者，五嶽視三公，四瀆視諸侯。

【九】集解鄭玄曰：「協正四時之月數及日名，備有失誤。」正義既見東方君長，乃合同四時氣節，月之大小，日之甲乙，使齊一也。周禮：「太史掌正歲年以序事，頒正朔於邦國。」則節氣晦朔皆天子頒之。猶恐諸侯國異，或不齊同，因巡狩合正之。

【一〇】集解鄭玄曰：「律，音律〔二六〕。度，丈尺。量，斗斛。衡，斤兩也。」正義律之十二律，度之丈尺，量之斗斛，衡之斤兩，皆使天下相同，無制度長短輕重異也。漢律曆志云：「虞書云『同律度量衡』，所以齊遠近，立民信也。律有十二，陽六爲律，陰六爲吕。律以統氣類物，一曰黄鍾，二曰太蔟，三曰姑洗，四曰蕤賓，五曰夷則，六曰無射。吕以旅陽宣氣，一曰林鍾，二曰南吕，三曰應鍾，四曰大吕，五曰夾鍾，六曰中吕。度者，分、寸、尺、丈、引也，所以度長短也。本起黄鍾之管長，以子穀秬黍中者一黍爲一分，十分爲一寸，十寸爲尺，十尺爲丈，十丈爲引，而五度審矣。量者，龠、合、升、斗、斛也，所以量多少也。本起黄鍾之龠，以子穀秬黍中者千有二百實爲一龠，合龠爲合，十合爲升，十升爲斗，十斗爲斛，而五量嘉矣。衡權者，銖、兩、斤、鈞、石也，所以稱物輕重也。本起於黄鍾之重，一龠容千二百黍，重十二銖，二十四銖爲兩，十六兩爲斤，三十斤爲鈞，四鈞爲石，而五權謹矣。衡，平也。權，重也。」

【一一】集解馬融曰：「吉、凶、賓、軍、嘉也。」　正義周禮「以吉禮事邦國之鬼神祇，以凶禮哀邦國之憂，以賓禮親邦國，以軍禮同邦國，以嘉禮親萬民」也。尚書堯典云「類于上帝」，吉禮也；「如喪考妣」，凶禮也；「羣后四朝」，賓禮也；大禹謨云「汝徂征」，軍禮也；堯典云「女于時」，嘉禮也。女音女慮反。

【一二】集解鄭玄曰：「即五瑞也。執之曰瑞，陳列曰玉。」

【一三】集解馬融曰：「三孤所執也。」鄭玄曰：「帛，所以薦玉也。必三者，高陽氏後用赤繒，高辛氏後用黑繒，其餘諸侯皆用白繒。」　正義孔安國云：「諸侯世子執纁，公之孤執玄，附庸之君執黃也。」案：三統紀推伏羲爲天統，色尚赤。神農爲地統，色尚黑。黃帝爲人統，色尚白。少昊，黃帝子，亦尚白。故高陽氏又天統，亦尚赤。堯爲人統，故用白。

【一四】正義羔、鴈也。鄭玄注周禮大宗伯云：「羔，小羊也，取其羣不失其類也。鴈，取其候時而行也。」卿執羔，大夫執鴈。案：羔、鴈性馴，可生爲贄。

【一五】正義雉也。馬融云：「一死，雉，士所執也。」案：不可生爲贄，故死。雉，取其守介，死不失節也。

【一六】集解馬融曰：「摯：二生，羔、鴈，卿大夫所執；一死，雉，士所執。」　正義摯音至。贄，執也。鄭玄云：「贄之言至，所以自致也。」韋昭云：「贄，六贄：孤執皮帛，卿執羔，大夫執鴈，士執雉，庶人執鶩，工商執雞也。」

【一七】集解馬融曰：「五器，上五玉。五玉禮終則還之，三帛已下不還也。」正義卒音子律反。復音伏。

【一八】正義禰音乃禮反。何休云：「生曰父，死曰考，廟曰禰。」

【一九】集解鄭玄曰：「巡狩之年，諸侯見於方嶽之下。其閒四年，四方諸侯分來朝於京師也。」

【二〇】正義徧音遍。言遍告天子治理之言也。

【二一】正義孔安國云：「功成則錫車服，以表顯其能用也。」

【二二】集解馬融曰：「禹平水土，置九州。舜以冀州之北廣大，分置并州。燕、齊遼遠，分燕置幽州，分齊爲營州。於是爲十二州也。」鄭玄曰：「更爲之定界，濬水害也。」

【二三】集解馬融曰：「言咎繇制五常之刑，無犯之者，但有其象，無其人也。」正義孔安國云：「象，法也。法用常刑，用不越法也。」

【二四】集解馬融曰：「流，放；宥，寬也。一曰幼少，二曰老耄，三曰蠢愚。五刑，墨、劓、剕、宮、大辟。」正義孔安國云：「以流放之法寬五刑也。」鄭玄云：「三宥，一曰弗識，二曰過失，三曰遺忘也。」

【二五】集解馬融曰：「爲辨治官事者爲刑。」

【二六】集解鄭玄曰：「扑，檟楚也。」扑爲教官爲刑者。

【二七】集解馬融曰：「金，黄金也。意善功惡，使出金贖罪，坐不戒慎者。」

【二八】集解鄭玄曰：「眚烖，爲人作患害者也。過，失。雖有害則赦之。」

【二九】集解徐廣曰：「一作『衆』。」

【三〇】集解鄭玄曰：「怙其姦邪，終身以爲殘賊，則用刑之。」

【三一】集解徐廣曰：「今文云『惟刑之謐哉』。爾雅曰『謐，靜也』。」索隱注「惟形之謐哉」。案：古文作「恤哉」，且今文是伏生口誦，卹、謐聲近，遂作「謐」也。

讙兜進言共工，【一】堯曰不可，而試之工師，【二】共工果淫辟。【三】四嶽舉鯀治鴻水，堯以爲不可，嶽彊請試之，試之而無功，故百姓不便。三苗【四】在江淮、荊州【五】數爲亂。於是舜歸而言於帝，請流共工於幽陵，【六】以變北狄；【七】放讙兜於崇山，【八】以變南蠻；遷三苗於三危，【九】以變西戎；殛鯀於羽山，【一〇】以變東夷：四辠而天下咸服。

【一】正義讙兜，渾沌也。共工，窮奇也。鯀，檮杌也。三苗，饕餮也。左傳云「舜臣堯，流四凶，投諸四裔，以禦魑魅」也。

【二】正義工師，若今大匠卿也。

【三】正義匹亦反。

【四】集解馬融曰：「國名也。」正義左傳云自古諸侯不用王命，虞有三苗，夏有觀、扈。孔安國云：「縉雲氏之後，爲諸侯，號饕餮也。」吳起云：「三苗之國，左洞庭而右彭蠡。」案：洞庭，湖名，在岳州巴陵西南一里，南與青草湖連。彭蠡，湖名，在江州潯陽縣東南五十二里。以天子在北，故洞庭在西爲左，彭蠡在東爲右。今江州、鄂州、岳州，三苗之地也。

【五】正義 淮，讀曰匯，音胡罪反，今彭蠡湖也。本屬荆州。尚書云「南入于江，東匯澤爲彭蠡」是也。

【六】集解 馬融曰：「北裔也。」正義 尚書及大戴禮皆作「幽州」。括地志云：「故龔城在檀州燕樂縣界。故老傳云舜流共工幽州，居此城。」神異經云：「西北荒有人焉，人面，朱髴，蛇身，人手足，而食五穀禽獸，頑愚，名曰共工。」

【七】集解 徐廣曰：「變，一作『燮』。」索隱 變謂變其形及衣服，同於夷狄也。徐廣云作「燮」。燮，和也。正義 言四凶流四裔，各於四夷放共工等爲中國之風俗也。

【八】集解 馬融曰：「南裔也。」正義 神異經云：「南方荒中有人焉，人面鳥喙而有翼，兩手足扶翼而行，食海中魚，爲人很惡，不畏風雨禽獸，犯死乃休，名曰驩兜也。」

【九】集解 馬融曰：「西裔也。」正義 括地志云：「三危山有三峯，故曰三危，俗亦名卑羽山，在沙州敦煌縣東南三十里。」神異經云：「西荒中有人焉，面目手足皆人形，而胳下有翼不能飛，爲人饕餮，淫逸無理，名曰苗民。」又山海經云大荒北經「黑水之北，有人有翼，名曰苗民」也。

【一〇】集解 馬融曰：「殛，誅也。羽山，東裔也。」正義 殛音紀力反。孔安國云：「殛、竄、放、流，皆誅也。」括地志云：「羽山在沂州臨沂縣界。」神異經云：「東方有人焉，人形而身多毛，自解水土，知通塞，爲人自用，欲爲欲息，皆曰是鯀也〔二七〕。」

堯立七十年得舜，二十年而老，令舜攝行天子之政，薦之於天。堯辟位凡二十八年而崩。【一】百姓悲哀，如喪父母。三年，四方莫舉樂，【二】以思堯。堯知子丹朱之不肖，【三】不足授天下，於是乃權授舜。【四】授舜，則天下得其利而丹朱病；授丹朱，則天下病而丹朱得其利。堯曰「終不以天下之病而利一人」，而卒授舜以天下。堯崩，三年之喪畢，舜讓辟丹朱於南河之南。【五】諸侯朝覲者不之丹朱而之舜，獄訟者不之丹朱而之舜，謳歌者不謳歌丹朱而謳歌舜。舜曰：「天也夫！」而後之中國踐天子位焉，【六】是爲帝舜。

【一】集解徐廣曰：「堯在位凡九十八年。」駰案：皇覽曰「堯冢在濟陰城陽。劉向曰『堯葬濟陰，丘壠皆小』。呂氏春秋曰『堯葬穀林』」。皇甫謐曰「穀林即城陽。堯都平陽，於詩爲唐國」。正義皇甫謐云：「堯即位九十八年，通舜攝二十八年也，凡年百一十七歲。」孔安國云：「堯壽百一十六歲。」括地志云：「堯陵在濮州雷澤縣西三里。郭緣生述征記云『城陽縣東有堯冢，亦曰堯陵，有碑』是也。」括地志云：「雷澤縣本漢城陽縣也。」

【二】正義尚書「三載，四海遏密八音」是也。

【三】索隱鄭玄云：「肖，似也。不似，言不如父也〔二八〕。」皇甫謐云：「堯娶散宜氏之女，曰女皇，生丹朱。又有庶子九人，皆不肖也。」

【四】索隱父子繼立，常道也。求賢而禪，權道也。權者，反常而合道。正義五帝官天下，老則禪賢，故權試舜也。

【五】集解劉熙曰：「南河，九河之最在南者。」正義括地志云：「故堯城在濮州鄄城縣東北十五里。竹書云昔堯德衰，爲舜所囚也。又有偃朱故城，在縣西北十五里。竹書云舜囚堯，復偃塞丹朱，使不與父相見也。」案：濮州北臨漯，大川也。河在堯都之南，故曰南河，禹貢「至于南河」是也。其偃朱城所居，即「舜讓避丹朱於南河之南」處也。

【六】集解劉熙曰：「天子之位不可曠年，於是遂反，格于文祖而當帝位。帝王所都爲中，故曰中國。」

虞舜者，【一】名曰重華。【二】重華父曰瞽叟，【三】瞽叟父曰橋牛，【四】橋牛父曰句望，【五】句望父曰敬康，敬康父曰窮蟬，窮蟬父曰帝顓頊，顓頊父曰昌意：以至舜七世矣。自從窮蟬以至帝舜，皆微爲庶人。

【一】集解諡法曰：「仁聖盛明曰舜。」索隱虞，國名，在河東大陽縣。舜，諡也。皇甫謐云「舜字都君」也。正義括地志云：「故虞城在陝州河北縣東北五十里虞山之上。」酈元注水經云幹橋東北有虞城〔二九〕，堯以女嬪于虞之地也。又宋州虞城，大襄國所封之邑，杜預云「舜後諸侯也」。又越州餘姚縣，顧野王云舜後支庶所封之地。舜姚姓，故云餘姚。縣西七十里有漢上虞故縣。會稽舊記云舜上虞人，去虞三十里有姚丘，即舜所生也。周處風土記云舜東夷之人，生姚丘。括地志又云：「姚墟在濮州雷澤縣東十三里。」孝經援神契云舜生於姚墟。案：二所未詳也。

【二】集解徐廣曰：「皇甫謐云『舜以堯之二十一年甲子生，三十一年甲午徵用，七十九年壬午即真，百歲癸卯崩』。」正義尚書云：「重華協於帝。」孔安國云：「華謂文德也，言其光文重合於堯。」瞽叟姓嬀〔三〇〕。妻曰握登，見大虹意感而生舜於姚墟，故姓姚。目重瞳子，故曰重華。字都君。龍顏，大口，黑色，身長六尺一寸。

【三】正義先后反。孔安國云：「無目曰瞽。舜父有目不能分別好惡，故時人謂之瞽，配字曰『叟』。叟，無目之稱也。」

【四】正義橋又音嬌。

【五】正義句，古侯反。望音亡。

舜父瞽叟盲，而舜母【一】死，瞽叟更娶妻而生象，象傲。瞽叟愛後妻子，常欲殺舜，舜避逃；及有小過，則受罪。順事父及後母與弟，日以篤謹，匪有解。

【一】索隱皇甫謐云：「舜母名握登，生舜於姚墟，因姓姚氏也。」

舜，冀州之人也。【一】舜耕歷山，【二】漁雷澤，【三】陶河濱，【四】作什器於壽丘，【五】就時於負夏。【六】舜父瞽叟頑，母嚚，弟象傲，皆欲殺舜。舜順適不失子道，兄弟孝慈。欲殺，不可得；即求，嘗在側。

【一】正義 蒲州河東縣本屬冀州。宋永初山川記云：「蒲坂城中有舜廟，城外有舜宅及二妃壇。」括地志云：「嬀州有嬀水，源出城中。耆舊傳云即舜釐降二女於嬀汭之所。外城中有舜井，城北有歷山，山上有舜廟，未詳。」案：嬀州亦冀州城是也。

【二】集解 鄭玄曰：「在河東。」正義 括地志云：「蒲州河東縣雷首山，一名中條山，亦名歷山，亦名首陽山，亦名蒲山，亦名襄山，亦名甘棗山，亦名猪山，亦名狗頭山，亦名薄山，亦名吴山。此山西起雷首山，東至吴坂，凡十一名〔三二〕，隨州縣分之。歷山南有舜井。」又云：「越州餘姚縣有歷山舜井，濮州雷澤縣有歷山舜井，二所又有姚墟，云生舜處也。及嬀州歷山舜井，皆云舜所耕處，未詳也。」

【三】集解 鄭玄曰：「雷夏，兗州澤，今屬濟陰。」正義 括地志云：「雷夏澤在濮州雷澤縣郭外西北。山海經云雷澤有雷神，龍身人頭，鼓其腹則雷也。」

【四】集解 皇甫謐曰：「濟陰定陶西南陶丘亭是也。」正義 案：於曹州濱河作瓦器也。括地志云：「陶城在蒲州河東縣北三十里，即舜所都也。南去歷山不遠。或耕或陶，所在則可，何必定陶方得爲陶也？舜之陶也〔三二〕，斯或一焉。」

【五】集解 皇甫謐曰：「在魯東門之北。」索隱 什器，什，數也。蓋人家常用之器非一，故以十爲數，猶今云「什物」也。壽丘，地名，黄帝生處。正義壽音受。顔師古云：「軍法，伍人爲伍，二伍爲什，則共器物，故謂生生之具爲什器，亦猶從軍及作役者十人爲火，共畜調度也。」

【六】集解鄭玄曰：「負夏，衞地。」索隱就時猶逐時，若言乘時射利也。尚書大傳曰「販於頓丘，就時負夏」，孟子曰「遷于負夏」是也。

舜年二十以孝聞。三十而帝堯問可用者，【一】四嶽咸薦虞舜，曰可。於是堯乃以二女妻舜以觀其内，使九男與處以觀其外。舜居嬀汭，内行彌謹。堯二女不敢以貴驕事舜親戚，【二】甚有婦道。堯九男皆益篤。【三】舜耕歷山，歷山之人皆讓畔；【四】漁雷澤，雷澤上人皆讓居；陶河濱，河濱器皆不苦窳。【五】一年而所居成聚，【六】二年成邑，三年成都。【七】堯乃賜舜絺衣與琴，【八】爲築倉廩，予牛羊。瞽叟尚復欲殺之，使舜上塗廩，瞽叟從下縱火焚廩。舜乃以兩笠自扞而下，去，得不死。【九】後瞽叟又使舜穿井，舜穿井爲匿空【一〇】旁出。【一一】舜既入深，瞽叟與象共下土實井，【一二】舜從匿空出，去。【一三】瞽叟、象喜，以舜爲已死。象曰：「本謀者象。」象與其父母分，【一四】於是曰：「舜妻堯二女與琴，象取之。牛羊倉廩，予父母。」象乃止舜宫居，【一五】鼓其琴。舜往見之。象鄂不懌，曰：「我思舜正鬱陶！」舜曰：「然，爾其庶矣！」【一六】舜復事瞽叟，愛弟彌謹。於是堯乃試舜五典百官，皆治。

【一】正義可用，謂可爲天子也。

【二】正義 二女不敢以帝女驕慢舜之親戚。親戚，謂父瞽叟、後母、弟象、妹顆手等也。顆音苦果反。

【三】正義 篤，惇也。非唯二女恭勤婦道，九男事舜皆益惇厚謹敬也。

【四】正義 韓子〔三三〕「歷山之農相侵略〔三四〕，舜往耕，朞年，耕者讓畔」也。

【五】集解 史記音隱曰：「音游甫反。」駰謂窳，病也。 正義 苦，讀如盬，音古。盬，麤也。窳音庾。

【六】正義 聚，在喻反，謂村落也。

【七】正義 周禮郊野法云「九夫爲井，四井爲邑，四邑爲丘，四丘爲甸，四甸爲縣，四縣爲都」也。

【八】正義 絺，勑遲反，細葛布衣也。 鄒氏音竹几反。

【九】索隱 言以笠自扞己身，有似鳥張翅而輕下，得不損傷。皇甫謐云「兩繖」，繖，笠類。列女傳云「二女教舜鳥工上廩」是也。 正義 通史云：「瞽叟使舜滌廩，舜告堯二女，女曰：『時其焚汝，鵲汝衣裳，鳥工往。』舜既登廩，得免去也。」

【一〇】索隱 音孔。 列女傳所謂「龍工入井」是也。

【一一】正義 言舜潛匿穿孔，旁從他井而出也。 通史云：「舜穿井，又告二女。二女曰：『去汝裳衣，龍工往。』入井，瞽叟與象下土實井，舜從他井出去也。」括地志云：「舜井在嬀州懷戎縣西外城中。其西又有一井，耆舊傳云並舜井也，舜自中出。帝王紀云河東有舜井，未詳也。」

【一二】索隱亦作「填井」。

【一三】集解劉熙曰：「舜以權謀自免，亦大聖有神人之助也。」

【一四】正義扶問反。

【一五】正義宮即室也。爾雅云「室謂之宮」。禮云「命士已上，父子異宮」也。

【一六】索隱言汝猶當庶幾於友悌之情義也。如孟子取尚書文，又云「惟茲臣庶，女其于予治」，蓋欲令象共我理臣庶也。

昔高陽氏有才子八人，【一】世得其利，謂之「八愷」。【二】高辛氏有才子八人，【三】世謂之「八元」。【四】此十六族者，世濟其美，【五】不隕其名。至於堯，堯未能舉。舜舉八愷，使主后土，【六】以揆百事，莫不時序。【七】舉八元，使布五教于四方，【八】父義，母慈，兄友，弟恭，子孝，內平外成。【九】

【一】集解名見左傳。

【二】集解賈逵曰：「愷，和也。」索隱左傳史克對魯宣公曰：「昔高陽氏有才子八人，倉舒、隤敳、檮戭、大臨、尨降、庭堅、仲容、叔達。」

【三】集解名見左傳。

【四】集解賈逵曰：「元，善也。」索隱左傳：「高辛氏有才子八人，伯奮、仲堪、叔獻、季仲、伯虎、仲熊、叔豹、季貍。」

【五】索隱 謂元、愷各有親族，故稱族也。濟，成也，言後代成前代也。

【六】集解 王肅曰：「君治九土之宜。」杜預曰：「后土，地官。」索隱 主土。禹爲司空，司空主土，則禹在八愷之中。正義 春秋正義云：「后，君也。天曰皇天，地曰后土。」

【七】正義 言禹度九土之宜，無不以時得其次序也。

【八】索隱 契爲司徒，司徒敷五教，則契在八元之數。

【九】正義 杜預云：「內，諸夏。外，夷狄也。」案：契作五常之教，諸夏太平，夷狄向化也。

昔帝鴻氏有不才子，【一】掩義隱賊，好行凶慝，天下謂之渾沌。【二】少暤氏【三】有不才子，毀信惡忠，崇飾惡言，天下謂之窮奇。【四】顓頊氏有不才子，不可教訓，不知話言，天下謂之檮杌。【五】此三族世憂之。至于堯，堯未能去。縉雲氏【六】有不才子，貪于飲食，冒于貨賄，天下謂之饕餮。【七】天下惡之，比之三凶。【八】舜賓於四門，【九】乃流四凶族，遷于四裔，【一〇】以御螭魅，【一一】於是四門辟，言毋凶人也。

【一】集解 賈逵曰：「帝鴻，黃帝也。不才子，其苗裔讙兜也。」

【二】正義 慝，惡也。一本云「天下之民，謂之渾沌」。渾沌即讙兜也。言掩義事，陰爲賊害，而好凶惡，故謂之渾沌也。杜預云：「渾沌，不開通之貌。」神異經云：「崑崙西有獸焉，其狀如犬，長毛，四足，似羆而無爪，有目而不見，行不開，有兩耳而不聞，有人知性，有腹無五藏，有腸直而不旋，食徑過。人有德行而往抵觸之，有凶德則往依憑之。名渾沌。」又莊子云：「南海之帝爲儵，北海之帝爲忽，中央之帝爲渾沌。儵、忽乃相遇於渾沌之地，渾沌待之甚善。儵與忽謀欲報渾沌之德，曰：『人皆有七竅以視聽食息，此獨無有，嘗試鑿之。』日鑿一竅，七日而渾沌死。」案：言讙兜性似，故號之也。

【三】集解 服虔曰：「金天氏帝號。」

【四】集解 服虔曰：「謂共工氏也。其行窮而好奇。」 正義 謂共工。言毀敗信行，惡其忠直，有惡言語，高粉飾之，故謂之窮奇。案常行終必窮極，好諂諛奇異於人也。神異經云：「西北有獸，其狀似虎，有翼能飛，便勦食人，知人言語，聞人鬭輒食直者，聞人忠信輒食其鼻，聞人惡逆不善輒殺獸往饋之，名曰窮奇。」案：言共工性似，故號之也。

【五】集解 賈逵曰：「檮杌，頑凶無疇匹之貌，謂鯀也。」 正義 檮音道刀反。杌音五骨反。謂鯀也。凶頑不可教訓，不從詔令，故謂之檮杌。案：言無疇匹，言自縱恣也。神異經云：「西方荒中有獸焉，其狀如虎而大，毛長二尺，人面，虎足，豬口牙，尾長一丈八尺，攪亂荒中，名檮杌。一名傲很，一名難訓。」案：言鯀性似，故號之也。

【六】集解 賈逵曰：「縉雲氏，姜姓也，炎帝之苗裔，當黃帝時任縉雲之官也。」 正義 今括州縉雲縣，蓋其所封也。字書云縉，赤繒也。

【七】正義謂三苗也。言貪飲食，冒貨賄，故謂之饕餮。神異經云：「西南有人焉，身多毛，頭上戴豕，性很惡，好息，積財而不用，善奪人穀物。强者奪老弱者，畏羣而擊單，名饕餮。」言三苗性似，故號之。

【八】集解杜預曰：「非帝子孫，故別之以比三凶也。」正義此以上四處皆左傳文。或本有並文次相類四凶，故書之，恐本錯脱耳。

【九】正義杜預云：「闢四門，達四聰，以賓禮衆賢也。」

【一〇】集解賈逵曰：「四裔之地，去王城四千里。」

【一一】集解服虔曰：「螭魅，人面獸身，四足，好惑人，山林異氣所生，以爲人害。」正義御音魚呂反。螭音丑知反。魅音媚。案：御螭魅，恐更有邪諂之人，故流放四凶以禦之也。故下云「無凶人」也。

舜入于大麓，烈風雷雨不迷，堯乃知舜之足授天下。堯老，使舜攝行天子政，巡狩。舜得舉，用事二十年，而堯使攝政。攝政八年而堯崩。三年喪畢，讓丹朱，天下歸舜。而禹、皋陶、【一】契、后稷、伯夷、夔、龍、倕、益、彭祖【二】自堯時而皆舉用，未有分職。【三】於是舜乃至於文祖，謀于四嶽，辟四門，明通四方耳目，命十二牧論帝德，行厚德，遠佞人，【四】則蠻夷率服。舜謂四嶽曰：「有能奮庸【五】美堯之事者，使居官相事？」皆曰：「伯禹爲司空，可美帝功。」舜曰：「嗟，然！禹，汝平水土，維是勉哉。」禹拜稽首，讓於稷、契與皋陶。舜曰：「然，往矣。」【六】舜曰：「棄，黎民始飢，【七】汝后稷，播時百穀。」【八】舜曰：「契，百姓不親，五品不馴，【九】汝爲司徒，而敬敷五教，在寬。」【一〇】舜曰：「皋陶，蠻夷猾夏，【一一】寇賊姦軌，【一二】汝作士，【一三】五刑有服，五服三就；【一四】五流有度，【一五】五度三居：【一六】維明能信。」【一七】舜曰：「誰能馴予工？」【一八】皆曰垂可。於是以垂爲共工。【一九】舜曰：「誰能馴予上下【二〇】草木鳥獸？」皆曰益可。於是以益爲朕虞。【二一】益拜稽首，讓于諸臣朱虎、熊羆。【二二】舜曰：「往矣，汝諧。」遂以朱虎、熊羆爲佐。【二三】舜曰：「嗟！四嶽，有能典朕三禮？」【二四】皆曰伯夷可。舜曰：「嗟！伯夷，以汝爲秩宗，【二五】夙夜維敬，直哉維靜絜。」【二六】伯夷讓夔、龍。舜曰：「然。【二七】以夔爲典樂，教稺子，【二八】直而温，【二九】寬而栗，【三〇】剛而毋虐，簡而毋傲；【三一】詩言意，歌長言，【三二】聲依永，律和聲，【三三】八音能諧，毋相奪倫，神人以和。」【三四】夔曰：「於！予擊石拊石，百獸率舞。」【三五】舜曰：「龍，朕畏忌讒説殄僞，振驚朕衆，【三六】命汝爲納言，夙夜出入朕命，惟信。」【三七】舜曰：「嗟！女二十有二人，【三八】敬哉，惟時相天事。」【三九】三歲一考功，三考絀陟，遠近衆功咸興。分北三苗。【四〇】

【一】正義高姚二音。

【二】索隱彭祖即陸終氏之第三子籛鏗之後，後爲大彭，亦稱彭祖。正義皋陶，字庭堅，英、六二國是其後也。契，音薛，殷之祖也。伯夷，齊太公之祖也。夔，巨龜反，樂官也。倕，音垂，亦作「垂」，内言之官也。益，伯翳也，即秦、趙之祖。彭祖自堯時舉用，歷夏、殷封於大彭。

【三】正義分音符問反，又如字。分謂封疆爵土也。

【四】正義舜命十二牧論帝堯之德，又敦之於民，遠離邪佞之人。言能如此，則夷狄亦服從也。

【五】集解馬融曰：「奮，明；庸，功也。」

【六】集解鄭玄曰：「然其舉得其人。汝往居此官，不聽其所讓也。」

【七】集解徐廣曰：「今文尚書作『祖飢』。祖，始也。」索隱古文作「阻飢」。孔氏以爲阻，難也。祖阻聲相近，未知誰得。

【八】集解鄭玄曰：「時，讀曰蒔。」正義稷，農官也。播時謂順四時而種百穀。

【九】集解鄭玄曰：「五品，父、母、兄、弟、子也。」王肅曰：「五品，五常也。」正義馴音訓。

【一〇】集解馬融曰：「五品之教。」

【一一】集解鄭玄曰：「猾夏，侵亂中國也。」

【一二】集解鄭玄曰：「由内爲姦，起外爲軌。」正義亦作「宄」。

【一三】集解馬融曰：「獄官之長。」正義案：若大理卿也。

【一四】集解馬融曰：「五刑，墨、劓、剕、宫、大辟。三就，謂大罪陳諸原野，次罪於市朝，同族適甸師氏。既服五刑，當就三處。」正義孔安國云：「服，從也，言得輕重之中正也。」案：墨，點鑿其額，湼以墨。劓，截鼻也。剕，刖足也。宫，淫刑也，男子割勢，婦人幽閉也。大辟，死刑也。

【一五】正義度音徒洛反。尚書作「宅」。孔安國云「五刑之流，各有所居」也。

【一六】正義案：謂度其遠近，爲三等之居也。

【一七】集解馬融曰：「謂在八議，君不忍刑，宥之以遠。五等之差亦有三等之居：大罪投四裔，次九州之外，次中國之外。當明其罪，能使信服之。」

【一八】集解馬融曰：「謂主百工之官也。」

【一九】集解馬融曰：「爲司空，共理百工之事。」

【二〇】集解馬融曰：「上謂原，下謂隰。」

【二一】集解馬融曰：「虞，掌山澤之官名。」

【二二】索隱即高辛氏之子伯虎、仲熊也。正義孔安國云：「朱虎、熊羆，二臣名。垂、益所讓四人，皆在「元」「凱」之中也。」

【二三】正義爲益之佐也。

【二四】集解馬融曰：「三禮，天神、地祇、人鬼之禮也。」鄭玄曰：「天事、地事、人事之禮。」

【二五】集解鄭玄曰：「主次秩尊卑。」正義若太常也。漢書百官表云「王莽改太常曰秩宗」，依古也。孔安國云：「秩，序；宗，尊也。主郊廟之官也。」

【二六】正義靜，清也。絜，明也。孔安國云：「職典禮，施政教，使正直而清明。」

【二七】正義孔安國云：「然其推賢，不許其讓也。」

【二八】集解鄭玄曰：「國子也。」案：尚書作「胄子」，「穉」、「胄」聲相近。正義穉，胄雉反。孔安國云：「胄，長也。謂元子以下，至卿大夫子弟，以歌詩蹈之舞之，教長國子中和祗庸孝友。」

【二九】集解馬融曰：「正直而色溫和。」

【三〇】集解馬融曰：「寬大而謹敬戰栗也。」

【三一】正義孔安國云：「剛失之虐，簡失之傲，教之以防其失也。」

【三二】集解馬融曰：「歌，所以長言詩之意也。」正義孔安國云：「詩言志以導其心，歌詠其義以長其言也。」

【三三】集解鄭玄曰：「聲之曲折又依長言，聲中律乃爲和也。」正義孔安國云：「聲，五聲，宮、商、角、徵、羽也。律謂六律六呂，十二月之音氣也。當依聲律和樂也。」

【三四】集解鄭玄曰：「祖考來格，羣后德讓，其一隅也。」正義八音，金、石、絲、竹、匏、土、革、木也。孔安國云：「倫，理也。八音能諧，理不錯奪，則神人咸和，命夔使勉也。」

【三五】集解鄭玄曰：「百獸，服不氏所養者也。率舞，言音和也。」正義於音烏。孔安國云：「石，磬。音之清者。拊亦擊也。舉清者和，則其餘皆從矣。樂感百獸，使相率而舞，則神人和可知也。」案：磬，一片黑石也。不音福尤反。周禮云「夏官有服不氏，掌服猛獸，下士一人，徒四人」。鄭玄云「服不服之獸也」。

【三六】集解徐廣曰：「一云『齊説殄行，振驚衆』。」駰案：鄭玄曰「所謂色取仁而行違，是驚動我之衆臣，使之疑惑」。正義僞音危睡反。言畏惡利口讒説之人，兼殄絶姦僞人黨，恐其驚動我衆，使龍遏絶之，出入其命惟信實也。此「僞」字太史公變尚書文也。尚書僞字作「行」，音下孟反。言己畏忌有利口讒説之人，殄絶無德行之官也。

【三七】正義孔安國云：「納言，喉舌之官也。聽下言納於上，受上言宣於下，必信也。」

【三八】集解馬融曰：「稷、契、皋陶皆居官久，有成功，但述而美之，無所復勑。禹及垂已下皆初命，凡六人，與上十二牧四嶽，凡二十二人。」鄭玄曰：「皆格于文祖時所勑命也。」

【三九】正義相，視也。舜命二十二人各敬行其職，惟在順時，視天所宜而行事也。

【四〇】集解鄭玄曰：「所竄三苗爲西裔諸侯者猶爲惡，乃復分析流之。」

此二十二人咸成厥功：皋陶爲大理，平，【一】民各伏得其實；伯夷主禮，上下咸讓；垂主工師，【二】百工致功；益主虞，山澤辟；【三】弃主稷，百穀時茂；契主司徒，百姓親和；龍主賓客，遠人至；十二牧行而九州莫敢辟違；【四】唯禹之功爲大，披九山，【五】通九澤，決九河，定九州，各以其職來貢，不失厥宜。方五千里，至于荒服。南撫交阯、北發，【六】西戎、析枝、渠廋、氐、羌，【七】北山戎、發、息慎，【八】東長、鳥夷，【九】四海之内【一〇】咸戴帝舜之功。於是禹乃興九招之樂，【二二】致異物，鳳皇來翔。天下明德皆自虞帝始。

【一】正義皋陶作士，正平天下罪惡也。

【二】正義工師，若今大匠卿也。

【三】正義婢亦反，開也。

【四】正義禹九州之民無敢辟違舜十二牧也。

【五】正義披音皮義反。謂傍其山邊以通。

【六】索隱一句。

【七】索隱一句。

【八】集解鄭玄曰：「息慎，或謂之肅慎，東北夷。」

【九】索隱此言帝舜之德皆撫及四方夷人，故先以「撫」字總之。北發當云「北户」，南方有地名北户。又案漢書，北發是北方國名，今以北發爲南方之國，誤也。此文省略，四夷之名錯亂。「西戎」上少一「西」字，「山戎」下少一「北」字，「長」字下少一「夷」字。長夷也，鳥夷也，其意宜然。今案：大戴禮亦云「長夷」，則長是夷號。又云「鮮支、渠搜」，則鮮支當此析枝也。鮮析音相近。鄒氏、劉氏云「息並音肅」，非也。且夷狄之名，古書不必皆同，今讀如字也。正義注「鳥」或作「島」。括地志云：「百濟國西南海中有大島十五所，皆置邑〔三五〕，有人居，屬百濟。又倭國西南大海中島居凡百餘小國，在京南萬三千五百里。」案：武后改倭國爲日本國。

【一〇】正義爾雅云：「九夷八狄七戎六蠻謂之四海。」

【一一】索隱招音韶。即舜樂簫韶。九成，故曰九招。

舜年二十以孝聞，年三十堯舉之，年五十攝行天子事，年五十八堯崩，年六十一代堯踐帝位。【一】踐帝位三十九年，南巡狩，崩於蒼梧之野。葬於江南九疑，是爲零陵。【二】舜之踐帝位，載天子旗，往朝父瞽叟，夔夔唯謹，【三】如子道。封弟象爲諸侯。【四】舜子商均亦不肖，【五】舜乃豫薦禹於天。【六】十七年而崩。三年喪畢，禹亦乃讓舜子，【七】如舜讓堯子。諸侯歸之，然後禹踐天子位。堯子丹朱，舜子商均，皆有疆土，【八】以奉先祀。服其服，禮樂如之。以客見天子，【九】天子弗臣，示不敢專也。

【一】集解皇甫謐曰：「舜所都，或言蒲阪，或言平陽，或言潘。潘，今上谷也。」正義括地志云：「平陽，今晉州城是也。潘，今嬀州城是也。蒲阪，今蒲州南二里河東縣界蒲阪故城是也。」

【二】集解皇覽曰：「舜冢在零陵營浦縣。其山九谿皆相似，故曰九疑。傳曰『舜葬蒼梧，象爲之耕』。禮記曰『舜葬蒼梧，二妃不從』。山海經曰『蒼梧山，帝舜葬于陽，丹朱葬于陰』。」皇甫謐曰：「或曰二妃葬衡山。」

【三】集解徐廣曰：「和敬貌。」

【四】集解孟子曰：「封之有庳。」音鼻。正義帝王紀云：「舜弟象封於有鼻。」括地志云：「鼻亭神在營道縣北六十里。故老傳云，舜葬九疑，象來至此，後人立祠，名爲鼻亭神。輿地志云零陵郡應陽縣東有山，山有象廟。王隱晉書云本泉陵縣，北部東五里有鼻墟，象所封也。」

【五】集解皇甫謐曰：「娥皇無子，女英生商均。」正義譙周云：「以虞封舜子，今宋州虞城縣。」括地志云：「虞國，舜後所封邑也。或云封舜子均於商，故號商均也。」

【六】索隱謂告天使之攝位也。

【七】正義括地志云：「禹居洛州陽城者，避商均，非時久居也。」

【八】集解譙周曰：「以唐封堯之子，以虞封舜之子。」索隱漢書律曆志云封堯子朱於丹淵爲諸侯。商均封虞，在梁國，今虞城縣也。正義括地志云：「定州唐縣，堯後所封。宋州虞城縣，舜後所封也。」

【九】正義爲天子之賓客也。

自黄帝至舜、禹，皆同姓而異其國號，以章明德。【一】故黄帝爲有熊，帝顓頊爲高陽，帝嚳爲高辛，帝堯爲陶唐，【二】帝舜爲有虞。【三】帝禹爲夏后而别氏，姓姒氏。契爲商，姓子氏。【四】弃爲周，姓姬氏。【五】

【一】集解徐廣曰：「外傳曰『黄帝二十五子，其得姓者十四人』。虞翻云『以德爲氏姓』。又虞説以凡有二十五人，其二人同姓姬，又十一人爲十一姓，酉、祁、己、滕、葴、任、荀、釐、姞、儇、衣是也，餘十二姓德薄不紀録。」［正義］釐音力其反。姞音其吉反。儇音在宣反〔三六〕。

〔二〕［集解］韋昭曰：「陶唐皆國名，猶湯稱殷商矣。」張晏曰：「堯爲唐侯，國於中山，唐縣是也。」

〔三〕［集解］皇甫謐曰：「舜嬪于虞，因以爲氏，今河東大陽西山上虞城是也。」

〔四〕［索隱］禮緯曰：「禹母脩己吞薏苡而生禹，因姓姒氏。」而契姓子氏者，亦以其母吞乙子而生。

〔五〕［集解］鄭玄駁許慎五經異義曰：「春秋左傳『無駭卒，羽父請謚與族。公問族於衆仲，衆仲對曰：「天子建德，因生以賜姓，胙之土而命之氏。諸侯以字爲氏，因以爲族。官有世功，則有官族，邑亦如之。」公命以字爲展氏』。以此言之，天子賜姓命氏，諸侯命族。族者，氏之別名也。姓者，所以統繫百世，使不別也。氏者，所以別子孫之所出。故世本之篇，言姓則在上，言氏則在下也。」

太史公曰：〔一〕學者多稱五帝，尚矣。〔二〕然尚書獨載堯以來；而百家言黄帝，其文不雅馴，〔三〕薦紳先生難言之。〔四〕孔子所傳宰予問五帝德及帝繫姓，〔五〕儒者或不傳。〔六〕余嘗西至空桐，〔七〕北過涿鹿，〔八〕東漸於海，南浮江淮矣，至長老皆各往往稱黄帝、堯、舜之處，風教固殊焉，總之不離古文者近是。〔九〕予觀春秋、國語，其發明五帝德、帝繫姓章矣，〔一〇〕顧弟弗深考，〔一一〕其所表見皆不虛。〔一二〕書缺有閒矣，〔一三〕其軼乃時時見於他

說。【一四】非好學深思，心知其意，固難爲淺見寡聞道也。余并論次，擇其言尤雅者，故著爲本紀書首。【一五】

【一】正義 太史公，司馬遷自謂也。自敍傳云「太史公曰先人有言」，又云「太史公曰余聞之董生」，又云「太史公遭李陵之禍」，明太史公司馬遷自號也。遷爲太史公官，題贊首也。虞憙云：「古者主天官者皆上公，非獨遷。」

【二】索隱 尚，上也，言久遠也。然「尚矣」文出大戴禮。

【三】正義 馴，訓也。謂百家之言皆非典雅之訓。

【四】集解 徐廣曰：「薦紳即縉紳也，古字假借。」

【五】正義 繫音奚計反。

【六】索隱 五帝德、帝繫姓皆大戴禮及孔子家語篇名。以二者皆非正經，故漢時儒者以爲非聖人之言，故多不傳學也。

【七】正義 余，太史公自稱也。嘗，曾也。空桐山在原州平高縣西百里，黃帝問道於廣成子處。

【八】正義 涿鹿山在嬀州東南五十里，山側有涿鹿城，即黃帝、堯、舜之都也。

【九】索隱 古文即帝德、帝系二書也。近是聖人之說。

【一〇】索隱 太史公言己以春秋國語古書博加考驗，益以發明五帝德等說甚章著也。

【一一】集解 徐廣曰：「弟，但也。」史記、漢書見此者非一。又左思蜀都賦曰『弟如滇池』，而不詳者多以爲字誤。學者安可不博觀乎？」【正義】顧，念也。弟，且也。太史公言博考古文，擇其言表見之不虛，甚章著矣，思念亦且不須更深考論。

【一二】【索隱】言帝德、帝系所有表見者皆不爲虛妄也。

【一三】【正義】言古文尚書缺失其閒多矣，而無説黃帝之語。

【一四】【索隱】言古典殘缺有年載，故曰「有閒」。然帝皇遺事散軼，乃時時旁見於他記説，即帝德、帝系等説也。故已今採案而備論黃帝已來事耳。

【一五】【正義】太史公據古文并諸子百家論次，擇其言語典雅者，故著爲五帝本紀，在史記百三十篇書之首。

【索隱述贊】帝出少典，居于軒丘。既代炎曆，遂禽蚩尤。高陽嗣位，靜深有謀。小大遠近，莫不懷柔。爰洎帝嚳，列聖同休。帝摯之弟，其號放勳。就之如日，望之如雲。郁夷東作，昧谷西曛。明敭仄陋，玄德升聞。能讓天下，賢哉二君！

右述贊之體，深所不安。何者？夫敘事美功，合有首末，懲惡勸善，是稱褒貶。觀太史公贊論之中，或國有數君，或士兼百行，不能備論終始，自可略申梗概。遂乃頗取一事，偏引一奇，即爲一篇之贊，將爲龜鏡，誠所不取。斯亦明月之珠，不能無纇矣。今並重爲一百三十篇之贊云〔三七〕。

校勘記

〔一〕幼而徇齊　張文虎札記卷一：「『徇』群書治要、説文繫傳引並作『侚』，與集解訓疾義合。然如索隱所云，則相承作『徇』久矣。」按：張説是。敦煌本S.388號字樣：「侚，行示。侚，疾也，即史記『幼而侚齊』字。」

〔二〕母曰任姒有蟜氏女登爲少典妃　初學記卷九引皇甫謐帝王世紀云：「神農氏，姜姓也。母曰妊姒，有喬氏之女，名女登。遊於華陽，有神龍首，感女登於尚羊，生炎帝。」又引云：「有蟜氏女名女登，爲少典妃。遊華陽，有神龍首，感女登，生炎帝。」

〔三〕山東有石穴曰神農生於厲鄉　疑文有譌誤。按：水經注卷三二漻水：「一水西逕厲鄉南，水南有重山，即烈山也。山下有一穴，父老相傳，云是神農所生處也，故禮謂之烈山氏。」御覽卷七八引荆州圖記：「永陽縣西北二百三十里厲鄉，山東有石穴。昔神農生於厲鄉，禮所謂烈山氏也。後春秋時爲厲國。穴高三十丈，長二百丈，謂之『神農穴』。」

〔四〕盧山　疑當作「葛盧山」。按：本書卷八高祖本紀「祭蚩尤於沛庭」索隱：「管子云『葛盧之山，發而出金』，今注引『發』作『交』，誤也。」管子地數：「葛盧之山發而出水，金從之，蚩尤受而制之，以爲劍鎧矛戟。」

〔五〕登熊山　「熊山」，疑當作「熊耳山」。正義引括地志釋「熊耳山」，是其證也。按：本書卷二八封禪書「登熊耳山」索隱：「荆州記耒陽、益陽二縣東北有熊耳，東西各一峯，狀如熊耳，因以爲名。齊桓公並登之。或云弘農熊耳，下云『望江、漢』，知非也。」

〔六〕一作豸豸　張文虎札記卷一：「此下失音。」按：張説是。本書卷一一七司馬相如列傳「陂池貏豸」集解：「豸音蟲豸也。」又「弄解豸」索隱：「豸音丈夵反，又音丈介反。」

〔七〕無煩破四爲三　黄本、彭本、柯本、凌本此下有正義「僖音力其反姞其吉反嬛音在宣反」凡十四字。

〔八〕而娶於西陵之女　王念孫雜志史記第一：「『西陵』下脱『氏』字。下文『昌意娶蜀山氏女』、『帝嚳娶陳鋒氏女』，皆有『氏』字。太平御覽皇王部、皇親部引此並作『西陵氏』，大戴禮記帝繫篇亦作『西陵氏』。」張森楷曰：「路史後紀五亦作『西陵氏女』，不云『之』。據下『蜀山氏女』、『陳鋒氏女』，並不云『之』，疑此『之』爲『氏』字之譌，非必挩『氏』字也。」

〔九〕降居江水　張文虎札記卷一：「下當有『若水』二字。」

〔一〇〕請問黄帝何人也　「何」，大戴禮記五帝德作「者」，疑此涉下文而誤。按：上文「節用水火材物」正義引大戴禮記作「者」。

〔一一〕地理志云上郡陽周縣橋山南有黄帝冢　「南」上漢書卷二八下地理志下有「在」字。

〔一二〕大小之神　「大小」，黄本、彭本、柯本、凌本、殿本作「小大」。

〔一三〕居延海南甘州張掖縣東北千六十四里是　「南」，疑當作「在」。按：本書卷一〇九李將軍列傳「過居延視地形」正義引括地志：「居延海在甘州張掖縣東北六十四里。」地理志云『居延澤，古文以爲流沙』。」

〔一四〕自言其名曰岌　「岌」，疑當作「夋」。按：上文「帝嚳高辛者」索隱引皇甫謐作「夋」。金樓子卷一興王、初學記卷九引帝王世紀亦作「夋」。

〔一五〕崩　張文虎札記卷一：「索隱本無『崩』字，據注及正義，蓋後人妄增。」按：孔穎達等尚書正義卷二云：「史記諸書皆言堯帝嚳之子，帝摯之弟，嚳崩摯立，摯崩乃傳位於堯，然則堯以弟代兄，蓋踰年改元。」則唐初孔穎達等所見史記亦有「崩」字。

〔一六〕説云尾交接也　「説云」，原作「説文云」。段玉裁古文尚書撰異卷一：「裴駰集解曰：『尚書微作尾，説云：尾，交接也。』此仍用孔傳耳。『説云』轉寫作『説文云』，大誤。」今據改。

〔一七〕以正中夏之節　張文虎札記卷一：「書傳『節』上有『氣』字，仲春引有。」

〔一八〕毛更生整理　「生」下原有「曰」字。按：尚書堯典「鳥獸毛毨」孔安國傳：「毨，理也。毛更生整理。」今據删。

〔一九〕夏曰祀周曰年唐虞曰載　「祀」上疑脱「歲商曰」三字。按：爾雅釋天：「夏曰歲，商曰祀，周曰年，唐、虞曰載。」

〔二〇〕年取禾穀一熟也　「禾穀」，黄本、彭本、柯本、凌本、殿本作「年穀」，疑是。按：杜預春秋序：「必表年以首事」、左傳宣公三年「載祀六百」、昭公七年「歲時日月星辰是謂也」孔穎達疏引孫炎皆作「年穀」。

〔二二〕嬀汭水源出蒲州河東南山　「河東」下疑脱「縣」字，「南」下疑有脱文。按：張衍田史記正義佚文輯校陳杞世家「堯妻之二女，居于嬀汭」正義引括地志：「嬀汭水源出蒲州河東縣南首山。」元和志卷一二河東道一河中府河東縣：「嬀汭水源出縣南雷首山。」「雷首山」即「首山」。

〔二三〕注五府　此三字原無，據索隱本補。

〔二三〕璿赤玉也　「赤玉」，殿本作「美玉」。按：説文玉部：「璿，美玉也。」「瓊，赤玉也。」

〔二四〕並縣璣以象天　「並」，殿本作「蓋」，與尚書舜典孔穎達疏合。

〔二五〕亥地　疑文有脱誤。按：後漢書志第八祭祀志中作「戌亥之地」，後漢書卷一上光武帝紀上「禋于六宗」、卷五孝安帝紀「祀於洛城西北」李賢注引續漢志同。

〔二六〕律音律　耿本、黄本、彭本作「同陰律」。按：周禮春官宗伯「典同，中士二人」鄭玄注：「同，陰律也。不以陽律名官者，因其先言耳。書曰：『協時月正日，同律度量衡。』」景祐本、紹興本作「同律」，疑脱「陰」字。

〔二七〕皆曰是鯀也　「曰」下原有「云」字。張文虎札記卷一：「二字當衍其一。」水澤利忠校補：「王、柯、秦藩無『云』字。」今據删。

〔二八〕不似言不如父也　「父」，耿本、黄本、彭本、索隱本、柯本、凌本、殿本作「人」。按：禮記雜記下「某之子不肖」鄭玄注：「肖，似也。不似，言不如人。」

〔二九〕酈元注水經云幹橋東北有虞城　「幹橋」，四庫本作「軨橋」，疑是。按：水經注卷四河水：

「傳巖東北十餘里，即巔軨坂也，春秋左傳所謂『入自巔軨』者也。有東西絶澗，左右幽空，窮深地壑，中則築以成道，指南北之路，謂之爲軨橋也。橋之東北有虞原，原上道東有虞城，堯妻舜以嬪于虞者也。」

〔三〇〕瞽叟姓嬀　「叟」，殿本作「瞍」。張文虎札記卷一：「堯典疏、御覽百三十五、元龜二十七引史文並作『瞍』。今作『叟』，疑非。又書傳『配字曰瞍，瞍無目之稱』，今正義引並作『叟』，皆誤也。」按：説文目部：「瞍，無目也。」

〔三一〕蒲州河東縣雷首山一名中條山亦名歷山亦名首陽山亦名蒲山亦名襄山亦名甘棗山亦名猪山亦名狗頭山亦名薄山亦名吴山此山西起雷首山東至吴坂凡十一名　本書卷二八封禪書「薄山者，衰山也」正義引括地志：「薄山亦名衰山，一名寸棘山，一名渠山，一名雷首山，一名獨頭山，一名首陽山，一名吴山，一名條山，在陜州芮縣城北十里。此山西起雷山，東至吴坂，凡十名。」山名、次序、數字多異。

〔三二〕何必定陶方得爲陶也舜之陶也　黄本、彭本、柯本、凌本、殿本作「何必定陶方得爲舜陶之陶也」。

〔三三〕韓子　原作「韓非子」，據黄本、彭本、柯本、凌本、殿本改。按：漢書卷三〇藝文志：「韓子五十五篇。名非，韓諸公子。」隋書卷三四經籍志三、舊唐書卷四七經籍志下、新唐書卷五九藝文志三著録皆稱「韓子」。

〔二四〕歷山之農相侵略　「侵略」，殿本作「侵畔」。按：韓非子難一：「歷山之農者侵畔。」

〔二五〕皆置邑　本書卷二夏本紀「島夷卉服」正義引括地志作「皆邑落」。

〔二六〕黄本、彭本、柯本、凌本、殿本此條正義在上文「其得姓者十四人」下。參見本卷校記〔七〕。

〔二七〕「右述贊之體」至「一百三十篇之贊云」　此一百零五字原無，據黄本、彭本、柯本、凌本、殿本補。按：此節文字索隱本在書末，黄本等合刻本置於此，今從之。

史記卷二

夏本紀第二

夏禹，〔一〕名曰文命。〔二〕禹之父曰鯀，鯀之父曰帝顓頊，〔三〕顓頊之父曰昌意，昌意之父曰黄帝。禹者，黄帝之玄孫而帝顓頊之孫也。禹之曾大父昌意及父鯀皆不得在帝位，爲人臣。

〔一〕集解謚法曰：「受禪成功曰禹。」正義夏者，帝禹封國號也。帝王紀云：「禹受封爲夏伯，在豫州外方之南，今河南陽翟是也。」

〔二〕索隱尚書云「文命敷于四海」，孔安國云「外布文德教命」，不云是禹名。太史公皆以放勳、重華、文命爲堯、舜、禹之名，未必爲得。孔又云「虞，氏；舜，名」，則堯、舜、禹、湯皆名矣。蓋古者帝王之號皆以名，後代因其行，追而爲謚。其實禹是名。故張晏云「少昊已前，天下之號象其德；顓頊已來，天下之號因其名」。又按：系本「鯀取有辛氏女，謂之女志，是生高密」。宋衷云「高密，禹所封國」。【正義】帝王紀云：「父鯀妻脩己，見流星貫昴，夢接意感，又吞神珠薏苡，胸拆而生禹。名文命，字密，身九尺二寸長，本西夷人也。大戴禮云『高陽之孫，鯀之子，曰文命』。揚雄蜀王本紀云『禹本汶山郡廣柔縣人也，生於石紐』。」括地志云：「茂州汶川縣石紐山在縣西七十三里。華陽國志云『今夷人共營其地，方百里不敢居牧，至今猶不敢放六畜』。」按：廣柔，隋改曰汶川。

【三】【索隱】皇甫謐云：「鯀，帝顓頊之子，字熙。」又連山易云「鯀封於崇」，故國語謂之「崇伯鯀」。系本亦以鯀爲顓頊子。漢書律曆志則云「顓頊五代而生鯀」。按：鯀既仕堯，與舜代系殊懸，舜即顓頊六代孫，則鯀非是顓頊之子。蓋班氏之言近得其實。

當帝堯之時，鴻水【一】滔天，浩浩懷山襄陵，下民其憂。堯求能治水者，羣臣四嶽皆曰鯀可。堯曰：「鯀爲人負命毁族，不可。」四嶽曰：「等之未有賢於鯀者，願帝試之。」於是堯聽四嶽，用鯀治水。九年而水不息，功用不成。於是帝堯乃求人，更得舜。舜登用，攝行天子之政，巡狩。行視鯀之治水無狀，【二】乃殛鯀於羽山以死。【三】天下皆以舜之誅爲是。於是舜舉鯀子禹，而使續鯀之業。

【一】【索隱】一作「洪」。鴻，大也。以鳥大曰鴻，小曰鴈，故近代文字大義者皆作「鴻」也。

【二】【索隱】言無功狀。

【三】正義殛音紀力反。鯀之羽山，化爲黃熊，入于羽淵。熊音乃來反，下三點爲三足也。束皙發蒙紀云：「鼈三足曰熊。」

堯崩，帝舜問四嶽曰：「有能成美堯之事者使居官？」皆曰：「伯禹爲司空，可成美堯之功。」舜曰：「嗟，然！」命禹：「女平水土，維是勉之。」禹拜稽首，讓於契、后稷、皋陶。舜曰：「女其往視爾事矣。」

禹爲人敏給克勤；其悳不違，其仁可親，其言可信；聲爲律，【一】身爲度，【二】稱以出；【三】亹亹穆穆，爲綱爲紀。

【一】索隱言禹聲音應鍾律。

【二】集解王肅曰：「以身爲法度。」索隱按：今巫猶稱「禹步」。

【三】集解徐廣曰：「一作『士』。」索隱按：大戴禮見作「士」。又一解云，上文聲與身爲律度，則權衡亦出於其身，故云「稱以出」也。

禹乃遂與益、后稷奉帝命，命諸侯百姓興人徒以傅土，行山表木，【一】定高山大川。【二】禹傷先人父鯀功之不成受誅，乃勞身焦思，居外十三年，過家門不敢入。薄衣食，致孝于鬼神。【三】卑宮室，致費於溝淢。【四】陸行乘車，水行乘船，泥行乘橇，【五】山行乘檋。【六】左準繩，右規矩，【七】載四時，【八】以開九州，通九道，陂九澤，度九山。令益予衆庶稻，可種卑溼。命后稷予衆庶難得之食。食少，調有餘相給，以均諸侯。禹乃行相地宜所有以貢，及山川之便利。

【一】集解尚書「傅」字作「敷」。馬融曰：「敷，分也。」索隱尚書作「敷土隨山刊木」。今案：大戴禮作「傅土」，故此紀依之。傅即付也，謂付功屬役之事。若尚書作「敷」，敷，分也，謂令人分布理九州之土地也。表木，謂刊木立爲表記，與孔注書意異。

【二】集解馬融曰：「定其差秩祀禮所視也。」駰案：尚書大傳曰「高山大川，五嶽、四瀆之屬」。

【三】集解馬融曰：「祭祀豐絜。」

【四】集解包氏曰：「方里爲井，井間有溝，溝廣深四尺。十里爲成，成閒有減，減廣深八尺。」

【五】集解徐廣曰：「他書或作『蕝』。」駰案：孟康曰「橇形如箕，擿行泥上」。如淳曰「橇音『茅蕝』之『蕝』。謂以板置泥上以通行路也〔一一〕」。正義按：橇形如船而短小，兩頭微起，人曲一脚，泥上擿進，用拾泥上之物。今杭州、温州海邊有之也。

【六】集解徐廣曰：「檋，一作『橋』，音丘遥反。」駰案：如淳曰「檋車〔一二〕，謂以鐵如錐頭，長半寸，施之履下，以上山不蹉跌也」。又音紀録反。正義按：上山，前齒短，後齒長；下山，前齒長，後齒短也。檋音與上同也。

【七】集解王肅曰：「左右言常用也。」索隱左所運用堪爲人之準繩，右所舉動必應規矩也。

【八】集解王肅曰：「所以行不違四時之宜也。」

禹行自冀州始。冀州：既載【一】壺口，治梁及岐。【二】既脩太原，至于嶽陽。【三】覃懷致功，【四】至於衡漳。【五】其土白壤。【六】賦上上錯，【七】田中中。【八】常、衛既從，大陸既爲。【九】鳥夷皮服。【一〇】夾右碣石，【一一】入于海。【一二】

【一】集解孔安國曰：「堯所都也。先施貢賦役，載於書也。」鄭玄曰：「兩河閒曰冀州。」正義按：理水及貢賦從帝都爲始也。黃河自勝州東，直南至華陰，即東至懷州南，又東北至平州碣石山入海也。東河之西，西河之東〔三〕，南河之北，皆冀州也。

【二】集解鄭玄曰：「地理志壺口山在河東北屈縣之東南，梁山在左馮翊夏陽，岐山在右扶風美陽。」索隱鄭玄曰：「地理志壺口山在河東北屈縣之東南，梁山在左馮翊夏陽，岐山在右扶風美陽。」正義括地志云：「壺口山在慈州吉昌縣西南五十里冀州境也。梁山在同州韓城縣東南十九里，岐山在岐州岐山縣東北十里，二山雍州境也。」孔安國曰：「從東循山理水而西也。」

【三】集解孔安國曰：「太原今爲郡名。太嶽在太原西南。山南曰陽。」索隱嶽，太嶽，即冀州之鎮霍太山也。按：地理志霍太山在河東彘縣東。凡如此例，不引書者，皆地理志文也。正義括地志云：「霍太山在沁州沁原縣西七八十里〔四〕。」

【四】集解孔安國曰：「覃懷，近河地名。」鄭玄曰：「懷縣屬河內。」索隱按：河內有懷縣，今驗地無名「覃」者，蓋「覃懷」二字或當時共爲一地之名。

【五】集解孔安國曰：「漳水横流。」索隱案：孔注以衡爲横，非。王肅云「衡、漳，二水名」。地理志清漳水出上黨沾縣，東北至阜城縣入河。濁漳水出上黨長子縣，東至鄴入清漳也。正義括地志云：「故懷城在懷州武陟縣西十一里。衡漳水在瀛州東北百二十五里平舒縣界也。」

【六】集解孔安國曰：「土無塊曰壤。」

【七】集解孔安國曰：「上上，第一。錯，雜也，雜出第二之賦。」

【八】集解孔安國曰：「九州之中爲第五。」

【九】集解鄭玄曰：「地理志恒水出恒山，衛水在靈壽，大陸澤在鉅鹿。」索隱此文改恒山、恒水皆作「常」，避漢文帝諱故也。常水出常山上曲陽縣，東入滱水。衛水出常山靈壽縣，東入虖池。郭璞云「大陸，今鉅鹿北廣河澤是已」。爲亦作也。

【一〇】集解鄭玄曰：「鳥夷，東北之民賦食鳥獸者〔五〕。」孔安國曰：「服其皮，明水害除。」正義括地志云：「靺鞨國，古肅慎也，在京東北萬里已下，東及北各抵大海。其國南有白山，鳥獸草木皆白。其人處山林間，土氣極寒，常爲穴居，以深爲貴，至接九梯。養豕，食肉，衣其皮，冬以豬膏塗身，厚數分，以禦風寒。貴臭穢不絜，作廁於中，圜之而居。多勇力，善射。弓長四尺，如弩，矢用楛，長一尺八寸，青石爲鏃。葬則交木作椁，殺豬積椁上，富者至數百，貧者數十，以爲死人之糧。以土上覆之，以繩繫於椁，頭出土上，以酒灌酹，繩腐而止，無四時祭祀也。」

【一二】集解孔安國曰：「碣石，海畔之山也。」

【一三】集解徐廣曰：「海，一作『河』。」索隱地理志云「碣石山在北平驪城縣西南」。太康地理志云「樂浪遂城縣有碣石山，長城所起」。又水經云「在遼西臨渝縣南水中」。蓋碣石山有二，此云「夾右碣石入于海」，當是北平之碣石。

濟、河維沇州：【一】九河既道，【二】雷夏既澤，雍、沮會同，【三】桑土既蠶，於是民得下丘居土。【四】其土黑墳，【五】草繇木條。【六】田中下，【七】賦貞，作十有三年乃同。【八】其貢漆絲，其篚織文。【九】浮於濟、漯，通於河。【一〇】

【一】集解鄭玄曰：「言沇州之界在此兩水之閒。」

【二】集解馬融曰：「九河名徒駭、太史、馬頰、覆釜、胡蘇、簡、絜、鉤盤、鬲津。」

【三】集解鄭玄曰：「雍水、沮水相觸而合入此澤中。地理志曰雷澤在濟陰城陽縣西北。」索隱爾雅云「水自河出爲雍」也。正義括地志云：「雷夏澤在濮州雷澤縣郭外西北。雍、沮二水在雷澤西北平地也。」

【四】集解孔安國曰：「大水去，民下丘居平土，就桑蠶。」

【五】集解孔安國曰：「色黑而墳起。」

【六】集解孔安國曰：「繇，茂；條，長也。」

【七】集解孔安國曰：「第六。」

【八】集解鄭玄曰：「貞，正也。治此州正作不休，十三年乃有賦，與八州同，言功難也。其賦下下。」

【九】集解孔安國曰：「地宜漆林，又宜桑蠶。織文，錦綺之屬，盛之筐篚而貢焉。」

【一〇】集解鄭玄曰：「地理志云漯水出東郡東武陽。」索隱濟水出河東垣縣王屋山東，其流至濟陰，故應劭云「濟水出平原漯陰縣東，漯水出東郡東武陽縣，北至千乘縣而入于海」。

海、岱維青州：【一】堣夷既略，【二】濰、淄其道。【三】其土白墳，海濱廣潟，【四】厥田斥鹵。【五】田上下，賦中上。【六】厥貢鹽絺，海物維錯，【七】岱畎絲、枲、鉛、松、怪石，【八】萊夷爲牧，【九】其篚酓絲。【一〇】浮於汶，通於濟。【一一】

【一】集解鄭玄曰：「東自海，西至岱。東嶽曰岱山。」正義按：舜分青州爲營州，遼西及遼東。

【二】集解馬融曰：「堣夷，地名。用功少曰略。」索隱孔安國云：「東表之地稱堣夷。」按：今文尚書及帝命驗並作「禺鐵」，在遼西。鐵，古「夷」字也。

【三】集解鄭玄曰：「地理志濰水出琅邪，淄水出泰山萊蕪縣原山。」索隱濰水出琅邪箕縣，北至都昌縣入海。淄水出泰山萊蕪縣原山北，東至博昌縣入濟也。正義括地志云：「密州莒縣濰山，濰水所出。淄州淄川縣東北七十里原山，淄水所出。俗傳云，禹理水功畢，土石黑，數里之中波若漆，故謂之淄水也。」

【四】集解徐廣曰：「一作『澤』，又作『斥』。」

【五】集解鄭玄曰：「斥謂地鹹鹵。」索隱鹵音魯。說文云：「鹵，鹹地。東方謂之斥，西方謂之鹵。」

【六】集解孔安國曰：「田第三，賦第四。」

【七】集解孔安國曰：「絺，細葛。錯，雜，非一種。」鄭玄曰：「海物，海魚也。魚種類尤雜。」

【八】集解孔安國曰：「畎，谷也。怪，異。好石似玉者。岱山之谷出此五物，皆貢之。」

【九】集解孔安國曰：「萊夷，地名，可以牧放〔六〕。」索隱按：左傳云萊人劫孔子，孔子稱「夷不亂華」，又云「齊侯伐萊」，服虔以爲東萊黃縣是。今按：地理志黃縣有萊山，恐即此地之夷。

【一〇】集解孔安國曰：「酓桑蠶絲中琴瑟弦。」索隱爾雅云「檿，山桑」，是蠶食檿之絲也。

【一一】集解鄭玄曰：「地理志汶水出泰山萊蕪縣原山，西南入濟。」

海、岱及淮維徐州：【一】淮、沂其治，蒙、羽其蓺。【二】大野既都，【三】東原底平。【四】其土赤埴墳，【五】草木漸包。【六】其田上中，賦中中。【七】貢維土五色，【八】羽畎夏狄，【九】嶧陽孤桐，【一〇】泗濱浮磬，【一一】淮夷蠙珠臮魚，【一二】其篚玄纖縞。【一三】浮于淮、泗，【一四】通于河。

【一】集解孔安國曰：「東至海，北至岱，南及淮。」

【二】集解鄭玄曰：「地理志沂水出泰山蓋縣。蒙、羽，二山名。」孔安國曰：「二水已治，二山可以種蓺。」索隱水經云淮水出南陽平氏縣胎簪山，東北過桐柏山。沂水出泰山蓋縣艾山，南過下邳縣入泗。蒙山在泰山蒙陰縣西南。羽山在東海祝其縣南，殛鯀之地。

【三】集解鄭玄曰：「大野在山陽鉅野北，名鉅野澤。」孔安國曰：「水所停曰都。」

【四】集解鄭玄曰：「東原，地名。今東平郡即東原。」索隱張華博物志云：「兗州東平郡即尚書之東原也。」正義廣平曰原。徐州在東，故曰東原。水去已致平復，言可耕種也。

【五】集解徐廣曰：「埴，黏土也。」

【六】集解孔安國曰：「漸，長進；包，叢生也。」

【七】集解孔安國曰：「田第二，賦第五。」

【八】集解鄭玄曰：「土五色者，所以爲大社之封。」正義韓詩外傳云：「天子社廣五丈，東方青，南方赤，西方白，北方黑，上冒以黃土。將封諸侯，各取方土，苴以白茅，以爲社也。」太康地記云：「城陽姑幕有五色土，封諸侯，錫之茅土，用爲社。此土即禹貢徐州土也。今屬密州莒縣也。」

【九】集解孔安國曰：「夏狄，狄，雉名也。羽中旌旄，羽山之谷有之。」

【一〇】集解孔安國曰：「嶧山之陽特生桐，中琴瑟。」鄭玄曰：「地理志嶧山在下邳。」正義括地志云：「嶧山在兗州鄒縣南二十二里。鄒山記云『鄒山，古之嶧山，言絡繹相連屬也。今猶多桐樹』。」按：今獨生桐，尚徵，一偏似琴瑟。

【一一】集解孔安國曰：「泗水涯水中見石，可以爲磬。」鄭玄曰：「泗水出濟陰乘氏也。」正義括地志云：「泗水至彭城呂梁，出石磬。」

【一二】集解孔安國曰：「淮、夷二水，出蠙珠及美魚。」鄭玄曰：「淮夷，淮水之上夷民也。」索隱按：尚書云「徂茲淮夷，徐戎並興」，今徐州言淮夷，則鄭解爲得。蠙，一作「玭」，並步玄反。臮，古「暨」字。臮，與也。言夷人所居淮水之處，有此蠙珠與魚也。又作「濱」。濱，畔也。

【一三】集解鄭玄曰：「纖，細也。祭服之材尚細。」正義玄，黑。纖，細。縞，白繒。以細繒染爲黑色。

【一四】正義括地志云：「泗水源在兗州泗水縣東陪尾山。其源有四道，因以爲名。」

淮、海維揚州：【一】彭蠡既都，陽鳥所居。【二】三江既入，【三】震澤致定。【四】竹箭既布。【五】其草惟夭，其木惟喬，【六】其土塗泥。【七】田下下，賦下上上雜。【八】貢金三品，【九】瑤、琨、竹箭，【一〇】齒、革、羽、旄，【一一】島夷卉服，【一二】其篚織貝，【一三】其包橘、柚錫貢。【一四】均江海，通淮、泗。【一五】

【一】集解孔安國曰：「北據淮，南距海。」

【二】集解鄭玄曰：「地理志彭蠡澤在豫章彭澤西。」孔安國曰：「隨陽之鳥，鴻鴈之屬，冬月居此澤也。」索隱都，古文尚書作「豬」。孔安國云「水所停曰豬」，鄭玄云「南方謂都爲豬」，則是水聚會之義。正義蠡音禮。括地志云：「彭蠡湖在江州潯陽縣東南五十二里。」

【三】索隱韋昭云：「三江謂松江、錢唐江、浦陽江。」今按：地理志有南江、中江、北江，是爲三江。其南江從會稽吳縣南，東入海。中江從丹陽蕪湖縣西南，東至會稽陽羨縣入海。北江從會稽毗陵縣北，東入海。故下文「東爲中江」，又「東爲北江」，孔安國云「有北有中，南可知也」。

【四】集解孔安國曰：「震澤，吳南太湖名。言三江已入，致定爲震澤。」索隱震，一作「振」。地理志會稽吳縣「故周泰伯所封國，具區在其西，古文以爲震澤」。又左傳稱「笠澤」，亦謂此也。正義澤在蘇州西南四十五里。三江者，在蘇州東南三十里，名三江口。一江西南上七十里至太湖，名曰松江，古笠澤江；一江東南上七十里至白蜆湖，名曰上江，亦曰東江；一江東北下三百餘里入海，名曰下江，亦曰婁江：於其分處號曰三江口。顧夷吳地記云「松江東北行七十里，得三江口。東北入海爲婁江，東南入海爲東江，并松江爲三江」是也。言理三江入海，非入震澤也。按：太湖西南湖州諸溪從天目山下，西北宣州諸山有溪，並下太湖。太湖東北流，各至三江口入海。其湖無通彭蠡湖及太湖處，並阻山陸。諸儒及地志等解「三江既入」皆非也。周禮職方氏云「揚州藪曰具區，川曰三江」。按：五湖、三江者，韋昭注非也。其源俱不通太湖，引解「三江既入」，失之遠矣。五湖者，菱湖、游湖、莫湖、貢湖、胥湖，皆太湖東岸五灣，爲五湖，蓋古時應別，今並相連。菱湖在莫釐山東，周迴三十餘里，西口闊二里，其口南則莫釐山，北則徐侯山，西與莫湖連。莫湖在莫釐山西及北，北與胥湖連；胥湖在胥山西，南與莫湖連：各周迴五六十里，西連太湖。游湖在北二十里，在長山東，湖西口闊二里，其口東南岸樹里山，西北岸長山，湖周迴五六十里。貢湖在長山西，其口闊四五里，口東南長山，山南即山陽村，西北連常州無錫縣老岸，湖周迴一百九十里已上，湖身向東北，長七十餘里。兩湖西亦連太湖。河渠書云「於吳則通渠三江、五湖」。貨殖傳云「夫吳有三江、五湖之利」。又太史公自敍傳云「登姑蘇，望五湖」是也〔七〕。

【五】集解孔安國曰：「水去布生。」

【六】集解少長曰夭。喬，高也〔八〕。

【七】集解馬融曰：「漸洳也。」

【八】集解孔安國曰：「田第九，賦第七，雜出第六。」

【九】集解孔安國曰：「金、銀、銅。」鄭玄曰：「銅三色也。」

【一〇】集解孔安國曰：「瑤、琨，皆美玉也。」

【一一】集解孔安國曰：「象齒、犀皮、鳥羽、旄牛尾也。」正義周禮考工記云：「犀甲七屬，兕甲六屬。」郭云：「犀似水牛，豬頭，大腹，庳脚，橢角，好食棘也。亦有一角者。」按：西南夷常貢旄牛尾，爲旌旗之飾，書詩通謂之旄。故尚書云「右秉白旄」，詩云「建旐設旄」，皆此牛也。

【一二】集解孔安國曰：「南海島夷草服葛越。」正義括地志云：「百濟國西南渤海中有大島十五所，皆邑落有人居，屬百濟。」又倭國，武皇后改曰日本國，在百濟南，隔海依島而居，凡百餘小國。此皆揚州之東島夷也。按：東南之夷草服葛越，焦竹之屬，越即苧祁也。

【一三】集解孔安國曰：「織，細繒也〔九〕。貝，水物也。」鄭玄曰：「貝，錦名也。詩云『成是貝錦』。凡織者，先染其絲，織之即成矣〔一〇〕。」

【一四】集解孔安國曰：「小曰橘，大曰柚。錫命乃貢，言不常也。」鄭玄曰：「有錫則貢之，或時乏則不貢。錫，所以柔金也。」

【一五】集解鄭玄曰：「均，讀曰沿。沿，順水行也。」

荆及衡陽維荆州：【一】江、漢朝宗于海。【二】九江甚中，【三】沱、涔已道，【四】雲土、夢爲治。【五】其土塗泥。田下中，賦上下。【六】貢羽、旄、齒、革，金三品，杶、榦、栝、柏，【七】礪、砥、砮、丹，【八】維箘簬、楛，【九】三國致貢其名，【一〇】包匭菁茅，【一一】其篚玄纁璣組，【一二】九江入賜大龜。【一三】浮于江、沱、涔、漢〔一一〕，踰于雒，至于南河〔一二〕。

【一】集解孔安國曰：「北據荆山，南及衡山之陽。」

【二】集解孔安國曰：「二水經此州而入海，有似於朝，百川以海爲宗。宗，尊也。」正義括地志云：「江水源出岷州南岷山，南流至益州，即東南流入蜀，至瀘州，東流經三硤，過荆州，與漢水合。孫卿子云『江水其源可以濫觴』也。」又云：「漢水源出梁州金牛縣東二十八里嶓冢山。」

【三】集解孔安國曰：「江於此州界分爲九道，甚得地勢之中。」鄭玄曰：「地理志九江在尋陽南，皆東合爲大江。」索隱按：尋陽記九江者，烏江、蚌江、烏白江、嘉靡江、沙江、畎江、廩江、隄江、箘江。又張湞九江圖所載有三里〔一三〕、五畎、烏土、白蚌。九江之名不同。

【四】集解孔安國曰：「沱，江別名。涔，水名。」鄭玄曰：「水出江爲沱，漢爲涔。」索隱涔，亦作「潛」。沱出蜀郡郫縣西，東入江。潛出漢中安陽縣直西〔一四〕，北入漢。故爾雅云水自江出爲沱，漢出爲潛。正義括地志云：「繁江水受郫江。禹貢曰『岷山導江，東別爲沱』，源出益州新繁縣。潛水一名復水，今名龍門水，源出利州緜谷縣東龍門山大石穴下也。」

【五】集解孔安國曰：「雲夢之澤在江南，其中有平土丘，水去可爲耕作畎畝之治。」索隱夢，一作「瞢」，鄒誕生又音蒙。按：雲土、夢本二澤名，蓋人以二澤相近，或合稱雲夢耳。知者，據左傳云「楚子濟江，入于雲中」，又楚子、鄭伯田于江南之夢，則是二澤各別也。韋昭曰：「雲土今爲縣，屬江夏南郡華容。」今按：地理志云江夏有雲杜縣，是其地。

【六】集解孔安國曰：「田第八，賦第三。」

【七】集解鄭玄曰：「四木名。」孔安國曰：「榦，柘也。柏葉松身曰栝。」

【八】集解孔安國曰：「砥細於礪，皆磨石也。砮，石，中矢鏃。丹，朱類也。」

【九】集解徐廣曰：「一作『箭足杆』。杆即楛也，音怙。箭足者，矢鏃也。或以箭足訓釋箘簵乎？」駰案：鄭玄曰「箘簬，聆風也」。

【一〇】集解 馬融曰：「言箘簬、楛三國所致貢，其名善也。」

【一一】集解 鄭玄曰：「匭，纏結也。菁茅，茅有毛刺者，給宗廟縮酒。重之，故包裹又纏結也。」 正義 括地志云：「辰州盧溪縣西南三百五十里有包茅山。武陽記云〔一五〕『山際出包茅，有刺而三脊，因名包茅山』。」

【一二】集解 孔安國曰：「此州染玄纁色善，故貢之。璣，珠類，生於水中。組，綬類也。」

【一三】集解 孔安國曰：「尺二寸曰大龜，出於九江水中。龜不常用，賜命而納之。」

荆、河惟豫州：【一】伊、雒、瀍、澗既入于河，【二】滎播既都，【三】道荷澤，被明都。【四】其土壤，下土墳壚。【五】田中上，賦雜上中。【六】貢漆、絲、絺、紵，其篚纖絮〔一六〕，【七】錫貢磬錯。【八】浮於雒，達於河。

【一】集解 孔安國曰：「西南至荆山，北距河水。」 正義 括地志云：「荆山在襄州荆山縣西八十里。韓子云『卞和得玉璞於楚之荆山』，即此也。」河，洛州北河也。

【二】集解 孔安國曰：「伊出陸渾山，洛出上洛山，澗出澠池山，瀍出河南北山，四水合流而入河。」 索隱 伊水出弘農盧氏縣東，洛水出弘農上洛縣冢領山，瀍水出河南穀城縣朁亭北，澗水出弘農新安縣東，皆入于河。 正義 括地志云：「伊水出虢州盧氏縣東巒山，東北流入洛。

洛水出商州洛南縣冢領山〔一七〕，東流經洛州郭內，又東合伊水。瀍水出洛州新安縣東，南流至洛州郭內，南入洛。澗水源出洛州新安縣東白石山，東北與穀水合流，經洛州郭內，東流入洛也。」

【三】集解孔安國曰：「滎，澤名。波水已成遏都〔一八〕。」索隱古文尚書作「滎波」，此及今文並云「滎播」。播是水播溢之義，滎是澤名。故左傳云狄及衞戰於滎澤。鄭玄云：「今塞爲平地，滎陽人猶謂其處爲滎播。」

【四】集解孔安國曰：「荷澤在胡陵。明都，澤名，在河東北，水流泆覆被之。」索隱荷澤在濟陰定陶縣東。明都音孟豬。孟豬澤在梁國睢陽縣東北。爾雅、左傳謂之「孟諸」，今文亦爲然，唯周禮稱「望諸」，皆此地之一名。正義括地志云：「荷澤在曹州濟陰縣東北九十里定陶城東，今名龍池，亦名九卿陂。」

【五】集解孔安國曰：「壚，疏也。」馬融曰：「豫州地有三等，下者墳壚也。」

【六】集解孔安國曰：「田第四，賦第二，又雜出第一。」

【七】集解孔安國曰：「細緜也。」

【八】集解孔安國曰：「治玉石曰錯，治磬錯也。」

華陽、黑水惟梁州：【一】汶、嶓既蓺，【二】沱、涔既道，【三】蔡、蒙旅平，【四】和夷底績。【五】其土青驪。【六】田下上，賦下中三錯。【七】貢璆、鐵、銀、鏤、砮、磬，【八】熊、羆、狐、貍、織

皮。【九】西傾因桓是來，【一〇】浮于潛，踰于沔，【一一】入于渭，亂于河。【一二】

【一】集解孔安國曰：「東據華山之南，西距黑水。」正義括地志云：「黑水源出梁州城固縣西北太山。」

【二】集解鄭玄曰：「地理志岷山在蜀郡湔氐道〔一九〕，嶓冢山在漢陽西。」索隱汶，一作「崏」，又作「𡵓」。𡵓山，封禪書一云瀆山，在蜀都湔氐道西徼，江水所出。嶓冢山在隴西西縣，漢水所出也。正義括地志云：「岷山在岷州溢樂縣南一里，連緜至蜀二千里，皆名岷山。嶓冢山在梁州金牛縣東二十八里。」湔音子踐反。氐音丁奚反。

【三】集解孔安國曰：「沱、潛發源此州，入荊州。」

【四】集解孔安國曰：「蔡、蒙，二山名。祭山曰旅。平，言治功畢也。」鄭玄曰：「地理志蔡、蒙在漢嘉縣。」索隱此非徐州之蒙，在蜀郡青衣縣。青衣後改爲漢嘉。蔡山不知所在也〔二〇〕。正義括地志云：「蒙山在雅州嚴道縣南十里。」

【五】集解馬融曰：「和夷，地名也。」

【六】集解孔安國曰：「色青黑也。」

【七】集解孔安國曰：「田第七，賦第八，雜出第七、第九，三等。」

【八】集解孔安國曰：「璆，玉名。」鄭玄曰：「黃金之美者謂之鏐。鏤，剛鐵，可以刻鏤也。」

【九】集解孔安國曰：「貢四獸之皮也。織皮，今罽也。」

【一〇】集解馬融曰：「治西傾山因桓水是來，言無餘道也。」鄭玄曰：「地理志西傾山在隴西臨洮。」索隱西傾在隴西臨洮縣西南。桓水出蜀郡岷山，西南行羌中，入南海也。正義括地志云：「西傾山今彊臺山，在洮州臨潭縣西南三百三十六里。」

【一一】集解孔安國曰：「漢上水爲沔。」鄭玄曰：「或謂漢爲沔。」

【一二】集解孔安國曰：「正絶流曰亂。」

黑水、西河惟雍州：【一】弱水既西，【二】涇屬渭汭。【三】漆、沮既從，【四】灃水【五】所同。【六】荆、岐已旅，【七】終南、敦物至于鳥鼠。【八】原隰厎績，至于都野。【九】三危既度，【一〇】三苗大序。【一一】其土黄壤。田上上，賦中下。【一二】貢璆、琳、琅玕。【一三】浮于積石，至于龍門西河，【一四】會于渭汭。【一五】織皮昆侖、析支、渠搜，西戎即序。【一六】

【一】集解孔安國曰：「西距黑水，東據河。龍門之河在冀州西。」索隱地理志益州滇池有黑水祠。鄭玄引地説云「三危山，黑水出其南」。山海經「黑水出昆侖墟西北隅」也。

【二】集解孔安國曰：「導之西流，至于合黎。」鄭玄曰：「衆水皆東，此獨西流也。」索隱按：水經云「弱水出張掖删丹縣西北，至酒泉會水縣入合黎山腹」。山海經云「弱水出昆侖墟西南隅」也。

【三】集解孔安國曰：「屬，逮也。水北曰汭。言治涇水入於渭也。」鄭玄曰：「地理志涇水出安定涇陽。」【索隱】渭水出首陽縣鳥鼠同穴山。說文云：「水相入曰汭。」【正義】括地志云：「涇水源出原州百泉縣西南笄頭山涇谷。渭水源出渭州渭原縣西七十六里鳥鼠山，今名青雀山。渭有三源，並出鳥鼠山，東流入河。」按：言理涇水及至渭水，又理漆、沮亦從渭流，復理灃水，亦同入渭者也。

【四】【正義】括地志云：「漆水源出岐州普潤縣東南岐山漆溪〔二二〕，東入渭。沮水一名石川水，源出雍州富平縣，東入櫟陽縣南。漢高帝於櫟陽置萬年縣。十三州地理志云〔二三〕『萬年縣南有涇、渭，北有小河，即沮水也』。詩云古公去邠度漆、沮，即此二水。」

【五】【集解】音豐。

【六】【集解】孔安國曰：「漆沮之水已從入渭。灃水所同，同于渭也。」【索隱】漆、沮二水，漆水出右扶風漆縣西，沮水地理志無文，而水經以瀘水出北地直路縣，東過馮翊祋祤縣入洛。說文亦以漆、沮各是一水名。孔安國獨以爲一，又云是洛水。灃水出右扶風鄠縣東南，北過上林苑。【正義】括地志云：「雍州鄠縣終南山，灃水出焉。」

【七】【集解】孔安國曰：「荊在岐東，非荊州之荊也。」【正義】括地志云：「荊山在雍州富平縣，今名掘陵原。岐山在岐州岐山縣東北十里。」尚書正義云：「洪水時祭祀禮廢。已旅祭，言理水功畢也。」按：雍州荊山即黃帝及禹鑄鼎地也。襄州荊山縣西荊山即卞和得玉璞者。

【八】【集解】孔安國曰：「三山名，言相望也。」鄭玄曰：「地理志終南、敦物皆在右扶風武功也。」

索隱按：左傳中南山，杜預以爲終南山。地理志云「太一山古文以爲終南，華山古文以爲敦物」，皆在扶風武功縣東。正義括地志云：「終南山一名中南山，一名太一山，一名南山，一名橘山，一名楚山，一名泰山〔二三〕，一名周南山，一名地肺山，在雍州萬年縣南五十里。」

【九】集解鄭玄曰：「地理志都野在武威，名曰休屠澤。」正義原隰，幽州地也。按：原，高平地也。隰，低下地也。言從渭州致功，西北至涼州都野、沙州三危山也。括地志云：「都野澤在涼州姑臧縣東北二百八十里。」

【一〇】索隱鄭玄引河圖及地說云「三危山在鳥鼠西南，與岐山相連」。度，劉伯莊音田各反，尚書作「宅」。

【一一】集解孔安國曰：「西裔之山已可居，三苗之族大有次序，禹之功也〔二四〕。」

【一二】集解孔安國曰：「田第一，賦第六，人功少。」

【一三】集解孔安國曰：「璆、琳，皆玉名。琅玕，石而似珠者。」

【一四】集解孔安國曰：「積石山在金城西南，河所經也。龍門山在河東之西界。」索隱積石在金城河關縣西南。龍門山在左馮翊夏陽縣西北。正義括地志云：「積石山今名小積石，在河州枹罕縣西七里。河州在京西一千四百七十二里。龍門山在同州韓城縣北五十里。李奇云『禹鑿通河水處，廣八十步』。三秦記云『龍門水懸船而行，兩旁有山，水陸不通，龜魚集龍門下數千，不得上，上則爲龍，故云暴鰓點額龍門下』。」按：河在冀州西，故云西河也。禹發源河水小積石山，浮河東北下，歷靈、勝北而南行，至于龍門，皆雍州地也。

【一五】正義 水經云「河水又南至潼關，渭水從西注之」也。

【一六】集解 孔安國曰：「織皮，毛布。此四國在荒服之外，流沙之內。羌、髳之屬皆就次序，美禹之功及戎狄也。」索隱 鄭玄以爲衣皮之人居昆侖、析支、渠搜，三山皆在西戎。王肅曰「昆侖在臨羌西，析支在河關西，西戎在西域」。王肅以爲地名，而不言渠搜。今按：地理志金城臨羌縣有昆侖祠，敦煌廣至縣有昆侖障，朔方有渠搜縣。

道九山：【一】汧及岐至于荆山，【二】踰于河；壺口、雷首【三】至于太嶽；【四】砥柱、析城至于王屋；【五】太行、常山至于碣石，入于海；【六】西傾、朱圉、鳥鼠【七】至于太華；【八】熊耳、外方、桐柏至于負尾；【九】道嶓冢，至于荆山；【一〇】內方至于大別；【一一】汶山之陽至衡山，【一二】過九江，至于敷淺原。【一三】

【一】索隱 汧、壺口、砥柱、太行、西傾、熊耳、嶓冢、內方、岷是九山也。古分爲三條，故地理志有北條之荆山。馬融以汧爲北條，西傾爲中條，嶓冢爲南條。鄭玄分四列，汧爲陰列，西傾次陰列，嶓冢爲陽列，岷山次陽列。

【二】集解 鄭玄曰：「地理志汧在右扶風也。」索隱 汧，一作「岍」。按：有汧水，故其字或從「山」或從「水」，猶岷山然也。地理志云吳山在汧縣西，古文以爲汧山。岐山在右扶風美陽縣西北，荆山在左馮翊懷德縣南也。正義 括地志云：「汧山在隴州汧源縣西六十里。其山東鄰岐岫，西接隴岡，汧水出焉。岐山在岐州。」

【三】索隱 雷首山在河東蒲阪縣東南。

【四】集解 孔安國曰：「三山在冀州。太嶽在上黨西也。」索隱 即霍泰山也。已見上。正義 括地志云：「壺口在慈州吉昌縣西南。雷首山在蒲州河東縣。太嶽，霍山也，在沁州沁源縣。」

【五】集解 孔安國曰：「此三山在冀州南河之北〔二五〕。」索隱 析城山在河東濩澤縣西南。王屋山在河東垣縣東北。水經云砥柱山在河東大陽縣南河水中也。正義 括地志云：「底柱山，俗名三門山，在陝州硤石縣東北五十里黄河之中。孔安國云『底柱，山名。河水分流，包山而過，山見水中，若柱然也』。」括地志云：「析城山在澤州陽城縣西南七十里。注水經云『析城山甚高峻，上平坦，有二泉〔二六〕，東濁西清，左右不生草木』。」括地志云：「王屋山在懷州王屋縣北十里。古今地名云『山方七百里，山高萬仞，本冀州之河陽山也』。」

【六】集解 孔安國曰：「此二山連延，東北接碣石，而入于滄海。」索隱 太行山在河內山陽縣西北。常山，恒山是也，在常山郡上曲陽縣西北。正義 括地志云：「太行山在懷州河內縣北二十五里，有羊腸阪。恒山在定州恒陽縣西北百四十里。道書福地記云『恒山高三千三百丈，上方二十里，有太玄之泉，神草十九種，可度俗』。」

【七】集解 鄭玄曰：「地理志曰朱圉在漢陽南。」孔安國曰：「鳥鼠山，渭水所出，在隴西之西。」

【八】集解鄭玄曰：「地理志太華山在弘農華陰南。」索隱圉，一作「圄」。朱圉山在天水冀縣南。鳥鼠山在隴西首陽縣西南。太華即敦物山。

【九】集解鄭玄曰：「地理志熊耳在盧氏東。外方在潁川，嵩高山。桐柏山在南陽平氏東南。陪尾在江夏安陸東北，若橫尾者〔二七〕。」索隱熊耳山在弘農盧氏縣東，伊水所出。外方山即潁川嵩高縣嵩高山，古文尚書亦以爲外方山。桐柏山一名大復山，在南陽平氏縣東南。陪尾山在江夏安陸縣東北，地理志謂之橫尾山。負音陪也。正義括地志云：「華山在華州華陰縣南八里。熊耳山在虢州盧氏縣南五十里。嵩高山亦名太室山，亦名外方山，在洛州陽城縣北二十三里也。桐柏山在唐州桐柏縣東南五十里，淮水出焉。橫尾山，古陪尾山也，在安州安陸縣北六十里。」

【一〇】集解鄭玄曰：「地理志荊山在南郡臨沮。」索隱此東條荊山，在南郡臨沮縣東北隅也。正義括地志云：「嶓冢山在梁州。荊山在襄州荊山縣西八十里也。」又云：「荊山縣本漢臨沮縣地也。沮水即漢水也。」按：孫叔敖激沮水爲雲夢澤是也。

【一一】集解鄭玄曰：「地理志內方在竟陵，名立章山。大別在廬江安豐縣。」索隱內方山在竟陵縣東北。大別山在六安國安豐縣，今土人謂之甑山。正義括地志云：「章山在荊州長林縣東北六十里。今漢水附章山之東，與經史符會。」按：大別山，今沙洲在山上，漢江經其左，今俗猶云甑山。注云「在安豐」，非漢所經也。

【一二】索隱在長沙湘南縣東南。廣雅云：「岣嶁謂之衡山。」正義括地志云：「岷山在茂州汶川縣。衡山在衡州湘潭縣西四十一里。」

【一三】集解徐廣曰：「淺，一作『滅』。」駰案：孔安國曰「敷淺原一名博陽山〔一八〕，在豫章」。索隱豫章歷陵縣南有傅陽山，一名敷淺原也。

道九川：【一】弱水至於合黎，【二】餘波入于流沙。【三】道黑水，至于三危，入于南海。【四】道河積石，【五】至于龍門，南至華陰，【六】東至砥柱，【七】又東至于盟津，【八】東過雒汭，至于大邳，【九】北過降水，至于大陸，【一〇】北播爲九河，同爲逆河，【一一】入于海。【一二】嶓冢道瀁，東流爲漢，【一三】又東爲蒼浪之水，【一四】過三澨，入于大別，【一五】南入于江，東匯澤爲彭蠡，【一六】東爲北江，入于海。【一七】汶山道江，東別爲沱，又東至于醴，【一八】過九江，至于東陵，【一九】東迆北會于匯，【二〇】東爲中江，入于海。【二一】道沇水，東爲濟，入于河，泆爲滎，【二二】東出陶丘北，【二三】又東至于荷，【二四】又東北會于汶，【二五】又東北入于海。道淮自桐柏，【二六】東會于泗、沂，東入于海。【二七】道渭自鳥鼠同穴，【二八】東會于灃，【二九】又東北至于涇，【三〇】東過漆沮，入于河。【三一】道雒自熊耳，【三二】東北會于澗、瀍，【三三】又東會于伊，【三四】東北入于河。【三五】

【一】索隱弱、黑、河、瀁、江、沇、淮、渭、洛爲九川。

【二】集解鄭玄曰：「地理志弱水出張掖。」孔安國曰：「合黎，水名，在流沙東。」索隱水經云合黎山在酒泉會水縣東北。鄭玄引地説亦以爲然。孔安國云水名，當是其山有水，故所記各不同。正義括地志云：「蘭門山，一名合黎，一名窮石山，在甘州删丹縣西南七十里。淮南子云『弱水源出窮石山』。」又云：「合黎，一名羌谷水，一名鮮水，一名覆表水，今名副投河，亦名張掖河，南自吐谷渾界流入甘州張掖縣。」今按：合黎水出臨松縣臨松山東，而北流歷張掖故城下，又北流經張掖縣二十三里，又北流經合黎山，折而北流，經流沙磧之西入居延海，行千五百里。合黎山，張掖縣西北二百里也。

【三】集解孔安國曰：「弱水餘波西溢入流沙。」鄭玄曰：「地理志流沙在居延東北〔二九〕，名居延澤。地記曰『弱水西流入合黎山腹，餘波入于流沙，通于南海』。」馬融、王肅皆云合黎、流沙是地名。索隱地理志云「張掖居延縣東北有居延澤，古文以爲流沙」。廣志「流沙在玉門關外，有居延澤、居延城」。又山海經云「流沙出鐘山，西南行昆侖墟入海」。按：是地兼有水，故一云地名，一云水名，馬鄭不同，抑有由也。

【四】集解鄭玄曰：「地理志益州滇池有黑水祠，而不記此山水所在。地記曰『三危山在鳥鼠之西南』。」孔安國曰：「黑水自北而南，經三危過梁州，入南海也。」正義括地志云：「黑水源出伊州伊吾縣北百二十里，又南流二千里而絶。三危山在沙州燉煌縣東南四十里〔三〇〕。」按：南海即揚州東大海。岷江下至揚州東入海也。其黑水源在伊州，從伊州東南三千餘里至鄯州，鄯州東南四百餘里至河州，入黃河。河州有小積石山，即禹貢「浮於積石，至於龍門」者。然黃河源從西南下，出大崑崙東北隅，東北流經于闐，入鹽澤，即東南潛行入吐谷渾界大積石山，又東北流，至小積石山，又東北流，來處極遠。其黑水，當洪水時合從黃河而行，何得入于南海？南海去此甚遠，阻隔南山、隴山、岷山之屬。當是洪水浩浩處，西戎不深致功，古文故有疏略也。

【五】索隱爾雅云：「河出昆侖墟，其色白。」漢書西域傳云：「河有兩源，一出葱嶺，一出于闐。于闐河北流，與葱嶺河合，東注蒲昌海，一名鹽澤。其水停居，冬夏不增減，潛行地中，南出積石爲中國河。」是河源發昆侖，禹導河自積石而加功也。

【六】集解孔安國曰：「至華山北而東行。」正義華陰縣在華山北，本魏之陰晉縣，秦惠文王更名寧秦，漢高帝改曰華陰。

【七】集解孔安國曰：「砥柱，山名。河水分流，包山而過，山見水中，若柱然也。在西虢之界。」正義砥柱山俗名三門山，禹鑿此山，三道河水，故曰三門也。

【八】集解孔安國曰：「在洛北。」索隱盟，古「孟」字。孟津在河陽。十三州記云「河陽縣在河上，即孟津」是也。正義杜預云：「盟，河內郡河陽縣南孟津也，在洛陽城北。都道所湊，古今爲津，武王度之，近代呼爲武濟。」括地志云：「盟津，周武王伐紂，與八百諸侯會盟津。亦曰孟津，又曰富平津。水經云小平津，今云河陽津是也。」

【九】集解孔安國曰：「洛汭，洛入河處。山再成曰邳。」索隱爾雅云「山一成曰邳」。或以爲成皋縣山是。正義李巡云：「山再重曰英，一重曰邳。」括地志云：「大邳山，今名黎陽東山，又曰青壇山，在衞州黎陽南七里。張揖云今成皋，非也。」

【一〇】集解鄭玄曰：「地理志降水在信都〔三一〕。」孔安國曰：「大陸，澤名。」索隱地理志降水字從「糸」，出信都國，與虖池、漳河水並流入海。大陸在鉅鹿郡。爾雅云「晉有大陸」，郭璞以爲此澤也。正義括地志云：「降水源出潞州屯留縣西南〔三二〕，東北流，至冀州入海。」

【一一】集解鄭玄曰：「下尾合名曰逆河，言相向迎受也。」

【一二】正義播，布也。河至冀州，分布爲九河，下至滄州，更同合爲一大河，名曰逆河，而夾右碣石入于渤海也。

【一三】集解鄭玄曰：「地理志漾水出隴西氐道，至武都爲漢，至江夏謂之夏水。」索隱水經云漾水出隴西氐道縣嶓冢山，東至武都沮縣爲漢水。地理志云至江夏謂之夏水。山海經亦以漢出嶓冢山。故孔安國云「泉始出山爲漾水，東南流爲沔水，至漢中東流爲漢水」。正義括地志云：「嶓冢山水始出山沮洳，故曰沮水。東南爲漾水，又爲沔水。至漢中爲漢水，至均州爲滄浪水。始欲出大江爲夏口，又爲沔口。漢江一名沔江也。」

【一四】集解孔安國曰：「別流也。在荊州。」索隱馬融、鄭玄皆以滄浪爲夏水，即漢河之別流也。漁父歌曰「滄浪之水清兮，可以濯吾纓」，是此水也。正義括地志云：「均州武當縣有滄浪水。庾仲雍漢水記云『武當縣西四十里漢水中有洲，名滄浪洲』也。地記云『水出荊山，東南流爲滄浪水』。」

【一五】集解孔安國曰：「三澨，水名。」鄭玄曰：「在江夏竟陵之界。」 索隱水經云「三澨，地名，在南郡邔縣北」。孔安國、鄭玄以爲水名。今竟陵有三參水，俗云是三澨水。參音去聲。

【一六】集解孔安國曰：「匯，回也。水東回爲彭蠡大澤。」

【一七】集解孔安國曰：「自彭蠡，江分爲三道入震澤，遂爲北江而入海。」

【一八】集解孔安國及馬融、王肅皆以醴爲水名。鄭玄曰：「醴，陵名也。大阜曰陵。長沙有醴陵縣。」 索隱按：騷人所歌「濯余佩於醴浦」，明醴是水。孔安國、馬融解得其實。又虞喜志林以醴是江、沅之別流，而醴字作「澧」也。

【一九】集解孔安國曰：「東陵，地名。」

【二〇】集解孔安國曰：「迆，溢也。東溢分流都共北會彭蠡。」

【二一】集解孔安國曰：「有北有中，南可知也。」 正義括地志云：「禹貢三江俱會于彭蠡，合爲一江，入于海。」

【二二】集解鄭玄曰：「地理志沇水出河東垣縣東王屋山，東至河内武德入河，泆爲滎。」孔安國曰：「濟在温西北。滎澤在敖倉東南。」 索隱水經云：「自河東垣縣王屋山東流爲沇水，至温縣西北爲濟水。」 正義括地志云：「沇水出懷州王屋縣北十里王屋山頂，巖下石泉渟不流，其深不測，既見而伏，至濟源縣西北二里平地，其源重發，而東南流爲汜水〔三三〕。」水經云沇東至温縣西北爲泲水，又南當鞏縣之北，南入于河。釋名云：「濟者，濟也。」下「濟」子細反。按：濟水入河而南，截度河南岸溢滎澤，在鄭州滎澤縣西北四里。今無水，成平地。

【二三】集解孔安國曰：「陶丘，丘再成者也。」鄭玄曰：「地理志陶丘在濟陰定陶西南〔三四〕。」正義括地志云：「陶丘在濮州鄄城西南二十四里。」又云在曹州城中。徐才宗國都城記云此城中高丘，即古之陶丘。

【二四】集解孔安國曰：「荷澤之水。」

【二五】正義汶音問。地理志云汶水出泰山郡萊蕪縣原山，西南入泲。

【二六】正義地理志云桐柏山在南陽平氏縣東南，淮水所出。按：在唐州東五十餘里。

【二七】集解孔安國曰：「與泗、沂二水合，入海。」

【二八】集解孔安國曰：「鳥鼠共爲雄雌，同穴處此山，遂名曰鳥鼠，渭水出焉。」正義括地志云：「鳥鼠山，今名青雀山，在渭州渭源縣西七十六里。山海經云『鳥鼠同穴之山，渭水出焉』。郭璞注云『今在隴西首陽縣西南。山有鳥鼠同穴。鳥名鵌。鼠名鼵，如人家鼠而短尾。鵌似鵽而小，黄黑色。穴入地三四尺，鼠在内，鳥在外』。」鵌音余。鼵，扶廢反。鵽音丁刮反，似雉也。

【二九】正義灃音豐。括地志云：「雍州鄠縣終南山，灃水出焉，北入渭也。」

【三〇】正義括地志云：「涇水出原州百泉縣西南笄頭山涇谷，東南流入渭也。」

【三一】集解孔安國曰：「漆沮，一水名，亦曰洛水〔三五〕，出馮翊北。」

【三二】集解孔安國曰：「在宜陽之西。」正義括地志云：「洛水出商州洛南縣西冢嶺山，東北流入河。熊耳山在虢州盧氏縣南五十里，洛所經。」

【三三】集解孔安國曰：「會于河南城南。」正義括地志云：「澗水出洛州新安縣東白石山之陰。」地理志云瀍水出河南穀城縣朁亭北，東南入於洛。

【三四】集解孔安國曰：「會於洛陽之南。」

【三五】集解孔安國曰：「合於鞏之東也。」

於是九州攸同，四奧既居，【一】九山栞旅，【二】九川滌原，【三】九澤既陂，【四】四海會同。六府甚脩，【五】衆土交正，致慎財賦，【六】咸則三壤，成賦【七】中國，賜土、姓：「祗台德先，不距朕行。」【八】

【一】集解孔安國曰：「四方之宅已可居也。」

【二】集解孔安國曰：「九州名山已槎木通道而旅祭也。」

【三】集解孔安國曰：「九州之川已滌除無壅塞也。」

【四】集解孔安國曰：「九州之澤皆已陂障無決溢也。」

【五】集解孔安國曰：「六府，金、木、水、火、土、穀。」

【六】集解鄭玄曰：「衆土美惡及高下得其正矣。亦致其貢篚，慎奉其財物之税，皆法定制而入之也。」

【七】集解鄭玄曰：「三壤，上、中、下各三等也。」

【八】集解鄭玄曰：「中即九州也。天子建其國，諸侯祚之土，賜之姓，命之氏，其敬悦天子之德既先，又不距違我天子政教所行。」

令天子之國以外五百里甸服：【一】百里賦納總，【二】二百里納銍，【三】三百里納秸服，【四】四百里粟，五百里米。【五】甸服外五百里侯服：【六】百里采，【七】二百里任國，【八】三百里諸侯。【九】侯服外五百里綏服：【一〇】三百里揆文教，【一一】二百里奮武衛。【一二】綏服外五百里要服：【一三】三百里夷，【一四】二百里蔡。【一五】要服外五百里荒服：【一六】三百里蠻，【一七】二百里流。【一八】

【一】集解孔安國曰：「爲天子服治田〔三六〕，去王城面五百里内。」

【二】集解孔安國曰：「甸内近王城者。禾稾曰總，供飼國馬也。」索隱説文云：「總，聚束草也〔三七〕。」

【三】集解孔安國曰：「所銍刈，謂禾穗。」索隱説文云：「銍，穫禾短鎌也。」

【四】集解孔安國曰：「秸，稾也。服稾役。」索隱禮郊特牲云「蒲越稾秸之美」，則秸是稾之類也。

【五】集解孔安國曰：「所納精者少，麤者多。」

【六】集解孔安國曰：「侯，候也。斥候而服事也。」

【七】集解馬融曰：「采，事也。各受王事者。」

【八】集解孔安國曰：「任王事者。」

【九】集解孔安國曰：「三百里同爲王者斥候，故合三爲一名。」

【一〇】集解孔安國曰：「綏，安也。安服王者政教〔三八〕。」

【一一】集解孔安國曰：「揆，度也。度王者文教而行之，三百里皆同。」

【一二】集解孔安國曰：「文教之外二百里奮武衞，天子所以安。」

【一三】集解孔安國曰：「要束以文教也。」

【一四】集解孔安國曰：「守平常之教，事王者而已。」

【一五】集解馬融曰：「蔡，法也。受王者刑法而已。」

【一六】集解馬融曰：「政教荒忽，因其故俗而治之。」

【一七】集解馬融曰：「蠻，慢也。禮簡怠慢，來不距，去不禁。」

【一八】集解馬融曰：「流行無城郭常居。」

東漸于海，西被于流沙，朔、南暨：〔一〕聲教訖于四海。於是帝錫禹玄圭，以告成功于天下〔三九〕。〔二〕天下於是大平治〔四〇〕。

〔一〕集解鄭玄曰：「朔，北方也。」

〔二〕正義帝，堯也。玄，水色。以禹理水功成，故錫玄圭，以表顯之。自此已上並尚書禹貢文。

皋陶作士以理民。〔一〕帝舜朝，禹、伯夷、皋陶相與語帝前。皋陶述其謀曰：「信其道德，謀明輔和。」禹曰：「然，如何？」皋陶曰：「於！〔二〕慎其身脩，〔三〕思長，〔四〕敦序九族，衆明高翼〔四一〕，近可遠在已。」〔五〕禹拜美言，曰：「然。」皋陶曰：「於！在知人，在安民。」禹曰：「吁！皆若是，惟帝其難之。〔六〕知人則智，能官人；能安民則惠，黎民懷之。能知能惠，何憂乎驩兜，何遷乎有苗，何畏乎巧言善色佞人？」〔七〕皋陶曰：「然，於！亦行有九德，亦言其有德。」乃言曰：「始事事〔四二〕，〔八〕寬而栗，〔九〕柔而立，〔一〇〕愿而共，〔一一〕治而敬，擾而毅，〔一二〕直而温，簡而廉，剛而實，彊而義，章其有常，吉哉。〔一三〕日宣三德，蚤夜翊明有家。〔一四〕日嚴振敬六德，亮采有國。〔一五〕翕受普施，九德咸事，俊乂在官，〔一六〕百吏肅謹。毋教邪淫奇謀。非其人居其官，是謂亂天事。〔一七〕天討有辠，五刑五用哉。〔一八〕吾言底可行乎？」禹曰：「女言致可績行。」皋陶曰：「余未有知，思贊道哉。」〔一九〕

【一】正義士若大理卿也。
【二】正義於音烏，歎美之辭。
【三】正義絶句。
【四】集解孔安國曰：「慎脩其身，思爲長久之道。」
【五】集解鄭玄曰：「次序九族而親之，以衆賢明作羽翼之臣，此政由近可以及遠也。」
【六】集解孔安國曰：「言帝堯亦以爲難。」
【七】集解鄭玄曰：「禹爲父隱，故言不及鯀。」
【八】集解孔安國曰：「言其人有德，必言其所行事，因事以爲驗。」
【九】集解孔安國曰：「性寬弘而能莊栗。」
【一〇】集解孔安國曰：「和柔而能立事。」
【一一】集解孔安國曰：「慤愿而恭敬。」
【一二】集解徐廣曰：「擾，一作『柔』。」駰案：孔安國曰「擾，順也。致果爲毅」。
【一三】集解孔安國曰：「章，明也。吉，善也。」
【一四】集解孔安國曰：「三德，九德之中有其三也。卿大夫稱家，明行之可以爲卿大夫。」
【一五】集解孔安國曰：「嚴，敬也。行六德以信治政事〔四三〕，可爲諸侯也。」馬融曰：「亮，信〔四四〕；采，事也。」

【一六】集解孔安國曰：「翕，合也。能合受三六之德而用之，以布施政教，使九德之人皆用事。謂天子如此〔四五〕，則俊德理能之士並皆在官也。」

【一七】索隱此取尚書皋陶謨爲文，斷絕殊無次序，即班固所謂「疎略抵捂」是也，今亦不能深考。

【一八】集解孔安國曰：「言用五刑必當。」

【一九】正義皋陶云我未有所知，思之審贊於古道耳。謙辭也。已上並尚書皋陶謨文，略其經，不全備也。

帝舜謂禹曰：「女亦昌言。」禹拜曰：「於，予何言！予思日孳孳。」皋陶難禹曰：「何謂孳孳？」禹曰：「鴻水滔天，浩浩懷山襄陵，下民皆服於水。予陸行乘車，水行乘舟，泥行乘橇，山行乘檋，行山栞木。【一】與益予衆庶稻鮮食。【二】以決九川致四海，浚畎澮【三】致之川。與稷予衆庶難得之食。食少，調有餘補不足，徙居。衆民乃定，萬國爲治。」皋陶曰：「然，此而美也。」

【一】正義行，寒孟反。栞，口寒反。

【二】集解孔安國曰：「鳥獸新殺曰鮮。」索隱予音與。上「與」謂「同與」之「與」，下「予」謂「施予」之「予」。此禹言其與益施予衆庶之稻糧。

【三】集解鄭玄曰：「畎澮，田閒溝也。」

禹曰：「於，帝！慎乃在位，安爾止。【一】輔德，天下大應。清意以昭待上帝命，天其重命用休。」【二】帝曰：「吁，臣哉，臣哉！臣作朕股肱耳目。予欲左右有民，女輔之。【三】余欲觀古人之象，日月星辰，作文繡服色，女明之。予欲聞六律五聲八音，來始滑，以出入五言，女聽。【四】予即辟，女匡拂予。女無面諛，退而謗予。敬四輔臣。【五】諸衆讒嬖臣，君【六】德誠施皆清矣。」禹曰：「然。帝即不時，布同善惡則毋功。」【七】

【一】集解鄭玄曰：「安汝之所止，無妄動，動則擾民。」

【二】集解鄭玄曰：「天將重命汝以美應，謂符瑞也。」

【三】集解馬融曰：「我欲左右助民，汝當翼成我也。」

【四】集解尚書「滑」字作「曶」，音忽。鄭玄曰：「曶者，臣見君所秉，書思對命者也。君亦有焉，以出内政教於五官。」索隱古文尚書作「在治忽」，今文作「采政忽」，先儒各隨字解之。今此云「來始滑」，於義無所通。蓋「來」「采」字相近，「滑」「忽」聲相亂，「始」又與「治」相似，因誤爲「來始滑」，今依今文音「采政忽」三字。劉伯莊云「聽諸侯能爲政及怠忽者」，是也。五言謂仁、義、禮、智、信五德之言，鄭玄以爲「出納政教五官」，非也。

【五】集解尚書大傳曰：「古者天子必有四鄰，前曰疑，後曰丞，左曰輔，右曰弼。」

【六】集解徐廣曰：「一作『吾』。」索隱「諸衆讒嬖臣」爲一句，「君」字宜屬下文。

【七】集解孔安國曰：「帝用臣不是，則賢愚並位，優劣共流故也。」

帝曰：【一】「毋若丹朱傲，維慢游是好，毋水行舟，朋淫于家，【二】用絶其世。予不能順是。」禹曰：「予娶塗山，辛壬癸甲〔四六〕，生啓，予不子，【三】以故能成水土功。輔成五服，至于五千里，州十二師，外薄四海，【四】咸建五長，【五】各道有功。苗頑不即功，【六】帝其念哉。」帝曰：「道吾德，乃女功序之也。」

【一】正義此二字及下「禹曰」，尚書並無。太史公有四字，帝及禹相答極爲次序，當應別見書。

【二】集解鄭玄曰：「朋淫，淫門內。」

【三】集解孔安國曰：「塗山，國名。辛日娶妻，至于甲四日〔四七〕，復往治水。」索隱杜預云「塗山在壽春東北」，皇甫謐云「今九江當塗有禹廟」，則塗山在江南也。系本曰「塗山氏女名女媧」，是禹娶塗山氏號女媧也〔四八〕。又按：尚書云「娶于塗山，辛壬癸甲，啓呱呱而泣，予弗子」。今此云「辛壬娶塗山，癸甲生啓」，蓋今文尚書脱漏，太史公取以爲言，亦不稽其本意。豈有辛壬娶妻，經二日生子？不經之甚。正義此五字爲一句。禹辛日娶，至甲四日，往理水，及生啓，不入門，我不得名子，以故能成水土之功。又，一云過門不入，不得有子愛之心。帝繫云「禹娶塗山氏之子，謂之女媧，是生啓」也。

【四】集解孔安國曰：「薄，迫。言至海也。」正義爾雅云：「九夷、八狄、七戎、六蠻，謂之四海。」釋名云：「海，晦也。」按：夷蠻晦昧無知，故云四海也。

【五】集解孔安國曰：「諸侯五國，立賢者一人爲方伯，謂之五長，以相統治。」

【六】集解孔安國曰：「三苗頑凶，不得就官，善惡分別。」

皋陶於是敬禹之德，令民皆則禹。不如言，刑從之。【一】舜德大明。

【一】索隱謂不用命之人，則亦以刑罰而從之。

於是夔行樂，【一】祖考至，羣后相讓，鳥獸翔舞，簫韶九成，鳳皇來儀，【二】百獸率舞，百官信諧。帝用此作歌曰：「陟天之命，維時維幾。」【三】乃歌曰：「股肱喜哉，元首起哉，百工熙哉！」【四】皋陶拜手稽首揚言曰：「念哉，【五】率爲興事，慎乃憲，敬哉！」【六】乃更爲歌曰：「元首明哉，股肱良哉，庶事康哉！」又歌曰〔四九〕：「元首叢脞哉，股肱惰哉，萬事墮哉！」【七】帝拜曰：「然，往欽哉！」於是天下皆宗禹之明度數聲樂，【八】爲山川神主。

【一】正義若今太常卿也。

【二】集解孔安國曰：「簫韶，舜樂名。備樂九奏而致鳳皇也。」

【三】集解孔安國曰：「奉正天命以臨民，惟在順時，惟在慎微。」

【四】集解孔安國曰：「股肱之臣喜樂盡忠，君之治功乃起，百官之業乃廣。」

【五】集解鄭玄曰：「使羣臣念帝之戒。」

【六】集解孔安國曰：「率臣下爲起治之事，當慎汝法度，敬其職。」

【七】集解孔安國曰：「叢脞，細碎無大略也。君如此，則臣懈惰，萬事墮廢也。」

【八】集解徐廣曰：「舜本紀云禹乃興九韶之樂。」

帝舜薦禹於天，爲嗣。十七年【一】而帝舜崩。三年喪畢，禹辭辟舜之子商均於陽城。【二】天下諸侯皆去商均而朝禹。禹於是遂即天子位，【三】南面朝天下，國號曰夏后，姓姒氏。【四】

【一】集解劉熙曰：「若此，則舜格于文祖，三年之後，攝禹使得祭祀與？」

【二】集解劉熙曰：「今潁川陽城是也。」

【三】集解皇甫謐曰：「都平陽，或在安邑，或在晉陽。」

【四】集解禮緯曰：「祖以吞薏苡生。」

帝禹立而舉皋陶薦之，且授政焉，而皋陶卒。【一】封皋陶之後於英、六，【二】或在許。【三】而后舉益，任之政。

【一】正義帝王紀云：「皋陶生於曲阜。曲阜偃地，故帝因之而以賜姓曰偃。堯禪舜，命之作士。舜禪禹，禹即帝位，以咎陶最賢，薦之於天，將有禪之意。未及禪，會皋陶卒。」括地志云：「咎繇墓在壽州安豐縣南一百三十里故六城東，東都陂内大冢也。」

【二】集解徐廣曰：「史記皆作『英』字，而以英布是此苗裔。」索隱地理志六安國六縣，咎繇後偃姓所封國。英地闕，不知所在，以爲黥布是其後也。【正義】英蓋蓼也。括地志云：「光州固始縣，本春秋時蓼國。偃姓，皋陶之後也。左傳云子燮滅蓼。太康地志云蓼國先在南陽故縣，今豫州鄎縣界故胡城是〔五〇〕，後徙於此。」括地志云：「故六城在壽州安豐縣南一百三十二里。春秋文五年秋，楚成大心滅之。」

【三】【集解】皇覽曰：「皋陶冢在廬江六縣。」【索隱】許在潁川。【正義】括地志云：「許故城在許州許昌縣南三十里，本漢許縣，故許國也。」

十年〔五一〕，帝禹東巡狩，至于會稽而崩。【一】以天下授益。三年之喪畢，益讓帝禹之子啓，而辟居箕山之陽。【二】禹子啓賢，天下屬意焉。及禹崩，雖授益，益之佐禹日淺，天下未洽。故諸侯皆去益而朝啓，曰「吾君帝禹之子也」。於是啓遂即天子之位，是爲夏后帝啓。

【一】【集解】皇甫謐曰：「年百歲也。」

【二】【集解】孟子「陽」字作「陰」。劉熙曰：「崈高之北。」【正義】按：陰即陽城也。括地志云：「陽城縣在箕山北十三里。」又恐「箕」字誤，本是「嵩」字，而字相似。其陽城縣在嵩山南二十三里，則爲嵩山之陽也。

夏后帝啓，禹之子，其母塗山氏之女也。

有扈氏不服，【一】啓伐之，大戰於甘。【二】將戰，作甘誓，乃召六卿申之。【三】啓曰：「嗟！六事之人，【四】予誓告女：有扈氏威侮五行，怠棄三正，【五】天用勦絕其命。【六】今予維共行天之罰。【七】左不攻于左，右不攻于右，女不共命。【八】御非其馬之政，女不共命。【九】用命，賞于祖；【一〇】不用命，僇于社，【一一】予則帑僇女。」【一二】遂滅有扈氏。天下咸朝。

【一】集解地理志曰扶風鄠縣是扈國。索隱地理志曰扶風縣。鄠是扈國。正義括地志云：「雍州南鄠縣本夏之扈國也。地理志云鄠縣，古扈國，有户亭。訓纂云户、扈、鄠三字，一也，古今字不同耳。」

【二】集解馬融曰：「甘，有扈氏南郊地名。」索隱夏啓所伐，鄠南有甘亭。

【三】集解孔安國曰：「天子六軍，其將皆命卿也。」

【四】集解孔安國曰：「各有軍事，故曰六事。」

【五】集解鄭玄曰：「五行，四時盛德所行之政也。威侮，暴逆之。三正，天、地、人之正道。」

【六】集解孔安國曰：「勦，截也。」

【七】集解孔安國曰：「共，奉也。」

【八】集解鄭玄曰：「左，車左。右，車右。」

【九】集解孔安國曰：「御以正馬爲政也。三者有失，皆不奉我命也。」

【一〇】集解孔安國曰：「天子親征，必載遷廟之祖主行。有功即賞祖主前，示不專也。」

【一一】集解孔安國曰：「又載社主，謂之社事。奔北，則僇之社主前。社主陰，陰主殺也。」

【一二】集解孔安國曰：「非但止身，辱及女子，言恥累之。」

夏后帝啓崩，【一】子帝太康立。帝太康失國，【二】昆弟五人，【三】須于洛汭，作五子之歌。【四】

【一】集解徐廣曰：「皇甫謐曰夏啓元年甲辰，十年癸丑崩。」

【二】集解孔安國曰：「盤于遊田，不恤民事，爲羿所逐，不得反國。」

【三】索隱皇甫謐云號五觀也。

【四】集解孔安國曰：「太康五弟與其母待太康于洛水之北，怨其不反，故作歌。」

太康崩，弟中康立，是爲帝中康。帝中康時，羲、和湎淫，廢時亂日。【一】胤往征之，作胤征。【二】

【一】集解孔安國曰：「羲氏、和氏，掌天地四時之官。太康之後，沈湎于酒，廢天時，亂甲乙也。」

【二】集解孔安國曰：「胤國之君受王命往征之。」鄭玄曰：「胤，臣名。」

中康崩，子帝相立。帝相崩，子帝少康立。【一】帝少康崩，子帝予【二】立。帝予崩，子帝槐【三】立。帝槐崩，子帝芒【四】立。帝芒崩，子帝泄立。帝泄崩，子帝不降【五】立。帝不降崩，弟帝扃立〔五二〕。帝扃崩，子帝廑【六】立。帝廑崩，立帝不降之子孔甲，是爲帝孔甲。帝孔甲立，好方鬼神，事淫亂。夏后氏德衰，諸侯畔之。天降龍二，有雌雄，孔甲不能食，【七】未得豢龍氏。【八】陶唐既衰，其后有劉累，【九】學擾龍【一〇】于豢龍氏，以事孔甲。孔甲賜之姓曰御龍氏，【一一】受豕韋之後。【一二】龍一雌死，以食夏后。夏后使求，懼而遷去。【一三】

【一】索隱 左傳魏莊子曰：「昔有夏之衰也，后羿自鉏遷于窮石，因夏人而代夏政。恃其射也，不修人事，而信用伯明氏之讒子寒浞。浞殺羿，烹之，以食其子，子不忍食，殺于窮門。浞因羿室，生澆及豷。使澆滅斟灌氏及斟尋氏，而相爲澆所滅，后緡歸于有仍，生少康。有夏之臣靡，自有鬲收二國之燼以滅浞，而立少康。少康滅澆于過，后杼滅豷于戈，有窮遂亡。」然則帝相自被篡殺，中間經羿浞二氏，蓋三數十年。而此紀總不言之，直云帝相崩，子少康立，疏略之甚。　正義 帝王紀云：「帝羿有窮氏未聞其先何姓。帝嚳以上，世掌射正。至嚳，賜以彤弓素矢，封之於鉏，爲帝司射，歷虞、夏。羿學射於吉甫，其臂長，故以善射聞。及夏之衰，自鉏遷于窮石，因夏民以代夏政。帝相徙于商丘，依同姓諸侯斟尋。羿恃其善射，不修民事，淫于田獸，棄其良臣武羅、伯姻、熊髡、尨圉而信寒浞。寒浞，伯明氏之讒子，伯明后以讒棄之，而羿以爲己相。寒浞殺羿於桃梧，而烹之以食其子。其子不忍食之，死于窮門。浞遂代夏，立爲帝。寒浞襲有窮之號，因羿之室，生奡及豷。奡多力，能陸地行舟。使奡帥師滅斟灌、斟尋，殺夏帝相，封奡於過，封豷於戈。恃其詐力，不恤民事。初，奡之殺帝相也，妃有仍氏女曰后緡，歸有仍，生少康。初，夏之遺臣曰靡，事羿，羿死，逃於有鬲氏，收斟尋二國餘燼〔五三〕，殺寒浞，立少康，滅奡於過，后杼滅豷於戈，有窮遂亡也。」按：帝相被篡，歷羿浞二世，四十年，而此紀不說，亦馬遷所爲疏略也。奡音五告反。豷音許器反。括地志云：「故鉏城在滑州韋城縣東十里。晉地記云河南有窮谷，蓋本有窮氏所遷也。」括地志云：「商丘，今宋州也。斟灌故城在青州壽光縣東五十四里。斟尋故城，今青州北海縣是也。故過鄉亭在萊州掖縣西北二十里，本過國地。故鬲城在洛州密縣界。杜預云國名，今平原鬲縣也。」戈在宋鄭之閒也。寒國在北海平壽縣東寒亭也。伯明其君也。臣瓚云斟尋在河南，蓋後遷北海也。汲冢古文云太康居斟尋，羿亦居之，桀又居之。尚書云：「太康失邦，兄弟五人須于洛汭。」此即太康居之，爲近洛也。又吳起對魏武侯曰「夏桀之居，左河、濟，右太華，伊闕在其南，羊腸在其北」。又周書度邑篇云武王問太公「吾將因有夏之居」，即河南是也。括地志云：「故鄩城在洛州鞏縣西南五十八里，蓋桀所居也。陽翟縣又是禹所封，爲夏伯。」

【二】索隱音佇。系本云季佇作甲者也。左傳曰杼滅豷于戈。國語云杼能帥禹者也。

【三】索隱音回。系本作「帝芬」。

【四】索隱音亡。鄒誕生又音荒也。

【五】索隱系本作「帝降」。

【六】索隱 音覲。鄒誕生又音勤。

【七】正義 音寺。

【八】集解 賈逵曰：「豢，養也。穀食曰豢。」

【九】集解 服虔曰：「后，劉累之爲諸侯者，夏后賜之姓。」 正義 括地志云：「劉累故城在洛州緱氏縣南五十五里，乃劉累之故地也。」

【一〇】集解 應劭曰：「擾音柔。擾，馴也。能順養得其嗜慾。」

【一一】集解 服虔曰：「御亦養。」

【一二】集解 徐廣曰：「受，一作『更』。」駰案：賈逵曰「劉累之後至商不絕，以代豕韋之後。祝融之後封於豕韋，殷武丁滅之，以劉累之後代之」。 索隱 按：系本豕韋，防姓〔五四〕。

【一三】集解 賈逵曰：「夏后既饗，而又使求致龍，劉累不能得而懼也。」傳曰「遷於魯縣」。

孔甲崩，子帝皋立。帝皋崩，【一】子帝發立。帝發崩，子帝履癸立，是爲桀〔五五〕。【二】帝桀之時，【三】自孔甲以來而諸侯多畔夏，桀不務德而武傷百姓，百姓弗堪，迺召湯而囚之夏臺，【四】已而釋之。湯修德，諸侯皆歸湯，湯遂率兵以伐夏桀。桀走鳴條，【五】遂放而死。【六】桀謂人曰：「吾悔不遂殺湯於夏臺，使至此。」湯乃踐天子位，代夏朝天下。湯封夏之後，【七】至周封於杞也。【八】

【一】集解 左傳曰皋墓在殽南陵。

【二】索隱 桀，名也。按：系本帝皋生發及桀。此以發生桀，皇甫謐同也。

【三】集解 謚法：「賊人多殺曰桀。」

【四】索隱 獄名。夏曰均臺。皇甫謐云「地在陽翟」是也。

【五】集解 孔安國曰：「地在安邑之西。」鄭玄曰：「南夷地名。」

【六】集解 徐廣曰：「從禹至桀十七君，十四世。」駰案：汲冢紀年曰「有王與無王，用歲四百七十一年矣」。索隱 徐廣曰：「從禹至桀，十七君，十四世。」案：汲冢紀年曰「有王與無王，用歲四百七十一年」。正義 括地志云：「廬州巢縣有巢湖，即尚書『成湯伐桀，放於南巢』者也。淮南子云『湯敗桀於歷山〔五六〕，與末喜同舟浮江，奔南巢之山而死』。國語云『滿於巢湖』。又云『夏桀伐有施，施人以妹喜女焉〔五七〕』。」女音女慮反。

【七】正義 括地志云：「夏亭故城在汝州郟城縣東北五十四里，蓋夏后所封也。」

【八】正義 括地志云：「汴州雍丘縣，古杞國城也。周武王封禹後，號東樓公也。」

太史公曰：禹爲姒姓，其後分封，用國爲姓，故有夏后氏、有扈氏、有男氏、斟尋氏、【一】彤城氏、褒氏、費氏、【二】杞氏、繒氏、辛氏、冥氏、斟戈氏〔五八〕。孔子正夏時，學者多傳夏小

正云。【三】自虞、夏時，貢賦備矣。或言禹會諸侯江南，計功而崩，因葬焉，命曰會稽。會稽者，會計也。【四】

【一】集解徐廣曰：「一作『斟氏、尋氏』。」

【二】索隱系本男作「南」，尋作「鄩」，費作「弗」，而不云彤城及褒。按：周有彤伯，蓋彤城氏之後。張敖地理記云：「濟南平壽縣，其地即古斟尋國。」又下云斟戈氏，按左傳、系本皆云斟灌氏。

【三】集解禮運稱孔子曰：「我欲觀夏道，是故之杞，而不足徵也，吾得夏時焉。」鄭玄曰：「得夏四時之書，其存者有小正。」索隱小正，大戴記篇名。正征二音。

【四】集解皇覽曰：「禹冢在山陰縣會稽山上。會稽山本名苗山，在縣南，去縣七里。越傳曰禹到大越，上苗山，大會計，爵有德，封有功，因而更名苗山曰會稽。因病死，葬，葦棺，穿壙深七尺，上無瀉泄，下無邸水，壇高三尺，土階三等，周方一畝。呂氏春秋曰『禹葬會稽，不煩人徒』。墨子曰『禹葬會稽，衣衾三領，桐棺三寸』。地理志云山上有禹井、禹祠，相傳以爲下有羣鳥耘田者也。」索隱抵，至也，音丁禮反。葦棺者，以葦爲棺。謂蘧蒢而斂，非也。禹雖儉約，豈萬乘之主而臣子乃以蘧蒢裹尸乎？墨子言「桐棺三寸」，差近人情。正義括地志云：「禹陵在越州會稽縣南十三里。廟在縣東南十一里。」

【索隱述贊】堯遭鴻水，黎人阻飢。禹勤溝洫，手足胼胝。言乘四載，動履四時。娶妻有日，過門不私。九土既理，玄圭錫兹。帝啓嗣立，有扈違命。五子作歌，太康失政。羿浞斯侮，夏室不競。降于孔甲，擾龍乖性。嗟彼鳴條，其終不令！

校勘記

〔一〕以板置泥上　「泥」上原有「其」字，據高山本删。按：徐鍇説文解字繫傳「欙」字條、御覽卷八二引史記如淳注並無「其」字，漢書卷二九溝洫志顔師古注引同。

〔二〕樺車　漢書卷二九溝洫志顔師古注引如淳無「車」字。

〔三〕西河之東　「西河」，原作「南河」。尚書禹貢「夾右碣石，入于河」孔穎達疏：「東河之西，西河之東，南河之北，是冀州之境也。」今據改。

〔四〕霍太山在沁州沁原縣　「霍太山」，黄本、彭本、柯本、凌本、殿本作「霍山」，下文「至于太嶽」正義引括地志同。

〔五〕東北之民賦食鳥獸者　尚書禹貢「島夷皮服」孔穎達疏引鄭玄注作「東方之民摶食鳥獸者」。

〔六〕牧放　高山本作「放牧」，與尚書禹貢孔安國傳合。

〔七〕太史公自敍傳云登姑蘇望五湖　本書卷一三〇太史公自序無此語。按：本書卷二九河渠書云「上姑蘇，望五湖」。

〔八〕少長曰夭喬高也　殿本此上有「孔安國曰」四字。張文虎札記卷一：「此亦書傳文，上當有『孔安國曰』字。」

〔九〕織細繒也　「繒」，殿本作「紵」。按：尚書禹貢「厥篚織貝」孔安國傳：「織，細紵。」

〔一〇〕織之即成矣　「成」，尚書禹貢「厥篚織貝」孔穎達疏引鄭玄注作「文成」。

〔一一〕浮于江沱涔漢　「漢」上原有「于」字，據高山本刪。按：尚書禹貢「浮于江、沱、潛、漢」阮元校勘記曰：「陸氏曰：江、沱、潛、漢，四水名。本或作『潛于漢』，非。正義曰：本或『潛』下有『于』，誤耳。」

〔一二〕踰于雒至于南河　高山本「至于南河」下有集解：「孔安國曰：逾，越也。南河，在冀州南東流，故曰逾洛而至南河也。」尚書禹貢孔安國傳亦有此文。

〔一三〕張湞九江圖　張文虎札記卷一：「釋文引作『張須元緣江圖』。又通典州郡門注引作『張須九江圖』。疑『須』『湞』形近而誤。釋文『元』即『九』字之譌，而又衍『緣』字。」按：羅泌路史卷四七、通鑑卷一三一宋紀十三明帝泰始二年「當推奉九江」胡三省注引作「張須元九江圖」。

〔一四〕潛出漢中安陽縣直西　黃本、彭本、柯本、凌本、殿本無「直」字。按：漢書卷二八上地理志上漢中郡：「安陽，鬵谷水出西南，北入漢。」

〔一五〕武陽記　疑當作「武陵記」。按：本書卷二八封禪書「江、淮閒一茅三脊爲神藉」會注本正義引括地志作「武陵記」。後漢書卷二四馬援傳李賢注兩引武陵記，後漢書卷八六南蠻傳注引黃閔武陵記。

〔一六〕其篚纖絮　「絮」，高山本作「纊」。按：尚書禹貢「厥篚纖纊」孔安國傳：「纊，細綿。」孔穎達疏：「禮喪大記候死者『屬纊，以俟絶氣』，即纊是新綿耳。」

〔一七〕洛水出商州洛南縣冢領山　下文「道雒自熊耳」正義引括地志「縣」下有「西」字，本書卷二八封禪書「汧、洛二淵」正義引同。

〔一八〕滎澤名波水已成遏都　水澤利忠校補卷二：「天養無『名』字。」按：尚書禹貢孔安國傳亦無「名」字。

〔一九〕蜀郡湔氐道　「蜀郡」，原作「蜀都」。水澤利忠校補卷二：「『都』，中統、游『郡』。」本書卷二八封禪書「蜀之汶山」索隱：「地理志蜀郡湔氐道，湣山在西。」今據改。按：本書卷二二漢興以來將相名臣年表「（孝惠三年）蜀湔氐反」索隱：「蜀郡縣名。」漢書卷二八上地理志上蜀郡：「湔氐道，禹貢崏山在西徼外。」

〔二〇〕蔡山不知所在也　此下原有「蒙縣名」三字，據黃本、彭本、柯本、凌本、殿本刪。按：此三字與上文齟齬，疑後人旁注誤入。

〔二一〕漆水源出岐州普潤縣東南岐山漆溪　「岐山」，原作「岐漆山」。本書卷四周本紀「自漆、沮度渭」正義引括地志作「岐山」，今據改。按：說文水部：「漆水，出右扶風杜陽岐山，東入渭也。」

〔二二〕十三州地理志　張文虎札記卷一：「『地理』二字當衍。」按：宋敏求長安志卷一七、王應麟詩地理考卷四引此均作「十三州志」。

〔二三〕一名泰山　張文虎札記卷一：「『泰』疑『秦』字之譌。」

〔二四〕禹之功也　尚書禹貢「三苗丕敍」孔安國傳此上有「美」字。

〔二五〕冀州南河之北　「冀州」下原有「之」字，據高山本刪。按：張文虎札記卷一：「上『之』字衍，書傳無。」

〔二六〕有二泉　水經注卷九沁水作「下有二泉」。

〔二七〕若横尾者　高山本作「名横尾山也」。漢書卷二八上地理志上江夏郡：「安陸，横尾山在東北，古文以爲倍尾山。」

〔二八〕敷淺原一名博陽山　漢書卷二八上地理志上豫章郡：「歷陵，傅昜山、傅昜川在南，古文以爲傅淺原。」

〔二九〕居延東北　「東北」，原作「西北」。張文虎札記卷一：「『西北』，志作『東北』，書疏引同，水經禹貢山水澤地及郡縣志並同。」今據改。下索隱亦誤，今並改正。

〔三〇〕三危山在沙州燉煌縣東南四十里　「四十里」，本書卷一五帝本紀「遷三苗於三危」、卷一一七司馬相如列傳「直徑馳乎三危」正義引括地志作「三十里」。

〔三一〕降水在信都　「信都」下原有「南」字，據高山本刪。按：張文虎札記卷一：「『南』字衍。漢志師古注、續漢志及書疏引漢志並無。」

〔三二〕降水源出潞州屯留縣西南　此下疑脱「方山」二字。按：黄本、彭本、柯本、凌本、殿本「西南」下有「方」字。本書卷二九河渠書「過降水」正義云「降水源出潞州屯留縣西南方山」。元和志卷一五河東道四潞州屯留縣：「絳水出縣西南方山，去縣八十四里。」

〔三三〕爲氿水　張文虎札記卷一：「『氿』疑『沇』。」按：尚書禹貢「導沇水，東流爲濟」孔安國傳：「泉源爲沇，流去爲濟。」

〔三四〕定陶西南　「西南」，原作「西北」，據高山本改。按：漢書卷二八上地理志上濟陰郡定陶：「禹貢陶丘在西南。」

〔三五〕漆沮一水名亦曰洛水　「一」，原作「二」，據高山本、會注本改。按：水經注卷一六沮水：「孔安國曰：漆沮，一水名，亦曰洛水也，出馮翊北。」詩小雅瞻彼洛矣孔穎達疏：「禹貢云：『漆沮既從。』孔安國云：『漆沮一名洛水。』洛水則漆沮是也。」

〔三六〕爲天子服治田　「服」上原有「之」字，據高山本删。按：尚書禹貢「五百里甸服」孔安國傳亦無「之」字。

〔三七〕説文云總聚束草也　「草」字疑衍。按：説文糸部：「總，聚束也。」段玉裁注：「謂聚而縛之也。」漢書卷一二平帝紀「百官總己以聽於莽」顔師古注：「聚束曰總。」

〔三八〕安服王者政教　「安」字原無，據高山本補。按：尚書禹貢「五百里綏服」孔安國傳亦有

「安」字。

〔三九〕以告成功于天下　日藏群書治要鈔本卷一一引史記無「下」字。

〔四〇〕天下於是大平治　「大」，原作「太」，據高山本改。按：王念孫雜志史記第一：「『太』，當爲『大』。大、太字相近，後人又習聞天下太平之語，故大誤爲太耳。群書治要引此正作『大平治』。」

〔四一〕衆明高翼　「高」，高山本作「亮」。

〔四二〕始事事　高山本此下有「禹曰何臯陶曰」六字，與尚書臯陶謨合。

〔四三〕行六德以信治政事　尚書臯陶謨「日嚴祇敬六德，亮采有邦」孔安國傳「行」上有「敬」字。

〔四四〕亮信　「信」，高山本作「相」。

〔四五〕謂天子如此　「天子」下原有「也」字。尚書臯陶謨「翕受敷施，九德咸事，俊乂在官」孔安國傳無，今據刪。

〔四六〕予娶塗山辛壬癸甲　「辛壬」二字原在「娶」字上。尚書益稷：「娶于塗山，辛壬癸甲，啓呱呱而泣，予弗子。」孔安國傳：「辛日娶妻，至于甲日，復往治水。」今據移。

〔四七〕至于甲四日　高山本無「四」字，與尚書益稷「娶于塗山，辛壬癸甲」孔安國傳合。

〔四八〕號女媧也　「女媧」，殿本、會注本作「女憍」。

〔四九〕又歌曰　此上原有「舜」字，據殿本刪。按：梁玉繩志疑卷二：「一本無『舜』字，是也，當衍之。若以此歌爲舜，則下『帝拜』，將自拜其戒勉乎！」

〔五〇〕今豫州郾縣界　「郾縣」，疑當作「郾城縣」。按：本書卷四〇楚世家、卷六三老子韓非列傳正義引括地志皆云「胡城在豫州郾城縣界」。元和志卷九河南道五蔡州及舊唐書、新唐書地理志均作「郾城縣」。

〔五一〕十年　疑當作「七年」。按：孟子萬章上：「禹薦益於天，七年，禹崩。」

〔五二〕弟帝扃立　高山本作「弟扃立是爲帝扃」。

〔五三〕收斟尋二國餘燼　「斟尋」，疑當作「斟灌斟尋」。按：正義上文云「使寡帥師滅斟灌、斟尋」，下引括地志分釋「斟灌」、「斟尋」，是其證也。左傳襄公四年：「浞因羿室，生澆及豷，恃其讒慝詐僞，而不德于民。使澆用師，滅斟灌及斟尋氏。處澆于過，處豷于戈。靡自有鬲氏，收二國之燼，以滅浞而立少康。少康滅澆于過，后杼滅豷于戈。」

〔五四〕豕韋防姓　「防姓」，國語鄭語作「彭姓」。

〔五五〕子帝履癸立是爲桀　高山本作「子履癸立是爲帝桀」。

〔五六〕湯敗桀於歷山　「敗」，疑當作「放」。按：本書卷二五律書正義引淮南子作「放」。淮南子脩務訓：「（湯）乃整兵鳴條，困夏南巢，譙以其過，放之歷山。」

〔五七〕施人以妹喜女焉　「施」，疑當作「有施」。按：本書卷四九外戚世家「末喜」索隱引國語作「有施」。國語晉語一：「史蘇曰：『昔夏桀伐有施，有施人以妹喜女焉。』」

〔五八〕斟戈氏　原作「斟氏戈氏」，據高山本、殿本改。按：錢大昕考異卷一：「索隱本作『斟戈氏』，即斟灌也。『戈』、『灌』聲相近，上『氏』字衍。」

史記卷三

殷本紀第三

殷契，〔一〕母曰簡狄，〔二〕有娀氏之女，〔三〕爲帝嚳次妃。三人行浴，見玄鳥墮其卵，簡狄取吞之，因孕生契。〔四〕契長而佐禹治水有功。帝舜乃命契曰：「百姓不親，五品不訓，汝爲司徒而敬敷五教，五教在寬〔一〕。」封于商，〔五〕賜姓子氏。〔六〕契興於唐、虞、大禹之際，功業著於百姓，百姓以平。

〔一〕索隱 契始封商，其後裔盤庚遷殷，殷在鄴南，遂爲天下號。契是殷家始祖，故言殷契。正義 括地志云：「相州安陽本盤庚所都，即北蒙殷墟，南去朝歌城百四十六里。竹書紀年云『盤庚自奄遷于北蒙，曰殷墟，南去鄴四十里〔二〕』，是舊都城，西南三十里有洹水，南岸三里有安陽城，西有城名殷墟，所謂北蒙者也。」今按：洹水在相州北四里，安陽城即相州外城也。

【二】索隱舊本作「昜」，易狄音同。又作「逷」，吐歷反。

【三】集解淮南子曰：「有娀在不周之北。」正義按：記云「桀敗於有娀之墟」，有娀當在蒲州也。

【四】索隱譙周云：「契生堯代，舜始舉之，必非嚳子。以其父微，故不著名。其母娀氏女，與宗婦三人浴于川，玄鳥遺卵，簡狄吞之，則簡狄非帝嚳次妃明也。」

【五】集解鄭玄曰：「商國在太華之陽。」皇甫謐曰：「今上洛商是也。」索隱堯封契於商，即詩商頌云「有娀方將，帝立子生商」是也。正義括地志云：「商州東八十里商洛縣，本商邑，古之商國，帝嚳之子卨所封也。」

【六】集解禮緯曰：「祖以玄鳥子生也〔三〕。」正義括地志云：「故子城在渭州華城縣東北八十里，蓋子姓之別邑。」

契卒，子昭明立。昭明卒，子相土立。【一】相土卒，子昌若立。昌若卒，子曹圉立。【二】曹圉卒，【三】子冥立。【四】冥卒，子振立〔四〕。【五】振卒，子微立。【六】微卒，子報丁立。報丁卒，子報乙立。報乙卒，子報丙立〔五〕。報丙卒，子主壬立。主壬卒，子主癸立。主癸卒，子天乙立，是爲成湯。【七】

【一】集解宋忠曰：「相土就契封於商。春秋左氏傳曰『閼伯居商丘，相土因之』。」索隱相土佐夏，功著於商，詩頌曰「相土烈烈，海外有截」是也。左傳曰「昔陶唐氏火正閼伯居商丘，相土因之」，是始封商也。正義括地志云：「宋州宋城縣古閼伯之墟，即商丘也。」又云羿所封之地。

【二】索隱系本作「糧圉」也。

【三】正義圉音語。出系本。

【四】集解宋忠曰：「冥爲司空，勤其官事，死於水中，殷人郊之。」索隱禮記曰「冥勤其官而水死」，殷人祖契而郊冥也。

【五】索隱系本作「核」。

【六】索隱皇甫謐云：「微字上甲，其母以甲日生故也。」商家生子，以日爲名，蓋自微始。譙周以爲死稱廟主曰「甲」也。

【七】集解張晏曰：「禹、湯，皆字也。二王去唐、虞之文，從高陽之質，故夏、殷之王皆以名爲號。」謚法曰：「除虐去殘曰湯。」索隱湯名履，書曰「予小子履」是也。又稱天乙者，譙周云「夏、殷之禮，生稱王，死稱廟主，皆以帝名配之。天亦帝也，殷人尊湯，故曰天乙」。從契至湯凡十四代，故國語曰「玄王勤商，十四代興」。玄王，契也。

成湯，自契至湯八遷。【一】湯始居亳，【二】從先王居，【三】作帝誥。【四】

【一】集解孔安國曰：「十四世凡八徙國都。」

【二】集解皇甫謐曰：「梁國穀熟爲南亳，即湯都也。」正義括地志云：「宋州穀熟縣西南三十五里南亳故城，即南亳，湯都也。宋州北五十里大蒙城爲景亳，湯所盟地，因景山爲名。河南偃師爲西亳，帝嚳及湯所都，盤庚亦徙都之。」

【三】集解孔安國曰：「契父帝嚳都亳，湯自商丘遷焉，故曰『從先王居』。」正義按：亳，偃師城也。商丘，宋州也。湯即位，都南亳，後徙西亳也。括地志云：「亳邑故城在洛州偃師縣西十四里，本帝嚳之墟，商湯之都也。」

【四】索隱一作「俈」。上云「從先王居」，故作帝俈。孔安國以爲作誥告先王，言己來居亳也。

湯征諸侯。【一】葛伯不祀，湯始伐之。【二】湯曰：「予有言：人視水見形，視民知治不。」伊尹曰：「明哉！言能聽，道乃進。君國子民，爲善者皆在王官。勉哉，勉哉！」湯曰：「汝不能敬命，予大罰殛之，無有攸赦。」作湯征。

【一】集解孔安國曰：「爲夏方伯，得專征伐。」

【二】集解孟子曰：「湯居亳，與葛伯爲鄰。」地理志曰葛今梁國寧陵之葛鄉。

伊尹名阿衡。【一】阿衡欲奸湯而無由，乃爲有莘氏媵臣，【二】負鼎俎，以滋味說湯，致于王道。或曰，伊尹處士，湯使人聘迎之，五反，然後肯往從湯，言素王及九主之事。【三】

湯舉任以國政。伊尹去湯適夏。既醜有夏，復歸于亳。入自北門，遇女鳩、女房，作女鳩、女房。【四】

【一】索隱孫子兵書：「伊尹名摯。」孔安國亦曰「伊摯」。然解者以阿衡爲官名。按：阿，倚也；衡，平也。言依倚而取平。書曰「惟嗣王弗惠于阿衡」，亦曰保衡，皆伊尹之官號，非名也。皇甫謐曰：「伊尹，力牧之後，生於空桑。」又呂氏春秋云：「有侁氏女採桑，得嬰兒于空桑，母居伊水，命曰伊尹。」尹，正也，謂湯使之正天下。

【二】集解列女傳曰：「湯妃有莘氏之女。」正義括地志云：「古莘國在汴州陳留縣東五里，故莘城是也。陳留風俗傳云陳留外黄有莘昌亭，本宋地，莘氏邑也。」媵，翊剩反。爾雅云：「媵，將，送也。」

【三】集解劉向别録曰：「九主者，有法君、專君、授君、勞君、等君、寄君、破君、國君、三歲社君，凡九品，圖畫其形。」索隱按：素王者，太素上皇，其道質素，故稱素王。九主者，三皇、五帝及夏禹也。或曰，九主謂九皇也。然按注劉向所稱九主，載之七録，名稱甚奇，不知所憑據耳。法君，謂用法嚴急之君，若秦孝公及始皇等也。勞君，謂勤勞天下，若禹、稷等也。等君，等者平也，謂定等威，均禄賞，若高祖封功臣，侯雍齒也。授君，謂人君不能自理，而政歸其臣，若燕王噲授子之，禹授益之比也。專君，謂專己獨斷，不任賢臣，若漢宣之比也。破君，謂輕敵致寇，國滅君死，若楚戊、吴濞等是也。寄君，謂人困於下，主驕於上，離析可待，故孟軻謂之

「寄君」也。國君，國當爲「固」，字之訛耳。固，謂完城郭，利甲兵，而不修德，若三苗、智伯之類也。三歲社君，謂在襁褓而主社稷，若周成王、漢昭、平等是也。又注本九主，謂法君、勞君、等君、專君、授君、破君、國君，以三歲社君爲二，恐非。

【四】集解孔安國曰：「鳩、房二人，湯之賢臣也。二篇言所以醜夏而還之意也。」

湯出，見野張網四面，祝曰：「自天下四方皆入吾網。」湯曰：「嘻，盡之矣！」乃去其三面，祝曰：「欲左，左；欲右，右。不用命，乃入吾網。」諸侯聞之，曰：「湯德至矣，及禽獸。」

當是時，夏桀爲虐政淫荒，而諸侯昆吾氏爲亂。【一】湯乃興師率諸侯，伊尹從湯，湯自把鉞以伐昆吾，遂伐桀。湯曰：「格女衆庶，來，女悉聽朕言。匪台小子【二】敢行舉亂，有夏多罪，予維聞女衆言，夏氏有罪。予畏上帝，不敢不正。【三】今夏多罪，天命殛之。今女有衆，女曰『我君不恤我衆，舍我嗇事而割政〔六〕』。【四】女其曰『有罪，其柰何』？夏王率止衆力，率奪夏國。【五】有衆率怠不和，【六】曰『是日何時喪？予與女皆亡』！【七】夏德若茲，今朕必往。爾尚及予一人致天之罰，予其大理女。【八】女毋不信，朕不食言。【九】女不從誓言，予則帑僇女，無有攸赦。」以告令師，作湯誓。於是湯曰「吾甚武」，號曰武王。【一〇】

【一】正義帝嚳時陸終之長子昆吾氏之後也。世本云「昆吾者，衞氏」是〔七〕。

【二】集解馬融曰：「台，我也。」

【三】集解孔安國曰：「不敢不正桀之罪而誅之。」

【四】集解孔安國曰：「奪民農功，而爲割剥之政。」

【五】集解孔安國曰：「桀之君臣相率遏止衆力，使不得事農，相率割剥夏之邑居。」

【六】集解馬融曰：「衆民相率怠惰，不和同。」

【七】集解尚書大傳曰：「桀云『天之有日，猶吾之有民，日有亡哉，日亡吾亦亡矣』。」

【八】集解尚書「理」字作「賚」。鄭玄曰：「賚，賜也。」

【九】索隱左傳云：「食言多矣，能無肥乎？」是謂妄言爲食言。

【一〇】集解詩云：「武王載旆，有虔秉鉞。」毛傳曰：「武王，湯也。」

桀敗於有娀之虚，桀犇於鳴條，【一】夏師敗績。湯遂伐三㚇，俘厥寶玉，【二】義伯、仲伯作典寶。【三】湯既勝夏，欲遷其社，不可，【四】作夏社。【五】伊尹報。【六】於是諸侯畢服，湯乃踐天子位，平定海內。

【一】正義括地志云：「高涯原在蒲州安邑縣北三十里南阪口，即古鳴條陌也。鳴條戰地，在安邑西。」

【二】集解孔安國曰：「三㚇，國名，桀走保之，今定陶也。俘，取也。」正義括地志云：「曹州濟陰縣即古定陶也，東有三鬷亭是也。」

【三】集解孔安國曰：「二臣作典寶一篇，言國之常寶也。」

【四】集解孔安國曰：「欲變置社稷，而後世無及句龍者，故不可而止。」

【五】集解孔安國曰：「言夏社不可遷之義。」

【六】集解徐廣曰：「一云『伊尹報政』。」

湯歸至于泰卷陶，【一】中鸓作誥。【二】既絀夏命，【三】還亳，作湯誥：「維三月，王自至於東郊。告諸侯羣后：『毋不有功於民，勤力迺事。予乃大罰殛女，毋予怨。』曰：『古禹、皋陶久勞于外，其有功乎民，民乃有安。東爲江，北爲濟，西爲河，南爲淮，四瀆已修，萬民乃有居。后稷降播，農殖百穀。三公咸有功于民，故后有立。【四】昔蚩尤與其大夫作亂百姓，帝乃弗予，【五】有狀。【六】先王言不可不勉。』【七】曰：『不道，毋之在國，【八】女毋我怨。』」以令諸侯。伊尹作咸有一德，【九】咎單作明居。【一〇】

【一】集解徐廣曰：「一無此『陶』字。」孔安國曰：「地名。湯自三朡而還。」索隱鄒誕生「卷」作「坰」，又作「洞」，則卷當爲「坰」，與尚書同，非衍字也。其下「陶」字是衍耳。何以知然？解尚書者以大坰今定陶是也，舊本或傍記其地名，後人轉寫遂衍斯字也。正義坰，古銘反。

【二】集解孔安國曰：「仲虺，湯左相，奚仲之後。」索隱仲虺二音。鸓作「壘」，音如字，尚書又作「𩳁」也。

【三】集解孔安國曰：「絀其王命。」索隱謂禹、皋陶有功於人，建立其後，故云有立。

【四】集解徐廣曰：「一作『土』。」

【五】集解音與。

【六】索隱帝，天也。謂蚩尤作亂，上天乃不佑之，是爲弗與。有狀，言其罪大而有形狀，故黄帝滅之。

【七】索隱先王指黄帝、帝堯、帝舜等言。禹、咎繇以久勞于外，故後有立。及蚩尤作亂，天不佑之，乃致黄帝滅之。皆是先王賞有功，誅有罪，言今汝不可不勉。此湯誡其臣。

【八】集解徐廣曰：「之，一作『政』。」索隱不道猶無道也。又誡諸侯云，汝爲不道，我則無令汝之在國。

【九】集解王肅曰：「言君臣皆有一德。」索隱按：尚書伊尹作咸有一德在太甲時，太史公記之於斯，謂成湯之日，其言又失次序。

【一〇】集解馬融曰：「咎單，湯司空也。明居民之法也。」

湯乃改正朔，易服色，上白，朝會以晝。

湯崩，【一】太子太丁未立而卒，於是迺立太丁之弟外丙，是爲帝外丙。帝外丙即位三年，崩，立外丙之弟中壬，【二】是爲帝中壬。帝中壬即位四年，崩，伊尹迺立太丁之子太甲。【三】太甲，成湯適長孫也，是爲帝太甲。帝太甲元年，伊尹作伊訓，作肆命，作徂后。【四】

【一】集解皇覽曰：「湯冢在濟陰亳縣北東郭〔八〕，去縣三里。冢四方，方各十步，高七尺，上平，處平地。漢哀帝建平元年，大司空史御長卿案行水災〔九〕，因行湯冢。劉向曰：『殷湯無葬處。』」皇甫謐曰：「即位十七年而踐天子位，爲天子十三年，年百歲而崩。」索隱長卿，諸本多作劫姓。按：風俗通有御氏，爲漢司空史〔一〇〕，其名長卿，明劫非也。亦有劫彌，不得爲御史。正義括地志云：「薄城北郭東三里平地有湯冢。」按：在蒙，即北薄也。又云「洛州偃師縣東六里有湯冢，近桐宮」，蓋此是也。

【二】正義仲任二音。

【三】正義尚書孔子序云「成湯既没，太甲元年」，不言有外丙、仲壬，而太史公採世本，有外丙、仲壬，二書不同，當是信則傳信，疑則傳疑。

【四】集解鄭玄曰：「肆命者，陳政教所當爲也。徂后者，言湯之法度也。」

帝太甲既立三年，不明，暴虐，不遵湯法，亂德，於是伊尹放之於桐宮。【一】三年，伊尹攝行政當國，以朝諸侯。

【一】集解孔安國曰：「湯葬地。」鄭玄曰：「地名也，有王離宮焉。」正義晉太康地記云：「尸鄉南有亳阪，東有城，太甲所放處也。」按：尸鄉在洛州偃師縣西南五里也。

帝太甲居桐宮三年，悔過自責，反善，於是伊尹迺迎帝太甲而授之政。帝太甲修德，諸侯咸歸殷，百姓以寧。伊尹嘉之，迺作太甲訓三篇，褒帝太甲，稱太宗。

太宗崩，子沃丁立。帝沃丁之時，伊尹卒。既葬伊尹於亳，【一】咎單遂訓伊尹事，作沃丁。

【一】集解皇覽曰：「伊尹冢在濟陰己氏平利鄉，亳近己氏。」正義括地志云：「伊尹墓在洛州偃師縣西北八里。」又云「宋州楚丘縣西北十五里有伊尹墓」，恐非也。帝王世紀：「伊尹名摯，爲湯相，號阿衡，年百歲卒，大霧三日，沃丁以天子禮葬之。」

沃丁崩，弟太庚立，是爲帝太庚。帝太庚崩，子帝小甲立。【一】帝小甲崩，弟雍己立，是爲帝雍己。殷道衰，諸侯或不至。

【一】集解徐廣曰：「世表云帝小甲，太庚弟也。」

帝雍己崩，弟太戊立，是爲帝太戊。帝太戊立伊陟爲相。【一】亳有祥，桑穀共生於朝，一暮大拱。〔二〕帝太戊懼，問伊陟。伊陟曰：「臣聞妖不勝德，帝之政其有闕與？帝其修德。」太戊從之，而祥桑枯死而去。〔三〕伊陟贊言于巫咸。〔四〕巫咸治王家有成，作咸艾，〔五〕作太戊。帝太戊贊伊陟于廟，言弗臣，伊陟讓，作原命。〔六〕殷復興，諸侯歸之，故稱中宗。

〔一〕集解孔安國曰：「伊陟，伊尹之子。」

〔二〕集解孔安國曰：「祥，妖怪也。二木合生，不恭之罰。」鄭玄曰：「兩手搤之曰拱。」索隱此云「一暮大拱」，尚書大傳作「七日大拱」，與此不同。

〔三〕索隱劉伯莊言枯死而消去不見，今以爲由帝修德而妖祥遂去。

〔四〕集解孔安國曰：「贊，告也。巫咸，臣名也。」正義按：巫咸及子賢冢皆在蘇州常熟縣西海虞山上，蓋二子本吴人也。

〔五〕集解馬融曰：「艾，治也。」

〔六〕集解馬融曰：「原，臣名也。命原以禹、湯之道我所修也。」

中宗崩，子帝中丁立。帝中丁遷于隞。〔一〕河亶甲居相。〔二〕祖乙遷于邢。〔三〕帝中丁崩，弟外壬立，是爲帝外壬。仲丁書闕不具。〔四〕帝外壬崩，弟河亶甲立，是爲帝河亶甲。

河亶甲時，殷復衰。

【一】集解孔安國曰：「地名。」皇甫謐曰：「或云河南敖倉是也。」索隱隞亦作「囂」，並音敖字。正義括地志云：「滎陽故城在鄭州滎澤縣西南十七里，殷時敖地也。」

【二】集解孔安國曰：「地名，在河北。」正義括地志云：「故殷城在相州内黄縣東南十三里，即河亶甲所築都之，故名殷城也。」

【三】索隱邢音耿。近代本亦作「耿」。今河東皮氏縣有耿鄉。正義括地志云：「絳州龍門縣東南十二里耿城，故耿國也。」

【四】索隱蓋太史公知舊有仲丁書，今已遺闕不具也。

河亶甲崩，子帝祖乙立。帝祖乙立，殷復興。巫賢任職。

祖乙崩，子帝祖辛立。帝祖辛崩，弟沃甲立，是爲帝沃甲。【一】帝沃甲崩，立沃甲兄祖辛之子祖丁，是爲帝祖丁。帝祖丁崩，立弟沃甲之子南庚〔二〕，是爲帝南庚。帝南庚崩，立帝祖丁之子陽甲，是爲帝陽甲。帝陽甲之時，殷衰。

【一】索隱系本作「開甲」也。

自中丁以來，廢適而更立諸弟子，弟子或爭相代立，比九世亂，於是諸侯莫朝。

帝陽甲崩，弟盤庚立，是爲帝盤庚。帝盤庚之時，殷已都河北，盤庚渡河南，復居成湯之故居，迺五遷，無定處。〔一〕殷民咨胥皆怨，不欲徙。〔二〕盤庚乃告諭諸侯大臣曰：「昔高后成湯與爾之先祖俱定天下，法則可修。舍而弗勉，何以成德！」乃遂涉河南，治亳，〔三〕行湯之政，然後百姓由寧，殷道復興。諸侯來朝，以其遵成湯之德也。

〔一〕集解孔安國曰：「自湯至盤庚凡五遷都。」正義湯自南亳遷西亳，仲丁遷隞，河亶甲居相，祖乙居耿，盤庚渡河南，居西亳，是五遷也。

〔二〕集解孔安國曰：「胥，相也。民不欲徙，皆咨嗟憂愁，相與怨其上也。」

〔三〕集解鄭玄曰：「治於亳之殷地，商家自此徙，而改號曰殷亳。」皇甫謐曰：「今偃師是也。」

帝盤庚崩，弟小辛立，是爲帝小辛。帝小辛立，殷復衰。百姓思盤庚，迺作盤庚三篇。〔一〕帝小辛崩，弟小乙立，是爲帝小乙。

〔一〕索隱尚書「盤庚將治亳殷，民咨胥怨，作盤庚」，此以盤庚崩，弟小辛立，百姓思之，乃作盤庚，由不見古文也。

帝小乙崩，子帝武丁立。帝武丁即位，思復興殷，而未得其佐。三年不言，政事決定於冢宰，〔一〕以觀國風。武丁夜夢得聖人，名曰說。以夢所見視羣臣百吏，皆非也。於是迺使百工營求之野，得說於傅險中。〔二〕是時說爲胥靡，築於傅險。〔三〕見於武丁，武丁曰是也。得而與之語，果聖人，舉以爲相，殷國大治。故遂以傅險姓之，號曰傅說。

【一】集解鄭玄曰：「冢宰，天官卿貳王事者。」

【二】集解徐廣曰：「尸子云傅巖在北海之洲。」索隱舊本作「險」，亦作「巖」也。正義地理志云【一二】：「傅險即傅說版築之處，所隱之處窟名聖人窟，在今陝州河北縣北七里，即虞國、虢國之界。又有傅說祠。注水經云沙澗水北出虞山，東南逕傅巖，歷傅說隱室前，俗名聖人窟。」

【三】集解孔安國曰：「傅氏之巖在虞虢之界，通道所經，有澗水壞道，常使胥靡刑人築護此道。說賢而隱，代胥靡築之，以供食也。」

帝武丁祭成湯，明日，有飛雉登鼎耳而呴，【一】武丁懼。祖己曰：【二】「王勿憂，先修政事。」祖己乃訓王曰：「唯天監下典厥義，【三】降年有永有不永，非天夭民，中絕其命。民有不若德，不聽罪，天既附命正厥德，【四】乃曰其柰何。嗚呼！王嗣敬民，罔非天繼，常祀毋禮于弃道【一三】。」【五】武丁修政行德，天下咸驩，殷道復興。

【一】正義音構。呴，雉鳴也。詩云：「雉之朝呴。」

【二】集解孔安國曰：「賢臣名【一四】。」

【三】集解孔安國曰：「言天視下民以義爲常也。」

【四】集解孔安國曰：「不順德，言無義也。不服罪，不改修也。天以信命正其德，謂其有永有不永。」　索隱附，依尚書音孚。

【五】集解孔安國曰：「王者主民，當敬民事。民事無非天所嗣常也。祭祀有常，不當特豐於近也。」　索隱祭祀有常，無爲豐殺之禮於是以弃常道。

帝武丁崩，子帝祖庚立。祖己嘉武丁之以祥雉爲德，立其廟爲高宗，遂作高宗肜日及訓。【一】

【一】集解孔安國曰：「祭之明日又祭，殷曰肜，周曰繹。」

帝祖庚崩，弟祖甲立，是爲帝甲。帝甲淫亂，殷復衰。【一】

【一】索隱國語云「帝甲亂之，七代而隕」是也。

帝甲崩，子帝廩辛立。【一】帝廩辛崩，弟庚丁立，是爲帝庚丁。帝庚丁崩，子帝武乙立。殷復去亳，徙河北。

【一】索隱漢書古今人表及帝王代紀皆作「馮辛」。

帝武乙無道，爲偶人，【一】謂之天神。與之博，令人爲行。【二】天神不勝，乃僇辱之。爲革囊，盛血，卬而射之，命曰「射天」。武乙獵於河渭之閒，暴雷，武乙震死。子帝太丁立。帝太丁崩，子帝乙立。帝乙立，殷益衰。

【一】索隱 偶音寓。亦如字。正義 偶，五苟反。偶，對也。以土木爲人，對象於人形也。

【二】正義 爲，于僞反。行，胡孟反。

帝乙長子曰微子啓，【一】啓母賤，不得嗣。【二】少子辛，辛母正后，辛爲嗣。帝乙崩，子辛立，是爲帝辛，天下謂之紂。【三】

【一】索隱 微，國號，爵爲子。啓，名也。孔子家語云「微」或作「魏」，讀從微音。鄒本亦然也。

【二】索隱 此以啓與紂異母，而鄭玄稱爲同母，依吕氏春秋，言母當生啓時猶未正立，及生紂時始正爲妃，故啓大而庶，紂小而嫡。

【三】集解 謚法曰：「殘義損善曰紂。」

帝紂資辨捷疾，聞見甚敏；材力過人，手格猛獸；【一】知足以距諫，言足以飾非；矜人臣以能，高天下以聲，以爲皆出己之下。好酒淫樂，嬖於婦人。愛妲己，【二】妲己之言是從。於是使師涓作新淫聲，北里之舞，靡靡之樂。厚賦稅以實鹿臺之錢，【三】而盈鉅橋之粟。【四】益收狗馬奇物，充仞宮室。益廣沙丘苑臺，【五】多取野獸蜚鳥置其中。慢於鬼神。大冣樂戲於沙丘，【六】以酒爲池，【七】縣肉爲林，【八】使男女倮【九】相逐其閒，爲長夜之飲。

【一】正義帝王世紀云「紂倒曳九牛，撫梁易柱」也。

【二】集解皇甫謐曰：「有蘇氏美女。」索隱國語有蘇氏女。妲，字；己，姓也。

【三】集解如淳曰：「新序云鹿臺，其大三里，高千尺。」瓚曰：「鹿臺，臺名，今在朝歌城中。」正義括地志云：「鹿臺在衛州衛縣西南三十二里。」

【四】集解服虔曰：「鉅橋，倉名。許慎曰鉅鹿水之大橋也，有漕粟也。」索隱鄒誕生云：「鉅，大；橋，器名也。紂厚賦税，故因器而大其名。」

【五】集解爾雅曰：「池邐，沙丘也。」地理志曰在鉅鹿東北七十里。正義括地志云：「沙丘臺在邢州平鄉東北二十里。竹書紀年自盤庚徙殷至紂之滅二百五十三年，更不徙都，紂時稍大其邑，南距朝歌，北據邯鄲及沙丘，皆爲離宮別館。」

【六】集解徐廣曰：「冣，一作『聚』。」

【七】正義括地志云：「酒池在衛州衛縣西二十三里。太公六韜云紂爲酒池，迴船糟丘而牛飲者三千餘人爲輩。」

【八】正義縣，户眠反。

【九】正義胡瓦反。

百姓怨望而諸侯有畔者，於是紂乃重刑辟，有炮格之法。【一】以西伯昌、九侯、【二】鄂侯【三】爲三公。九侯有好女，入之紂。九侯女不憙淫，【四】紂怒，殺之，而醢九侯。鄂侯爭之彊，辨之疾，并脯鄂侯。西伯昌聞之，竊嘆。崇侯虎知之，以告紂，紂囚西伯羑里。【五】西伯之臣閎夭之徒，求美女奇物善馬以獻紂，紂乃赦西伯。西伯出而獻洛西之地，【六】以請除炮格之刑。紂乃許之，賜弓矢斧鉞，使得征伐，爲西伯。而用費中爲政。【七】費中善諛，好利，殷人弗親。紂又用惡來。【八】惡來善毀讒，諸侯以此益疏。

【一】集解列女傳曰：「膏銅柱，下加之炭，令有罪者行焉，輒墮炭中，妲己笑，名曰炮格之刑。」索隱鄒誕生云「格，一音閣」。又云「見蟻布銅斗，足廢而死，於是爲銅格，炊炭其下，使罪人步其上」，與列女傳少異。

【二】集解徐廣曰：「一作『鬼侯』。鄴縣有九侯城。」索隱九亦依字讀，鄒誕生音仇也。正義括地志云：「相州滏陽縣西南五十里有九侯城，亦名鬼侯城，蓋殷時九侯城也。」

【三】集解徐廣曰：「一作『邘』，音于。野王縣有邘城。」

【四】集解徐廣曰：「一云無『不憙淫』。」

【五】集解地理志曰河内湯陰有羑里城，西伯所拘處。韋昭曰「音酉」。正義牖，一作「羑」，音酉。羑城在相州湯陰縣北九里，紂囚西伯城也。帝王世紀云：「囚文王，文王之長子曰伯邑考質於殷，爲紂御，紂烹爲羹，賜文王，曰『聖人當不食其子羹』。文王食之。紂曰『誰謂西伯聖者？食其子羹尚不知也』。」

【六】正義洛水一名漆沮水，在同州洛西之地，謂洛西之丹、坊等州也。

【七】正義費音扶味反。中音仲。費，姓；仲，名也。

【八】索隱秦之祖蜚廉子。

西伯歸，乃陰修德行善，諸侯多叛紂而往歸西伯。西伯滋大，紂由是稍失權重。王子比干諫，弗聽。商容賢者，百姓愛之，紂廢之。及西伯伐飢國，滅之，【一】紂之臣祖伊【二】聞之而咎周，【三】恐，奔告紂曰：「天既訖我殷命，假人元龜，【四】無敢知吉，【五】非先王不相我後人，【六】維王淫虐用自絕，故天棄我，不有安食，不虞知天性，不迪率典。【七】今我民罔不欲喪，曰『天曷不降威，大命胡不至』？今王其柰何？」紂曰：「我生不有命在天乎！」祖伊反，曰：「紂不可諫矣。」西伯既卒，周武王之東伐，至盟津，諸侯叛殷會周者八百。諸侯皆曰：「紂可伐矣。」武王曰：「爾未知天命。」乃復歸。

【一】集解徐廣曰：「飢，一作『阢』，又作『耆』。」

【二】集解孔安國曰：「祖己後，賢臣也。」

【三】集解孔安國曰：「咎，惡也。」

【四】集解徐廣曰：「元，一作『卜』。」

【五】集解馬融曰：「元龜，大龜也，長尺二寸。」孔安國曰：「至人以人事觀殷，大龜以神靈考之，皆無知吉者。」

【六】集解孔安國曰：「相，助也。」

【七】集解鄭玄曰：「王暴虐於民，使不得安食，逆亂陰陽，不度天性，傲很明德，不修教法者。」

紂愈淫亂不止。微子數諫不聽，乃與大師、少師謀，遂去。比干曰：「爲人臣者，不得不以死爭。」迺强諫紂。紂怒曰：「吾聞聖人心有七竅。」剖比干，觀其心。【一】箕子懼，乃詳狂爲奴，紂又囚之。殷之大師、少師乃持其祭樂器奔周。周武王於是遂率諸侯伐紂。紂亦發兵距之牧野。【二】甲子日，紂兵敗。紂走，入登鹿臺，【三】衣其寶玉衣，赴火而死。【四】周武王遂斬紂頭，縣之大白旗〔一五〕。殺妲己。釋箕子之囚，封比干之墓，表商容之閭。【五】封紂子武庚祿父，以續殷祀，【六】令修行盤庚之政。殷民大說。於是周武王爲天子。其後世貶帝號，號爲王。【七】而封殷後爲諸侯，屬周。【八】

【一】正義括地志云：「比干見微子去，箕子狂，乃歎曰：『主過不諫，非忠也。畏死不言，非勇也。過則諫，不用則死，忠之至也。』進諫不去者三日。紂問：『何以自持？』比干曰：『修善行仁，以義自持。』紂怒，曰：『吾聞聖人心有七竅，信諸？』遂殺比干，刳視其心也。」

【二】集解鄭玄曰：「牧野，紂南郊地名也。」正義括地志云：「今衞州城即殷牧野之地，周武王伐紂築也。」

【三】集解徐廣曰：「鹿，一作『廩』。」

【四】正義周書云：「紂取天智玉琰五，環身以自焚。」

【五】索隱皇甫謐云「商容與殷人觀周軍之入」，則以爲人名。鄭玄云：商家典樂之官〔一六〕。知禮容，所以禮署稱容臺。

【六】集解譙周曰：「殷凡三十一世，六百餘年。」汲冢紀年曰：「湯滅夏以至于受二十九王，用歲四百九十六年也。」

【七】索隱按：夏、殷天子亦皆稱帝，代以德薄不及五帝，始貶帝號，號之爲王，故本紀皆帝，而後總曰「三王」也。

【八】正義即武庚禄父也。

周武王崩，武庚與管叔、蔡叔作亂，成王命周公誅之，而立微子於宋，以續殷後焉。

太史公曰：余以頌次契之事，自成湯以來，采於書詩。契爲子姓，其後分封，以國爲姓，有殷氏、來氏、宋氏、空桐氏、稚氏、〔一〕北殷氏、〔二〕目夷氏。孔子曰，殷路車爲善，而色尚白。〔三〕

【一】索隱按：系本子姓無稚氏。

【二】索隱系本作「髦氏」，又有時氏、蕭氏、黎氏。然北殷氏蓋秦寧公所伐亳王〔一七〕，湯之後也。

【三】索隱論語孔子曰「乘殷之輅」，禮記曰「殷人尚白」，太史公爲贊，不取成文，遂作此語，亦疏略也。

【索隱述贊】簡狄吞乙，是爲殷祖。玄王啓商，伊尹負俎。上開三面，下獻九主。旋師泰卷，繼相臣扈。遷囂圮耿，不常厥土。武乙無道，禍因射天。帝辛淫亂，拒諫賊賢。九侯見醢，炮格興焉。黄鉞斯杖，白旗是懸。哀哉瓊室，殷祀用遷！

校勘記

〔一〕敬敷五教五教在寬　「五教」二字高山本不重，尚書舜典同。按：本書卷一五帝本紀：「契，百姓不親，五品不馴，汝爲司徒，而敬敷五教，在寬。」

〔二〕南去鄴四十里　「四十里」，本書卷七項羽本紀「項羽乃與期洹水南殷虚上」集解、索隱引汲冢古文皆作「三十里」。

〔三〕祖以玄鳥子生也　「子生」，原作「生子」，據高山本改。按：「玄鳥子」，即玄鳥卵也。爾雅釋鳥邢昺疏：「商本紀云簡狄行浴，玄鳥隋其卵，取而吞之，因孕生契。諸緯候皆言簡狄吞鳦卵而生契。」本書卷一五帝本紀「帝禹爲夏后而別氏，姓姒氏。契爲商，姓子氏」索隱：「禮緯曰：『禹母脩己吞薏苡而生禹，因姓姒氏。』而契姓子氏者，亦以其母吞乙子而生。」白虎通義卷下姓名：「殷姓子氏，祖以玄鳥子生也。」

〔四〕子振立　王國維觀堂集林卷九殷卜辭中所見先公先王考：「卜辭多記祭王亥事。史記殷本紀及三代世表商先祖中無王亥，惟云『冥卒，子振立，振卒，子微立』，索隱：『振，系本作核。』漢書古今人表作『垓』。然則史記之『振』，當爲『核』或爲『垓』字之譌也。」

〔五〕子報丁立報丁卒子報乙立報乙卒子報丙立　王國維觀堂集林卷九殷卜辭中所見先公先王考據甲骨文以爲次序當爲報乙、報丙、報丁。

〔六〕舍我嗇事而割政　高山本此下有「夏」字。按：尚書湯誓作「舍我穡事而割正夏」。顧頡剛、劉起釪尚書校釋譯論：「殷本紀無此『夏』字，清儒多據此説此『夏』字當刪。他們誤從僞孔傳釋『割正』爲『割剥之政』，所以有此錯誤意見。其實『割正夏』是『爲什麽征夏』。」

〔七〕昆吾者衛氏是　張文虎札記卷一：「楚世家集解引世本作『昆吾者，衛是也』。大戴記作『昆吾者，衛氏也』。」按：「氏」、「是」二字，或衍其一。此二字古通用，出土及傳世文獻多有其例。蓋此處原文作「氏」，後人旁注「是」，傳寫竄入注文。本書卷四〇楚世家索隱引系本曰「昆吾者，衛是」、「季連者，楚是」，楚世家集解引世本曰「參胡者，韓是也」、「彭祖者，彭城是也」、「會人者，鄭是也」、「曹姓者，邾是也」，文例皆同。

〔八〕亳縣北東郭　「北東郭」，疑當作「北郭東」。按：水經注卷二三汳水引皇覽：「薄城北郭東三里，平地有湯冢。」下文正義引括地志作「薄城北郭東」。「亳」與「薄」同。

〔九〕大司空史御長卿　「史御」，原作「御史」，據高山本改。按：張文虎札記卷一：「臨海洪氏讀書叢録云『大司空』下不得言『御史』，此本作『大司空史御長卿』，傳寫誤。水經汳水注引皇覽作『大司空史郤長卿』，『郤』即『御』之譌。」

〔一〇〕爲漢司空史　「史」，原作「御史」。張文虎札記卷一：「據上下文，此『御』字衍。」今據删。參見上條。

〔一一〕立弟沃甲之子　「弟」，高山本作「帝」。按：沃甲乃祖丁之叔父，非其弟也。本書卷一三三代世表：「帝沃甲，祖辛弟。帝祖丁，祖辛子。」

〔一二〕地理志　張文虎札記卷一：「警云漢志無此文，疑『括地志』之誤。」

〔一三〕毋禮于弃道　「禮」，殿本作「豐」。按：尚書高宗肜日云「典祀無豐于昵」。

〔一四〕賢臣名　「名」，高山本作「也」，尚書高宗肜日孔安國傳同。

〔一五〕縣之大白旗　「大」字原無，據高山本補。按：張文虎札記卷一：「洪範序疏引作『太白旗』。案：周紀云『縣大白之旗』，此脱『大』字。」

〔一六〕商家典樂之官　「典樂」，禮記樂記「釋箕子之囚，使之行商容而復其位」鄭玄注、孔穎達疏均作「禮樂」。

〔一七〕秦寧公　疑當作「秦憲公」。按：本書卷六秦始皇本紀「憲公享國十二年」索隱：「本紀憲公徙居平陽，葬西山。」參見本書卷五秦本紀校記〔一二〕。

史記卷四

周本紀第四

周后稷，名弃。【一】其母有邰氏女，曰姜原。【二】姜原爲帝嚳元妃。【三】姜原出野，見巨人跡，心忻然説，欲踐之，踐之而身動如孕者。居期而生子，以爲不祥，弃之隘巷，【四】馬牛過者皆辟不踐；徙置之林中，適會山林多人，遷之；而弃渠中冰上，飛鳥以其翼覆薦之。姜原以爲神，遂收養長之。初欲弃之，因名曰弃。【五】

【一】正義 因太王所居周原，因號曰周。地理志云右扶風美陽縣，岐山在西北。中水鄉，周太王所邑。括地志云：「故周城一名美陽城，在雍州武功縣西北二十五里，即太王城也。」

【二】集解 韓詩章句曰：「姜，姓；原，字。」或曰姜原，謚號也。正義 邰，天來反，亦作「斄」，同。説文云：「邰，炎帝之後，姜姓，封邰，周弃外家。」

【三】索隱 譙周以爲「弃，帝嚳之胄，其父亦不著」，與此紀異也。

【四】索隱已下皆詩大雅生民篇所云「誕寘之隘巷，牛羊腓字之；誕寘之平林，會伐平林；誕寘之寒冰，鳥覆翼之」，是其事也。

【五】正義古史考云「弃，帝嚳之胄，其父亦不著」，與此文稍異也。

弃爲兒時，屹如巨人之志。其游戲，好種樹麻、菽，麻、菽美。及爲成人，遂好耕農，相地之宜，宜穀者稼穡焉，【一】民皆法則之。帝堯聞之，舉弃爲農師，天下得其利，有功。帝舜曰：「弃，黎民始飢，【二】爾后稷播時百穀。」封弃於邰，【三】號曰后稷，別姓姬氏。【四】后稷之興，在陶唐、虞、夏之際，皆有令德。

【一】正義種曰稼，斂曰穡。

【二】集解徐廣曰：「今文尚書云『祖飢』，故此作『始飢』。祖，始也。」

【三】集解徐廣曰：「今斄鄉，在扶風。」索隱即詩生民曰「有邰家室」是也。邰即斄，古今字異耳。正義括地志云：「故斄城一名武功城，在雍州武功縣西南二十二里，古邰國，后稷所封也。有后稷及姜嫄祠。」毛萇云：「邰，姜嫄國也，后稷所生。堯見天因邰而生后稷，故因封於邰也。」

【四】集解禮緯曰：「祖以履大跡而生。」

后稷卒，【一】子不窋立。【二】不窋末年，夏后氏政衰，去稷不務，【三】不窋以失其官而犇戎狄之閒。不窋卒，子鞠立。鞠卒，子公劉立。公劉雖在戎狄之閒，復脩后稷之業，務耕種，行地宜，自漆、沮度渭，取材用，【四】行者有資，居者有畜積，民賴其慶。百姓懷之，多徙而保歸焉。周道之興自此始，故詩人歌樂思其德。【五】公劉卒，子慶節立，國於豳。【六】

【一】集解山海經大荒經曰：「黑水青水之閒有廣都之野，后稷葬焉。」皇甫謐曰：「冢去中國三萬里也。」

【二】索隱帝王世紀云「后稷納姞氏，生不窋」，而譙周按國語云「世后稷，以服事虞、夏」，言世稷官，是失其代數也。若以不窋親弃之子，至文王千餘歲唯十四代，實亦不合事情。正義括地志云：「不窋故城在慶州弘化縣南三里。即不窋在戎狄所居之城也。」毛詩疏云：「虞及夏、殷共有千二百歲。每世在位皆八十年，乃可充其數耳。命之短長，古今一也，而使十五世君在位皆八十許載，子必將老始生，不近人情之甚。以理而推，實難據信也。」

【三】集解韋昭曰：「夏太康失國，廢稷之官，不復務農。」索隱國語云「弃稷不務」。此云「去稷」者，是太史公恐「弃」是后稷之名，故變文云「去」也。言夏政衰，不窋去稷官，不復務農者也。

【四】正義公劉從漆縣漆水南渡渭水，至南山取材木爲用也。括地志云：「豳州新平縣即漢漆縣也。漆水出岐州普潤縣東南岐山漆溪，東入渭。」

【五】索隱即詩大雅篇「篤公劉」是也。

【六】集解徐廣曰：「新平漆縣之東北有豳亭。」索隱豳即邠也，古今字異耳。正義括地志云：「豳州新平縣即漢漆縣，詩豳國，公劉所邑之地也。」

慶節卒，子皇僕立。皇僕卒，子差弗立。差弗卒，子毀隃立。【一】毀隃卒，子公非立。【二】公非卒，子高圉立。【三】高圉卒，子亞圉立。【四】亞圉卒，子公叔祖類立。【五】公叔祖類卒，子古公亶父立。古公亶父復脩后稷、公劉之業，積德行義，國人皆戴之。薰育戎狄攻之，欲得財物，予之。已復攻，欲得地與民。民皆怒，欲戰。古公曰：「有民立君，將以利之。今戎狄所爲攻戰，以吾地與民。民之在我，與其在彼，何異。民欲以我故戰，殺人父子而君之，予不忍爲。」乃與私屬遂去豳，度漆、沮，【六】踰梁山，【七】止於岐下。【八】豳人舉國扶老攜弱，盡復歸古公於岐下。及他旁國聞古公仁，亦多歸之。於是古公乃貶戎狄之俗，而營築城郭室屋，而邑別居之。【九】作五官有司。【一〇】民皆歌樂之，頌其德。【一一】

【一】集解音踰。世本作「榆」。索隱系本作「僞榆」。

【二】索隱系本云：「公非辟方。」皇甫謐云：「公非字辟方也。」

【三】集解宋衷曰：「高圉，能率稷者也，周人報之。」索隱系本云：「高圉侯侔。」

【四】集解世本云：「亞圉雲都。」皇甫謐云：「雲都，亞圉字。」索隱漢書古今表曰：「雲都，亞圉弟。」按：如此說，則辟方、侯侔亦皆二人之名，實未能詳。

【五】索隱系本云：「太公組紺諸盩。」三代世表稱叔類，凡四名。皇甫謐云「公祖一名組紺諸盩，字叔類，號曰太公」也。

【六】集解徐廣曰：「水出杜陽岐山〔一〕。杜陽縣在扶風。」

【七】正義括地志云：「梁山在雍州好畤縣西北十八里。」鄭玄云：「岐山在梁山西南。」然則梁山橫長，其東當夏陽，西北臨河，其西當岐山東北，自豳適周，當踰之矣。

【八】集解徐廣曰：「山在扶風美陽西北，其南有周原。」駰案：皇甫謐云「邑於周地，故始改國曰周」。

【九】集解徐廣曰：「分別而爲邑落也。」

【一〇】集解禮記曰：「天子之五官，曰司徒、司馬、司空、司士、司寇，典司五衆。」鄭玄曰：「此殷時制。」

【一一】索隱即詩頌云「后稷之孫，實維太王，居岐之陽，實始翦商」是也。

古公有長子曰太伯，次曰虞仲。太姜生少子季歷，【一】季歷娶太任，【二】皆賢婦人。【三】生昌，有聖瑞。【四】古公曰：「我世當有興者，其在昌乎？」長子太伯、虞仲知古公欲立季歷以傳昌，乃二人亡如荊蠻，【五】文身斷髮，【六】以讓季歷。

之母。」

【二】集解列女傳曰：「太姜，有邰氏之女〔三〕。太任，摯任氏之中女。」正義國語注云：「摯、疇二國，任姓。奚仲、仲虺之後，太任之家。太任，王季之妃，文王母也。」

【三】正義列女傳云：「太姜，太王娶以爲妃，生太伯、仲雍、王季。太姜有色而貞順，率導諸子，至於成童，靡有過失。太王謀事必於太姜，遷徙必與。太任，王季娶以爲妃。太任之性，端壹誠莊，維德之行。及其有身，目不視惡色，耳不聽淫聲，口不出傲言，能以胎教子，而生文王。」此皆有賢行也。

【四】正義尚書帝命驗云：「季秋之月甲子，赤爵銜丹書入于酆，止于昌戶。其書云：『敬勝怠者吉，怠勝敬者滅，義勝欲者從，欲勝義者凶。凡事不强則枉，不敬則不正。枉者廢滅，敬者萬世。以仁得之，以仁守之，其量百世。以不仁得之，以仁守之，其量十世。以不仁得之，不仁守之，不及其世。』」此蓋聖瑞。

【五】正義太伯奔吴，所居城在蘇州北五十里常州無錫縣界梅里村，其城及冢見存。而云「亡荆蠻」者，楚滅越，其地屬楚，秦滅楚，其地屬秦，秦諱「楚」，改曰「荆」，故通號吴越之地爲荆。及北人書史加云「蠻」，勢之然也。

【六】集解應劭曰：「常在水中，故斷其髮，文其身，以象龍子，故不見傷害。」

古公卒，季歷立，是爲公季。公季脩古公遺道，篤於行義，諸侯順之。

公季卒，【一】子昌立，是爲西伯。西伯曰文王，【二】遵后稷、公劉之業，則古公、公季之法，篤仁，敬老，慈少。禮下賢者，日中不暇食以待士，士以此多歸之。伯夷、叔齊在孤竹，【三】聞西伯善養老，盍往歸之。太顛、閎夭、散宜生、鬻子、辛甲大夫之徒皆往歸之。【四】

【一】集解皇甫謐曰：「葬鄠縣之南山。」

【二】正義帝王世紀云：「文王龍顏虎肩，身長十尺，胸有四乳。」雒書靈準聽云：「蒼帝姬昌，日角鳥鼻，高長八尺二寸，聖智慈理也。」

【三】集解應劭曰：「在遼西令支。」正義括地志云：「孤竹故城在平州盧龍縣南十二里，殷時諸侯孤竹國也，姓墨胎氏。」

【四】集解劉向別録曰：「鬻子名熊，封於楚。辛甲，故殷之臣，事紂。蓋七十五諫而不聽，去至周，召公與語，賢之，告文王，文王親自迎之，以爲公卿，封長子。」長子，今上黨所治縣是也。

崇侯虎譖西伯於殷紂曰：「西伯積善累德，諸侯皆嚮之，將不利於帝。」帝紂乃囚西伯於羑里。閎夭之徒患之，乃求有莘氏美女，【一】驪戎之文馬，【二】有熊九駟，【三】他奇怪物，因殷嬖臣費仲而獻之紂。紂大說，曰：「此一物足以釋西伯，【四】況其多乎！」乃赦西伯，賜之弓矢斧鉞，使西伯得征伐。曰：「譖西伯者，崇侯虎也。」西伯乃獻洛西之地，以請紂去炮格之刑。紂許之。

【一】正義括地志云：「古䣭國城在同州河西縣南二十里。世本云莘國，姒姓，夏禹之後，即散宜生等求有莘美女獻紂者。」

【二】正義括地志云：「驪戎故城在雍州新豐縣東南十六里，殷、周時驪戎國城也。」按：駿馬赤鬣縞身，目如黃金，文王以獻紂也。

【三】正義括地志云：「鄭州新鄭縣，本有熊氏之墟也。」按：九駟，三十六匹馬也。

【四】索隱一物，謂䣭氏之美女也。以殷紂淫昏好色，故知然。

西伯陰行善，諸侯皆來決平。於是虞、芮之人【一】有獄不能決，乃如周。入界，耕者皆讓畔，民俗皆讓長。虞、芮之人未見西伯，皆慙，相謂曰：「吾所爭，周人所恥，何往爲，祇取辱耳！」遂還，俱讓而去【二】。諸侯聞之，曰「西伯蓋受命之君」。

【一】集解地理志虞在河東大陽縣，芮在馮翊臨晉縣。正義括地志云：「故虞城在陝州河北縣東北五十里虞山之上，古虞國也。故芮城在芮城縣西二十里，古芮國也。」晉太康地記云虞西百四十里有芮城。括地志又云：「閒原在河北縣西六十五里。」詩云「虞、芮質厥成」。毛萇云「虞、芮之君相與爭田，久而不平，乃相謂曰：『西伯仁人，盍往質焉？』乃相與朝周。入其境，則耕者讓畔，行者讓路。入其邑，男女異路，班白不提挈。入其朝，士讓爲大夫，大夫讓爲卿。二國君相謂曰：『我等小人，不可履君子之庭。』乃相讓所爭地以爲閒原」。至今尚在。注引地理志芮在臨晉者，恐疏。然閒原在河東，復與虞、芮相接，臨晉在河西同州，非臨晉芮鄉明矣。

明年，伐犬戎。【一】明年，伐密須。【二】明年，敗耆國。【三】殷之祖伊聞之，懼，以告帝紂。紂曰：「不有天命乎？是何能爲！」明年，伐邘。【四】明年，伐崇侯虎。【五】而作豐邑，【六】自岐下而徙都豐。明年，西伯崩，【七】太子發立，是爲武王。

【一】集解山海經曰：「有人，人面獸身，名曰犬戎。」正義又云：「黃帝生苗龍，苗龍生融吾，融吾生并明，并明生白犬〔四〕。白犬有二〔五〕，是爲犬戎。」說文云「赤狄本犬種」，故字從犬。又後漢書云「犬戎，槃瓠之後也」，今長沙武陵之郡太半是也〔六〕。又毛詩疏云「犬戎昆夷」是也。

【二】集解應劭曰：「密須氏，姞姓之國。」瓚曰：「安定陰密縣是。」正義括地志云：「陰密故城在涇州鶉觚縣西，其東接縣城，即古密國〔七〕。」杜預云「姞姓國，在安定陰密縣也」。

【三】集解徐廣曰：「一作『阢』。」正義即黎國也。鄒誕生云本或作「黎」。孔安國云黎在上黨東北。括地志云：「故黎城，黎侯國也，在潞州黎城縣東北十八里。尚書云『西伯既戡黎』是也。」

【四】集解徐廣曰：「邘城在野王縣西北，音于。」正義括地志云：「故邘城在懷州河內縣西北二十七里，古邘國城也。左傳云『邘、晉、應、韓，武之穆也〔八〕』。」

【五】正義皇甫謐云夏鯀封。虞、夏、商、周皆有崇國，崇國蓋在豐鎬之閒。詩云「既伐于崇，作邑于豐」，是國之地也。

【六】集解徐廣曰：「豐在京兆鄠縣東，有靈臺。鎬在上林昆明北，有鎬池，去豐二十五里。皆在長安南數十里。」正義括地志云：「周豐宮，周文王宮也，在雍州鄠縣東三十五里。鎬在雍州西南三十二里。」

【七】集解徐廣曰：「文王九十七乃崩。」正義括地志云：「周文王墓在雍州萬年縣西南二十八里原上也〔九〕。」

西伯蓋即位五十年。其囚羑里，蓋益易之八卦爲六十四卦。【一】詩人道西伯，蓋受命之年稱王而斷虞芮之訟。【二】後十年而崩〔一〇〕，【三】謚爲文王。【四】改法度，制正朔矣。追尊古公爲太王，公季爲王季：【五】蓋王瑞自太王興。【六】

【一】正義乾鑿度云：「垂黃策者義，益卦演德者文，成命者孔也。」易正義云伏羲制卦，文王卦辭，周公爻辭，孔十翼也。按：太史公言「蓋」者，乃疑辭也。文王著演易之功，作周紀方贊其美，不敢專定重易，故稱「蓋」也。

【二】正義二國相讓後，諸侯歸西伯者四十餘國，咸尊西伯爲王。蓋此年受命之年稱王也。帝王世紀云：「文王即位四十二年，歲在鶉火，文王更爲受命之元年，始稱王矣。」又毛詩疏云〔一二〕：「文王九十七而終，終時受命九年，則受命之元年年八十九也。」

【三】正義十，當爲「九」，其説在後。

【四】正義謚法：「經緯天地曰文。」

【五】正義易緯云「文王受命，改正朔，布王號於天下」。鄭玄信而用之，言文王稱王，已改正朔布王號矣。按：天無二日，土無二王，豈殷紂尚存而周稱王哉？若文王自稱王改正朔，則是功業成矣，武王何復得云大勳未集，欲卒父業也？禮記大傳云牧之野，武王成大事而退，追王太王亶父、王季歷、文王昌。據此文乃是追王爲王，何得文王自稱王改正朔也？

【六】正義古公在邠，被戎狄攻戰奪民。太王曰「民之在我與彼，何異？殺人父子而君之，予不忍爲」。遂遠去邠，止於岐下。邠人舉國盡歸古公。他國聞古公仁，亦多歸之。乃貶戎狄之俗，爲室屋邑落，而分別居之。季歷又生昌，有聖瑞。蓋是王瑞自太王時而興起也。然自「西伯蓋即位五十年」以下至「太王興」，在西伯崩後重述其事，爲經傳不同，不可全弃，乃略而書之，引次其下，事必可疑，故數言「蓋」也。

武王即位，〔一〕太公望爲師，周公旦爲輔，召公、畢公之徒左右王師，脩文王緒業。

【一】正義謚法：「克定禍亂曰武。」春秋元命包云：「武王駢齒，是謂剛强也。」

九年，武王上祭于畢。【一】東觀兵，至于盟津。【二】爲文王木主，載以車，中軍。武王自稱太子發，言奉文王以伐，不敢自專。乃告司馬、司徒、司空、諸節：【三】「齊栗，信哉！予無知，以先祖有德，臣小子受先功，【四】畢立賞罰，以定其功。」遂興師。師尚父號曰：【五】「總爾衆庶，與爾舟楫，後至者斬。」武王渡河，中流，白魚躍入王舟中，【六】武王俯取以祭。既渡，有火自上復于下，至于王屋，流爲烏，其色赤，其聲魄云。【七】是時，諸侯不期而會盟津者八百諸侯。諸侯皆曰：「紂可伐矣。」武王曰：「女未知天命，未可也。」乃還師歸。

【一】集解馬融曰：「畢，文王墓地名也。」索隱按：文云「上祭于畢」，則畢，天星之名。畢星主兵，故師出而祭畢星也。正義上音時掌反。尚書武成篇云：「我文考文王，誕膺天命，以撫方夏，惟九年，大統未集。」太誓篇序云：「惟十有一年，武王伐殷。」太誓篇云：「惟十有三年春，大會于孟津。」大戴禮云：「文王十五而生武王。」則武王少文王十四歲矣。禮記文王世子云：「文王九十七而終，武王九十三而終。」按：文王崩時武王已八十三矣，八十四即位，至九十三崩，武王即位適滿十年。言十三年伐紂者，續文王受命年，欲明其卒父業故也。金縢篇云：「惟克商二年，王有疾，不豫。」按：文王受命九年而崩，十一年武王服闋，觀兵孟津，十三年克紂，十五年有疾，周公請命，王有瘳，後四年而崩，則武王年九十三矣。而太史公云九年王觀兵，十一年伐紂，則以爲武王即位年數，與尚書違，甚疏矣。

【二】集解徐廣曰：「譙周云史記武王十一年東觀兵，十三年克紂。」

【三】集解馬融曰：「諸受符節有司也。」

【四】集解徐廣曰：「一云『予小子受先公功』。」

【五】集解鄭玄曰：「號令之軍法重者。」

【六】集解馬融曰：「魚者，介鱗之物，兵象也。白者，殷家之正色。言殷之兵衆與周之象也。」索隱此已下至火復王屋爲烏，皆見周書及今文泰誓。

【七】集解馬融曰：「王屋，王所居屋。流，行也。魄然，安定意也。」鄭玄曰：「書說云烏有孝名。武王卒父大業，故烏瑞臻。赤者，周之正色也。」索隱按：今文泰誓「流爲鵰」。鵰，鷙鳥也。馬融云「明武王能伐紂」，鄭玄云「烏是孝烏，言武王能終父業」，亦各隨文而解也。

居二年，聞紂昏亂暴虐滋甚，殺王子比干，囚箕子。太師疵、少師彊抱其樂器而犇周。於是武王徧告諸侯曰：「殷有重罪，不可以不畢伐。」【一】乃遵文王，遂率戎車三百乘，虎賁三千人，【二】甲士四萬五千人，以東伐紂。十一年十二月戊午，師畢渡盟津，【三】諸侯咸會。曰：「孳孳無怠！」武王乃作太誓，告于衆庶：「今殷王紂乃用其婦人之言，自絕于天，毀壞其三正，【四】離逷其王父母弟，【五】乃斷棄其先祖之樂，乃爲淫聲，用變亂正聲，怡說婦人。【六】故今予發維共行天罰。勉哉夫子，【七】不可再，不可三！」

【一】集解徐廣曰：「一作『滅』。」

【二】集解孔安國曰：「虎賁，勇士稱也。若虎賁獸，言其猛也。」

【三】正義畢，盡也。盡從河南渡河北。

【四】集解馬融曰：「動逆天地人也。」正義按：三正，三統也。周以建子爲天統，殷以建丑爲地統，夏以建寅爲人統也。

【五】集解鄭玄曰：「王父母弟，祖父母之族。必言『母弟』，舉親者言之也。」

【六】集解徐廣曰：「怡，一作『辭』。」

【七】集解鄭玄曰：「夫子，丈夫之稱。」

二月【一】甲子昧爽，【二】武王朝至于商郊牧野，乃誓。【三】武王左杖黃鉞，右秉白旄【四】以麾，曰：「遠矣西土之人！」【五】武王曰：「嗟！我有國冢君，【六】司徒、司馬、司空，亞旅、師氏，【七】千夫長、百夫長，【八】及庸、蜀、羌、髳、微、纑、彭、濮人，【九】稱爾戈，【一〇】比爾干，立爾矛，予其誓。」王曰：「古人有言『牝雞無晨。牝雞之晨，惟家之索』。【一一】今殷王紂維婦人言是用，自弃其先祖肆祀不答，【一二】昬弃其家國，遺其王父母弟不用，乃維四方之多罪逋逃是崇是長，是信是使，【一三】俾暴虐于百姓，以姦軌于商國。今予發維共行天之罰。今日之事，不過六步七步，乃止齊焉，【一四】夫子勉哉！不過於四伐五伐六伐七伐，乃止齊焉，【一五】勉哉夫子！尚桓桓，【一六】如虎如羆，如豺如離，【一七】于商郊，不禦克犇，以役西土，〔一八〕勉哉夫子！爾所不勉，其于爾身有戮！」〔一九〕誓已，諸侯兵會者車四千乘，陳師牧野。

〔一〕集解徐廣曰：「一作『正』。此建丑之月，殷之正月，周之二月也。」

〔二〕集解孔安國曰：「昧，冥也；爽，明：蚤旦也。」

〔三〕集解孔安國曰：「癸亥夜陳，甲子朝誓也。」正義括地志云：「衞州城，故老云周武王伐紂至於商郊牧野，乃築此城。」酈元注水經云：「自朝歌南至清水，土地平衍，據皋跨澤，悉牧野也。」括地志又云：「紂都朝歌在衞州東北七十三里朝歌故城是也。本妹邑，殷王武丁始都之。帝王世紀云帝乙復濟河北，徙朝歌，其子紂仍都焉。」

〔四〕集解孔安國曰：「鉞，以黃金飾斧。左手杖鉞，示無事於誅；右手把旄，示有事於教令。」

〔五〕集解孔安國曰：「勞苦之。」

〔六〕集解馬融曰：「冢，大也。」

〔七〕集解孔安國曰：「亞，次。旅，衆大夫也，其位次卿。師氏，大夫官，以兵守門。」

〔八〕集解孔安國曰：「師率、卒率。」

〔九〕集解孔安國曰：「八國皆蠻夷戎狄。羌在西蜀叟。髳、微在巴蜀。纑、彭在西北。庸、濮在江漢之南。」馬融曰：「武王所率，將來伐紂也。」正義髳音矛。括地志云：「房州竹山縣及金州，古庸國。益州及巴、利等州，皆古蜀國。隴右岷、洮、叢等州以西，羌也。姚府以南，古髳國之地。戎府之南，古微、瀘、彭三國之地。濮在楚西南。有髳州、微、濮州、瀘府、彭州焉。武王率西南夷諸州伐紂也。」

【一〇】集解孔安國曰：「稱，舉也。」

【一一】集解孔安國曰：「索，盡也。喻婦人知外事，雌代雄鳴，則家盡也。」

【一二】集解鄭玄曰：「肆，祭名。答，問也。」

【一三】集解孔安國曰：「言紂弃其賢臣，而尊長逃亡罪人信用之也。」

【一四】集解孔安國曰：「今日戰事，不過六步七步，乃止相齊。言當旅進一心也。」

【一五】集解孔安國曰：「伐謂擊刺也。少則四五，多則六七，以爲例也。」

【一六】集解鄭玄曰：「威武貌。」

【一七】集解徐廣曰：「此訓與『螭』同。」

【一八】集解鄭玄曰：「禦，彊禦，謂彊暴也。克，殺也。不得暴殺紂師之犇走者，當以爲周之役也。」

【一九】集解鄭玄曰：「所言且也。」

帝紂聞武王來，亦發兵七十萬人距武王。武王使師尚父與百夫致師，【一】以大卒馳帝紂師。【二】紂師雖衆，皆無戰之心，心欲武王亟入。紂師皆倒兵以戰，以開武王。武王馳之，紂兵皆崩畔紂。紂走，反，入登于鹿臺之上，蒙衣其殊玉，〔一三〕【三】自燔于火而死。武王持大白旗以麾諸侯，諸侯畢拜武王，武王乃揖諸侯，【四】諸侯畢從。武王至商國，【五】商國百姓咸待於郊。於是武王使羣臣告語商百姓曰：「上天降休！」商人皆再拜稽首，武王亦答拜。【六】遂入，至紂死所。武王自射之，三發而后下車，以輕劍擊之，【七】以黃鉞斬紂頭，縣大白之旗。已而至紂之嬖妾二女，二女皆經自殺。武王又射三發，擊以劍，斬以玄鉞，【八】縣其頭小白之旗。武王已乃出復軍。

【一】集解周禮：「環人，掌致師。」鄭玄曰：「致師者，致其必戰之志也。古者將戰，先使勇力之士犯敵焉。春秋傳曰：『楚許伯御樂伯，攝叔爲右，以致晉師。許伯曰：「吾聞致師者，御靡旌，摩壘而還。」樂伯曰：「吾聞致師者，左射以菆，代御執轡，御下掚馬，掉鞅而還。」攝叔曰：「吾聞致師者，右入壘，折馘，執俘而還。」』皆行其所聞而復。」

【二】集解徐廣曰：「帝，一作『商』。」正義大卒，謂戎車三百五十乘，士卒二萬六千二百五十人，有虎賁三千人。

【三】正義衣音於既反。周書云：「甲子夕，紂取天智玉琰五，環身以自焚。」注：「天智，玉之善者，縫環其身自厚也。凡焚四千玉也，庶玉則銷，天智玉不銷，紂身不盡也。」

【四】正義武王率諸侯伐天子，天子已死，諸侯畢賀，故武王揖諸侯，言先拊循其心也。

【五】正義謂至朝歌。

【六】索隱武王雖以臣伐君，頗有慙德，不應答商人之拜，太史公失辭耳。尋上文，諸侯畢拜賀武王，武王尚且報揖，無容遂下拜商人。

【七】正義周書作「輕呂擊之」。輕呂，劍名也。

【八】集解司馬法曰：「夏執玄鉞。」宋均曰：「玄鉞用鐵，不磨礪。」

其明日，除道，脩社及商紂宮。及期，百夫荷罕旗以先驅。【一】武王弟叔振鐸奉陳常車，周公旦把大鉞，畢公把小鉞，以夾武王。散宜生、太顛、閎夭皆執劍以衛武王。既入，立于社南，大卒之左右畢從。毛叔鄭奉明水，【二】衛康叔封布茲，【三】召公奭贊采，【四】師尚父牽牲。尹佚筴祝曰：【五】「殷之末孫季紂，【六】殄廢先王明德，侮蔑神祇不祀，昏暴商邑百姓，其章顯聞于天皇上帝。」於是武王再拜稽首，曰：「膺受大命〔一三〕，革殷，受天明命。」武王又再拜稽首，乃出。

【一】集解蔡邕獨斷曰：「前驅有九旒雲罕。」東京賦曰：「雲罕九旒。」薛綜曰：「旒，旗名〔一四〕。」

【二】集解周禮曰：「司烜氏以鑑取明水於月。」鄭玄曰：「鑑，鏡屬也。取月之水，欲得陰陽之絜氣。陳明水以爲玄酒。」索隱明，明水也。舊本皆無「水」字，今本有「水」字者多，亦是也。若惟云「奉明」，其義未見，不知「奉明」何物也。烜音毁。

【三】集解徐廣曰：「茲者，籍席之名。諸侯病曰『負茲』。」索隱茲，一作「苙」，公明草也。言「茲」，舉成器；言「苙」，見絜草也。

【四】正義贊，佐也。采，幣也。

【五】正義尹佚讀筴書祝文以祭社也。

【六】正義周書作「末孫受德」。受德，紂字也。

封商紂子祿父殷之餘民。武王爲殷初定未集，乃使其弟管叔鮮、蔡叔度相祿父治殷。【一】已而命召公釋箕子之囚。【二】命畢公釋百姓之囚，表商容之閭。命南宮括散鹿臺之財，發鉅橋之粟，以振貧弱萌隸。命南宮括、史佚展九鼎保玉。【三】命閎夭封比干之墓。【四】命宗祝享祠于軍。乃罷兵西歸。行狩，記政事，作武成。【五】封諸侯，班賜宗彝，作分殷之器物。【六】武王追思先聖王，乃襃封神農之後於焦，【七】黃帝之後於祝，【八】帝堯之後於薊，【九】帝舜之後於陳，【一〇】大禹之後於杞。【一一】於是封功臣謀士，而師尚父爲首封。封尚父於營丘，曰齊。【一二】封弟周公旦於曲阜，曰魯。【一三】封召公奭於燕。【一四】封弟叔鮮於管，【一五】弟叔度於蔡。【一六】餘各以次受封。

【一】正義地理志云：「河内，殷之舊都。周既滅殷，分其畿内爲三國，詩邶、鄘、衛是。邶以封紂子武庚；鄘，管叔尹之；衛，蔡叔尹之：以監殷民，謂之三監。」帝王世紀云：「自殷都以東爲衛，管叔監之；殷都以西爲鄘，蔡叔監之；殷都以北爲邶，霍叔監之：是爲三監。」按：二説各異，未詳也。

【二】集解徐廣曰：「釋，一作『原』。」

【三】集解徐廣曰：「保，一作『寶』。」

【四】正義封，謂益其土及畫疆界。括地志云：「比干墓在衞州汲縣北十里二百五十步。」

【五】集解孔安國曰：「武功成也。」

【六】集解鄭玄云：「宗彝，宗廟樽也。作分器，著王之命及受物。」

【七】集解地理志弘農陝縣有焦城，故焦國也。

【八】正義左傳云：「祝其，實夾谷。」杜預云：「夾谷即祝其也。」服虔云：「東海郡祝其縣也。」

【九】集解地理志燕國有薊縣。

【一〇】正義括地志云：「陳州宛丘縣在陳城中，即古陳國也。帝舜後遏父爲周武王陶正，武王賴其器用，封其子嬀滿於陳，都宛丘之側。」

【一一】正義括地志云：「汴州雍丘縣，古杞國。地理志云古杞國理此城。周武王封禹後於杞，號東樓公，二十一代爲楚所滅。」

【一二】集解爾雅曰：「水出其前而左曰營丘〔一五〕。」郭璞曰：「今齊之營丘，淄水過其南及東。」正義水經注今臨菑城中有丘云。青州臨淄縣古營丘之地，吕望所封齊之都也。營丘在縣北百步外城中。輿地志云秦立爲縣，城臨淄水，故曰臨淄也。

【一三】集解應劭曰：「曲阜在魯城中，委曲長七八里。」正義帝王世紀云：「炎帝自陳營都於魯曲阜。黄帝自窮桑登帝位，後徙曲阜。少昊邑于窮桑，以登帝位，都曲阜。顓頊始都窮桑，徙商丘。」窮桑在魯北，或云窮桑即曲阜也。又爲大庭氏之故國，又是商奄之地。皇甫謐云：「黄帝生於壽丘，在魯城東門之北。居軒轅之丘，於山海經云〔一六〕『此地窮桑之際〔一七〕，西射之南』是也。」括地志云：「兗州曲阜縣外城即周公旦子伯禽所築古魯城也。」

【一四】正義封帝堯之後於薊，封召公奭於燕，觀其文稍似重也。水經注云薊城内西北隅有薊丘，因取名焉。括地志云：「燕山在幽州漁陽縣東南六十里。國都城記云周武王封召公奭於燕〔一八〕，地在燕山之野，故國取名焉。」按：周封以五等之爵，薊、燕二國俱武王立，因燕山、薊丘爲名，其地足自立國。薊微燕盛，乃并薊居之，薊名遂絶焉。今幽州薊縣，古燕國也。

【一五】正義括地志云：「鄭州管城縣外城，古管國城也，周武王弟叔鮮所封。」

【一六】正義括地志云：「豫州北七十里上蔡縣，古蔡國，武王封弟叔度於蔡是也。縣東十里有蔡岡，因名也。」

武王徵九牧之君，登豳之阜，以望商邑。【一】武王至于周，自夜不寐。【二】周公旦即王所，曰：「曷爲不寐？」王曰：「告女：維天不饗殷，自發未生於今六十年，麋鹿在牧，【三】蜚鴻滿野。【四】天不享殷，乃今有成。【五】維天建殷，其登名民三百六十夫，不顯亦不賓滅，【六】以至今。我未定天保，何暇寐！」王曰：「定天保，依天室，悉求夫惡，貶從殷王受。【七】日夜勞來【八】定我西土，【九】我維顯服，及德方明。【一〇】自洛汭延于伊汭，居易毋固，其有夏之居。【一一】我南望三塗，北望嶽鄙，顧詹有河，【一二】粵詹雒、伊，毋遠天室。」【一三】營周居于雒邑而後去。【一四】縱馬於華山之陽，【一五】放牛於桃林之虛；【一六】偃干戈，振兵釋旅，【一七】示天下不復用也。

【一一】正義括地志云：「豳州三水縣西十里有豳原，周先公劉所都之地也。豳城在此原上，因公爲名。」按：蓋武王登此城望商邑。

【一二】正義周，鎬京也。武王伐紂，還至鎬京，憂未定天之保安，故自夜不得寐也。

【一三】集解徐廣曰：「此事出周書及隨巢子，云『夷羊在牧』。牧，郊也。夷羊，怪物也。」

【一四】索隱按：高誘曰「蜚鴻，蠛蠓也」。言飛蟲蔽田滿野，故爲災，非是鴻鴈也。隨巢子作「飛拾」，飛拾，蟲也。正義蜚音飛，古「飛」字也。於今猶當今。於今六十年，從帝乙十年至伐紂年也。麋鹿在牧，喻讒佞小人在朝位也。飛鴻滿野，喻忠賢君子見放弃也。言紂父帝乙立後，殷國益衰，至伐紂六十年閒，諂佞小人在於朝位，忠賢君子放遷於野。故詩云「鴻鴈于飛，肅肅其羽。之子于征，劬勞于野」。毛萇云「之子，侯伯卿士也」。鄭玄云「鴻鴈知避陰陽寒暑，喻民知去無道就有道」。

【一五】索隱言上天不歆享殷家，故見災異，我周今乃有成王業者也。

【一六】集解徐廣曰：「一云『不顧亦不賓成』，一又云『不顧亦不恤』也。」索隱言天初建殷國，亦登進名賢之人三百六十夫，既無非大賢，未能興化致理，故殷家不大光昭，亦不即擯滅，以至于今也。亦見周書及隨巢子，頗復脱錯。而劉氏音破六爲古，其字義亦無所通。徐廣云一本作「不顧亦不賓成」，蓋是學者以周書及隨巢不同，逐音改易耳。隨巢子曰「天鬼不顧亦不賓滅」，天鬼即天神也。

【七】索隱言今悉求取夫惡人不知天命不順周家者，咸貶責之，與紂同罪，故曰「貶從殷王受」。

【八】集解徐廣曰：「一云『肯來』。」

【九】索隱八字連作一句讀。

【一〇】正義服，事也。武王答周公云，定知天之安保我位，得依天之宫室，退除殷紂之惡，日夜勞民，又安定我之西土。我維明於事，及我之德教施四方明行之，乃可至於寢寐也。自此已上至「武王至于周，自夜不寐」，周公問之，故先書。

【一一】集解徐廣曰：「夏居河南，初在陽城，後居陽翟。」索隱言自洛汭及伊汭，其地平易無險固，是有夏之舊居。正義括地志云「自禹至太康與唐、虞皆不易都城」，然則居陽城爲禹避商均時，非都之也。帝王世紀云：「禹封夏伯，今河南陽翟是。」汲冢古文云：「太康居斟尋，羿亦居之，桀又居之。」括地志云：「故鄩城在洛州鞏縣西南五十八里也。」

【一二】集解徐廣曰：「周書度邑曰『武王問太公曰，吾將因有夏之居也，南望過于三塗，北詹望于有河』。」索隱杜預云三塗在陸渾縣南。嶽，蓋河北太行山。鄙，都鄙，謂近嶽之邑。度邑，周書篇名。度音徒各反。正義括地志云：「太行、恒山連延，東北接碣石，西北接嶽山。」言北望太行、恒山之邊鄙都邑也。又「晉州霍山一名太岳，在洛西北，恒山在洛東北」。二説皆通。

【一三】正義粵者，審慎之辭也。言審慎瞻雒、伊二水之陽，無遠離此爲天室也。

【一四】正義括地志云：「故王城一名河南城，本郟鄏，周公新築，在洛州河南縣北九里苑内東北隅。自平王以下十二王皆都此城，至敬王乃遷都成周，至赧王又居王城也。帝王世紀云『王城西有郟鄏陌』。左傳云『成王定鼎於郟鄏』。京相璠地名云『郟，山名。鄏，邑名』。」

【一五】正義華山在華陰縣南八里。山南曰陽也。

【一六】集解孔安國曰：「桃林在華山東。」正義括地志云：「桃林在陝州桃林縣西。山海經云『夸父之山，其北有林焉，名曰桃林，廣員三百里，中多馬，湖水出焉，北流入河也』。」

【一七】集解公羊傳曰：「入曰振旅。」

武王已克殷，後二年，問箕子殷所以亡。箕子不忍言殷惡，以存【一】亡國宜告。【二】武王亦醜，故問以天道。

【一】集解徐廣曰：「一作『前』。」

【二】索隱六字連一句讀。正義箕子殷人，不忍言殷惡，以周國之所宜言告武王，爲洪範九類，武王以類問天道。

武王病。天下未集，羣公懼，穆卜，【一】周公乃祓齋，【二】自爲質，【三】欲代武王，武王有瘳。後而崩，【四】太子誦代立，是爲成王。

【一】集解孔安國曰：「穆，敬也。」

【二】正義祓音廢，又音拂。齋音札皆反。祓謂除不祥求福也。

【三】正義音至。周公祓齋，自以贄幣告三王，請代武王，武王病乃瘳也。

【四】集解徐廣曰：「封禪書曰『武王克殷二年，天下未寧而崩』。」皇甫謐曰：「武王定位元年歲在乙酉，六年庚寅崩。」駰按：皇覽曰「文王、武王、周公冢皆在京兆長安鎬聚東社中也〔一九〕」。正義括地志云：「武王墓在雍州萬年縣西南二十八里畢原上也。」

成王少，周初定天下，周公恐諸侯畔周，公乃攝行政當國。管叔、蔡叔羣弟疑周公，與武庚作亂，畔周。周公奉成王命，伐誅武庚、管叔，放蔡叔〔二〇〕。以微子開代殷後，國於宋。【一】頗收殷餘民，以封武王少弟封爲衞康叔。【二】晉唐叔得嘉穀，【三】獻之成王，成王以歸周公于兵所。【四】周公受禾東土，魯天子之命。【五】初，管、蔡畔周，周公討之，三年而畢定，故初作大誥，次作微子之命，【六】次歸禾，次嘉禾，次康誥、酒誥、梓材，【七】其事在周公之篇。周公行政七年，成王長，周公反政成王，北面就羣臣之位。

【一】正義今宋州也。

【二】正義尚書洛誥云「我卜瀍水東，亦惟洛食」，以居邶、鄘、衞之衆。又多士篇序云：「成周既成，遷殷頑民。」按：是爲東周，古洛陽城也。括地志云：「洛陽故城在洛州洛陽縣東北二十六里，周公所築，即成周城也。輿地志云『以周地在王城東，故曰東周。敬王避子朝亂，自洛邑東居此。以其迫阨不受王都，故壞翟泉而廣之』。」按：武王滅殷國爲邶、鄘、衞，三監尹之。武庚作亂，周公滅之，徙三監之民於成周，頗收其餘衆，以封康叔爲衞侯，即今衞州是也。孔安國云「以三監之餘民，國康叔爲衞侯。周公懲其數叛，故使賢母弟主之」也。

【三】集解鄭玄曰：「二苗同爲一穗。」

【四】集解徐廣曰：「歸，一作『餽』。」

【五】集解徐廣曰：「尚書序云『旅天子之命』。」

【六】集解孔安國曰：「封命之書。」

【七】集解孔安國曰：「告康叔以爲政之道，亦如梓人之治材也。」

成王在豐，使召公復營洛邑，如武王之意。周公復卜申視，卒營築，居九鼎焉。曰：「此天下之中，四方入貢道里均。」作召誥、洛誥。成王既遷殷遺民，周公以王命告，作多士、無佚。召公爲保，周公爲師，東伐淮夷，殘奄〔二〕，【一】遷其君薄姑。【二】成王自奄歸，在宗周，【三】作多方。【四】既絀殷命，襲淮夷，歸在豐，作周官。【五】興正禮樂，度制於是改，而民和睦，頌聲興。【六】成王既伐東夷，息慎來賀，王賜榮伯，作賄息慎之命。【七】

【一】集解鄭玄曰：「奄國在淮夷之北。」正義奄音於險反。括地志云：「泗州徐城縣北三十里古徐國〔三三〕，即淮夷也。兗州曲阜縣奄里，即奄國之地也。」

【二】集解馬融曰：「齊地。」正義括地志云：「薄姑故城在青州博昌縣東北六十里。薄姑氏，殷諸侯，封於此，周滅之也。」

【三】正義伐奄歸鎬京也。

【四】集解孔安國曰：「告衆方天下諸侯。」

【五】集解孔安國曰：「言周家設官分職用人之法。」古文尚書序，周官，書篇名。

【六】集解何休曰：「頌聲者，太平歌頌之聲，帝王之高致也。」

【七】集解孔安國曰：「賄，賜也。」馬融曰：「榮伯，周同姓，畿內諸侯，爲卿大夫也。」

成王將崩，懼太子釗之不任，【一】乃命召公、畢公率諸侯以相太子而立之。成王既崩，二公率諸侯，以太子釗見於先王廟，申告以文王、武王之所以爲王業之不易，務在節儉，毋多欲，以篤信臨之，作顧命。【二】太子釗遂立，是爲康王。康王即位，徧告諸侯，宣告以文武之業以申之，作康誥。故成康之際，天下安寧，刑錯四十餘年不用。【三】康王命作策畢公分居里，成周郊，【四】作畢命。

【一】正義 釗音招，又古堯反。任，而針反。

【二】集解 鄭玄曰：「臨終出命，故謂之顧。顧，將去之意也。」

【三】集解 應劭曰：「錯，置也。民不犯法，無所置刑。」

【四】集解 孔安國曰：「分別民之居里，異其善惡也。成定東周郊境，使有保護也。」

康王卒，子昭王瑕立。昭王之時，王道微缺。昭王南巡狩不返，卒於江上。其卒不赴告，諱之也。【一】立昭王子滿，是爲穆王。穆王即位，春秋已五十矣。王道衰微，穆王閔文武之道缺，乃命伯臩【二】申誡【三】太僕【四】國之政，作臩命。【五】復寧。

【一】正義 帝王世紀云：「昭王德衰，南征，濟于漢，船人惡之，以膠船進王，王御船至中流，膠液船解，王及祭公俱没于水中而崩。其右辛游靡長臂且多力，游振得王，周人諱之。」

【二】集解 孔安國曰：「伯冏，臣名也。」

【三】集解 徐廣曰：「一作『部』。」

【四】集解 應劭曰：「太僕，周穆王所置。蓋太御衆僕之長，中大夫也。」

【五】正義 尚書序云：「穆王令伯臩爲太僕正。」應劭云：「太僕，周穆王所置。蓋太御衆僕之長，中大夫也。」

穆王將征犬戎，【一】祭公謀父諫曰：【二】「不可。先王燿德不觀兵。夫兵戢而時動，動則威，觀則玩，玩則無震。【三】是故周文公之頌曰：【四】『載戢干戈，載櫜弓矢，【五】我求懿德，肆于時夏，允王保之。』【六】先王之於民也，茂正其德而厚其性，阜其財求而利其器用，明利害之鄉，【七】以文脩之，使之務利而辟害，懷德而畏威，故能保世以滋大。昔我先王世后稷【八】以服事虞、夏〔二三〕。及夏之衰也，【九】弃稷不務，【一〇】我先王不窋用失其官，而自竄於戎狄之閒。不敢怠業，時序其德，遵脩其緒，【一一】脩其訓典，朝夕恪勤，守以敦篤，奉以忠信。奕世載德，不忝前人。【一二】至于文王、武王，昭前之光明而加之以慈和，事神保民，無不欣喜。商王帝辛大惡于民，庶民不忍，訢載武王，以致戎于商牧。【一三】是故先王非務武也，勤恤民隱而除其害也。夫先王之制，邦內甸服，邦外侯服，侯衛賓服，【一四】夷蠻要服，戎翟荒服。甸服者祭，【一五】侯服者祀，【一六】賓服者享，【一七】要服者貢，【一八】荒服者王。【一九】日祭，月祀，時享，歲貢，終王。先王之順祀也，【二〇】有不祭則脩意，【二一】有不祀則脩言，【二二】有不享則脩文，【二三】有不貢則脩名，【二四】有不王則脩德，【二五】序成而有不至則脩刑。【二六】於是有刑不祭，伐不祀，征不享，讓不貢，告不王。於是有刑罰之辟，有攻伐之兵，有征討之備，有威讓之命，有文告之辭。布令陳辭而有不至，則增脩於德，無勤民於遠。是以近無不聽，遠無不服。今自大畢、伯士之終也，【二七】犬戎氏以其職來王，【二八】天子曰【二九】『予必以不享征之，且觀之兵』，無乃廢先王之訓，而王幾頓乎？【三〇】吾聞犬戎樹敦，【三一】率舊德而守終純固，其有以禦我矣。」王遂征之，得四白狼四白鹿以歸。自是荒服者不至。

【一】集解徐廣曰：「一作『畎』。」

【二】集解韋昭曰：「祭，畿内之國，周公之後，爲王卿士。謀父，字也。」正義括地志云：「故祭城在鄭州管城縣東北十五里，鄭大夫祭仲邑也。釋例云『祭城在河南，上有敖倉，周公後所封也』。」

【三】集解韋昭曰：「震，懼也。」

【四】集解韋昭曰：「文公，周公旦之謚。」

【五】集解唐固曰：「槖，韜也。」

【六】集解韋昭曰：「言武王常求美德，故陳其功於是夏而歌之。信哉武王能保此時夏之美。樂章大者曰夏。」

【七】集解韋昭曰：「鄉，方也。」

【八】集解韋昭曰：「謂弃與不窋也。」唐固曰：「父子相繼曰世。」

【九】正義謂太康也。

【一〇】正義言太康弃廢稷官。

【一一】集解徐廣曰：「遵，一作『選』。」

〔一二〕正義前人謂后稷也。言不窋亦世載德，不忝后稷。及文王、武王，無不務農事。

〔一三〕正義紂近郊地，名牧野。

〔一四〕集解韋昭曰：「此總言之也。侯，侯圻；衞，衞圻也。」

〔一五〕集解韋昭曰：「供日祭。」

〔一六〕集解韋昭曰：「供月祀。」

〔一七〕集解韋昭曰：「供時享。」

〔一八〕集解韋昭曰：「供歲貢。」

〔一九〕集解韋昭曰：「王，王事天子也。詩曰『莫敢不來王』。」

〔二〇〕集解徐廣曰：「外傳云『先王之訓』。」

〔二一〕集解韋昭曰：「先脩志意以自責也。畿內近，知王意也。」

〔二二〕集解韋昭曰：「言，號令也。」

〔二三〕集解韋昭曰：「文，典法也。」

〔二四〕集解韋昭曰：「名謂尊卑職貢之名號也。」

〔二五〕集解韋昭曰：「遠人不服，則脩文德以來之。」

〔二六〕集解韋昭曰：「序成，謂上五者次序已成，有不至，則有刑罰也。」

【二七】集解徐廣曰：「犬戎之君。」

【二八】正義賈逵云：「大畢、伯士，犬戎氏之二君也。白狼、白鹿，犬戎之職貢也。」按：大畢、伯士終後，犬戎氏常以其職來王。

【二九】正義祭公申穆王之意，故云「天子曰」。

【三〇】正義幾音祈。

【三一】集解徐廣曰：「樹，一作『樕』。」駰按：韋昭曰「樹，立也。言犬戎立性敦篤也」。

諸侯有不睦者，甫侯言於王，作脩刑辟。【一】王曰：「吁，來！有國有土，告汝祥刑。【二】在今爾安百姓，何擇非其人，【三】何敬非其刑，何居非其宜與？【四】兩造具備，【五】師聽五辭。【六】五辭簡信，正於五刑。【七】五刑不簡，正於五罰。【八】五罰不服，正於五過。【九】五過之疵，官獄內獄，閱實其罪，【一〇】惟鈞其過。【一一】五刑之疑有赦，五罰之疑有赦，其審克之。【一二】簡信有衆，惟訊有稽。【一三】無簡不疑〔二四〕，共嚴天威。【一四】黥辟疑赦，其罰百率，【一五】閱實其罪。劓辟疑赦，其罰倍灑，【一六】閱實其罪。臏辟疑赦，其罰倍差，【一七】閱實其罪。宮辟疑赦，其罰五【一八】百率，閱實其罪。大辟疑赦，其罰千率，閱實其罪。墨罰之屬千，劓罰之屬千，臏罰之屬五百，宮罰之屬三百，大辟之罰其屬二百：五刑之屬三千。」命曰甫刑。

【一】集解鄭玄曰：「書説云周穆王以甫侯爲相。」

【二】集解孔安國曰：「告汝善用刑之道也。」

【三】集解王肅曰：「訓以安百姓之道，當何所選擇乎？非當選擇賢人乎？」

【四】集解孔安國曰：「當何所敬，非唯五刑乎？當何所居，非唯及世輕重所宜乎？」

【五】集解徐廣曰：「造，一作『遭』。」

【六】集解孔安國曰：「兩，謂囚、證。造，至也。兩至具備，則衆獄官聽其入五刑辭。」正義漢書刑法志云：「五聽，一曰辭聽，二曰色聽，三曰氣聽，四曰耳聽，五曰目聽。」周禮云「辭不直則言繁，目不直則視眊，耳不直則對答惑，色不直則貌赧，氣不直則數喘」也。

【七】集解孔安國曰：「五辭簡核，信有罪驗，則正之於五刑矣。」

【八】集解孔安國曰：「不簡核。謂不應五刑，當正五罰，出金贖罪也。」

【九】集解孔安國曰：「不服，不應罰也。正於五過，從赦免之。」

【一〇】集解孔安國曰：「使與罰名相當。」索隱按：呂刑云「惟官，惟反，惟内，惟貨，惟來」，今此似闕少，或從省文。

【一一】集解馬融曰：「以此五過出入人罪，與犯法者等。」

【一二】集解孔安國曰：「刑疑赦從罰，罰疑赦從免，其當清察，能得其理也。」

【一三】集解孔安國曰：「簡核誠信，有合衆心，惟察其貌，有所考合，重之至也。」索隱惟訊，訊依尚書音貌也。

【一四】集解孔安國曰：「無簡核誠信，不聽治其獄，當嚴敬天威，無輕用刑。」

【一五】集解徐廣曰：「率即鍰也，音刷。」孔安國曰：「六兩曰鍰。鍰黃鐵也〔三五〕。」索隱鍰，黃鐵。鋝亦六兩，故馬融曰「鋝，量名，與呂刑鍰同」。舊本「率」亦作「選」。

【一六】集解徐廣曰：「一作『蓰』。五倍曰蓰。」孔安國曰：「倍百爲二百鍰也。」索隱灑音戾。蓰音所解反。

【一七】集解馬融曰：「倍二百爲四百鍰也。差者，又加四百之三分一，凡五百三十三三分一也。」正義倍中之差，二百去三分一，合三百三十三鍰二兩也。宮刑，其罰五百，臏刑既輕，其數豈加？故知孔、馬之説非也。

【一八】集解徐廣曰：「一作『六』。」

穆王立五十五年，崩，子共王繄扈立。【一】共王游於涇上，密康公從，【二】有三女犇之。其母曰：「必致之王。【三】夫獸三爲羣，人三爲衆，女三爲粲。王田不取羣，【四】公行不下衆，【五】王御不參一族。【六】夫粲，美之物也。衆以美物歸女，而何德以堪之？王猶不堪，況爾之小醜乎！小醜備物，終必亡。」康公不獻，一年，共王滅密。共王崩，子懿王囏立。【七】懿王之時，王室遂衰，詩人作刺。【八】

【一】索隱系本作「伊扈」。

【二】集解韋昭曰：「康公，密國之君，姬姓也。」正義括地志云：「陰密故城在涇州鶉觚縣西，東接縣城，故密國也。」

【三】集解列女傳曰：「康公母，姓隗氏。」

【四】正義曹大家云：「羣、衆、粲，皆多之名也。田獵得三獸，王不盡收，以其害深也。」

【五】正義曹大家云：「公，諸侯也。公之所行與衆人共議也。」

【六】集解韋昭云：「御，婦官也。參，三也。一族，一父子也。故取姪娣以備三，不參一族之女也。」

【七】索隱系本作「堅」。

【八】索隱宋忠曰：「懿王自鎬徙都犬丘，一曰廢丘，今槐里是也。時王室衰，始作詩也。」

懿王崩，共王弟辟方立，是爲孝王。孝王崩，諸侯復立懿王太子燮，是爲夷王。【一】

【一】正義紀年云：「三年，致諸侯，烹齊哀公于鼎。」帝王世紀云「十六年崩」也。

夷王崩，子厲王胡立。厲王即位三十年，好利，近榮夷公。大夫芮良夫【二】諫厲王曰：「王室其將卑乎？夫榮公好專利而不知大難。夫利，百物之所生也，天地之所載也，而有專之，其害多矣。天地百物皆將取焉，何可專也？所怒甚多，而不備大難。以是教王，王其能久乎？夫王人者，將導利而布之上下者也。使神人百物無不得極，【二】猶日怵惕懼怨之來也。故頌曰『思文后稷，克配彼天，立我蒸民，莫匪爾極』。大雅曰『陳錫載周』。【三】是不布利而懼難乎，故能載周以至于今。今王學專利，其可乎？匹夫專利，猶謂之盜，王而行之，其歸鮮矣。榮公若用，周必敗也。」厲王不聽，卒以榮公爲卿士，用事。

【一】正義芮伯也。

【二】集解韋昭曰：「極，中也。」

【三】集解唐固曰：「言文王布錫施利，以載成周道也。」

王行暴虐侈傲，國人謗王。召公諫曰：【一】「民不堪命矣。」王怒，得衛巫，【二】使監謗者，【三】以告，則殺之。其謗鮮矣，諸侯不朝。三十四年，王益嚴，國人莫敢言，道路以目。【四】厲王喜，告召公曰：「吾能弭謗矣，乃不敢言。」召公曰：「是鄣之也。防民之口，甚於防水。水壅而潰，傷人必多，民亦如之。是故爲水者決之使導，爲民者宣之使言。故天子聽政，使公卿至於列士獻詩，【五】瞽獻曲，【六】史獻書，【七】師箴，【八】瞍賦，【九】矇誦，【一〇】百工諫，庶人傳語，【一一】近臣盡規，【一二】親戚補察，【一三】瞽史教誨，【一四】耆艾脩之，【一五】而后王斟酌焉，是以事行而不悖。民之有口也，猶土之有山川也，財用於是乎出；猶其有原隰衍沃也，【一六】衣食於是乎生。口之宣言也，善敗於是乎興。行善而備敗，所以產財用衣食者也。夫民慮之於心而宣之於口，成而行之。若雍其口，其與能幾何？」王不聽。於是國莫敢出言，三年，乃相與畔，襲厲王。厲王出奔於彘。【一七】

【一】集解韋昭曰：「召康公之後穆公虎，爲王卿士也。」

【二】集解韋昭曰：「衞國之巫也。」

【三】正義監音口銜反。監，察也。以巫人神靈，有謗毀必察也。

【四】集解韋昭曰：「以目相眄而已。」

【五】正義上詩風刺。

【六】集解韋昭曰：「曲，樂曲。」

【七】正義史，太史也。上書諫。

【八】正義音針。師，樂太師也。上箴戒之文。

【九】集解韋昭曰：「無眸子曰瞍。賦公卿列士所獻詩也。」

【一〇】集解韋昭曰：「有眸子而無見曰矇。周禮矇主弦歌，諷誦箴諫之語也。」

【一一】集解韋昭曰：「庶人卑賤，見時得失，不得達，傳以語王。」正義傳音逐緣反。庶人微賤，見時得失，不得上言，乃在街巷相傳語。

【一二】集解韋昭曰：「近臣，驂僕之屬。」

【一三】正義言親戚補王過失，及察是非也。

【一四】集解韋昭曰：「瞽，樂太師。史，太史也。」

【一五】集解韋昭曰：「耆艾，師傅也。脩理瞽史之教，以聞於王。」

【一六】集解唐固曰：「下平曰衍，有溉曰沃。」

【一七】集解韋昭曰：「彘，晉地，漢爲縣，屬河東，今曰永安。」正義括地志云：「晉州霍邑縣本漢彘縣，後改彘曰永安。」從鄗犇晉也。

厲王太子靜匿召公之家，國人聞之，乃圍之。召公曰：「昔吾驟諫王，王不從，以及此難也。今殺王太子，王其以我爲讎而懟怒乎？夫事君者，險而不讎懟，【一】怨而不怒，況事王乎！」乃以其子代王太子，太子竟得脱。

【一】集解韋昭曰：「在危險之中。」

召公、周公二相行政，號曰「共和」。【二】共和十四年，厲王死于彘。太子靜長於召公家，二相乃共立之爲王，是爲宣王。宣王即位，二相輔之，脩政，法文、武、成、康之遺風，諸侯復宗周。十二年，魯武公來朝。

【二】索隱共音如字。若汲冢紀年則云「共伯和干王位」。共音恭。共，國；伯，爵；和，其名。干，簒也。言共伯攝王政，故云「干王位」也。正義共音巨用反。韋昭云：「彘之亂，公卿相與和而脩政事，號曰共和也。」魯連子云：「衞州共城縣本周共伯之國也。共伯名和，好行仁義，諸侯賢之。周厲王無道，國人作難，王犇于彘，諸侯奉和以行天子事，號曰『共和』元年。十四年，厲王死於彘，共伯使諸侯奉王子靖爲宣王，而共伯復歸國于衞也。」世家云：「釐侯十三年，周厲王出犇于彘，共和行政焉。二十八年，周宣王立。四十二年，釐侯卒，太子共伯餘立爲君。共伯弟和襲攻共伯於墓上，共伯入釐侯羡自殺，衞人因葬釐侯旁，謚曰共伯，而立和爲衞侯，是爲武公。」按此文，共伯不得立，而和立爲武公。武公之立在共伯卒後，年歲又不相當，年表亦同，明紀年及魯連子非也。

宣王不脩籍於千畝，【一】虢文公諫曰【二】不可，【三】王弗聽。三十九年，戰于千畝，【四】王師敗績于姜氏之戎。【五】

【一】正義應劭云：「古者天子耕籍田千畝，爲天下先。」瓚曰：「籍，蹈籍也。」按：宣王不脩親耕之禮也。

【二】集解賈逵曰：「文公，文王母弟虢仲之後，爲王卿士也。」韋昭曰：「文公，虢叔之後，西虢也。宣王都鎬，在畿內也。」正義括地志云：「虢故城在岐州陳倉縣東四十里[二六]。」又云：「千畝原在晉州岳陽縣北九十里也。」

【三】索隱國語曰：「虢文公諫曰『夫人之大事在農，上帝之粢盛於是乎出，人之繁庶於是乎生，事之共給於是乎在』。」事具載國語。

【四】索隱 地名也，在西河介休縣。

【五】集解 韋昭曰：「西夷別種，四嶽之後也。」

宣王既亡南國之師，乃料民於太原。【一】仲山甫諫曰：【二】「民不可料也。」宣王不聽，卒料民。

【一】集解 韋昭曰：「敗於姜戎時所亡也。南國，江漢之閒。料，數也。」唐固曰：「南國，南陽也。」

【二】正義 毛萇云：「仲山甫，樊穆仲也。」括地志云：「漢樊縣城在兗州瑕丘縣西南三十五里，古樊國，仲山甫所封也。」

四十六年，宣王崩，【一】子幽王宮涅立〔一七〕。【二】幽王二年，西周三川皆震。【三】伯陽甫曰：「周將亡矣。【四】夫天地之氣，不失其序；若過其序，民亂之也。【五】陽伏而不能出，陰迫而不能蒸，【六】於是有地震。今三川實震，是陽失其所而填陰也。【七】陽失而在陰，【八】原必塞；原塞，國必亡。夫水土演而民用也。【九】土無所演，民乏財用，不亡何待！昔伊、洛竭而夏亡，【一〇】河竭而商亡。【一一】今周德若二代之季矣，其川原又塞，塞必竭。夫國必依山川，山崩川竭，亡國之徵也。川竭必山崩。【一二】若國亡不過十年，數之紀也。【一三】天之所弃，不過其紀。」是歲也，三川竭，岐山崩。

【一】正義周春秋云：「宣王殺杜伯而無辜，後三年，宣王會諸侯田于圃，日中，杜伯起於道左，衣朱衣冠，操朱弓矢，射宣王，中心折脊而死。」國語云：「杜伯射王於鄗。」

【二】集解徐廣曰：「一作『生』。」

【三】集解徐廣曰：「涇、渭、洛也。」駰按：韋昭云「西周，鎬京。地震動，故三川亦動」。正義按：涇渭二水在雍州北。洛水一名漆沮，在雍州東北，南流入渭。此時以王城爲東周，鎬京爲西周。

【四】集解韋昭曰：「伯陽父，周大夫也。」唐固曰：「伯陽父，周柱下史老子也。」

【五】集解韋昭曰：「過，失也。言民，不敢斥王者也。」

【六】集解韋昭曰：「蒸，升也。陽氣在下，陰氣迫之，使不能升也。」

【七】集解韋昭曰：「爲陰所鎮笮也。」

【八】集解韋昭曰：「在陰下也。」

【九】集解韋昭曰：「水土氣通爲演。演猶潤也。演則生物，民得用之。」

【一〇】集解韋昭曰：「禹都陽城，伊、洛所近也。」

【一一】集解韋昭曰：「商人都衞，河水所經也。」

【一二】集解韋昭曰：「水泉不潤，枯朽而崩也。」

【一三】集解韋昭曰：「數起於一，終於十，十則更，故曰紀也。」

三年，幽王嬖愛褒姒。【一】褒姒生子伯服，幽王欲廢太子。太子母，申侯女，而爲后。後幽王得褒姒，愛之，欲廢申后，并去太子宜臼，以褒姒爲后，以伯服爲太子。周太史伯陽讀史記曰：【二】「周亡矣。」昔自夏后氏之衰也，有二神龍止於夏帝庭而言曰：「余，褒之二君。」【三】夏帝卜殺之與去之與止之，莫吉。卜請其漦而藏之，乃吉。【四】於是布幣而策告之，【五】龍亡而漦在，櫝而去之。【六】夏亡，傳此器殷。殷亡，又傳此器周。比三代，莫敢發之〔二八〕。至厲王之末，【七】發而觀之。漦流于庭，不可除。厲王使婦人裸而譟之。【八】漦化爲玄黿，以入王後宮。【九】後宮之童妾既齔而遭之，【一〇】既笄而孕，【一一】無夫而生子，懼而弃之。宣王之時童女謠曰：「檿弧箕服，實亡周國。」【一二】於是宣王聞之，有夫婦賣是器者，宣王使執而戮之。逃於道，而見鄉者後宮童妾所弃妖子【一三】出於路者，【一四】聞其夜啼，哀而收之，夫婦遂亡，犇於褒。褒人有罪，請入童妾所弃女子者於王【一五】以贖罪。弃女子出於褒，是爲褒姒。當幽王三年，王之後宮，見而愛之，生子伯服，竟廢申后及太子，以褒姒爲后，伯服爲太子。【一六】太史伯陽曰：「禍成矣，無可柰何！」

【一】索隱褒，國名，夏同姓，姓姒氏。禮婦人稱國及姓。其女是龍漦妖子，爲人所收，褒人納之于王，故曰褒姒。正義括地志云：「褒國故城在梁州褒城縣東二百步，古褒國也。」

【二】正義諸國皆有史以記事，故曰史記。

【三】集解虞翻曰：「龍自號褒之二先君也。」

【四】集解韋昭曰：「漦，龍所吐沫，龍之精氣也〔二九〕。」

【五】集解韋昭曰：「以簡策之書告龍，而請其漦也。」

【六】集解韋昭曰：「櫝，匱也。」

【七】集解虞翻曰：「末年，王流彘之歲。」

【八】集解韋昭曰：「譟，讙呼也。」唐固曰：「羣呼曰譟。」

【九】索隱亦作「蚖」，音元。玄蚖，蜥蜴也。

【一〇】集解韋昭曰：「毀齒曰齔。女七歲而毀齒也。」

【一一】正義笄音雞。禮記云：「女子許嫁而笄。」鄭玄云：「笄，今簪。」

【一二】集解韋昭曰：「山桑曰檿。弧，弓也。箕，木名。服，矢房也。」

【一三】集解徐廣曰：「妖，一作『夭』。夭，幼少也。」

【一四】正義夫婦賣檿弧者，宣王欲執戮之，遂逃于路，遇此妖子，哀而收之。

【一五】正義國語云：「周幽王伐有褒，褒人以褒姒女焉，與虢石甫比也。」

【一六】索隱左傳所謂「攜王奸命」是也。

褒姒不好笑，幽王欲其笑萬方，故不笑。幽王爲烽燧【一】大鼓，有寇至則舉烽火。諸侯悉至，至而無寇，褒姒乃大笑。幽王説之，爲數舉熢火。其後不信，諸侯益亦不至。

【一】正義峯遂二音。晝日燃熢以望火煙，夜舉燧以望火光也。熢，土魯也。燧，炬火也。皆山上安之，有寇舉之。

幽王以虢石父爲卿，用事，國人皆怨。石父爲人佞巧【一】善諛好利，王用之。又廢申后，去太子也。申侯怒，與繒、【二】西夷犬戎攻幽王。幽王舉熢火徵兵，兵莫至。遂殺幽王驪山下，【三】虜褒姒，盡取周賂而去。【四】於是諸侯乃即申侯而共立故幽王太子宜臼，是爲平王，以奉周祀。

【一】集解徐廣曰：「佞，一作『諂』。」

【二】索隱繒，國名，夏同姓。正義繒，自陵反。國語云「繒，姒姓，夏禹後」。括地志云：「繒縣在沂州承縣，古侯國，禹後。」

【三】索隱在新豐縣南，故驪戎國也。舊音黎。徐廣音力知反。正義括地志云：「驪山在雍州新豐縣南十六里。土地記云驪山即藍田山。」按：驪山之陽即藍田山。

【四】集解汲冢紀年曰：「自武王滅殷以至幽王，凡二百五十七年也。」正義按：汲冢書，晉咸和五年汲郡汲縣發魏襄王冢〔三〇〕，得古書冊七十五卷。

平王立，東遷于雒邑，【一】辟戎寇〔三二〕。平王之時，周室衰微，諸侯彊并弱，齊、楚、秦、晉始大，政由方伯。【二】

【一】正義即王城也。平王以前號東都，至敬王以後及戰國爲西周也。

【二】集解周禮曰：「九命作伯。」鄭衆云：「長諸侯爲方伯。」

四十九年，魯隱公即位。

五十一年，平王崩，太子洩父【一】蚤死，立其子林，是爲桓王。桓王，平王孫也。

【一】正義音甫。

桓王三年，鄭莊公朝，桓王不禮。【一】五年，鄭怨，與魯易許田。許田，天子之用事太山田也。【二】八年，魯殺隱公，【三】立桓公。十三年，伐鄭，【四】鄭射傷桓王，桓王去歸。【五】

【一】索隱在魯隱公六年。

【二】索隱左傳鄭伯以璧假許田，卒易祊。祊是鄭祀太山之田，許是魯朝京師之湯沐邑，有周公廟，鄭以其近，故易取之。此云「許田，天子用事太山田」，誤。正義杜預云：「成王營王城，有遷都之志，故賜周公許田，以爲魯國朝宿之邑，後世因而立周公別廟焉。鄭桓公友，周宣王之母弟，封鄭，有助祭泰山湯沐邑在祊。鄭以天子不能復巡狩，故欲以祊易許田，各從本國所近之宜也。恐魯以周公別廟爲疑，故云已廢泰山之祀，而欲爲魯祀周公，遜辭以求也。」括地志云：「許田在許州許昌縣南四十里，有魯城，周公廟在城中。祊田在沂州費縣東南。」按：宛，鄭大夫。

【三】正義子允令公子翬殺隱公也。

【四】索隱在魯桓五年。

【五】索隱左傳繻葛之役，祝聃射王中肩是也。

二十三年，桓王崩，子莊王佗立。莊王四年，周公黑肩欲殺莊王而立王子克。【一】辛伯告王，【二】王殺周公。【三】王子克犇燕。【四】

【一】集解賈逵曰：「莊王弟子儀也。」

【二】集解賈逵曰：「辛伯，周大夫也。」

【三】索隱左傳曰：「初，子儀有寵於桓王，桓王屬諸周公。辛伯諫曰：『並后、匹嫡、兩政、耦國，亂之本也。』周公不從，故及於難。」然周公阿先王旨，自取誅夷，辛伯正君臣之義，卒安王業，二卿優劣，誠可識也。

【四】正義杜預云：南燕，姞姓也。

十五年，莊王崩，子釐王【一】胡齊立。釐王三年，齊桓公始霸。

【一】正義釐音僖〔三二〕。

五年，釐王崩，子惠王閬立。【一】惠王二年。初，莊王嬖姬姚，【二】生子穨，【三】穨有寵。及惠王即位，奪其大臣園以爲囿，【四】故大夫邊伯等五人作亂，【五】謀召燕、衞師，【六】伐惠王。惠王犇温，【七】已居鄭之櫟。【八】立釐王弟穨爲王。樂及徧舞，【九】鄭、虢君怒。四年，鄭與虢君伐殺王穨，【一〇】復入惠王。惠王十年，賜齊桓公爲伯。

【一】索隱系本名毋涼。正義謚作「毋涼」也。

【二】正義杜預云：「姚，姓也。」

【三】索隱莊王子，釐王弟，惠王之叔父也。

【四】集解左傳曰大臣，蒍國也。

【五】集解左傳曰五人者，蒍國、邊伯、詹父、子禽、祝跪也。

【六】正義南燕，滑州胙城。衞，澶州衞南也。

【七】正義左傳云蘇忿生十二邑，桓王奪蘇子十二邑與鄭，故蘇子同五大夫伐惠王。温，十二邑之一也。杜預云河内温縣也。

【八】集解服虔曰：「櫟，鄭大都。」正義杜預云：「櫟，今河南陽翟縣也。」

【九】集解賈逵曰：「徧舞，皆舞六代之樂也。」

【一〇】正義賈逵云：「鄭厲公突、虢公林父也。」

二十五年，惠王崩，子襄王鄭立。襄王母蚤死，後母曰惠后。【一】惠后生叔帶，【二】有寵於惠王，襄王畏之。三年，叔帶與戎、翟謀伐襄王，襄王欲誅叔帶，叔帶犇齊。齊桓公使管仲平戎于周，使隰朋平戎于晉。【三】王以上卿禮管仲。管仲辭曰：「臣賤有司也，有天子之二守國、高在。【四】若節春秋，來承王命，何以禮焉。【五】陪臣敢辭。」【六】王曰：「舅氏，余嘉乃勳，【七】毋逆朕命。」管仲卒受下卿之禮而還。【八】九年，齊桓公卒。十二年，叔帶復歸于周。【九】

【一】集解左傳曰：「陳嬀歸于京師，實惠后也。」　正義按：陳國，舜後，嬀姓也。

【二】索隱惠王子，襄王弟，封於甘，故左傳稱甘昭公。　正義惠王子，襄王弟，封之於甘。括地志云：「故甘城在洛州河南縣西南二十五里。左傳云甘昭公，王子叔帶也。洛陽記云河南縣西南二十五里，甘水出焉，北流入洛。山上有甘城，即甘公菜邑也。」

【三】集解服虔曰：「戎伐周，晉伐戎救周，故和也。」

【四】集解杜預曰：「國子、高子，天子所命爲齊守臣，皆上卿也。」

【五】集解賈逵曰：「節，時也。」王肅曰：「春秋聘享之節也。」

【六】集解服虔曰：「陪，重也。諸侯之臣於天子曰陪臣〔三三〕。」

【七】集解賈逵曰：「舅氏，言伯舅之使也。」　正義武王娶太公女爲后，故呼舅氏，遠言之。我善汝有平戎之功勳。

【八】正義 杜預云：「管仲不敢以職自高，卒受本位之禮也。」

【九】集解 左傳曰：「王召之。」

十三年，鄭伐滑，【一】王使游孫、伯服請滑，【二】鄭人囚之。鄭文公怨惠王之入不與厲公爵，【三】又怨襄王之與衞滑，【四】故囚伯服。王怒，將以翟伐鄭。富辰諫曰：【五】「凡我周之東徙，晉、鄭焉依。子穨之亂，又鄭之由定，今以小怨弃之！」王不聽。十五年，王降翟師以伐鄭。王德翟人，將以其女爲后。富辰諫曰：「平、桓、莊、惠皆受鄭勞，王弃親親翟，不可從。」王不聽。十六年，王絀翟后，翟人來誅，殺譚伯。【六】富辰曰：「吾數諫不從，如是不出，王以我爲懟乎？」乃以其屬死之。

【一】集解 賈逵曰：「滑，姬姓之國。」駰按：左傳曰「滑人叛鄭而服於衞」也。正義 杜預云「滑國都費，河南緱氏縣」，爲秦所滅，時屬鄭、晉，後屬周。事在魯釐公二十年。括地志云：「緱氏故城本費城也，在洛州緱氏縣東二十五里也〔三四〕。」

【二】集解 賈逵曰：「二子周大夫。」

【三】集解 服虔曰：「惠王以后之鞶鑑與鄭厲公，而獨與虢公玉爵。」正義 左傳云：「莊公二十一年，王巡虢狩，虢公爲王宮于蚌〔三五〕，王與之酒泉。鄭伯之享王，王以后之鞶鑑與之。虢公請器，王與之爵。鄭伯由是怨王也。」杜預云：「后鞶帶而以鏡爲飾也〔三六〕。爵，飲酒器也。蚌，地〔三七〕。酒泉，周邑。」

【四】集解服虔曰：「滑，小國，近鄭，世世服從，而更違叛，鄭師伐之，聽命，後自懟於王，王以與衞。」

【五】集解服虔曰：「富辰，周大夫。」

【六】集解唐固曰：「譚伯，周大夫原伯、毛伯也。」索隱按：國語亦云「殺譚伯」，而左傳太叔之難，獲周公忌父、原伯、毛伯，唐固據傳文讀「譚」爲「原」，然春秋有譚，何妨此時亦仕王朝，預獲被殺？國語既云「殺譚伯」，故太史公依之，不從左傳說也。

初，惠后欲立王子帶，故以黨開翟人，翟人遂入周。襄王出犇鄭，【一】鄭居王于氾。【二】子帶立爲王，取襄王所絀翟后與居温。【三】十七年，襄王告急于晉，晉文公納王而誅叔帶。襄王乃賜晉文公珪鬯弓矢〔三八〕，爲伯，以河內地與晉。【四】二十年，晉文公召襄王，襄王會之河陽、踐土，【五】諸侯畢朝，書諱曰「天王狩于河陽」。【六】

【一】正義公羊傳云：「王者無外，此其言出，何？不能事母也。」

【二】集解杜預曰：「鄭南氾，在襄城縣南。」正義氾音凡。括地志云：「故氾城在許州襄城縣一里〔三九〕。左傳云『天王出居於鄭，處於氾』是。」

【三】正義括地志云：「故温城在懷州温縣西三十里，漢、晉爲縣，本周司寇蘇忿生之邑。左傳云周與鄭人蘇忿生十二邑，温其一也。地理志云温縣，故國，己姓，蘇忿生所封也。」

【四】正義賈逵云：「晉有功，賞之以地，楊樊、温、原、攢茅之田也。」

【五】集解賈逵曰：「河陽，晉之温也。踐土，鄭地名，在河内。」正義括地志云：「故王宮在鄭州滎澤縣西北十五里王宮城中。左傳云晉文公敗楚于城濮，至于衡雍，作王宮于踐土也。」按王城，則所作在踐土，城内東北隅有踐土臺，東去衡雍三十餘里也。

【六】集解左傳曰：「仲尼曰『以臣召君，不可以訓』，故書曰『狩』。」

二十四年，晉文公卒。

三十一年，秦穆公卒。

三十二年，襄王崩，子頃王壬臣立。頃王六年，崩，子匡王班立。匡王六年，崩，弟瑜立，是爲定王。

定王元年，楚莊王伐陸渾之戎，【一】次洛，使人問九鼎。王使王孫滿應設以辭，【二】楚兵乃去。十年，楚莊王圍鄭，鄭伯降，已而復之。十六年，楚莊王卒。

【一】集解地理志陸渾縣屬弘農郡。正義渾音魂。杜預云：「允姓之戎，居陸渾，在秦、晉西北，二國誘而徙之伊川，遂從戎號。」今洛州陸渾縣，取其號也。後漢書云「陸渾戎自瓜州遷於伊川」。左傳云：「初，平王之東遷也，辛有適伊川，見被髮而祭於野者，曰『不及百年，此其戎乎？其禮先亡矣』。」按：至僖公二十二年秋，秦、晉遷陸渾之戎於伊川，計至辛有言，適百年也。括地志云：「故麻城謂之鑾中，在汝州梁縣界。左傳『單浮餘圍鑾氏』，杜預云『城在河南新城東南』，伊洛之戎陸渾蠻氏城也。俗以爲『麻』『鑾』聲相近故耳。」按：新城，今伊闕縣是也。

【三】集解賈逵曰：「王孫滿，周大夫也。」

二十一年，定王崩，子簡王夷立。簡王十三年，晉殺其君厲公，迎子周於周，立爲悼公。

十四年，簡王崩，子靈王泄心立。靈王二十四年，齊崔杼弒其君莊公。

二十七年，靈王崩，【一】子景王貴立。【二】景王十八年，后、太子聖而蚤卒〔四〇〕。二十年，景王愛子朝，【三】欲立之，【四】會崩，【五】子丐之黨與爭立，國人立長子猛爲王，子朝攻殺猛。猛爲悼王。晉人攻子朝而立丐，是爲敬王。【六】

【一】集解皇覽曰：「靈王冢在河南城西南柏亭西周山上。蓋以靈王生而有髭，而神，故謚靈王。其冢，民祀之不絕。」

【二】索隱名貴。按國語景王二十一年鑄大錢及無射，單穆公及泠州鳩各設辭以諫。今此不言，亦其疏略耳。

【三】集解賈逵曰：「景王之長庶子。」

【四】正義左傳云：「子朝用成周之寶珪沈於河，津人得諸河上。」杜預云：「禱河求福也，珪自出水也。」按：河神不敢受故。

【五】集解皇覽曰：「景王冢在洛陽太倉中。秦封呂不韋洛陽十萬户，故大其城，并圍景王冢也。」

【六】集解賈逵曰：「敬王，猛母弟。」

敬王元年，晉人入敬王，子朝自立，敬王不得入，居澤。【一】四年，晉率諸侯入敬王于周，子朝爲臣。【二】十年，諸侯城周。十六年，子朝之徒復作亂，敬王犇于晉。十七年，晉定公遂入敬王于周。

【一】集解賈逵曰：「澤邑，周地也。」

【二】集解春秋曰：「子朝犇楚。」皇覽曰：「子朝冢在南陽西鄂縣。今西鄂晁氏自謂子朝後也。」

三十九年，齊田常殺其君簡公。

四十一年，楚滅陳。孔子卒。

四十二年，敬王崩，【一】子元王仁立。【二】元王八年，崩，子定王介立。【三】

【一】集解徐廣曰：「皇甫謐曰敬王四十四年，元己卯，崩壬戌也。」

【二】集解徐廣曰：「世本云貞王介也。」

【三】集解徐廣曰：「世本云元王赤也。」皇甫謐曰：「元王十一年癸未，三晉滅智伯，二十八年崩，三子爭立，立應爲貞定王。」索隱系本云元王赤，皇甫謐云貞定王。考據二文，則是元有兩名，一名仁，一名赤。如史記，則元王爲定王父，定王即貞王也；依系本，則元王是貞王子。必有一乖誤。然此「定」當爲「貞」，字誤耳。豈周家有兩定王，代數又非遠乎？皇甫謐見此，疑而不決，遂彌縫史記、系本之錯謬，因謂爲貞定王，未爲得也。

定王十六年，三晉滅智伯，分有其地。

二十八年，定王崩，【一】長子去疾立，是爲哀王。哀王立三月，弟叔襲殺哀王而自立，是爲思王。思王立五月，少弟嵬攻殺思王而自立，是爲考王。此三王皆定王之子。

【一】集解徐廣曰：「皇甫謐曰貞定王十年，元癸亥，崩壬申。」

考王十五年，崩，【一】子威烈王午立。

【一】集解徐廣曰：「皇甫謐曰考哲王元辛丑，崩乙卯。」

考王封其弟于河南，【一】是爲桓公，以續周公之官職。桓公卒，子威公代立。威公卒，子惠公代立，乃封其少子於鞏【二】以奉王，號東周惠公。【三】

【一】正義帝王世紀云：「考哲王封弟揭於河南，續周公之官，是爲西周桓公。」按：自敬王遷都成周，號東周也。桓公都王城，號西周桓公。

【二】集解徐廣曰：「惠公之子也。」正義鞏音拱。郭緣生述征記鞏縣，周地，鞏伯邑。史記周顯王二年，西周惠公封少子班於鞏，以奉王室，爲東周惠公也。子武公，爲秦所滅。

【三】索隱考王封其弟于河南，爲桓公。卒，子威公立。卒，子惠公立。長子曰西周公。又封少子於鞏，仍襲父號曰東周惠公。於是有東西二周也。按：系本「西周桓公名揭，居河南；東周惠公名班，居洛陽」是也。

威烈王二十三年，九鼎震。命韓、魏、趙爲諸侯。

二十四年，崩，【一】子安王驕立。是歲盜殺楚聲王。

【一】集解徐廣曰：「皇甫謐曰元丙辰，崩己卯。」駰案：宋衷曰「威烈王葬洛陽城中東北隅」也。

安王立二十六年，崩，【一】子烈王喜立。烈王二年，周太史儋【二】見秦獻公曰：【三】「始周與秦國合而別，別五百載復合，【四】合十七歲而霸王者出焉。」【五】

【一】集解皇甫謐曰：「安王元庚辰，崩乙巳。」

【二】索隱老子列傳曰「儋即老子」耳，又曰「非也」，驗其年代是別人。正義幽王時有伯陽甫。唐固曰：「伯陽甫，老子也。」按：幽王元年至孔子卒三百餘年，孔子卒後一百二十九年，儋見秦獻公。然老子當孔子時，唐固說非也。

【三】正義秦本紀云獻公十一年見，見後十五年，周顯王致文武胙於秦孝公，是復合時也。

【四】集解應劭曰：「周孝王封伯翳之後爲侯伯，與周別五百載。至昭王時，西周君臣自歸受罪，獻其邑三十六城，合也。」韋昭曰：「周封秦爲始別，謂秦仲也。五百歲，謂從秦仲至孝公彊大，顯王致伯，與之親合也。」索隱按：周封非子爲附庸，邑之秦，號曰秦嬴，是始合也。及秦襄公始列爲諸侯，是別之也。自秦列爲諸侯，至昭王五十二年，西周君臣獻邑三十六城以入於秦，凡五百一十六年，是合也。云「五百」，舉其大數。

【五】集解徐廣曰：「從此後十七年而秦昭王立。」駰案：韋昭曰「武王、昭王皆伯，至始皇而王天下」。索隱霸王，謂始皇也。自周以邑入秦，至始皇初立，政由太后、嫪毐，至九年誅毐，正十七年。正義周始與秦國合者，謂周、秦俱黃帝之後，至非子未別封，是合也。而別者，謂非子末年，周封非子爲附庸，邑之秦，後二十九君，至秦孝公二年五百載，周顯王致文武胙於秦孝公，復與之親，是復合也。合十七歲而霸王者出，謂從秦孝公三年至十九年周顯王致胙於秦孝公，是霸也。孝公子惠王稱王，是王者出也。然五百載者，非子生秦侯已下二十八君，至孝公二年，都合四百八十六年，兼非子邑秦之後十四年，則成五百。

十年〔四二〕，烈王崩，弟扁立，【一】是爲顯王。顯王五年，賀秦獻公，獻公稱伯。九年，致文武胙於秦孝公。【二】二十五年，秦會諸侯於周。二十六年，周致伯於秦孝公。三十三年，賀秦惠王。三十五年，致文武胙於秦惠王。四十四年，秦惠王稱王。【三】其後諸侯皆

爲王。【四】

【一】正義扁，邊典反。

【二】集解胙，膰肉也。左傳曰：「王使宰孔賜齊侯胙，曰天子有事于文武。」

【三】正義秦本紀云惠王十三年，與韓、魏、趙並稱王。

【四】索隱謂韓、魏、齊、趙也。

四十八年，顯王崩，子慎靚王定立。慎靚王立六年，崩，子赧王延立。【一】王赧時東西周分治。【二】王赧徙都西周。【三】

【一】索隱皇甫謐云名誕。赧非謚，謚法無赧。正以微弱，竊鈇逃債，赧然慙愧，故號曰「赧」耳。又按：尚書中候以「赧」爲「然」，鄭玄云「然讀曰赧」。王劭按：古音人扇反，今音奴板反。爾雅曰面慙曰赧。

【二】索隱西周，河南也。東周，鞏也。王赧微弱，西周與東分主政理，各居一都，故曰東西周。按：高誘曰西周王城，今河南。東周成周，故洛陽之地。

【三】正義敬王從王城東徙成周，十世至王赧，從成周西徙王城，西周武公居焉。

西周武公【一】之共太子死，有五庶子，毋適立。司馬翦【二】謂楚王曰：「不如以地資公子咎，爲請太子。」左成曰：〔三〕「不可。周不聽，是公之知困而交疏於周也。〔四〕不如請周君孰欲立，以微告翦，翦請令楚資之以地〔四二〕。」果立公子咎爲太子。〔五〕

〔一〕集解徐廣曰：「惠公之長子。」　索隱按：戰國策作「東周武公」。

〔二〕正義翦，音子踐反，楚臣也。

〔三〕正義楚臣也。

〔四〕正義言以地資公子咎請爲太子，周若不許，是楚於周交益疏。

〔五〕正義楚命翦適周，諷周君欲立誰，以微言告於翦，翦令楚資之以地，周果立咎爲太子也。此以上至「西周武公」，是楚令周立公子咎爲太子也。

八年，秦攻宜陽，〔一〕楚救之。而楚以周爲秦故，將伐之。〔二〕蘇代爲周說楚王曰：「何以周爲秦之禍也？〔三〕言周之爲秦甚於楚者，欲令周入秦也，故謂『周秦』也。〔四〕周知其不可解，必入於秦，此爲秦取周之精者也。〔五〕爲王計者，周於秦因善之，不於秦亦言善之，以疏之於秦。〔六〕周絕於秦，必入於郢矣。」〔七〕

〔一〕正義括地志云：「故韓城一名宜陽城，在洛州福昌縣東十四里，即韓宜陽縣城也。」

〔二〕索隱宜陽，韓地，秦攻而楚救之，周爲韓出兵，而楚疑周爲秦，因加兵伐周。

〔三〕索隱蘇代爲周說楚王，王何以道周爲秦，周實不爲秦也。今王責周道爲秦，周懼楚，必入秦，是爲禍也。

【四】索隱周、秦相近，秦欲并周，而外睦於周，故當時諸侯咸謂「周秦」。

【五】正義解音紀買反。代言周若知楚疑親秦，其計定不可解免，周必親於秦也。是爲秦取周精妙之計。

【六】正義代言爲王計者，周親秦，因而善之；周不親，亦言善之。楚若善周，周必疏於秦也。

【七】正義郢，楚都也。楚既親周，秦必絶周親楚矣。以上至「八年」，蘇代説楚合周。

秦借道兩周之閒，【一】將以伐韓。周恐借之，畏於韓；不借，畏於秦。史厭【二】謂周君曰：【三】「何不令人謂韓【四】公叔曰『秦之敢絶周而伐韓者，信東周也。公何不與周地，發質使之楚』？【五】秦必疑楚不信周，是韓不伐也。又謂秦曰『韓彊與周地，將以疑周於秦也，周不敢不受』。秦必無辭而令周不受，【六】是受地於韓而聽於秦。」【七】

【一】正義上「借」音精夕反，下音子夜反。

【二】正義烏滅反，又於點反。

【三】索隱周君，西周武公也。時王赧微弱，不主盟會，寄居西周耳。

【四】集解徐廣曰：「一作『何』。應劭氏姓注以何姓爲韓後〔四三〕。」

【五】正義質音竹利反。使音所吏反。質使，令公子及重臣等往楚爲質，使秦疑楚，又得不信周也。

質平敵不相負也。

【六】正義 又謂秦曰：「韓强與周地，令秦疑周親韓，則周不敢不受，秦必無巧辭而令周不敢受韓地也〔四四〕。」

【七】索隱 此史厭説韓，令與周地，使質於楚，令秦疑楚不信周，得不假道伐韓，而猶聽命於秦。

秦召西周君，西周君惡往，故令人謂韓王【一】曰：「秦召西周君，將以使攻王之南陽也，王何不出兵於南陽？周君將以爲辭於秦。【二】周君不入秦，秦必不敢踰河而攻南陽矣。」【三】

【一】索隱 按：戰國策云或人爲周君謂魏王云者也。

【二】索隱 高誘注戰國策曰：「以魏兵在河南爲辭，周君不往朝秦也。」

【三】正義 南陽，今懷州也。杜預云「在晉山南河北」。以上至「秦召西周君」，是西周君説韓令出兵河南謀秦也。

東周與西周戰，韓救西周。或爲東周説韓王曰：【一】「西周故天子之國，多名器重寶。王案兵毋出，可以德東周，【二】而西周之寶必可以盡矣。」【三】

【一】正義 爲音于僞反。乃或人爲東周説韓王，令按兵無出，則周德韓矣。

【二】正義 韓按兵不出伐東周，而東周甚媿韓之恩德也。

【三】正義韓出兵助西周，雖不攻東周，西周媿其佐助，寶器必盡歸於韓。以上至「東周與西周戰」，是或人説韓令無救西周也。

王赧謂成君。楚圍雍氏，【一】韓徵甲與粟於東周，(四五)東周君恐，召蘇代而告之。代曰：「君何患於是。臣能使韓毋徵甲與粟於周，又能爲君得高都。」【二】周君曰：「子苟能，請以國聽子。」代見韓相國曰：【三】「楚圍雍氏，期三月也，今五月不能拔，是楚病也。【四】今相國乃徵甲與粟於周，是告楚病也。」韓相國曰：「善。使者已行矣。」【五】代曰：「何不與周高都？」韓相國大怒曰：「吾毋徵甲與粟於周亦已多矣，【六】何故與周高都也？」代曰：「與周高都，是周折而入於韓也，秦聞之必大怒忿周，即不通周使，是以弊高都得完周也。曷爲不與？」相國曰：「善。」果與周高都。【七】

【一】集解徐廣曰：「陽翟雍氏城也。」戰國策曰『韓兵入西周，西周令成君辯説秦求救』，當是説此事而脱誤也。」索隱如徐此説，自合當改而注結之，不合與「楚圍雍氏」連注。正義雍音於恭反。括地志云：「故雍城在洛州陽翟縣東北二十五里(四六)，故老云黄帝臣雍父作杵臼所封也。」按：其地時屬韓也。

【二】集解徐廣曰：「今河南新城縣高都城也。」索隱高誘云：「高都，韓邑，今屬上黨也。」正義括地志云：「高都故城一名郜都城，在洛州伊闕縣北三十五里。」

【三】集解漢書百官表曰：「相國，秦官。」駰謂韓亦有相國，然則諸國共放秦也。索隱相國，公仲侈也。

【四】正義謂楚兵弊弱也。

【五】索隱已，止也。

【六】正義言幸甚也。

【七】正義以上至「楚圍雍氏」，是蘇代爲東周説韓，令不徵甲而得高都。

三十四年，蘇厲謂周君曰：「秦破韓、魏，扑師武，【一】北取趙藺、離石者，【二】皆白起也。是善用兵，又有天命。今又將兵出塞攻梁，【三】梁破則周危矣。君何不令人説白起乎？曰『楚有養由基者，善射者也。去柳葉百步而射之，百發而百中之。左右觀者數千人，皆曰善射。有一夫立其旁，曰「善，可教射矣」。養由基怒，釋弓搤劍，曰「客安能教我射乎」？客曰「非吾能教子支左詘右也。【四】夫去柳葉百步而射之，百發而百中之，不以善息，【五】少焉氣衰力倦，弓撥矢鉤，一發不中者，百發盡息」。【六】今破韓、魏，扑師武，北取趙藺、離石者，公之功多矣。今又將兵出塞，過兩周，倍韓，攻梁，一舉不得，前功盡弃。公不如稱病而無出』。」【七】

【一】集解徐廣曰：「扑，一作『仆』。」戰國策曰秦敗魏將犀武於伊闕。」

【二】集解地理志曰西河郡有藺、離石二縣。正義藺音力刃反。括地志云：「離石縣，今石州所理縣也。」藺近離石，皆趙二邑〔四七〕。

【三】正義謂伊闕塞也，在洛州南十九里伊闕山。今名鍾山。酈元注水經云：「兩山相對，望之若闕，伊水歷其閒，故謂之伊闕。」按：今謂之龍門，禹鑿以通水也。

【四】索隱按：列女傳云「左手如拒，右手如附枝，右手發之，左手不知，此射之道也」。又越絶書曰「左手如附泰山，右手如抱嬰兒」。

【五】索隱言不以其善而且停息。息，止也。

【六】索隱息猶弃。言并弃前善。

【七】正義以上至「三十四年」，是蘇厲爲周説白起無伐梁也。

四十二年，秦破華陽約。【一】馬犯謂周君曰：「請令梁城周。」【二】乃謂梁王曰：「周王病若死，則犯必死矣。【三】犯請以九鼎自入於王，王受九鼎而圖犯。」【四】梁王曰：「善。」遂與之卒，言戍周。【五】因謂秦王曰：「梁非戍周也，將伐周也。王試出兵境以觀之。」【六】秦果出兵。又謂梁王曰：【七】「周王病甚矣，犯請後可而復之。【八】今王使卒之周，諸侯皆生心，後舉事且不信。不若令卒爲周城，以匿事端。」【九】梁王曰：「善。」遂使城周。【一〇】

【一】集解徐廣曰：「一作『厄』。」正義司馬彪云：「華陽，亭名，在密縣。」秦昭王三十三年，秦背魏約，使客卿胡傷擊魏將芒卯華陽，破之。」六國年表云：「白起擊魏華陽，芒卯走。」括地志云：「故華陽城在鄭州管城縣南四十里是。」按：馬犯見秦破魏華陽約，懼周危，故謂「請梁城周」也。

【二】索隱 華陽，地名。司馬彪曰：「華陽，亭名，在密縣。」秦昭王三十三年，秦背魏約，使客卿胡傷擊魏將芒卯華陽，破之。」是馬犯見秦破魏約，懼周危，故謂周君請梁城周，而設詭計也。

【三】正義 馬犯，周臣也。乃說梁王曰，秦破魏華陽之軍，去周甚近，周王憂懼國破，猶身之重病，若死，則犯必死也。

【四】索隱 圖，謀也。犯謂梁王，我方入鼎於王，王當謀救援己也。

【五】正義 戍，守也。周雖未入九鼎於梁，而梁信馬犯矯言，遂與之卒，令守周。

【六】正義 梁兵非戍周也，將漸伐周而取九鼎寶器，王若不信，試出師於境，以觀梁王之變也。

【七】正義 馬犯說秦，得秦出兵於境，又重歸說梁王也。

【八】索隱 按：戰國策「甚」作「瘉」。犯請後可而復之者，言王病愈，所圖不遂，請得在後有可之時以鼎入梁也。正義 復音扶富反。復，重也。秦既破華陽軍，今又出兵境上，是周國病秦久矣。犯前請卒戍周，諸侯皆心疑梁取周，後可更重請益卒守周乎？

【九】索隱 梁實圖周九鼎，且外遣卒戍周和合。秦舉兵欲侵周，梁不救周，是本無善周之事，止是欲周危而取九鼎，故諸侯皆心不信梁矣。故不如匿事端，使卒爲周城。正義 既諸侯生心，不如令卒使爲築城，以隱匿疑伐周之事端，絶諸侯不信之心。梁王遂使城周，解諸侯之疑也。

【一〇】正義 以上至「四十二年」，是馬犯説梁王爲周築城也。

四十五年，周君之秦客謂周冣曰〔四八〕：【一】「公不若譽秦王之孝，因以應爲太后養地，【二】秦王必喜，是公有秦交。交善，周君必以爲公功。交惡，勸周君入秦者必有罪矣。」【三】秦攻周，而周冣謂秦王曰：「爲王計者不攻周。攻周，實不足以利，聲畏天下。天下以聲畏秦，必東合於齊。兵獘於周，合天下於齊，則秦不王矣。天下欲獘秦，勸王攻周。秦與天下獘，則令不行矣。」【四】

【一】索隱 冣，音詞喻反。周之公子也。

【二】集解 徐廣曰：「地理志云應，今潁川父城縣應鄉是也〔四九〕。」索隱 戰國策作「原」。原，周地。太后，秦昭王母宣太后芈氏也。正義 括地志云：「故應城，殷時應國，在父城〔五〇〕。」按：應城此時屬周。太后，秦昭王母宣太后芈氏。

【三】正義 客謂周冣曰，周君與秦交善，是冣之功也。與秦交惡，勸周君入秦者周冣，今必得勸周君之罪也。以上至「四十五年」，是周客説周冣，令周君以應入秦，得交善而歸也。

【四】正義 令音力政反。秦欲攻周，周冣説秦曰，周天子之國，雖有重器名寶，土地狹少，不足利秦國。王若攻之，乃有攻天子之聲，而令天下以攻天子之聲畏秦，使諸侯歸於齊，秦兵空獘於周，則秦不王矣。是天下欲獘秦，故勸王攻周，令秦受天下獘，而令教命不行於諸侯矣。以上至「秦攻周」，是周冣說秦也。

五十八年，三晉距秦。周令其相國之秦，以秦之輕也，還其行。【一】客謂相國曰：「秦之輕重未可知也。【二】秦欲知三國之情。公不如急見秦王曰『請爲王聽東方之變』，秦王必重公。重公，是秦重周，周以取秦也；齊重，則固有周聚【三】以收齊：是周常不失重國之交也。」【四】秦信周，發兵攻三晉。【五】

【一】正義以秦輕易周相，故相國於是反歸周也。

【二】正義言秦之輕相國重相國，亦未可知。

【三】集解徐廣曰：「一作『冣』，冣亦古之『聚』字。」

【四】正義按：周聚事齊而和於齊周，故得齊重。今相國又得秦重，是相國收秦，周聚收齊，周常不失大國之交也。

【五】正義三晉，韓、魏、趙也。以上至「五十八年」，是客說周相國，令報三國之情，得秦重也。

五十九年，秦取韓陽城負黍，【一】西周恐，倍秦，與諸侯約從，【二】將天下銳師出伊闕攻秦，【三】令秦無得通陽城。秦昭王怒，使將軍摎【四】攻西周。西周君犇秦，【五】頓首受罪，盡獻其邑三十六，口三萬。【六】秦受其獻，歸其君於周。

【一】集解徐廣曰：「陽城有負黍聚。」正義括地志云：「陽城，洛州縣也。負黍亭在陽城縣西南三十五里。故周邑。左傳云鄭伐周負黍是也。」今屬韓國也。

【二】集解文穎曰：「關東爲從，關西爲横。」孟康曰：「南北爲從，東西爲横。」瓚曰：「以利合曰從，以威勢相脅曰横。」正義按：諸説未允。關東地南北長，長爲從，六國共居之。關西地東西廣，廣爲横，秦獨居之。

【三】正義西周以秦取韓陽城負黍，恐懼，倍秦之約，共諸侯連從，領天下鋭師，從洛州南出伊闕攻秦軍，令不得通陽城。

【四】集解漢書百官表曰：「前、後、左、右將軍，皆周末官也。」正義摎音紀虯反。

【五】正義謂西周武公。

【六】索隱秦昭王之五十一年〔五一〕。

周君、王赧卒，【一】周民遂東亡。秦取九鼎寶器，而遷西周公於𢝫狐。【二】後七歲，秦莊襄王滅東周〔五二〕。【三】東西周皆入于秦，周既不祀。【四】

【一】集解宋衷曰：「謚曰西周武公。」索隱非也〔五三〕。徐以西周武公是惠公之長子，此周君即西周武公也。蓋此時武公與王赧皆卒，故連言也。正義劉伯莊云：「赧是慙耻之甚，輕微危弱，寄住東西，足爲慙赧，故號之曰赧。」帝王世紀云：「名誕。雖居天子之位號，爲諸侯之所役逼，與家人無異。名負責於民，無以得歸，乃上臺避之，故周人名其臺曰逃責臺。」

【二】集解 徐廣曰：「墨音憚。墨狐聚與陽人聚相近，在洛陽南百五十里梁、新城之閒。」索隱 西周，蓋武公之太子文公也。武公卒而立，爲秦所遷。而東周亦不知其名號。戰國策雖有周文君，亦不知滅時定當何主。蓋周室衰微，略無紀録，故太史公雖考衆書以卒其事，然二國代系甚不分明。正義 括地志云：「汝州外古梁城即墨狐聚也。陽人故城即陽人聚也，在汝州梁縣西四十里，秦遷東周君地。梁亦古梁城也，在汝州梁縣西南十五里。新城，今洛州伊闕縣也。」按：墨狐、陽人傍在三城之閒。

【三】集解 徐廣曰：「周比亡之時，凡七縣，河南、洛陽、穀城、平陰、偃師、鞏、緱氏。」正義 括地志云：「故穀城在洛州河南縣西北十八里苑中。河陰縣城本漢平陰縣，在洛州洛陽縣東北五十里。十三州志云在平津大河之南也。魏文帝改曰河陰。」

【四】集解 皇甫謐曰：「周凡三十七王，八百六十七年。」索隱 既，盡也。日食盡曰既。言周祚盡滅，無主祭祀。正義 按：王赧卒後，天下無主三十五年，七雄並爭。至秦始皇立，天下一統，十五年，海内咸歸於漢矣。

太史公曰：學者皆稱周伐紂，居洛邑，綜其實不然。武王營之，成王使召公卜居，居九鼎焉，而周復都豐、鎬。至犬戎敗幽王，周乃東徙于洛邑。所謂「周公葬於畢〔五四〕」，畢在鎬東南杜中。【一】秦滅周。漢興九十有餘載，天子將封泰山，東巡狩至河南，求周苗裔，封其後嘉三十里地，號曰周子南君，【二】比列侯，以奉其先祭祀。【三】

【一】集解徐廣曰：「一作『社』。」

【二】集解瓚曰：「汲冢古文謂衞將軍文子爲子南彌牟，其後有子南勁，朝于魏，後惠成王如衞，命子南爲侯。秦并六國，衞最爲後，疑嘉是衞後，故氏子南而稱君也。」正義括地志云：「周承休城一名梁雀塢，在汝州梁縣東北二十六里。帝王世紀云『漢武帝元鼎四年，東巡河洛，思周德，乃封姬嘉三千户，地方三十里，爲周子南君，以奉周祀。元帝初元五年，嘉孫延年進爵爲承休侯』，在此城也。平帝元始四年，進爲鄭公。光武建武十三年，封於觀，爲衞公。」顔師古云：「子南，其封邑之號，爲周後，故總言周子南君。」按：自嘉以下皆姓姬氏，著在史傳。瓚言子南爲氏，恐非。

【三】集解徐廣曰：「自周亡乙巳至元鼎四年戊辰，一百四十四年，漢之九十四年也。漢武元鼎四年封周後也。」

【索隱述贊】后稷居邰，太王作周。丹開雀録，火降烏流。三分既有，八百不謀。蒼兕誓衆，白魚入舟。太師抱樂，箕子拘囚。成康之日，政簡刑措。南巡不還，西服莫附。共和之後，王室多故。檿弧興謡，龍漦作釁。𩯭帶挂禍〔五五〕，實傾周祚。

校勘記

〔一〕水出杜陽岐山　「出」，原作「在」，據高山本改。按：水經注卷一八渭水引徐廣注亦作「出」。說文水部：「漆水，出右扶風杜陵岐山，東入渭。」

〔二〕有邰氏　原作「有吕氏」，據凌本、殿本改。高山本、紹興本、耿本、黄本、彭本、柯本作「有台氏」，「台」同「邰」。按：說文邑部：「邰，炎帝之後姜姓所封，周棄外家國。」

〔三〕遂還俱讓而去　景祐本無「還」字，後漢書卷五六王暢傳李賢注引史記同。

〔四〕融吾生并明并明生白犬　二「并明」，本書卷一一〇匈奴列傳「周西伯昌伐畎夷氏」索隱引山海經作「弄明」。按：漢書卷九四上匈奴傳上顔師古注引山海經亦作「弄明」，與山海經大荒北經合。

〔五〕有二　疑文有脱誤。按：本書卷一一〇匈奴列傳「周西伯昌伐畎夷氏」索隱引山海經作「有二牡」，漢書卷九四上匈奴傳上顔師古注引作「有二牝牡」，山海經大荒北經作「有牝牡」。

〔六〕今長沙武陵之郡太半是也　「武陵」，原作「武林」，據黄本、彭本、柯本、凌本、殿本改。按：後漢書卷八六南蠻傳：「（犬戎）今長沙武陵蠻是也。」又曰：「秦昭王使白起伐楚，略取蠻夷，始置黔中郡。漢興，改爲武陵。」

〔七〕即古密國　「密國」，疑當作「密須國」。按：本書卷五秦本紀「遷陰密」正義引括地志作「密須國」。左傳昭公十五年「密須之鼓」杜預注：「密須，姞姓國也，在安定陰密縣。」

〔八〕武之穆也　「武」下原有「王」字，據殿本刪。按：本書卷五秦本紀、卷七項羽本紀正義引括地志並無「王」字。左傳僖公十四年：「邘、晉、應、韓，武之穆也。」

〔九〕萬年縣西南二十八里原上　「原」上疑脱「畢」字。按：下文云「九年，武王上祭于畢」集解：「馬融曰：『畢，文王墓地名也。』」本書卷三三魯周公世家「葬周公於畢，從文王」正義引括地志：「周公墓在雍州咸陽北十三里畢原上。」本書卷四四魏世家「而高封於畢」正義引括地志：「畢原在雍州萬年縣西南二十八里。」

〔一〇〕後十年而崩　「十年」，高山本、殿本作「七年」，與尚書泰誓上「惟十有一年，武王伐殷」孔穎達疏引史記合。按：尚書西伯戡黎「作西伯戡黎」孔穎達疏：「伏生書傳云：『文王受命，一年斷虞、芮之質，二年伐邘，三年伐密須，四年伐犬夷，五年伐耆，六年伐崇，七年而崩。』」

〔一一〕又毛詩疏云　「疏」字原無，據詩大雅文王「文王受命作周也」孔穎達疏補。

〔一二〕蒙衣其殊玉　「殊玉」，高山本、景祐本、紹興本、耿本、黄本、彭本、柯本、凌本、殿本作「珠玉」。

〔一三〕膺受大命　「受」，原作「更」，耿本、黄本、彭本、柯本、凌本、殿本「膺更」下皆注曰：「監本作『受』。」今據改。張文虎札記卷一：「案：此文亦本克殷解。文選王元長曲水詩注序引周書云『膺受大命，革殷，受天明命』，與史同。今本逸周書失此十字，而其注猶存。『更』古作『叜』，每與『受』相混。」

〔一四〕旒旗名　疑當作「旌旗名」。按：文選卷三東京賦「雲罕九斿」薛綜注：「雲罕，旌旗之別名也。九斿，亦旗名也。」後漢書志第二十九輿服志上「前驅有九斿雲罕」劉昭注：「東京賦曰：『雲罕九斿。』薛綜曰：『旌旗名。』」高山本、紹興本作「旍旗名」，「旍」同「旌」。

〔一五〕爾雅曰水出其前而左曰營丘　高山本作「水出其前出其左曰營丘」，疑文有脱誤。按：爾雅釋丘：「水出其前，渻丘。水出其後，沮丘。水出其右，正丘。水出其左，營丘。」後漢書卷二八下馮衍傳下李賢注引爾雅曰「水出其左曰營丘」。

〔一六〕於山海經云　張文虎札記卷一：「『於』字衍。」

〔一七〕此地窮桑之際　本書卷一五帝本紀「黄帝居軒轅之丘」正義皇甫謐引山海經作「在窮山之際」，與山海經海外西經合。

〔一八〕國都城記　此上原有「宗」字，據黄本、彭本、柯本、凌本删。按：隋書卷三三經籍志二録國都城記二卷，不著撰人。本書卷四七孔子世家「狩大野」正義引括地志稱「國都城記」。

〔一九〕社中　疑當作「杜中」。按：周本紀贊語：「所謂『周公葬於畢』，畢在鎬東南杜中。」本書卷五秦本紀「武王死」集解引皇覽：「周文王冢在杜中。」

〔二〇〕伐誅武庚管叔放蔡叔　王念孫雜志史記第一：「史公原本作『伐誅武庚，殺管叔，放蔡叔』，今本無『殺』字者，後人以殺與誅意義相複而删之也。不知誅武庚、殺管叔、放蔡叔相對爲文，古人之文，不嫌於複也。藝文類聚帝王部、太平御覽皇王部引此竝作『誅武庚，殺管叔，放蔡叔』。又魯世家曰『遂誅管叔，殺武庚，放蔡叔』，管蔡世家、宋世家竝曰『誅武庚，殺管叔，放蔡叔』，皆其明證矣。」按：王說是。高山本作「煞管叔」。

〔二一〕殘奄　景祐本作「踐奄」。按：尚書蔡仲之命序：「成王東伐淮夷，遂踐奄。」又曰：「成王既踐奄。」

〔二二〕泗州徐城縣北三十里古徐國　「泗州」，原作「泗水」。本書卷五秦本紀、卷四三趙世家、卷九一黥布列傳正義引括地志皆作「泗州」，元和志卷九河南道五泗州屬縣有徐城縣，今據改。

〔二三〕昔我先王世后稷　册府卷三二五引無「王」字。

〔二四〕無簡不疑　「疑」，尚書呂刑作「聽」，孔安國傳：「無簡核誠信，不聽理具獄，皆當嚴敬天威，無輕用刑。」

〔二五〕鍰黄鐵也　「鍰」上高山本有「百」字。

〔二六〕陳倉縣東四十里　「四」，原作「西」。本書卷五秦本紀「滅小虢」正義引括地志作「四」，今據改。

〔二七〕子幽王宫湦立　「宫湦」，黄本、彭本、柯本、凌本、殿本作「宫涅」，漢書卷二〇古今人表同。

〔二八〕莫敢發之　王念孫雜志史記第一：「『莫敢發之』，本作『莫之敢發』，淺學人改之耳。鄭語作『莫之發也』。文選幽通賦注、運命論注引史記竝作『莫之敢發』。列女傳孽嬖傳同。」

〔二九〕漦龍所吐沫龍之精氣也　「沫」下原重「沫」字，據高山本删。按：國語鄭語韋昭注不重「沫」

字，詩小雅白華孔穎達疏、爾雅釋言「猱，蝨也」邢昺疏引韋昭同。

〔二〇〕晉咸和五年　「咸和」，疑當作「咸寧」。按：晉書卷三武帝紀：「（咸寧五年冬十月）汲郡人不準掘魏襄王冢，得竹簡小篆古書十餘萬言，藏于祕府。」

〔二一〕辟戎寇　疑文有脱誤。按：高山本此下有「當此之時秦襄公以兵送平王平王封襄公以爲諸侯賜之以西地從武王盡幽王凡十二世」三十六字。

〔二二〕鼇音傐　此下原有正義「謚作毋涼也」五字。梁玉繩志疑卷三：「惠王閬「世本、人表並名毋涼，國語韋注亦然，疑名字之別」。今據以移此條正義在下文「子惠王閬立」之下。

〔二三〕諸侯之臣於天子曰陪臣　「曰」上原有「故」字，據高山本删。

〔二四〕緱氏縣東二十五里　「東」上原有「南」字。本書卷五秦本紀「兵至滑」正義引括地志無，今據删。

〔二五〕爲王宮于蚌　「蚌」，黄本、彭本、柯本、殿本作「玤」。按：左傳莊公二十一年「虢公爲王宮於玤」杜預注：「玤，虢地。」

〔二六〕后鞶帶而以鏡爲飾也　左傳莊公二十一年杜預注「后」下有「王后也」三字。

〔二七〕蚌地　「蚌」，黄本、彭本、柯本、殿本作「玤」。「地」上疑脱「虢」字。參見本卷校記〔三五〕。

〔二八〕珪瑁　張文虎札記卷一：「御覽引作『秬鬯』。」

〔二九〕故汜城在許州襄城縣一里　「縣」下疑脱「南」字。按：元和志卷六河南道二汝州襄城縣「春秋襄王避叔帶之難，出居鄭地氾，在今縣南一里古氾城是」。

〔四〇〕后太子聖而蚤卒　梁玉繩志疑卷三：「昭十五年左傳云『六月乙丑，王大子壽卒。秋八月戊寅，王穆后崩。』王子朝告諸侯曰：穆后及大子壽早夭即世。則『聖而』二字乃一『壽』字之誤。」

〔四一〕十年　疑當作「七年」。按：本書卷八三魯仲連鄒陽列傳「周烈王崩」正義：「周本紀及年表云烈王七年崩。」卷一五六國年表烈王在位七年。

〔四二〕令楚資之以地　「資」，原作「賀」。梁玉繩志疑卷三：「國策『賀』作『資』，即此處上文亦云『以地資公子咎』，則『賀』字是傳寫之譌。」今據改。

〔四三〕應劭氏姓注以何姓爲韓後　「應劭」下原有「曰」字，「以」上原有「云」字，據高山本刪。按：氏姓注爲應劭風俗通義篇名，本書卷六三老子韓非列傳「老子之子名宗」集解引風俗通氏姓注，卷七四孟子荀卿列傳「劇子」集解引應劭氏姓注。

〔四四〕而令周不敢受韓地也　「敢」下原有「不」字。張文虎札記卷一：「下『不』字疑衍。」今據正文及上下文義刪。

〔四五〕韓徵甲與粟於東周　張文虎札記卷一：「國策在西周策，文無『東』字。」

〔四六〕故雍城在洛州陽翟縣　「雍城」，本書卷四五韓世家「公何不令楚王築萬室之都雍氏之旁」正義引括地志作「雍氏城」。

〔四七〕皆趙二邑　「二」，疑當作「之」。

〔四八〕周君之秦客謂周冣曰　「冣」，原作「最」。張文虎札記卷一：「索隱音詞喻反，則當作冣，今本並誤作『最』。」今據改。注同。

〔四九〕今潁川父城縣應鄉是也　本書卷七九范雎蔡澤列傳「秦封范雎以應」索隱引作「在潁川之應鄉」。漢書卷二八上地理志上潁川郡：「父城，應鄉，故國，周武王弟所封。」

〔五〇〕故應城殷時應國在父城　「父城」，原作「城父」。張文虎札記卷一：「當依集解作『父城』。」今據乙。參見上條。

〔五一〕秦昭王之五十一年　「五十一」，原作「五十二」，據黄本、彭本、柯本、凌本、殿本改。按：本書卷五秦本紀載周獻城邑民人在昭襄王五十一年。據卷一五六國年表，王赧之五十九年，當秦昭王五十一年。

〔五二〕秦莊襄王滅東周　「東周」，原作「東西周」。梁玉繩志疑卷三：「此與年表及燕世家皆誤多一『西』字。田完世家又但言『秦滅周』，少一『東』字。惟春申君傳言『取東周』，不誤也。史詮曰：『西』字衍。」按：本書卷五秦本紀秦昭襄王五十二年西周滅，莊襄王元年「東周君與諸侯謀秦，秦使相國呂不韋誅之，盡入其國」；卷一五六國年表莊襄王元年云「取東周」。今據秦本紀、六國年表删「西」字。

〔五三〕非也　索隱本此上有「宋衷曰謚曰西周武公」九字。

〔五四〕周公葬於畢　「於」，原作「我」。梁玉繩志疑卷三：「『我』字不可解，當是『於』字之誤。史公蓋引書序也。」按：尚書周官：「公薨，成王葬于畢。」本書卷三三魯周公世家：「葬周公於畢，從文王。」今據改。

〔五五〕積帶挂禍　「挂」，原作「茬」，據黄本、彭本、柯本、凌本、殿本改。按：「挂禍」猶「結禍」也。漢書卷六四下嚴安傳：「秦禍北構於胡，南挂於越。」王念孫雜志漢書第十一：「挂讀爲絓。絓，結也。言禍結於越也。」本書卷二五律書：「結怨匈奴，絓禍於越。」

史記卷五

秦本紀第五

索隱 秦雖嬴政之祖，本西戎附庸之君，豈以諸侯之邦而與五帝、三王同稱本紀？斯必不可，可降爲秦系家〔一〕。

秦之先，帝顓頊之苗裔【一】孫，曰女脩。女脩織，玄鳥隕卵，女脩吞之，生子大業。【二】大業取少典之子，曰女華。女華生大費〔二〕，【三】與禹平水土。已成，帝錫玄圭。禹受曰：「非予能成，亦大費爲輔。」帝舜曰：「咨爾費，贊禹功，其賜爾皁游。【四】爾後嗣將大出。」【五】乃妻之姚姓之玉女。【六】大費拜受，佐舜調馴鳥獸，鳥獸多馴服，是爲柏翳。舜賜姓嬴氏。

【一】正義 黄帝之孫，號高陽氏。

【二】索隱 女脩，顓頊之裔女，吞鳦子而生大業。其父不著。而秦、趙以母族而祖顓頊，非生人之義也。按：左傳郯國，少昊之後，而嬴姓蓋其族也，則秦、趙宜祖少昊氏。正義列女傳云：「陶子生五歲而佐禹。」曹大家注云：「陶子者，皋陶之子伯益也。」按此即知大業是皋陶。

【三】索隱扶味反，一音祕。尋費後以爲氏，則扶味反爲得。此則秦、趙之祖，嬴姓之先，一名伯翳，尚書謂之「伯益」，系本、漢書謂之「伯益」是也。尋檢史記上下諸文，伯翳與伯益是一人不疑。而陳杞系家即敍伯翳與伯益爲二，未知太史公疑而未決邪？抑亦謬誤爾？

【四】索隱游音旒。謂賜以皁色旌旆之旒，色與玄玉色副，言其天功成也〔三〕。然其事亦當有所出。

【五】索隱出猶生也。言爾後嗣繁昌，將大生出子孫也。故左傳亦云「晉公子，姬出也」。

【六】集解徐廣曰：「皇甫謐云賜之玄玉，妻以姚姓之女也。」

大費生子二人：一曰大廉，實鳥俗氏；二曰若木，實費氏。【一】其玄孫曰費昌，子孫或在中國，或在夷狄。【二】費昌當夏桀之時，去夏歸商，爲湯御，以敗桀於鳴條。大廉玄孫曰孟戲、中衍，【三】中衍鳥身人言〔四〕。【四】帝太戊聞而卜之使御，吉，遂致使御而妻之。自太戊以下，中衍之後，遂世有功，【五】以佐殷國，故嬴姓多顯，遂爲諸侯。

【一】索隱以仲衍鳥身人言，故爲鳥俗氏。俗，一作「洛」〔五〕。若木以王父字爲費氏也。

【二】索隱殷紂時費仲，即昌之後也。

【三】索隱舊解以孟戲仲衍是一人，今以孟仲分字，當是二人名也。

【四】正義身體是鳥而能人言。又云口及手足似鳥也。

【五】正義謂費昌及仲衍。

其玄孫曰中潏，【一】在西戎，保西垂。生蜚廉。蜚廉生惡來。惡來有力，【二】蜚廉善走，父子俱以材力事殷紂。周武王之伐紂，并殺惡來。是時蜚廉爲紂石北方，【三】還，無所報，爲壇霍太山【四】而報，得石棺，【五】銘曰「帝令處父【六】不與殷亂，賜爾石棺以華氏」。死，遂葬於霍太山〔六〕。【七】蜚廉復有子曰季勝。【八】季勝生孟增。孟增幸於周成王，是爲宅皋狼。【九】皋狼生衡父，衡父生造父。造父以善御幸於周繆王，得驥、温驪、【一〇】驊騮、【一一】騄耳之駟，【一二】西巡狩，樂而忘歸。【一三】徐偃王作亂，【一四】造父爲繆王御，長驅歸周，一日千里以救亂。【一五】繆王以趙城封造父，【一六】造父族由此爲趙氏。自蜚廉生季勝已下五世至造父，別居趙。趙衰其後也。惡來革者，蜚廉子也，蚤死。有子曰女防。女防生旁皋，旁皋生太几，太几生大駱，大駱生非子。以造父之寵，皆蒙趙城，姓趙氏。

【一】集解徐廣曰：「一作『滑』。」正義中音仲。潏音決。宋衷注世本云仲滑生飛廉。

【二】集解晏子春秋曰：「手裂虎兕〔七〕。」

【三】集解徐廣曰：「皇甫謐云作石槨於北方。」索隱「石」下無字，則不成文，意亦無所見，必是史記本脱。皇甫謐尚得其説。徐雖引之，而竟不云是脱何字，專質之甚也。正義 爲，于僞反。劉伯莊云：「霍太山，紂都之北也。霍太山在晉州霍邑縣。」按：在衞州朝歌之西方也。

【四】集解 地理志霍太山在河東彘縣。

【五】正義 紂既崩，無所歸報，故爲壇就霍太山而祭紂，報云作得石槨。

【六】索隱 蜚廉別號。

【七】集解 皇甫謐云：「去彘縣十五里有冢，常祠之。」索隱 言處父至忠，國滅君死而不忘臣節，故天賜石棺，以光華其族。事蓋非實，譙周深所不信。

【八】正義 音升。

【九】正義 地理志云西河郡皋狼縣也。按：孟增居皋狼而生衡父。

【一〇】集解 徐廣曰：「温，一作『盜』。」駰案：郭璞云「爲馬細頸。驪，黑色」。索隱 温音盜。徐廣亦作「盜」。鄒誕生本作「駣」，音陶。劉氏音義云「盜驪，騧驪也。騧，淺黄色」。八駿既因色爲名，騧驪爲得之也。

【一一】集解 郭璞曰：「色如華而赤。今名馬驃赤者爲棗騮。騮，馬赤也。」

【一二】集解 郭璞曰：「紀年云『北唐之君來見以一驪馬，是生騄耳』。八駿皆因其毛色以爲名號。」駰案：穆天子傳穆王有八駿之乘，此紀不具者也。索隱 按：穆王傳曰赤驥、盜驪、白義、渠黄、驊騮、騟騟、騄耳、山子。正義 騄音録。

【一三】集解郭璞曰：「紀年云穆王十七年，西征於崑崙丘，見西王母。」正義括地志云：「崑崙山在肅州酒泉縣南八十里。十六國春秋云前涼張駿酒泉守馬岌上言，酒泉南山即崑崙之丘也，周穆王見西王母，樂而忘歸，即謂此山。有石室王母堂，珠璣鏤飾，煥若神宮。」按：肅州在京西北二千九百六十里，即小崑崙也，非河源出處者。

【一四】集解地理志曰臨淮有徐縣，云故徐國。尸子曰：「徐偃王有筋而無骨。」駰謂號偃由此。正義括地志云：「大徐城在泗州徐城縣北三十里，古徐國也。」博物志云：「徐君宮人有娠而生卵，以爲不祥，弃於水濱洲〔八〕。孤獨母有犬鵠蒼，銜所弃卵以歸，覆煖之，乃成小兒。生時正偃，故以爲名。宮人聞之，更取養之。及長，襲爲徐君。後鵠蒼臨死，生角而九尾，化爲黃龍也。鵠蒼或名后蒼。」括地志又云：「徐城在越州鄮縣東南入海二百里。夏侯志云翁洲上有徐偃王城。傳云昔周穆王巡狩，諸侯共尊偃王，穆王聞之，令造父御，乘騕褭之馬，日行千里，自還討之。或云命楚王帥師伐之，偃王乃於此處立城以終。」

【一五】正義古史考云：「徐偃王與楚文王同時，去周穆王遠矣。且王者行有周衞，豈得救亂而獨長驅日行千里乎？」並言此事非實。按：年表穆王元年去楚文王元年三百一十八年矣。

【一六】集解徐廣曰：「趙城在河東永安縣。」正義括地志云：「趙城，今晉州趙城縣是。本彘縣地，後改曰永安，即造父之邑也。」

非子居犬丘，【一】好馬及畜，【二】善養息之。犬丘人言之周孝王，孝王召使主馬于汧渭之閒，【三】馬大蕃息。孝王欲以爲大駱適嗣。申侯之女爲大駱妻，生子成爲適。申侯乃言孝王曰：「昔我先酈山之女，【四】爲戎胥軒妻，【五】生中潏，以親故歸周，保西垂，西垂以其故和睦。今我復與大駱妻，生適子成。申駱重婚，西戎皆服，所以爲王。【六】王其圖之。」於是孝王曰：「昔伯翳爲舜主畜，畜多息，故有土，賜姓嬴。今其後世亦爲朕息馬，朕其分土爲附庸。」邑之秦，【七】使復續嬴氏祀，號曰秦嬴。亦不廢申侯之女子爲駱適者，以和西戎。

【一】集解徐廣曰：「今槐里也。」正義括地志云：「犬丘故城一名槐里，亦曰廢丘，在雍州始平縣東南十里。地理志云扶風槐里縣，周曰犬丘，懿王都之，秦更名廢丘，高祖三年更名槐里也。」

【二】正義好，火到反。畜，許救反。

【三】正義汧音牽。言於二水之閒，在隴州以東。

【四】正義申侯之先，娶於酈山。

【五】正義胥軒，仲衍曾孫也。

【六】正義重，直龍反。言申駱重婚，西戎皆從，所以得爲王。王即孝王。

【七】集解徐廣曰：「今天水隴西縣秦亭也。」正義括地志云：「秦州清水縣本名秦，嬴姓邑。十三州志云秦亭秦谷是也。周太史儋云『始周與秦國合而別』，故天子邑之秦。」

秦嬴生秦侯。秦侯立十年，卒。生公伯。公伯立三年，卒。生秦仲。

秦仲立三年，周厲王無道，諸侯或叛之。西戎反王室，滅犬丘大駱之族。周宣王即位，〔一〕乃以秦仲爲大夫，誅西戎。西戎殺秦仲。秦仲立二十三年，死於戎。〔二〕有子五人，其長者曰莊公。周宣王乃召莊公昆弟五人，與兵七千人，使伐西戎，破之。於是復予秦仲後，及其先大駱地犬丘并有之，爲西垂大夫。〔三〕

〔一〕集解徐廣曰：「秦仲之十八年也。」

〔二〕集解毛詩序曰：「秦仲始大，有車馬禮樂侍御之好也。」

〔三〕正義注水經云：「秦莊公伐西戎，破之，周宣王與大駱犬丘之地，爲西垂大夫。」括地志云：「秦州上邽縣西南九十里，漢隴西西縣是也。」

莊公居其故西犬丘，生子三人，其長男世父。世父曰：「戎殺我大父仲，我非殺戎王則不敢入邑。」遂將擊戎，讓其弟襄公。襄公爲太子。莊公立四十四年，卒，太子襄公代立。襄公元年，以女弟繆嬴爲豐王妻。襄公二年，〔一〕戎圍犬丘，世父擊之〔九〕，爲戎人所虜。歲餘，復歸世父。七年春，周幽王用褒姒廢太子，立褒姒子爲適，數欺諸侯，諸侯叛之。西戎犬戎與申侯伐周，殺幽王酈山下。而秦襄公將兵救周，戰甚力，有功。周避犬戎難，東徙雒邑，【一】襄公以兵送周平王。平王封襄公爲諸侯，賜之岐以西之地。曰：「戎無道，侵奪我岐、豐之地，秦能攻逐戎，即有其地。」與誓，封爵之。襄公於是始國，與諸侯通使聘享之禮，乃用駵駒、【二】黄牛、羝羊各三祠上帝西畤。【三】十二年，伐戎而至岐，卒。生文公。

【一】正義括地志云：「故汧城在隴州汧源縣東南三里。帝王世紀云秦襄公二年徙都汧，即此城。」

【二】正義周平王徙居王城，即雒誥云「我卜澗水東、瀍水西」者也。

【三】集解徐廣曰：「赤馬黑髦曰駵。」

【四】集解徐廣曰：「年表云：『立西畤，祠白帝。』」索隱襄公始列爲諸侯，自以居西，西，縣名，【一〇】故作西畤，祠白帝。畤，止也，言神靈之所依止也。亦音市，謂爲壇以祭天也。

文公元年，居西垂宫。【一】三年，文公以兵七百人東獵。四年，至汧渭之會。曰：「昔周邑我先秦嬴於此，後卒獲爲諸侯。」乃卜居之，占曰吉，【二】即營邑之。十年，初爲鄜畤，【三】用三牢。十三年，初有史以紀事，民多化者。十六年，文公以兵伐戎，戎敗走。於是文公遂收周餘民有之，地至岐，岐以東獻之周。十九年，得陳寶。【四】二十年，法初有三族之罪。【五】二十七年，伐南山大梓，豐大特。【六】四十八年，文公太子卒，賜謚爲竫

公。【七】竫公之長子爲太子，是文公孫也。五十年，文公卒，葬西山。【八】竫公子立，是爲寧公〔一一〕。【九】

【一】正義 即上西縣是也。

【二】正義 括地志云：「郿縣故城在岐州郿縣東北十五里。毛萇云『郿，地名也』。秦文公東獵汧渭之會，卜居之，乃營邑焉，即此城也。」

【三】集解 徐廣曰：「鄜縣屬馮翊。」 索隱 音敷，亦縣名。於鄜地作畤，故曰鄜畤。故封禪書曰「秦文公夢黃蛇自天下屬地，其口止於鄜衍」，史敦以爲神，故立畤也。 正義 括地志云：「三畤原在岐州雍縣南二十里。封禪書云秦文公作鄜畤，襄公作西畤，靈公作吳陽上畤，並此原上，因名也。」

【四】索隱 按：漢書郊祀志云「文公獲若石云，於陳倉北阪城祠之，其神來，若雄雉，其聲殷殷云，野鷄夜鳴，以一牢祠之，號曰陳寶」。又臣瓚云「陳倉縣有寶夫人祠，歲與葉君神會，祭于此者也」。蘇林云「質如石，似肝」。云，語辭。 正義 括地志云：「寶雞神祠在岐州陳倉縣東二十里故陳倉城中〔一二〕。晉太康地志云『秦文公時，陳倉人獵得獸，若彘，不知名，牽以獻之。逢二童子，童子曰：「此名爲媦，常在地中，食死人腦。」即欲殺之，拍捶其首。媦亦語曰：「二童子名陳寶，得雄者王，得雌者霸。」陳倉人乃逐二童子，化爲雉，雌上陳倉北阪，爲石，秦祠之』。搜神記云其雄者飛至南陽，其後光武起於南陽，皆如其言也。」

【五】集解張晏曰：「父母、兄弟、妻子也。」如淳曰：「父族、母族、妻族也。」

【六】集解徐廣曰：「今武都故道有怒特祠，圖大牛，上生樹本，有牛從木中出，後見於豐水之中。」正義括地志云：「大梓樹在岐州陳倉縣南十里倉山上。録異傳云『秦文公時，雍南山有大梓樹，文公伐之，輒有大風雨，樹生合不斷。時有一人病，夜往山中，聞有鬼語樹神曰：「秦若使人被髮，以朱絲繞樹伐汝，汝得不困耶？」樹神無言。明日，病人語聞，公如其言伐樹，斷，中有一青牛出，走入豐水中。其後牛出豐水中，使騎擊之，不勝。有騎墮地復上，髮解，牛畏之，入不出，故置髦頭。漢、魏、晉因之。武都郡立怒特祠，是大梓牛神也』。」按：今俗畫青牛障是。

【七】集解徐廣曰：「文公之四十四年，魯隱之元年。」

【八】集解徐廣曰：「皇甫謐云葬於西山，在今隴西之西縣。」

【九】集解徐廣曰：「一作『曼』。」

寧公二年，公徙居平陽。【一】遣兵伐蕩社。【二】三年，與亳戰，亳王奔戎，遂滅蕩社。【三】四年，魯公子翬【四】弒其君隱公。十二年，伐蕩氏，取之。寧公生十歲立，立十二年卒，葬西山。【五】生子三人，長男武公爲太子。武公弟德公，同母，魯姬子。【六】生出子。寧公卒，大庶長弗忌、威壘、【七】三父廢太子而立出子爲君。出子六年，三父等復共令人賊殺出子。

出子生五歲立，立六年卒。三父等乃復立故太子武公。

【一】集解徐廣曰：「郿之平陽亭。」正義帝王世紀云秦憲公都平陽。按：岐山縣有陽平鄉，鄉內有平陽聚。括地志云：「平陽故城在岐州岐山縣西四十六里，秦寧公徙都之處。」

【二】集解徐廣曰：「蕩音湯。社，一作『杜』。」索隱西戎之君號曰亳王，蓋成湯之胤。其邑曰蕩社。徐廣云一作「湯杜」，言湯邑在杜縣之界，故曰湯杜也。正義括地志云：「雍州三原縣有湯陵。又有湯臺，在始平縣西北八里。」按：其國蓋在三原始平之界矣。

【三】集解皇甫謐云：「亳王號湯，西夷之國也。」

【四】正義音暉，即羽父也。

【五】正義括地志云：「秦寧公墓在岐州陳倉縣西北三十七里秦陵山。」帝王世紀云秦寧公葬西山大麓，故號秦陵山也。」按：文公亦葬西山，蓋秦陵山也。

【六】正義德公母號魯姬子。

【七】正義音力追反。

武公元年，伐彭戲氏，【一】至于華山下，【二】居平陽封宮。【三】三年，誅三父等而夷三族，以其殺出子也。鄭高渠眯殺其君昭公。【四】十年，伐邽、冀戎，初縣之。【五】十一年，初縣杜、鄭。【六】滅小虢。【七】

【一】正義戲音許宜反。戎號也。蓋同州彭衙故城是也。

【二】正義即華嶽之下也。

【三】正義宮名，在岐州平陽城内也。

【四】索隱春秋魯桓公十七年左傳作「高渠彌」也。

【五】集解地理志隴西有上邽縣。應劭曰：「即邽戎邑也。」冀縣屬天水郡。

【六】集解地理志京兆有鄭縣、杜縣也。正義括地志云：「下杜故城在雍州長安縣東南九里，古杜伯國。華州鄭縣也。毛詩譜云鄭國者，周畿内之地。宣王封其弟於咸林之地，是爲鄭桓公。」按：秦得皆縣之。

【七】集解班固曰西虢在雍州。正義虢音古伯反。括地志云：「故虢城在岐州陳倉縣東四十里。次西十餘里又有城，亦名虢城。輿地志云此虢文王母弟虢叔所封，是曰西虢。」按：此虢滅時，陝州之虢猶謂之小虢。又云，小虢，羌之別種。

十三年，齊人管至父、連稱等殺其君襄公而立公孫無知。晉滅霍、魏、耿。【一】齊雍廩【二】殺無知、管至父等而立齊桓公。齊、晉爲彊國。

【一】索隱春秋魯閔公元年左傳云「晉滅耿，滅魏，滅霍」，此不言魏，史闕文耳〔一三〕。又傳曰：「賜畢萬魏，賜趙夙耿〔一四〕。」杜預注曰：「平陽皮氏縣東南有耿鄉，永安縣東北有霍太山。三國皆姬姓。」【正義】括地志云：「霍，晉州霍邑縣，又春秋時霍伯國〔一五〕。韋昭云霍，姬姓也。」括地志云：「故耿城今名耿倉城，在絳州龍門縣東南十二里，故耿國也。都城記云耿，嬴姓國也。」

【三】【正義】雍，於宮反。廩，力甚反。是雍林邑人姓名也。

十九年，晉曲沃始爲晉侯。【一】齊桓公伯於鄄。【二】

【一】【索隱】晉穆侯少子成師居曲沃，號曲沃桓叔，至武公稱滅晉侯緡，始爲晉君也。

【二】【正義】伯音霸。

二十年，武公卒，葬雍平陽。初以人從死，從死者六十六人。有子一人，名曰白。白不立，封平陽。【一】立其弟德公。

【一】【正義】即雍平陽也。平陽時屬雍，並在岐州。解在上也。

德公元年，初居雍城【一】大鄭宮。【二】以犧三百牢祠鄜畤。卜居雍，「後子孫飲馬於河」。【三】梁伯、芮伯來朝。【四】二年，初伏，【五】以狗禦蠱。【六】德公生三十三歲而立，立二年卒。生子三人：長子宣公，中子成公，少子穆公。長子宣公立。

【一】【集解】徐廣曰：「今縣在扶風。」

【二】【正義】括地志云：「岐州雍縣南七里故雍城，秦德公大鄭宮城也。」

【三】正義卜居雍之後，國益廣大，後代子孫得東飲馬於龍門之河。

【四】索隱梁，嬴姓。芮，姬姓。梁國在馮翊夏陽。芮國在馮翊臨晉。正義括地志云：「南芮鄉故城在同州朝邑縣南三十里，又有北芮城，皆古芮伯國。鄭玄云周同姓之國，在畿内，爲王卿士者。左傳云桓公三年，芮伯萬之母芮姜惡芮伯之多寵人，故逐之，出居魏。」今按：陝州芮城縣界有芮國城〔一六〕，蓋是殷末虞芮爭田之芮國是也。

【五】集解孟康曰：「六月伏日初也〔一七〕。周時無，至此乃有之。」正義六月三伏之節起秦德公爲之，故云初伏。伏者，隱伏避盛暑也。曆忌釋云：「伏者何？以金氣伏藏之日也。四時代謝，皆以相生：立春，木代水，水生木；立夏，火代木，木生火；立冬，水代金，金生水；立秋，以金代火，故至庚日必伏。庚者金，故曰伏也。」

【六】集解徐廣曰：「年表云『初作伏，祠社，磔狗邑四門也』。」正義蠱者，熱毒惡氣爲傷害人，故磔狗以禦之。年表云「初作伏，祠社，磔狗邑四門」。按：磔，禳也。狗，陽畜也。以狗張磔於郭四門，禳卻熱毒氣也。左傳云「皿蟲爲蠱」。顧野王云穀久積變爲飛蠱也。

宣公元年，衛、燕伐周，【一】出惠王，立王子穨。三年，鄭伯、虢叔【二】殺子穨而入惠王。四年，作密畤。【三】與晉戰河陽，勝之。十二年，宣公卒。生子九人，莫立，立其弟成公。

【一】正義衛惠公都即今衛州也。燕，南燕也。周，天王也。括地志云：「滑州故城古南燕國〔一八〕。應劭云南燕，姞姓之國，黃帝之後。」

【二】正義括地志云：「洛州汜水縣，古東虢國，亦鄭之制邑，漢之成皋，即周穆王虎牢城。左傳云宮之奇曰『虢仲虢叔，王季之穆也』。」

【三】正義括地志云：「漢有五畤，在岐州雍縣南，則鄜畤、吳陽上畤、下畤、密畤、北畤。秦文公夢黃蛇自天而下屬地，其口止於鄜衍，作畤，郊祭白帝，曰鄜畤。秦宣公作密畤於渭南，祭青帝。秦靈公作吳陽上畤，祭黃帝；作下畤，祠炎帝。漢高帝曰『天有五帝，今四，何也？待我而具五』。遂立黑帝，曰北畤是也。」

成公元年，梁伯、【一】芮伯來朝。齊桓公伐山戎，次于孤竹。【二】

【一】正義括地志云：「同州韓城縣南二十二里少梁故城，古少梁。國都城記云梁伯國，嬴姓之後，與秦同祖。秦穆公二十二年滅之。」

【二】正義括地志云：「孤竹故城在平州盧龍縣十二里，殷時諸侯孤竹國也〔一九〕。」

成公立四年卒。子七人，莫立，立其弟繆公。【一】

【一】索隱秦自宣公已上皆史失其名。今按系本、古史考，得繆公名任好。

繆公任好元年，自將伐茅津，【二】勝之。四年，迎婦於晉，晉太子申生姊也。其歲，齊桓公伐楚，至邵陵。

【一】正義劉伯莊云：「戎號也。」括地志云：「茅津及茅城在陝州河北縣西二十里。注水經云茅亭，茅戎號。」

五年，晉獻公滅虞、虢，虜虞君與其大夫百里傒，以璧馬賂於虞故也。既虜百里傒，以爲秦繆公夫人媵於秦。百里傒亡秦走宛，【一】楚鄙人執之。繆公聞百里傒賢，欲重贖之，恐楚人不與，乃使人謂楚曰：「吾媵臣百里傒在焉，請以五羖羊皮贖之。」楚人遂許與之。當是時，百里傒年已七十餘。繆公釋其囚，與語國事。謝曰：「臣亡國之臣，何足問！」繆公曰：「虞君不用子，故亡，非子罪也。」固問，語三日，繆公大說，授之國政，號曰五羖大夫。百里傒讓曰：「臣不及臣友蹇叔，蹇叔賢而世莫知。臣常游困於齊而乞食銍人，【二】蹇叔收臣。臣因而欲事齊君無知，蹇叔止臣，臣得脱齊難，遂之周。周王子穨好牛，臣以養牛干之。及穨欲用臣，蹇叔止臣，臣去，得不誅。事虞君，蹇叔止臣。臣知虞君不用臣，臣誠私利祿爵，且留。再用其言，得脱；一不用，及虞君難。是以知其賢。」於是繆公使人厚幣迎蹇叔，以爲上大夫。

【一】集解地理志南陽有宛縣。正義宛，於元反，今鄧州縣。

【二】集解徐廣曰：「銍，一作『銍』。」正義銍音珍栗反。銍，地名，在沛縣。

秋，繆公自將伐晉，戰於河曲。【一】晉驪姬作亂，太子申生死新城，【二】重耳、夷吾出奔。【三】

【一】集解徐廣曰：「一作『西』。」駰按：公羊傳曰「河千里而一曲也」。服虔曰「河曲，晉地」。杜預曰「河曲在蒲阪南」。正義按：河曲在華陰縣界也。

【二】正義韋昭云：「曲沃新爲太子城。」括地志云：「絳州曲沃縣有曲沃故城，土人以爲晉曲沃新城。」

【三】正義重耳奔翟，夷吾奔少梁也。

九年，齊桓公會諸侯於葵丘。【一】

【一】正義括地志云：「葵丘在曹州考城縣東南一里一百五十步郭内，即桓公會處。又青州臨淄縣有葵丘，即傳連稱、管至父所戍處。」

晉獻公卒。立驪姬子奚齊，其臣里克殺奚齊。荀息立卓子，【一】克又殺卓子及荀息。夷吾使人請秦，求入晉。於是繆公許之，使百里傒將兵送夷吾。夷吾謂曰：「誠得立，請割晉之河西八城【二】與秦。」及至，已立，而使丕鄭謝秦，背約不與河西城，而殺里克。丕鄭聞之，恐，因與繆公謀曰：「晉人不欲夷吾，實欲重耳。今背秦約而殺里克，皆呂甥、郤芮之計也。願君以利急召呂、郤，呂、郤至，則更入重耳，便。」繆公許之，使人與丕鄭歸，召呂、郤。呂、郤等疑丕鄭有閒，乃言夷吾殺丕鄭。丕鄭子丕豹奔秦，說繆公曰：「晉君無道，百姓不親，可伐也。」繆公曰：「百姓苟不便，何故能誅其大臣？能誅其大臣，此其調也。」【三】不聽，而陰用豹。

【一】集解徐廣曰：「一作『倬』。」

【二】正義謂同、華等州地。

【三】正義調音徒聊反。言能誅大臣丕鄭，云是夷吾於百姓調和也。劉伯莊音徒弔反。按：調，選也。邪臣誅，忠臣用，是夷吾能調選。兩通也。

十二年，齊管仲、隰朋死。

晉旱，來請粟。丕豹說繆公勿與，因其饑而伐之。繆公問公孫支，【一】支曰：「饑穰更事耳，不可不與。」問百里傒，傒曰：「夷吾得罪於君，其百姓何罪？」於是用百里傒、公孫支言，卒與之粟。以船漕車轉，自雍相望至絳。【二】

【一】集解服虔曰：「秦大夫公孫子桑。」

【二】集解賈逵曰：「雍，秦國都；絳，晉國都也。」

十四年，秦饑，請粟於晉。晉君謀之羣臣。虢射曰：【一】「因其饑伐之，可有大功。」晉君從之。十五年，興兵將攻秦。繆公發兵，使丕豹將，自往擊之。九月壬戌，與晉惠公夷吾合戰於韓地。【一】晉君弃其軍，與秦爭利，還而馬鷙。【二】繆公與麾下馳追之，不能得晉君，反爲晉軍所圍。晉擊繆公，繆公傷。於是岐下食善馬者三百人馳冒晉軍，晉軍解圍，遂脱繆公，而反生得晉君。初，繆公亡善馬，岐下野人共得而食之者三百餘人，【四】吏逐得，欲法之。繆公曰：「君子不以畜産害人。吾聞食善馬肉不飲酒，傷人。」乃皆賜酒而赦之。三百人者聞秦擊晉，皆求從，從而見繆公窘，亦皆推鋒爭死，以報食馬之德。於是繆公虜晉君以歸，令於國，「齊宿，吾將以晉君祠上帝」。周天子聞之，曰「晉我同姓」，爲請晉君。夷吾姊亦爲繆公夫人，夫人聞之，乃衰絰跣，曰：「妾兄弟不能相救，以辱君命。」繆公曰：「我得晉君以爲功，今天子爲請，夫人是憂。」乃與晉君盟，許歸之，更舍上舍，而饋之七牢。【五】十一月，歸晉君夷吾，夷吾獻其河西地，使太子圉爲質於秦。秦妻子圉以宗女。是時秦地東至河。【六】

【一】正義射音石也。

【二】正義左傳云僖公十五年，秦晉戰於韓原，秦獲晉侯以歸。括地志云：「韓原在同州韓城縣西南十八里。十六國春秋云魏顆夢父結草抗秦將杜回，亦在韓原。」

【三】正義鷙音致，又敕利反。國語云：「晉師潰，戎馬還濘而止。」韋昭云：「濘，深泥也。」

【四】正義括地志云：「野人塢在岐州雍縣東北二十里。」按：野人盜馬食處，因名焉。

【五】集解賈逵曰：「諸侯雍餼七牢。牛一羊一豕一爲一牢也。」

【六】正義晉河西八城入秦，秦東境至河，即龍門河也。

十八年，齊桓公卒。二十年，秦滅梁、芮。【一】

【一】正義梁、芮國皆在同州。秦得其地，故滅二國之君。

二十二年，晉公子圉聞晉君病，曰：「梁，我母家也，【二】而秦滅之。我兄弟多，即君百歲後，秦必留我，而晉輕亦更立他子。」子圉乃亡歸晉。二十三年，晉惠公卒，子圉立爲君。秦怨圉亡去，乃迎晉公子重耳於楚，而妻以故子圉妻。重耳初謝，後乃受。繆公益禮厚遇之。二十四年春，秦使人告晉大臣，欲入重耳。晉許之，於是使人送重耳。二月，重耳立爲晉君，是爲文公。文公使人殺子圉。子圉是爲懷公。

【二】正義子圉母，梁伯之女也。

其秋，周襄王弟帶以翟伐王，王出居鄭。【一】二十五年，周王使人告難於晉、秦。秦繆公將兵助晉文公入襄王，殺王弟帶。二十八年，晉文公敗楚於城濮。【二】三十年，繆公助晉文公圍鄭。【三】鄭使人言繆公曰：「亡鄭厚晉，於晉而得矣，而秦未有利。晉之彊，秦之憂也。」繆公乃罷兵歸。晉亦罷。三十二年冬，晉文公卒。

【一】正義王居于汜邑也。

【二】正義衞地也，今濮州。

【三】正義左傳云僖公三十年，晉侯、秦伯圍鄭。杜預云：「文公過鄭，鄭不禮之。」

鄭人有賣鄭於秦曰：「我主其城門，鄭可襲也。」繆公問蹇叔、百里傒，對曰：「徑數國千里而襲人，希有得利者。且人賣鄭，庸知我國人不有以我情告鄭者乎？不可。」繆公曰：「子不知也，吾已決矣。」遂發兵，使百里傒子孟明視，蹇叔子西乞術及白乙丙將兵。行日，百里傒、蹇叔二人哭之。繆公聞，怒曰：「孤發兵而子沮哭吾軍，何也？」【一】二老曰：「臣非敢沮君軍。軍行，臣子與往；【二】臣老，遲還恐不相見，故哭耳。」二老退，謂其子曰：「汝軍即敗，必於殽阸矣。」【三】三十三年春，秦兵遂東，更晉地，過周北門。周王孫滿曰：「秦師無禮，【四】不敗何待！」兵至滑，【五】鄭販賣賈人【六】弦高【七】持十二牛將賣之周，見秦兵，恐死虜，因獻其牛，曰：「聞大國將誅鄭，鄭君謹修守禦備，使臣以牛十二勞軍士。」秦三將軍相謂曰：「將襲鄭，鄭今已覺之，往無及已。」滅滑。滑，晉之邊邑也。

【一】正義沮，自呂反。沮，毀也。左傳云：「蹇叔哭之曰：『孟子，吾見師之出，不見其入也。』」

【二】正義與音預。

【三】正義殽音胡交反。阸音厄。春秋云魯僖公三十三年，晉人及姜戎敗秦師于殽。括地志云：

「三殽山又名嶔岑山，在洛州永寧縣西北二十里〔二〇〕，即古之殽道也。」

【四】正義左傳云：「秦師過周北門，左右免胄而下，超乘者三百乘。王孫滿尚幼，觀之，言於王曰：『秦師輕而無禮，必敗。』」杜預云：「王城北門也。謂過天子門不卷甲束兵，超乘示勇也。」

【五】正義爲八反。括地志云：「緱氏故城在洛州緱氏縣東二十五里，滑伯國也。韋昭云，姬姓小國也。」

【六】正義賣，麥卦反。賈音古。左傳作「商人」也。

【七】集解人姓名〔二一〕。

當是時，晉文公喪尚未葬。太子襄公怒曰：「秦侮我孤，因喪破我滑。」遂墨衰絰，發兵遮秦兵於殽，擊之，大破秦軍，無一人得脱者。虜秦三將以歸。文公夫人，秦女也，【一】爲秦三囚將請曰：「繆公之怨此三人入於骨髓，願令此三人歸，令我君得自快烹之。」晉君許之，歸秦三將。三將至，繆公素服郊迎，嚮三人哭曰：「孤以不用百里傒、蹇叔言以辱三子，三子何罪乎？子其悉心雪恥，毋怠。」遂復三人官秩如故，愈益厚之。

【一】集解服虔曰：「繆公女。」

三十四年，楚太子商臣弒其父成王代立。

繆公於是復使孟明視等將兵伐晉，戰于彭衙。【一】秦不利，引兵歸。

【一】集解 杜預曰："馮翊郃陽縣西北有衙城。" 正義 括地志云："彭衙故城在同州白水縣東北六十里。"

戎王使由余【一】於秦。由余，其先晉人也，亡入戎，能晉言。聞繆公賢，故使由余觀秦。秦繆公示以宮室、積聚。由余曰："使鬼爲之，則勞神矣。使人爲之，亦苦民矣。"繆公怪之，問曰："中國以詩書禮樂法度爲政，然尚時亂；今戎夷無此，何以爲治，不亦難乎？"由余笑曰："此乃中國所以亂也。夫自上聖黄帝作爲禮樂法度，身以先之，僅以小治。及其後世，日以驕淫。阻法度之威，以責督於下，下罷極【二】則以仁義怨望於上，上下交爭怨而相篡弒，至於滅宗，皆以此類也。夫戎夷不然。上含淳德以遇其下，下懷忠信以事其上，一國之政猶一身之治，不知所以治，此真聖人之治也。"於是繆公退而問内史廖曰：【三】"孤聞鄰國有聖人，敵國之憂也。今由余賢，寡人之害，將柰之何？"内史廖曰："戎王處辟匿，未聞中國之聲。君試遺其女樂，以奪其志；【四】爲由余請，以疏其閒；留而莫遣，以失其期。戎王怪之，必疑由余。君臣有閒，乃可虜也。且戎王好樂，必怠於政。"繆公曰："善。"因與由余曲席而坐，【五】傳器而食，問其地形與其兵勢盡詧，而後令内史廖以女樂二八遺戎王。戎王受而說之，終年不還。於是秦乃歸由余。由余數諫不聽，繆公又數使人閒要由余，由余遂去，降秦。繆公以客禮禮之，問伐戎之形。

【一】正義戎人姓名。

【二】正義罷音皮。

【三】集解漢書百官表曰：「內史，周官也。」

【四】集解徐廣曰：「奪，一作『徇』。」

【五】正義按：牀在穆公左右，相連而坐，謂之曲席也。

三十六年，繆公復益厚孟明等，使將兵伐晉，渡河焚船，大敗晉人，取王官及鄗，【一】以報殽之役。晉人皆城守不敢出。於是繆公乃自茅津【二】渡河，【三】封殽中尸，【四】爲發喪，哭之三日。乃誓於軍曰：「嗟士卒！聽無譁，余誓告汝。古之人謀黃髮番番，【五】則無所過。」以申思不用蹇叔、百里傒之謀，故作此誓，令後世以記余過。君子聞之，皆爲垂涕，曰：「嗟乎！秦繆公之與人周也，【六】卒得孟明之慶。」

【一】集解徐廣曰：「左傳作『郊』。」駰案：服虔曰「皆晉地，不能有」。正義鄗，音郊，左傳作「郊」。杜預云：「書取，言易也。」括地志云：「王官故城在同州澄城縣西北九十里。」又云「南郊故城在縣北十七里」。又有北郊故城，又有西郊古城。左傳云「文公三年，秦伯伐晉，濟河焚舟，取王官及郊也」。括地志云：「蒲州猗氏縣南二里又有王官故城，亦秦伯取者。」上文云

「秦地東至河」，蓋猗氏王官是也。

【二】集解徐廣曰：「在大陽。」正義括地志云：「茅津在陝州河北縣，大陽縣也〔二二〕。」

【三】正義自茅津南渡河也。

【四】集解賈逵曰：「封識之。」正義左傳云：「秦伯伐晉，濟河焚舟，晉人不出，遂自茅津濟，封殽尸而還。」杜預云：「封，埋藏也。」

【五】正義音婆。字當作「皤」。皤，白頭貌。言髮白而更黄，故云黄髮番番，謂蹇叔、百里奚也〔二三〕。

【六】集解服虔曰：「周，備也。」

三十七年，秦用由余謀伐戎王，益國十二，開地千里，【一】遂霸西戎。天子使召公過賀繆公以金鼓。三十九年，繆公卒，葬雍。【二】從死者百七十七人，秦之良臣子輿氏三人【三】名曰奄息、仲行、鍼虎，亦在從死之中。【四】秦人哀之，爲作歌黄鳥之詩。君子曰：「秦繆公廣地益國，東服彊晉，西霸戎夷，然不爲諸侯盟主，亦宜哉。死而弃民，收其良臣而從死。且先王崩，尚猶遺德垂法，況奪之善人良臣百姓所哀者乎？是以知秦不能復東征也。」繆公子四十人，其太子罃代立，是爲康公。

【一】正義韓安國云「秦穆公都地方三百里，并國十四，辟地千里，隴西、北地郡是也〔二四〕」。

【二】集解皇覽曰：「秦繆公冢在槖泉宫祈年觀下。」正義廟記云：「槖泉宫，秦孝公造。祈年觀，德公起。蓋在雍州城內。」括地志云：「秦穆公冢在岐州雍縣東南二里。」

【三】正義 毛萇云：「良，善也，三善臣也。」左傳云：「子車氏之三子。」杜預云：「子車，秦大夫也[二五]。」

【四】正義 行音胡郎反。鍼音其廉反。應劭云：「秦穆公與羣臣飲酒酣，公曰『生共此樂，死共此哀』。於是奄息、仲行、鍼虎許諾。及公薨，皆從死。黃鳥詩所爲作也。」杜預云：「以人葬爲殉也。」括地志云：「三良冢在岐州雍縣一里故城內。」

康公元年。往歲繆公之卒，晉襄公亦卒；襄公之弟名雍，秦出也，【一】在秦。晉趙盾欲立之，使隨會【二】來迎雍，秦以兵送至令狐。【三】晉立襄公子而反擊秦師，秦師敗，隨會來奔。二年，秦伐晉，取武城，【四】報令狐之役。四年，晉伐秦，取少梁。【五】六年，秦伐晉，取羈馬。【六】戰於河曲，大敗晉軍。晉人患隨會在秦爲亂，乃使魏讎餘【七】詳反，【八】合謀會，詐而得會，會遂歸晉。康公立十二年卒，子共公立。【九】

【一】正義 雍母秦女，故言秦出也。

【二】正義 韋昭云：「晉正卿士蔿之孫，成伯之子季武子也。食采於隨、范，故曰隨會，或曰范會。季，范子字也。」

【三】集解 杜預曰：「在河東。」正義 令音零。括地志云：「令狐故城在蒲州猗氏縣界十五里也。」

【四】正義括地志云：「故武城一名武平城，在華州鄭縣東北十三里也。」

【五】正義前入秦，後歸晉，今秦又取之。

【六】集解服虔曰：「晉邑也。」

【七】集解服虔曰：「晉之魏邑大夫。」正義雔音受。又作「犨」，音同。

【八】正義詳音羊。

【九】索隱名貜。十代至靈公，又並失名。

共公二年，晉趙穿弒其君靈公。三年，楚莊王彊，北兵至雒，問周鼎。共公立五年卒，子桓公立。

桓公三年，晉敗我一將。十年，楚莊王服鄭，北敗晉兵於河上。當是之時，楚霸，爲會盟合諸侯。二十四年，晉厲公初立，與秦桓公夾河而盟。歸而秦倍盟，與翟合謀擊晉。二十六年，晉率諸侯伐秦，秦軍敗走，追至涇而還。桓公立二十七年卒，子景公立。【一】

【一】集解徐廣曰：「世本云景公名后伯車也。」索隱景公已下，名又錯亂，始皇本紀作僖公〔二六〕。

景公四年，晉欒書弒其君厲公。十五年，救鄭，敗晉兵於櫟。【二】是時晉悼公爲盟主。

十八年，晉悼公彊，數會諸侯，率以伐秦，敗秦軍。秦軍走，晉兵追之，遂渡涇，至棫林而還。【二】二十七年，景公如晉，與平公盟，已而背之。三十六年，楚公子圍弑其君而自立，是爲靈王。景公母弟后子鍼【三】有寵，景公母弟富，或譖之，恐誅，乃奔晉，車重千乘。晉平公曰：「后子富如此，何以自亡？」對曰：「秦公無道，畏誅，欲待其後世乃歸。」三十九年，楚靈王彊，會諸侯於申，【四】爲盟主，殺齊慶封。景公立四十年卒，子哀公立。【五】后子復來歸秦。

【一】集解杜預曰：「晉地也。」正義櫟音歷。括地志云：「洛州陽翟縣，古櫟邑也。」

【二】集解徐廣曰：「棫音域。」駰案：杜預曰「秦地也」。

【三】正義音鉗。

【四】正義在鄧州南陽縣北三十里〔二七〕。

【五】索隱始皇本紀作「𤨏公」。

哀公八年，楚公子弃疾弑靈王而自立，是爲平王。十年〔二八〕，楚平王來求秦女爲太子建妻。至國，女好而自娶之。十五年，楚平王欲誅建，建亡；【一】伍子胥奔吳。晉公室卑而六卿彊，欲内相攻，是以久秦晉不相攻。三十一年，吳王闔閭與伍子胥伐楚，楚王亡奔隨，吳遂入郢。楚大夫申包胥來告急，【二】七日不食，日夜哭泣。【三】於是秦乃發五百乘救不得立，立夷公子，是爲惠公。

楚，【四】敗吴師。吴師歸，楚昭王乃得復入郢。哀公立三十六年卒。太子夷公，夷公蚤死，

【一】正義太子建亡之鄭，鄭殺之。

【二】正義包胥姓公孫，封於申，故號申包胥。左傳云：「申包胥如秦乞師，曰：『吴爲封豕長蛇，以荐食上國，虐始於楚。寡君失守社稷，越在草莽，使下臣告急曰，夷德無厭，若鄰於君，疆場之患也。逮吴之未定，君其取分焉。若楚之遂亡，君之土也。若以君靈撫之，世以事君。』」

【三】正義左傳云：「申包胥對秦伯曰：『寡君越在草莽，未獲所伏，下臣何敢即安？』立依於庭牆而哭，日夜不絶聲，勺飲不入口，七日。秦哀公爲賦無衣，九頓首而坐。秦師乃出。」

【四】正義左傳魯定公五年，秦子蒲、子虎帥車五百乘以救楚，敗吴師於軍祥。

惠公元年，孔子行魯相事。五年，晉卿中行、范氏反晉，晉使智氏、趙簡子攻之，范、中行氏亡奔齊。惠公立十年卒，子悼公立。

悼公二年，齊臣田乞弒其君孺子，立其兄陽生，是爲悼公。六年，吴敗齊師。齊人弒悼公，立其子簡公。九年，晉定公與吴王夫差盟，爭長於黄池，卒先吴。【一】吴彊，陵中國。十二年，齊田常弒簡公，立其弟平公，常相之。十三年，楚滅陳。秦悼公立十四年卒，子厲共公立。孔子以悼公十二年卒。

【一】集解徐廣曰：「外傳云吴公先歃〔三九〕。」

厲共公二年，蜀人來賂。十六年，壍河旁。以兵二萬伐大荔，取其王城。【一】二十一年，初縣頻陽。【二】晉取武成。二十四年，晉亂，殺智伯，分其國與趙、韓、魏。二十五年，智開與邑人來奔。【三】三十三年，伐義渠，虜其王。【四】三十四年，日食。厲共公卒，子躁公立。

【一】集解徐廣曰：「今之臨晉也。臨晉有王城。」正義荔音戾。括地志云：「同州東三十里朝邑縣東三十步故王城。大荔近王城邑。」

【二】集解地理志馮翊有頻陽縣。正義括地志云：「頻陽故城在雍州同官縣界，古頻陽縣城也。」

【三】集解徐廣曰：「一本二十六年城南鄭也。」正義開，智伯子。伯被趙襄子等滅其國，其子與從屬來奔秦。

【四】集解應劭曰：「義渠，北地也。」正義括地志云：「寧、慶二州，春秋及戰國時爲義渠戎國之地也。」

躁公二年，南鄭反。【一】十三年，義渠來伐，至渭南。十四年，躁公卒，立其弟懷公。【二】

【一】正義南鄭，今梁州所理縣也。春秋及戰國時，其地屬於楚也。

【二】索隱厲共公子也。生昭太子，未立而卒。太子之子，是爲靈公。

懷公四年，庶長鼂【一】與大臣圍懷公，懷公自殺。懷公太子曰昭子，蚤死，大臣乃立太子昭子之子，是爲靈公。【二】靈公，懷公孫也。

【一】正義長，丁丈反。鼂，竹遥反。鼂，人名也。劉伯莊音潮。

【二】索隱生獻公也。

靈公六年，晉城少梁，秦擊之。十三年，城籍姑〔三〇〕。【一】靈公卒，子獻公【二】不得立，立靈公季父悼子，是爲簡公。簡公，昭子之弟而懷公子也。【三】

【一】正義括地志云：「籍姑故城在同州韓城縣北三十五里。」

【二】索隱名師隰。

【三】索隱簡公，昭之弟而懷公子。簡公，懷公弟，靈公季父也。始皇本紀云靈公生簡公，誤也。又紀年云簡公九年卒，次敬公立，十二年卒，乃立惠公。正義劉伯莊云簡公是昭子之弟，懷公之子，厲公之孫。今秦記謂簡公是靈公子者抄寫之誤〔三一〕。

簡公六年，令吏初帶劍。【一】塹洛。城重泉。【二】十六年卒，【三】子惠公立。

【一】正義春秋官吏各得帶劍。

【二】集解地理志重泉縣屬馮翊。正義重，直龍反。括地志云：「重泉故城在同州蒲城縣東南四十五里也。」

【三】集解徐廣曰：「表云十五年也。」

惠公十二年，子出子生。十三年，伐蜀，取南鄭。惠公卒，出子立。

出子二年，庶長改迎靈公之子獻公于西而立之〔三二〕。【一】殺出子及其母，沈之淵旁。秦以往者數易君，君臣乖亂，故晉復彊，奪秦河西地。【二】

【一】正義西者，秦州西縣，秦之舊地，時獻公在西縣，故迎立之。

【二】正義奪前所上八城也。

獻公元年，【一】止從死。二年，城櫟陽。【二】四年正月庚寅，孝公生。十一年，周太史儋見獻公曰：「周故與秦國合而別，別五百歲復合，合十七歲而霸王出〔三三〕。」十六年，桃冬花。十八年，雨金櫟陽。【三】二十一年，與晉戰於石門，【四】斬首六萬，天子賀以黼黻。【五】二十三年，與晉戰少梁〔三四〕，虜其將公孫痤。【六】二十四年，獻公卒，【七】子孝公立，【八】年已二十一歲矣。

【一】集解徐廣曰：「丁酉。」

【二】集解徐廣曰：「徙都之，今萬年是也〔三五〕。」正義括地志云：「櫟陽故城一名萬年城，在雍州櫟陽東北百二十里〔三六〕。漢七年，分櫟陽城內爲萬年縣，隋文帝開皇三年，遷都於龍首川，今京城也。改萬年爲大興縣。至唐武德元年，又改曰萬年，置在州東七里。」

【三】正義言雨金於秦國都，明金瑞見也。

【四】正義括地志云：「堯門山俗名石門，在雍州三原縣西北三十三里。上有路，其狀若門。故老云堯鑿山爲門，因名之。武德年中於此山南置石門縣，貞觀年中改爲雲陽縣。」

【五】集解周禮曰：「白與黑謂之黼，黑與青謂之黻。」

【六】正義在戈反。

【七】集解徐廣曰：「表云二十三年。」

【八】索隱名渠梁。

孝公元年，【一】河山以東彊國六，與〔三七〕齊威、楚宣、魏惠、燕悼、韓哀、趙成侯並。淮泗之閒【二】小國十餘。楚、魏與秦接界。【三】魏築長城，自鄭濱洛以北，有上郡。楚自漢中，南有巴、黔中。周室微，諸侯力政，爭相併。秦僻在雍州，不與中國諸侯之會盟，夷翟遇之。孝公於是布惠，振孤寡，招戰士，明功賞。下令國中曰：「昔我繆公自岐雍之閒，修德行武，東平晉亂，以河爲界，【四】西霸戎翟，廣地千里，天子致伯，諸侯畢賀，爲後世開業，甚光美。會往者厲、躁、簡公、出子之不寧，國家內憂，未遑外事，三晉攻奪我先君河西地，諸侯卑秦，醜莫大焉。獻公即位，鎮撫邊境，徙治櫟陽，且欲東伐，復繆公之故地，脩繆公之政令。寡人思念先君之意，常痛於心。賓客羣臣有能出奇計彊秦者，吾且尊官，與之分土。」於是乃出兵東圍陝城，西斬戎之獂王。【五】

【一】集解徐廣曰：「庚申也。」

【二】正義並，白浪反。謂淮泗二水。

【三】正義楚北及魏西與秦相接，北自梁州漢中郡，南有巴、渝，過江南有黔中、巫郡也。魏西界與秦相接，南自華州鄭縣，西北過渭水，濱洛水東岸，向北有上郡鄜州之地，皆築長城以界秦境。洛即漆沮水也。

【四】正義即龍門河也。

【五】集解地理志天水有獂道縣。應劭曰：「獂，戎邑，音桓。」

衛鞅聞是令下，西入秦，因景監【一】求見孝公。

【一】正義監，甲暫反。閹人也。

二年，天子致胙。

三年，衛鞅說孝公變法修刑，內務耕稼，外勸戰死之賞罰，孝公善之。甘龍、杜摯等弗然，相與爭之。卒用鞅法，百姓苦之；居三年，百姓便之。乃拜鞅爲左庶長。其事在商君語中。

七年，與魏惠王會杜平。【一】八年，與魏戰元里，【二】有功。十年，衞鞅爲大良造，將兵圍魏安邑，降之。【三】十二年，作爲咸陽，【四】築冀闕，【五】秦徙都之。并諸小鄉聚，【六】集爲大縣，縣一令，【七】四十一縣。爲田開阡陌。【八】東地渡洛。十四年，初爲賦。【九】十九年，天子致伯。【一〇】二十年，諸侯畢賀。秦使公子少官率師會諸侯逢澤，【一一】朝天子。

【一】正義在同州澄城縣界也。

【二】正義祁城在同州澄城縣界〔三八〕。

【三】集解地理志曰河東有安邑縣。正義括地志云：「安邑故城在絳州夏縣東北十五里，本夏之都。」

【四】正義括地志云：「咸陽故城亦名渭城，在雍州咸陽縣東十五里，京城北四十五里，即秦孝公徙都之者。今咸陽縣，古之杜郵，白起死處。」

【五】正義劉伯莊云：「冀猶記事，闕即象魏也。」

【六】正義萬二千五百家爲鄉。聚猶村落之類也。

【七】集解漢書百官表曰：「縣令、長皆秦官。萬户以上爲令，秩千石至六百石；減萬户爲長，秩五百石至三百石。皆有丞、尉。」

【八】索隱風俗通曰：「南北曰阡，東西曰陌。河東以東西爲阡，南北爲陌。」

【九】集解徐廣曰：「制貢賦之法也。」索隱譙周云：「初爲軍賦也。」

【一〇】正義伯音霸，又如字。孝公十九年，天子始封爵爲霸，即太史儋云「合十七歲而霸王出」之年〔三九〕，故天子致伯。桓譚新論云：「夫上古稱三皇、五帝，而次有三王、五伯，此天下君之冠首也。故言三皇以道理，而五帝用德化；三王由仁義，五伯以權智。其說之曰：無制令刑罰，謂之皇；有制令，而無刑罰，謂之帝；賞善誅惡，諸侯朝事，謂之王；興兵約盟，以信義矯世，謂之伯。」

【一一】集解徐廣曰：「開封東北有逢澤。」正義括地志云：「逢澤亦名逢池，在汴州浚儀縣東南十四里。」

二十一年，齊敗魏馬陵。【一】

【一】正義虞喜志林云：「濮州甄城縣東北六十餘里有馬陵，澗谷深峻，可以置伏。」按：龐涓敗即此也。

二十二年，衞鞅擊魏，虜魏公子卬。封鞅爲列侯，號商君。【一】

【一】正義商州商洛縣，在州東八十九里，鞅所封也。契所封地。

二十四年，與晉戰鴈門，【一】虜其將魏錯。【二】

【一】索隱紀年云「與魏戰岸門」，此云「鴈門」，恐聲誤也。又下云「敗韓岸門」，蓋一地也。尋秦與韓、魏戰，不當遠至鴈門也。正義括地志云：「岸門在許州長社縣西北二十八里〔四〇〕，今名西武亭。」

【二】正義七故反。

孝公卒，子惠文君立。【一】是歲，誅衞鞅。鞅之初爲秦施法，【二】法不行，太子犯禁。鞅曰：「法之不行，自於貴戚。君必欲行法，先於太子。太子不可黥，黥其傅師。」於是法大用，秦人治。及孝公卒，太子立，宗室多怨鞅，鞅亡，因以爲反，而卒車裂以徇秦國。【三】

【一】索隱名駟。

【二】正義爲，于僞反。

【三】集解漢書曰：商君爲法於秦，戰斬一首賜爵一級，欲爲官者五十石。其爵名，一爲公士，二上造，三簪褭，四不更，五大夫，六官大夫，七公大夫，八公乘，九五大夫，十左庶長，十一右庶長，十二左更，十三中更，十四右更，十五少上造，十六大上造，十七駟車庶長，十八大庶長，十九關內侯，二十徹侯。

惠文君元年，楚、韓、趙、蜀人來朝。二年，天子賀。三年，王冠。〔一〕四年，天子致文武胙。齊、魏爲王。〔二〕

〔一〕正義 冠音館。禮記云年二十行冠禮也。

〔二〕索隱 齊威王、魏惠王。

五年，陰晉人犀首〔一〕爲大良造。六年，魏納陰晉，陰晉更名寧秦。〔二〕七年，公子卬與魏戰，虜其將龍賈，斬首八萬。八年，魏納河西地。九年，渡河，取汾陰、皮氏。〔三〕與魏王會應。〔四〕圍焦，降之。〔五〕十年，張儀相秦。魏納上郡十五縣。〔六〕十一年，縣義渠。〔七〕歸魏焦、曲沃。〔八〕義渠君爲臣。更名少梁曰夏陽。十二年，初臘。〔九〕十三年四月戊午，魏君爲王，韓亦爲王。〔一〇〕使張儀伐取陝，出其人與魏。

〔一〕集解 犀首，官名。姓公孫，名衍。索隱 官名，若虎牙之類。姓公孫，名衍，魏人也。正義 犀音西。地理志云華陰縣，故陰晉，秦惠王五年，更名寧秦，高祖八年更名華陰。

〔二〕集解 徐廣曰：「今之華陰也。」

〔三〕集解 地理志二縣屬河東。正義 渡河東取之。括地志云：「汾陰故城俗名殷湯城，在蒲州汾陰縣北也。皮氏在絳州龍門縣西一里八十步，即古皮氏城也。」

〔四〕正義 應，乙陵反。括地志云：「故應城因應山爲名，古之應國，在汝州魯山縣東三十里。左傳云『邗、晉、應、韓，武之穆也』。」

【五】正義括地志云：「焦城在陝州城内東北百步，因焦水爲名。周同姓所封，左傳云『虞、虢、焦、滑、霍、陽、韓、魏皆姬姓也』。杜預云『八國皆爲晉所滅』。」按：武王克商，封神農之後于焦，而後封姬姓也。

【六】正義今鄜、綏等州也。魏前納陰晉，次納同、丹二州，今納上郡，而盡河西濱洛之地矣。

【七】正義地理志云北地郡義渠道，秦縣也。括地志云：「寧、原、慶三州，秦北地郡，戰國及春秋時爲義渠戎國之地，周先公劉、不窋居之，古西戎也。」

【八】正義括地志云：「曲沃在陝州陝縣西南三十二里〔四二〕，因曲沃水爲名。」按：焦、曲沃二城相近，本魏地，適屬秦，今還魏，故言歸也。

【九】正義臘，盧盍反，十二月臘日也。秦惠文王始效中國爲之，故云初臘。獵禽獸以歲終祭先祖，因立此日也。風俗通云：「禮傳云『夏曰嘉平，殷曰清祀，周曰蜡，漢改曰臘』。禮曰：天子大蜡八，伊耆氏始爲蜡。蜡者，索也。歲十二月合聚萬物而索饗之。」

【一〇】正義魏襄王、韓宣惠王也。

十四年，更爲元年。二年，張儀與齊、楚大臣會齧桑。三年，韓、魏太子來朝。張儀相魏。五年，王游至北河。【一一】七年，樂池【一二】相秦。韓、趙、魏、燕、齊帥匈奴共攻秦。秦使庶長疾與戰修魚，虜其將申差，【一三】敗趙公子渴、韓太子奐，斬首八萬二千。八年，張儀復相秦。九年，司馬錯伐蜀，滅之。【四】伐取趙中都、西陽。【五】十年，韓太子蒼來質。伐取韓石章。【六】伐敗趙將泥。【七】伐取義渠二十五城。十一年，樗里疾攻魏焦，降之。敗韓岸門，斬首萬，其將犀首走。公子通封於蜀。【八】燕君讓其臣子之。十二年，王與梁王會臨晉。庶長疾攻趙，虜趙將莊。張儀相楚。十三年，庶長章擊楚於丹陽，虜其將屈匄，斬首八萬；又攻楚漢中，取地六百里，置漢中郡。楚圍雍氏，秦使庶長疾助韓而東攻齊，到滿【九】助魏攻燕。十四年，伐楚，取召陵。丹、犂臣，蜀【一〇】相壯【一一】殺蜀侯來降。

【一】集解徐廣曰：「戎地，在河上。」正義按：王游觀北河，至靈、夏州之黄河也。

【二】正義樂音岳。池，徒何反。裴氏音池也。

【三】正義修魚，韓邑也。年表云「秦敗我修魚，得韓將軍申差」。

【四】索隱蜀西南夷舊有君長，故昌意娶蜀山氏女也。其後有杜宇，自立爲王，號曰望帝。蜀王本紀曰：「張儀伐蜀，蜀王開戰不勝，爲儀所滅也。」

【五】集解地理志太原有中都縣。正義括地志云：「中都故縣在汾州平遥縣西十二里，即西都也。西陽即中陽也，在汾州隰城縣南十里〔四二〕。地理志云西都、中陽屬西河郡。」此云「伐取趙中都、西陽」。趙世家云「秦即取我西都及中陽」。年表云「秦惠文王後元九年，取趙中都、西陽、安邑。趙武靈王十年，秦取中都安陽」。本紀、世家、年表其縣名異，年歲實同，所伐唯一處，故具録之，以示後學。

【六】正義 韓地名也。

【七】集解 徐廣曰：「將，一作『莊』。」 正義 趙將名也。

【八】集解 徐廣曰：「是歲王赧元年。」 索隱 華陽國志曰：「赧王元年，秦惠王封子通國爲蜀侯，以陳莊爲相。」徐廣所云，亦據國志而言之。

【九】正義 滿，或作「蒲」。秦將姓名也。

【一〇】正義 二戎號也，臣伏於蜀。蜀相殺蜀侯，并丹、犂二國降秦。在蜀西南姚府管内，本西南夷，戰國時蜀、滇國，唐初置犂州、丹州也。

【一一】集解 徐廣曰：「一作『狀』。」

惠王卒，子武王立。【一】韓、魏、齊、楚、越【二】皆賓從。

【一】索隱 名蕩。

【二】集解 徐廣曰：「一作『趙』。」

武王元年，與魏惠王會臨晉。【一】誅蜀相壯。張儀、魏章皆東出之魏。伐義渠、丹、犂。二年，初置丞相，【二】樗里疾、甘茂爲左右丞相。張儀死於魏。三年，與韓襄王會臨晉外。【三】南公揭卒，樗里疾相韓。武王謂甘茂曰：「寡人欲容車通三川，窺周室，死不恨矣。」其秋，使甘茂、庶長封伐宜陽。【四】四年，拔宜陽，斬首六萬。涉河，城武遂。【五】魏太子來朝。武王有力好戲，力士任鄙、烏獲、孟說皆至大官。王與孟說舉鼎，絶臏。【六】八月，武王死。【七】族孟說。武王取魏女爲后，無子。立異母弟，是爲昭襄王。【八】昭襄母楚人，姓羋氏，號宣太后。武王死時，昭襄王爲質於燕，燕人送歸，得立。

【一】集解徐廣曰：「表云哀王。」正義按：魏惠王卒已二十五年矣。

【二】集解應劭曰：「丞者，承也。相，助也。」

【三】正義外謂臨晉城外。「外」字一作「水」。

【四】正義在河南府福昌縣東十四里，故韓城是也。此韓之大郡，伐取之，三川路乃通也。

【五】集解徐廣曰：「韓邑也。」正義按：此邑本屬韓，近平陽。韓世家云貞子居平陽，九世至哀侯，徙鄭。楚世家云「而韓猶服事秦者，以先王墓在平陽，而秦之武遂去之七十里」，故知近平陽。

【六】集解徐廣曰：「一作『脉』。」正義臏音頻忍反。絶，斷也。臏，脛骨也。

【七】集解皇覽曰：「秦武王冢在扶風安陵縣西北，畢陌中大冢是也。人以爲周文王冢，非也。周文王冢在杜中。」正義括地志云：「秦悼武王陵在雍州咸陽縣西北十五里也。」

【八】索隱名則，一名稷。

昭襄王元年，嚴君疾爲相。【一】甘茂出之魏。二年，彗星見。【二】庶長壯與大臣、諸侯、公子爲逆，皆誅，及惠文后皆不得良死。【三】悼武王后出歸魏。三年，王冠。與楚王會黄棘，【四】與楚上庸。【五】四年，取蒲阪。【六】彗星見。五年，魏王來朝應亭，【七】復與魏蒲阪。六年，蜀侯煇反，【八】司馬錯定蜀。庶長奂伐楚，斬首二萬。涇陽君【九】質於齊。日食，晝晦。七年，拔新城。【一〇】樗里子卒。八年，使將軍芈戎攻楚，取新市。【一一】齊使章子，魏使公孫喜，韓使暴鳶【一二】共攻楚方城，取唐眛。趙破中山，其君亡，竟死齊。魏公子勁、韓公子長爲諸侯。【一三】九年，孟嘗君薛文來相秦。奂攻楚，取八城，殺其將景快。十年，楚懷王入朝秦，秦留之。薛文以金受免。【一四】樓緩爲丞相。十一年，齊、韓、魏、趙、宋、中山五國共攻秦，【一五】至鹽氏而還。【一六】秦與韓、魏河北及封陵以和。【一七】彗星見。楚懷王走之趙，趙不受，還之秦，即死，歸葬。十二年，樓緩免，穰侯【一八】魏冄爲相。予楚粟五萬石。

【一】正義蓋封蜀郡嚴道縣，因號嚴君。疾，名也。

【二】正義彗，似歲反，又先到反。

【三】集解徐廣曰：「迎婦於楚者。」

【四】正義棘，紀力反。蓋在房、襄二州也。

【五】集解地理志漢中有上庸縣。正義括地志云：「上庸，今房州竹山縣及金州是也。」

【六】正義括地志云：「蒲阪故城在蒲州河東縣南二里，即堯舜所都也。」

【七】集解徐廣曰：「魏世家云『會臨晉』。」正義應音乙陵反。

【八】索隱煇音暉。華陽國志曰：「秦封王子煇爲蜀侯。蜀侯祭，歸胙於王，後母疾之，加毒以進，王大怒，使司馬錯賜煇劍。」此煇不同也。

【九】索隱名市〔四三〕。

【一〇】正義楚世家云：「懷王二十九年，秦復伐楚，大破楚軍，楚軍死二萬，殺我將軍景缺。」年表云：「秦敗我襄城，殺景缺。」括地志云：「許州襄城縣即古新城縣也。」按世家、年表，則「新」字誤作「襄」字。

【一一】集解晉地記曰：「江夏有新市縣。」

【一二】索隱韓將姓名。

【一三】索隱別封之邑，比之諸侯，猶商君、趙長安君然。

【一四】正義金受，秦丞相姓名。免，奪其丞相。

【一五】正義蓋中山此時屬趙，故云五國也。

【一六】集解徐廣曰：「鹽，一作『監』。」正義括地志云：「鹽故城一名司鹽城，在蒲州安邑縣。」按：掌鹽池之官，因稱氏。

【一七】正義年表云：秦與魏封陵，與韓武遂以和。按：河外陝、虢、曲沃等地。封陵在古蒲阪縣西南河曲之中。武遂，近平陽地也。

【一八】正義括地志云：「穰，鄧州所理縣，即古穰侯國。」

十三年，向壽伐韓，取武始。【一】左更白起攻新城。【二】五大夫禮出亡奔魏。任鄙爲漢中守。【三】十四年，左更白起攻韓、魏於伊闕，【四】斬首二十四萬，虜公孫喜，拔五城。十五年，大良造白起攻魏，取垣，【五】復予之。攻楚，取宛〔四四〕。十六年，左更錯取軹及鄧。【六】冄免。封公子市宛、公子悝鄧，【七】魏冄陶，爲諸侯。十七年，城陽君【八】入朝，及東周君來朝。秦以垣爲蒲阪、皮氏。【九】王之宜陽。十八年，錯攻垣、【一〇】河雍，決橋取之。【一一】十九年，王爲西帝，齊爲東帝，皆復去之。呂禮來自歸。齊破宋，宋王在魏，死温。任鄙卒。二十年，【一二】王之漢中，又之上郡、北河。二十一年，【一三】錯攻魏河内。魏獻安邑，秦出其人，募徙河東賜爵，赦罪人遷之。涇陽君封宛。二十二年，蒙武伐齊。河東爲九縣。與楚王會宛。與趙王會中陽。【一四】二十三年，尉斯離【一五】與三晉、燕伐齊，破之濟西。王與魏王會宜陽，與韓王會新城。二十四年，與楚王會鄢，【一六】又會穰。秦取魏安城，【一七】至大梁，燕、趙救之，秦軍去。魏冄免相。二十五年，拔趙二城。與韓王會新城，與魏王會新明邑。二十六年，赦罪人遷之穰。侯冄復相。二十七年，錯攻楚。赦罪人遷之南陽。【一八】白起攻趙，取代光狼城。【一九】又使司馬錯發隴西，因蜀攻楚黔中，【二〇】拔之。二十八年，大良造白起攻楚，取鄢、鄧，〔二二〕赦罪人遷之。二十九年，大良造白起攻楚，取郢爲南郡，〔二三〕楚王走。周君來。王與楚王會襄陵。〔二三〕白起爲武安君。〔二四〕三十年，蜀守若伐楚，取巫郡〔三五〕及江南爲黔中郡。〔二六〕三十一年，白起伐魏，取兩城。楚人反我江南。〔二七〕三十二年，相穰侯攻魏，至大梁，破暴鳶，斬首四萬，鳶走，魏入三縣請和。三十三年，客卿胡傷攻魏卷〔四五〕、〔二八〕蔡、陽、長社〔四六〕，取之。〔二九〕擊芒卯華陽，破之，〔三〇〕斬首十五萬。魏入南陽以和。〔三一〕三十四年，秦與魏、韓上庸地爲一郡，南陽免臣遷居之。三十五年，佐韓、魏、楚伐燕。初置南陽郡。〔三二〕三十六年，客卿竈攻齊，取剛、壽，〔三三〕予穰侯。三十八年，中更胡傷攻趙閼與，〔三四〕不能取。四十年，悼太子死魏，歸葬芷陽。〔三五〕四十一年夏，攻魏，取邢丘、懷。〔三六〕四十二年，安國君爲太子。十月，宣太后薨〔四七〕，〔三七〕葬芷陽酈山。〔三八〕九月，穰侯出之陶。四十三年，武安君白起攻韓，拔九城，斬首五萬。四十四年，攻韓南陽〔四八〕，取之。四十五年，五大夫賁〔三九〕攻韓，取十城。葉陽君〔四〇〕悝出之國，未至而死。四十七年，秦攻韓上黨，上黨降趙，秦因攻趙，趙發兵擊秦，相距。秦使武安君白起擊，大破趙於長平，四十餘萬盡殺之。四十八年十月，韓獻垣雍。〔四一〕秦軍分爲三軍。武安君歸。王齕將伐趙武安、皮牢，拔之。司馬梗北定太原，盡有韓上黨。正月，兵罷，復守上黨。其十月，五大夫陵攻趙邯鄲。四十九年正月，益發卒佐陵。陵戰不善，免，王齕代將。其十月，將軍張唐攻魏，爲蔡尉【四二】捐弗守，還斬之。五十年十月，武安君白起有罪，爲士伍，遷陰密。【四三】張唐攻鄭，拔之。十二月，益發卒軍汾城旁。【四四】武安君白起有罪，死。齕攻邯鄲，不拔，去，還奔汾軍。二月餘，攻晉軍，斬首六千，晉楚流死河二萬人。【四五】攻汾城，即從唐拔寧【四六】新中，【四七】寧新中更名安陽。【四八】初作河橋。【四九】

【一】集解地理志魏郡有武始縣。正義括地志云：「武始故城在洛州武始縣西南十里。」

【二】正義白起傳云：「白起爲左庶長，將而擊韓之新城。」括地志云：「洛州伊闕縣本是漢新城縣，隋文帝改爲伊闕，在洛州南七十里。」

【三】集解漢書百官表曰：「郡守，秦官。」

【四】正義括地志云：「伊闕在洛州南十九里。注水經云『昔大禹疏龍門以通水，兩山相對，望之若闕，伊水歷其閒，故謂之伊闕』。」按：今洛南猶謂之龍門也。

【五】正義垣音袁。前秦取蒲阪，復以蒲阪與魏，魏以爲垣。今又取魏垣，復與之，後秦以爲蒲阪、皮氏。

【六】集解地理志河內有軹縣，南陽有鄧縣。正義括地志云：「故軹城在懷州濟源縣東南十三里，故鄧城在懷州河陽縣西三十一里，並六國時魏邑也。」按：二城相連，故云及也。

【七】索隱悝號高陵君，初封於彭，昭襄王弟也。

【八】正義括地志云：「濮州雷澤縣本漢郕陽縣，古郕伯姬姓之國，周武王封弟季載於郕，其後遷城之陽也。」

【九】索隱「爲」當爲「易」，蓋字訛也。　正義蒲阪，今河東縣也。皮氏故城在絳州龍門縣西一里八十步。

【一〇】正義蓋蒲阪、皮氏又歸魏，魏復以爲垣，今重攻取之也。

【一一】集解徐廣曰：「汲冢紀年云魏哀王四年〔四九〕，改宜陽曰河雍〔五〇〕，改向曰高平。向在軹之西。」

【一二】集解徐廣曰：「秦地有父馬生駒。」

【一三】集解徐廣曰：「有牡馬生子而死〔五一〕。」

【一四】集解地理志西河有中陽縣。

【一五】索隱尉，秦官。斯離，其姓名。　正義尉，都尉。斯離，名也。

【一六】正義鄾，於建反，又音偃。括地志云：「故偃城在襄州安養縣北三里，古鄾子之國也。」

【一七】集解地理志汝南有安城縣。　正義括地志云：「安城在豫州汝陽縣東南十七里。」

【一八】正義南陽及上遷之穰，皆今鄧州也。

【一九】正義括地志云：「光狼故城在今澤州高平縣西二十里。」

【二〇】正義今黔府也。

【二一】正義鄾鄧二城並在襄州。

【二二】正義括地志云：「郢城在荊州江陵縣東北六里，楚平王築都之地也。」

【二三】集解地理志河東有襄陵縣。 正義括地志云：「襄陵在晉州臨汾縣東南三十五里。闞駰十三州志云襄陵，晉大夫犨邑也。」

【二四】正義言能撫養軍士，戰必剋得，百姓安集，故號武安。 故城在洺州武安縣西南五十里〔五二〕。七國時趙邑，即趙奢救閼與處也。

【二五】正義華陽國志張若爲蜀中郡守。 括地志云：「巫郡在夔州東百里。」

【二六】正義括地志云：「黔中故城在辰州沅陵縣西二十里。江南，今黔府亦其地也。」

【二七】正義黔中郡反歸楚。

【二八】集解地理志河南有卷縣。 正義卷音丘袁反。 括地志云：「故卷城在鄭州原武縣西北七里，即衡雍也。」

【二九】集解地理志潁川有長社縣。 正義括地志云：「蔡陽，今豫州上蔡水之陽，古城在豫州北七十里。長社故城在許州長社縣西一里。皆魏邑也。」

【三〇】集解司馬彪曰：「華陽，亭名，在密縣。」 索隱芒卯，魏將。譙周云孟卯也。 正義括地志云：「故華城在鄭州管城縣南三十里〔五三〕。國語云史伯對鄭桓公，虢、鄶十邑，華其一也。華陽即此城也。」按：是時韓、趙聚兵於華陽攻秦，即此矣。

【三一】集解徐廣曰：「河內修武，古曰南陽，秦始皇更名河內，屬魏地。荊州之南陽郡，本屬韓地。」

正義括地志云：「懷州獲嘉縣即古之南陽〔五四〕。杜預云『在晉州山南河北，故曰南陽』。秦破芒卯軍，斬首十五萬，魏入南陽以和。」

【三二】正義今鄧州也。前已屬秦，秦置南陽郡，在漢水之北。釋名云：「在中國之南而居陽地，故以爲名焉。」張衡南都賦云：「陪京之南，居漢之陽。」

【三三】正義括地志云：「故剛城在兗州龔丘縣界。壽，鄆州之縣。」

【三四】集解孟康曰：「音焉與，邑名，在上黨涅縣西。」正義閼，於連反〔五五〕；與，音預。閼與聚城一名烏蘇城，在潞州銅鞮縣西北二十里，趙奢破秦軍處。又儀州和順縣即古閼與城，亦云趙奢破秦軍處。然儀州與潞州相近，二所未詳。又閼與山在洺州武安縣西南五十里，趙奢拒秦軍於閼與，即山北也。按：閼與山在武安故城西南，又近武安故城，蓋儀州是所封故地。

【三五】集解徐廣曰：「今霸陵。」正義括地志云：「芷陽在雍州藍田縣西六里。」三秦記云白鹿原東有霸川之西阪〔五六〕，故芷陽也。」

【三六】集解徐廣曰：「邢丘在平皋。」駰案：韓詩外傳武王伐紂，到于邢丘，勒兵於寧，更名邢丘曰懷，寧曰修武。正義括地志云：「平皋故城本邢丘邑，漢置平皋縣，在懷州武德縣東南二十里。故懷城，周之懷邑，在懷州武陟縣西十一里。」

【三七】集解徐廣曰：「芈氏。」

【三八】正義酈，力知反。在雍州新豐縣南十四里也。

【三九】正義 音奔。五大夫，官。疑賁，名也。

【四〇】集解 一云「華陽」。 正義 葉，書涉反。

【四一】集解 司馬彪曰：「河南卷縣有垣雍城。」

【四二】正義 爲，于僞反。蔡，姓；尉，名。

【四三】集解 如淳曰：「嘗有爵而以罪奪爵，皆稱士伍。」 正義 括地志云：「陰密故城在涇州鶉觚縣西，即古密須國也。」

【四四】正義 括地志云：「臨汾故城在絳州正平縣東北二十五里，即古臨汾縣城也。」按：汾城即此城是也。

【四五】集解 徐廣曰：「楚，一作『走』。」 正義 按：此時無楚軍，「走」字是也。

【四六】集解 徐廣曰：「一作『曼』。此趙邑也。」

【四七】正義 唐，今晉州平陽，堯都也。括地志云：「寧新中，七國時魏邑，秦昭襄王拔魏寧新中，更名安陽城，即今相州外城是也。」

【四八】集解 徐廣曰：「魏郡有安陽縣。」 正義 今相州外城古安陽城。

【四九】正義 此橋在同州臨晉縣東，渡河至蒲州，今蒲津橋也。

五十一年，將軍摎攻韓，取陽城負黍，【一】斬首四萬。攻趙，取二十餘縣，首虜九萬。

西周君【二】背秦，與諸侯約從，將天下鋭兵出伊闕攻秦，令秦毋得通陽城。於是秦使將軍摎攻西周。西周君走來自歸，頓首受罪，盡獻其邑三十六城，口三萬。秦王受獻，歸其君於周。五十二年，周民東亡，其器九鼎入秦。【三】周初亡。

【一】正義今河南府縣也。負黍亭在陽城縣西南三十五里，本周邑，亦時屬韓也。

【二】正義武公。

【三】正義器謂寶器也。禹貢金九牧，鑄鼎於荆山下，各象九州之物，故言九鼎。歷殷至周赧王十九年，秦昭王取九鼎，其一飛入泗水，餘八入於秦中。

五十三年，天下來賓。魏後，秦使摎伐魏，取吴城。【一】韓王入朝，魏委國聽令。五十四年，王郊見上帝於雍。五十六年秋，昭襄王卒，子孝文王立。【二】尊唐八子爲唐太后，【三】而合其葬於先王。【四】韓王衰經入弔祠，諸侯皆使其將相來弔祠，視喪事。

【一】集解徐廣曰：「在大陽。」正義括地志云：「虞城故城在陝州河北縣東北五十里虞山之上，亦名吴山，周武王封弟虞仲於周之北故夏墟吴城，即此城也。」

【二】索隱名柱，五十三而立，立一年卒，葬壽陵。子莊襄王。

【三】集解徐廣曰：「八子者，妾媵之號，姓唐。」正義孝文王之母也。先死，故尊之。晉灼云：「除皇后，自昭儀以下，秩至百石，凡十四等。」漢書外戚傳云：「八子視千石，比中更。」

【四】正義以其母唐太后與昭王合葬。

孝文王元年，赦罪人，修先王功臣，褒厚親戚，弛苑囿。孝文王除喪，十月己亥即位，三日辛丑卒，子莊襄王立。【一】

【一】索隱名子楚。三十二而立，立三年卒，葬陽陵。紀作「四年〔五七〕」。

莊襄王元年，大赦罪人，修先王功臣，施德厚骨肉而布惠於民。東周君與諸侯謀秦，秦使相國呂不韋誅之，盡入其國。秦不絕其祀，以陽人地【一】賜周君，奉其祭祀。使蒙驁伐韓，韓獻成皋、鞏。【二】秦界至大梁，初置三川郡。【三】二年，使蒙驁攻趙，定太原。三年，蒙驁攻魏高都、汲，【四】拔之。攻趙榆次、新城、狼孟，【五】取三十七城。【六】四月日食。四年，王齕攻上黨〔五八〕。【七】初置太原郡。【八】魏將無忌率五國兵擊秦，【九】秦卻於河外。【一〇】蒙驁敗，解而去。五月丙午，莊襄王卒，子政立，是爲秦始皇帝。

【一】集解地理志河南梁縣有陽人聚。

【二】正義括地志云：「洛州汜水縣，古東虢國〔五九〕，亦鄭之制邑，又名虎牢，漢之成皋。」鞏，恭勇反，今洛州鞏縣。爾時秦滅東周，韓亦得其地，又獻於秦。

【三】集解韋昭曰：「有河、洛、伊，故曰三川。」駰案：地理志漢高祖更名河南郡。

【四】集解徐廣曰：「一作『波』。波縣亦在河內。」正義汲音急。括地志云：「高都故城，今澤州是。汲故城在衞州所理汲縣西南二十五里。」孟康云，漢波縣，今郗城是也。括地志云：「故郗城在懷州河內縣西三十二里。左傳云蘇忿生十二邑，郗其一也。」

【五】正義括地志云：「榆次，并州縣，即古榆次地也。新城一名小平城，在朔州善陽縣西南四十七里。狼孟故城在并州陽曲縣東北二十六里。」

【六】正義案：取三十七城，并、代、朔三州之地矣。

【七】正義上黨又反秦，故攻之。

【八】正義上黨以北皆太原地，即上三十七城也。

【九】正義信陵君也。率燕、趙、韓、楚、魏之兵擊秦也。

【一〇】正義蒙驁被五國兵敗，遂解而卻至於河外。河外，陝、華二州也。

秦王政立二十六年，初并天下爲三十六郡，號爲始皇帝。【一】始皇帝立十一年而崩〔六〇〕，子胡亥立，是爲二世皇帝。【二】三年，諸侯並起叛秦，趙高殺二世，立子嬰。子嬰立月餘，諸侯誅之，遂滅秦。其語在始皇本紀中。

【一】索隱十三而立，立三十七年崩，葬酈山〔六一〕。

【二】索隱十二年立〔六二〕。紀云二十一。立三年，葬宜春。秦自襄公至二世，凡六百一十七歲。此實本紀而注別舉之，以非本文耳。

太史公曰：秦之先爲嬴姓。其後分封，以國爲姓，有徐氏、郯氏、莒氏、終黎氏、〔一二〕運奄氏、菟裘氏、將梁氏、黃氏、江氏、脩魚氏、白冥氏、蜚廉氏、秦氏。然秦以其先造父封趙城，爲趙氏。

【一二】集解徐廣曰：「世本作『鍾離』。」應劭氏姓注云有姓終黎者是〔六三〕。

【索隱述贊】柏翳佐舜，皁斿是旌。蜚廉事紂，石椁斯營。造父善馭，封之趙城。非子息馬，厥號秦嬴。禮樂射御，西垂有聲。襄公救周，始命列國。金祠白帝，龍祚水德。祥應陳寶，妖除豐特。里奚致霸，衛鞅任刻。厥後吞并，卒成凶慝。

校勘記

〔一〕此條索隱原無，據耿本、黃本、彭本、索隱本、柯本、凌本、殿本、會注本補。

〔二〕女華生大費　「大費」二字高山本重，詩秦風譜孔穎達疏引秦本紀同。

〔三〕言其天功成也　「天」，原作「大」，據耿本、黃本、索隱本、柯本、凌本改。按：尚書禹貢「禹錫玄圭，告厥成功」孔安國傳：「玄，天色。禹功盡加於四海，故堯賜玄圭以彰顯之。言天功成。」

〔四〕大廉玄孫曰孟戲中衍中衍鳥身人言　「中衍」二字原不重。高山本「中衍」下有重文符號，今據補。按：梁玉繩志疑卷四：「『鳥身』上似脱『中衍』二字。不然，太戊妻之當何屬？而下文所謂『中潏』者，又誰之元孫？」

〔五〕俗一作洛　「洛」，原作「浴」，據耿本、黄本、彭本、索隱本、柯本、殿本改。按：元和姓纂卷七二十九篠鳥俗：「伯益仕堯，有養鳥獸之功，賜姓鳥洛氏。支孫又以路、洛爲氏。史記曰：大費子太廉爲鳥俗氏。『俗』誤，作『洛』爲宜。」

〔六〕遂葬於霍太山　「遂」下高山本有「以」字，水經注卷六汾水同。

〔七〕手裂虎兕　「虎兕」，高山本作「兕虎」，晏子春秋内篇諫上同。

〔八〕弃於水濱洲　殿本無「洲」字。水澤利忠校補卷五：「南、北，無『洲』字。」按：本書卷四三趙世家「而徐偃王反」正義、後漢書卷八五東夷傳「命徐偃王主之」李賢注引博物志並同。

〔九〕戎圍犬丘世父擊之　「世父」二字原重。梁玉繩志疑卷四：「『世父』二字衍。」今據删。

〔一〇〕自以居西西縣名　二「西」字下原皆有「畤」字。張文虎札記卷一：「兩『畤』字當衍。『西縣名』三字疑當在下句『故作西畤祠白帝』下。」今據删。按：漢書卷一上高帝紀上「吾子，白帝子也」顏師古注引應劭曰：「秦襄公自以居西，主少昊之神，作西畤，祠白帝。」漢書卷二五上郊祀志上：「秦襄公攻戎救周，列爲諸侯，而居西，自以爲主少昊之神，作西畤，祠白帝。」

〔二〕是爲寧公　梁玉繩志疑卷四：「始皇紀末秦記作『憲公』，人表同，即索隱于秦記引秦本紀亦作『憲公』，則『寧』字以形近致訛。」此與年表竝當改爲『憲公』。」按：秦始皇本紀「憲公享國十二年」索隱：「本紀憲公徙居平陽，葬西山。」出土秦公鐘、秦公鎛皆作「憲公」（殷周金文集成圖二六二——二六九）。下文「寧公二年」、「寧公生十歲立」及正義引括地志、「寧公卒」等疑皆當作「憲公」。

〔三〕寶雞神祠　「祠」字原無，據本書卷二八封禪書「于陳倉北阪城祠之」正義引括地志補。

〔三〕索隱春秋魯閔公元年左傳云晉滅耿滅魏滅霍此不言魏史闕文耳　張文虎札記卷一：「警云據此則史本無『魏』字，正義但釋霍、耿，則所見本亦同。合刻本據左傳增『魏』，遂刪索隱此文，幸尚存單本，而其出史文仍有『魏』，蓋亦後人妄增。」按：高山本正文無「魏」字。耿本索隱有「此不言魏史闕文耳」八字，與單本同。

〔四〕賜畢萬魏賜趙夙耿　黄本、彭本、凌本、殿本作「賜趙夙耿賜畢萬魏」。按：左傳閔公元年：「賜趙夙耿，賜畢萬魏。」本書卷四四魏世家：「以耿封趙夙，以魏封畢萬。」

〔五〕又春秋時霍伯國　「又」，疑當作「本」。按：本書卷三二齊太公世家「居奡」正義：「鄭玄云：『霍山在奡。』本秦時霍伯國。」卷四四魏世家「魏悼子徙治霍」正義：「晉州霍邑縣，漢奡縣也，後漢改曰永安，隋改曰霍邑，本春秋時霍伯國也。」

〔一六〕陝州芮城縣界有芮國城　「陝」字原無。本書卷四四魏世家「以魏封畢萬」正義：「魏城在陝州芮城縣北五里。」今據補。

〔一七〕六月伏日初也　高山本無「初」字，漢書卷二五上郊祀志上「作伏祠」顏師古注引孟康同。

〔一八〕滑州故城古南燕國　「故城」，疑當作「胙城」。按：本書卷六秦始皇本紀「定酸棗、燕、虛、長平」正義引括地志：「南燕城，古燕國也，滑州胙城縣是也。」卷四周本紀「謀召燕、衞師」正義：「南燕，滑州胙城。」卷九五樊酈滕灌列傳「擊破柘公王武軍於燕西」正義：「滑州胙城，本南燕國也。」

〔一九〕殷時諸侯孤竹國也　「孤」字原無。本書卷四周本紀、卷二八封禪書、卷六一伯夷列傳正義引括地志皆有「孤」字，今據補。

〔二〇〕永寧縣西北二十里　「二十里」，本書卷五五留侯世家「西有殽、黽」正義作「二十八里」。

〔二一〕集解人姓名　高山本、景祐本、紹興本、耿本無此注。按：張文虎札記卷一：「中統、毛本無此注，凌本在上節正義下，疑校者旁注誤入。」

〔二二〕茅津在陝州河北縣大陽縣也　「大陽」上疑有脱誤。按：本書卷六一伯夷列傳「竟以壽終」正義引括地志：「盜蹠冢在陝州河北縣西二十里。河北縣本漢大陽縣也。」元和志卷六河南道二陝州：「平陸縣，本漢大陽縣地，屬河東郡。後魏於此置河北郡，領河北縣。隋開皇十五年，河北縣改屬蒲州，貞觀元年又屬陝州。天寶元年，改爲平陸縣。」

〔二三〕謂蹇叔百里奚也　此上原有「以申思」三字。張文虎札記卷一：「三字疑涉下正文而誤衍。」今據刪。

〔二四〕正義韓安國云秦穆公都地方三百里并國十四辟地千里隴西北地郡是也　此條正義原在上文「問伐戎之形」下。張文虎札記卷一：「所引與伐戎全不相涉，疑當注後文『開地千里』下，錯簡在此。」今據乙。又，據漢書卷五二韓安國傳，此下皆王恢語，疑「韓安國」下脱「傳」字。「都」下漢書有「雍」字。

〔二五〕子車秦大夫也　「也」上疑脱「氏」字。按：左傳文公六年杜預注：「子車，秦大夫氏也。」

〔二六〕始皇本紀作僖公　「僖公」，原作「哀公」。本書卷六秦始皇本紀「（桓公）生景公」索隱：「一作『僖公』。」今據改。

〔二七〕南陽縣北三十里　「北」字原無，據本書卷一一〇匈奴列傳正義、卷四〇楚世家、卷四二鄭世家正義引括地志補。

〔二八〕十年　原作「十一年」，據高山本改。按：本書卷一四十二諸侯年表、卷四〇楚世家楚平王娶太子建婦在二年，當秦哀公十年。

〔二九〕吴公先猷　「吴公」，原作「吴王」，據高山本改。按：本書卷三九晉世家「卒長吴」集解：「外傳云『吴公先猷』。」國語吴語：「吴公先猷，晉侯亞之。」

〔三〇〕十三年城籍姑　「十三年」，疑當作「十年」。按：張文虎札記卷一：「志疑云：『靈公在位十年，即卒於城籍姑之歲，「三」字衍。』案：元龜百八十二引作『靈公十年卒』，與秦紀及年表合。」本書卷六秦始皇本紀：「（肅靈公）享國十年。」卷一五六國年表云靈公十年「補龐，城籍姑，靈公卒」。

〔三一〕今秦記謂簡公是靈公子　「秦記」，原作「史記」；「靈公」，原作「厲公」。本書卷六秦始皇本紀：「肅靈公，昭子子也。居涇陽。享國十年。葬悼公西。生簡公。」張文虎札記卷一：「『史記』當作『秦記』，『厲公』當作『靈公』。」今據改。按：秦始皇本紀所附秦國世系，即所謂「秦記」。「肅靈公」即靈公。

〔三二〕庶長改迎靈公之子獻公于西而立之　「西」上原有「河」字，據高山本刪。按：正義：「西者，秦州西縣，秦之舊地，時獻公在西縣，故迎立之。」王念孫雜志史記第一：「如正義則正文『西』上本無『河』字，蓋涉下文『奪秦河西地』而衍。」

〔三三〕合十七歲而霸王出　「十七」，原作「七十七」，據高山本改。按：本書卷四周本紀「合十七歲而霸王者出焉」集解：「從此後十七年而秦昭王立。」

〔三四〕與晉戰少梁　「晉」上原有「魏」字，據高山本刪。按：王念孫雜志史記第一：「『魏』字後人所加也，『與晉戰少梁』者，晉即魏也。三家分晉，魏得晉之故都，故魏人自稱晉國。」上文云「（獻公）二十一年，與晉戰於石門」，文例正同。

〔三五〕徙都之今萬年是也　「徙都之」三字疑衍。王叔岷斠證：「徐注『徙都之』三字，疑是正文誤入注文者。水經渭水下注引此作『城櫟陽，自雍徙居之』。御覽一六四引云『獻公徙居櫟陽』。並略存其舊。」漢書卷二八上地理志上左馮翊：「櫟陽，秦獻公自雍徙。」

〔三六〕在雍州櫟陽東北百二十里　「櫟陽」二字原在「里」下。本書卷七項羽本紀「都櫟陽」正義引括地志：「櫟陽故城一名萬年城，在雍州櫟陽東北二十五里。」今據乙。

〔三七〕河山以東彊國六與　「國六與」，高山本作「六國興」。

〔三八〕祁城　呂祖謙大事記卷一引正義作「元里故城」，通鑑卷二周紀二顯王十五年胡三省注引正義作「元里」。

〔三九〕合十七歲　「十七」，原作「七十七」。本書卷二八封禪書「合十七年而霸王出焉」索隱：「自昭王滅周之後至始皇元年誅嫪毐，正一十七年。」今據改。

〔四〇〕長社縣西北二十八里　「二十八里」，本書卷四四魏世家、卷四五韓世家正義引括地志作「十八里」。

〔四一〕曲沃在陝州陝縣　下「陝」字原無。張文虎札記卷一：「孫云『州』下脱『陝』字。案：魏世家正義作『在陝縣』。」今據補。按：本書卷四一越王句踐世家「北圍曲沃」、卷四四魏世家「圍我焦、曲沃」正義引括地志皆云曲沃在陝縣。

〔四二〕在汾州隰城縣南十里　「南」，原作「東」，據黃本、彭本、殿本改。按：本書卷四三趙世家正義引括地志作「南」，會注本卷三四燕召公世家「拔中陽」正義同。

〔四三〕名市　本書卷六九蘇秦列傳「令涇陽君」、卷七二穰侯列傳「涇陽君」索隱皆云涇陽君「名悝」，蘇秦列傳「齊請以宋地封涇陽君」正義同。

〔四四〕攻楚取宛　本書卷一五六國年表、卷四五韓世家秦拔宛在韓僖王五年，當秦昭王十六年。按：睡虎地秦簡編年記：「十六年，攻宛。」

〔四五〕客卿胡傷攻魏卷　梁玉繩志疑卷四：「（傷）依穰侯傳作『陽』爲是。趙策作『胡易』，即古『陽』字。」

〔四六〕攻魏卷蔡陽長社　「蔡陽」，疑當作「蔡中陽」。睡虎地秦簡編年記：「卅三年，攻蔡、中陽。」本書卷一五六國年表、卷四四魏世家皆云「秦拔我四城」。

〔四七〕十月宣太后薨　「十月」，高山本作「七月」。

〔四八〕攻韓南陽　「南陽」，原作「南郡」。梁玉繩志疑卷四：「年表及白起傳作『南陽』，甚是，獨此稱『南郡』，謬耳。」今據改。

〔四九〕魏哀王四年　「四年」，原作「二十四年」，據高山本改。按：本書卷四三趙世家「反高平、根柔於魏」集解：「紀年云魏哀王四年改陽曰河雍，向曰高平。」卷一五六國年表魏哀王在位二十三年。卷四四魏世家「（二十三年）哀王卒」索隱：「汲冢紀年終於哀王二十年，昭王三年喪畢，始稱元年耳。」

〔五〇〕改宜陽曰河雍　「宜」字疑衍。本書卷四三趙世家「反高平、根柔於魏」集解引紀年無「宜」

字。水經注卷七濟水：「汲郡竹書紀年曰：鄭侯使韓辰歸晉陽及向。二月，城陽、向，更名陽爲河雍，向爲高平。即是城也。」

〔五一〕有牡馬生子而死　「子」，原作「牛」，據高山本改。按：張文虎札記卷一：「漢書五行志引史記秦孝公二十一年有馬生人，昭王二十年牡馬生子而死。上條今見六國表，而下條紀、表皆無，疑史有逸文。疑此文本作『有牡馬生子而死』，則史記正文與漢志合，當在上二十年下。其『秦地有父馬生駒』，乃集解所引徐廣語，後人不察，誤以正文入注，校者又移入二十一年，岐之中又有岐矣。」

〔五二〕洛州武安縣　「洛州」，原作「潞州」。張文虎札記卷一：「警云『潞』當作『洛』。潞州無武安縣，唐初武安嘗屬洛州也。」按：下文「攻趙閼與」正義作「洛州」，本書卷四九外戚世家「封田蚡爲武安侯」正義引括地志同。今據改。

〔五三〕管城縣南三十里　「三十里」，本書卷四周本紀「秦破華陽約」、卷四三趙世家「秦將白起破我華陽」正義引括地志作「四十里」，卷四五韓世家「魏攻我華陽」正義同。

〔五四〕懷州獲嘉縣　「州」字原無。殿本史記考證：「『懷』字下宜有『州』字。」按：本書卷四四魏世家「秦固有懷、茅、邢丘」正義引括地志有「州」字。今據補。卷五四曹相國世家「下脩武」正義：「今懷州獲嘉縣，古脩武也。」

〔五五〕閼於連反　「連」，原作「達」。本書卷四三趙世家、卷四四魏世家正義並云「於連反」。今據改。

〔五六〕白鹿原　「白」字原無。後漢書志第十九郡國志一京兆尹劉昭注引三秦記：「縣西有白鹿原，周平王時白鹿出。」今據補。

〔五七〕紀作四年　黄本、彭本、柯本、凌本、殿本作「子始皇帝」。

〔五八〕四年王齕攻上黨　張文虎札記卷一：「志疑云莊襄無四年，乃三年之誤。案：王齕攻上黨，六國表書在三年，不誤。此『四年』二字，涉上四月而衍，觀下文五月即接上文四月，其證也。三年上已書，何必複出。」按：「四年」二字疑衍。睡虎地秦簡編年記云「莊王三年，莊王死」。

〔五九〕古東虢國　「東」，原作「之」。上文「鄭伯、虢叔殺子穨而入惠王」正義引括地志：「洛州汜水縣，古東虢國，亦鄭之制邑，漢之城皋。」今據改。按：元和志卷五河南道一河南府汜水縣：「古東虢國，鄭之制邑，漢之城皋縣。」

〔六〇〕始皇帝立十一年而崩　「立」，原作「五」，據高山本改。按：錢大昕三史拾遺卷一：「『五』當爲『立』。秦王政二十六年始稱皇帝，至三十七年而崩，計爲帝十一年耳。」

〔六一〕葬酈山　「酈山」，耿本、黄本、彭本、柯本、凌本、殿本作「酈邑」。按：本書卷六秦始皇本紀：「始皇享國三十七年，葬酈邑。」

〔六二〕十二年立　「年」，耿本、黄本、彭本、柯本、凌本、殿本作「而」。按：本書卷六秦始皇本紀：「二世生十二年而立。」

〔六三〕應劭氏姓注　「應劭」下原有「曰」字。按：氏姓注爲應劭風俗通義篇名。本書卷六三老子韓非列傳「封於段干」集解引風俗通氏姓注，卷七四孟子荀卿列傳「劇子之言」集解引應劭氏姓注。今删「曰」字。

史記卷六

秦始皇本紀第六

秦始皇帝者，秦莊襄王子也。【一】莊襄王爲秦質子於趙，【二】見呂不韋姬，悦而取之，【三】生始皇。以秦昭王四十八年正月生於邯鄲。及生，名爲政，姓趙氏。【四】年十三歲，莊襄王死，政代立爲秦王。當是之時，秦地已并巴、蜀、漢中、越、宛，有郢，置南郡矣；北收上郡以東，有河東、太原、上黨郡；東至滎陽，滅二周，置三川郡。呂不韋爲相，封十萬户，號曰文信侯。招致賓客游士，欲以并天下。李斯爲舍人。【五】蒙驁、王齮、【六】麃公等爲將軍。【七】王年少，初即位，委國事大臣。

【一】索隱莊襄王者，孝文王之中子，昭襄王之孫也，名子楚。按：戰國策本名子異〔一〕，後爲華陽夫人嗣，夫人楚人，因改名子楚也。

【二】正義質音致。國彊欲待弱之來相事，故遣子及貴臣爲質，如上音。國弱懼其侵伐，令子及貴臣往爲質，音直實反。又二國敵亦爲交質，音致。左傳云「周鄭交質，王子狐爲質於鄭，鄭公子忽爲質於周」是也。

【三】索隱按：不韋傳云不韋，陽翟大賈也。其姬邯鄲豪家女，善歌舞，有娠而獻於子楚。

【四】集解徐廣曰：「一作『正』。」宋忠云：「以正月旦生，故名正。」索隱系本作「政」，又生於趙，故曰趙政。一曰秦與趙同祖，以趙城爲榮，故姓趙氏。正義正音政，「周正建子」之「正」也。始皇以正月旦生於趙，因爲政，後以始皇諱，故音征。

【五】集解文穎曰：「主廄内小吏官名。或曰侍從賓客謂之舍人也。」

【六】集解徐廣曰：「一作『齕』。」索隱蒙驁，齊人，蒙武之父，蒙恬之祖。王齮即王齕，昭王四十九年代大夫陵伐趙者。正義齮，魚綺反。劉伯莊云音綺。後同。

【七】集解應劭曰：「麃，秦邑。」索隱麃公，蓋麃邑公，史失其姓名。正義麃，彼苗反，蓋秦之縣邑。大夫稱公，若楚制。

晉陽反，元年，將軍蒙驁擊定之。二年，麃公將卒攻卷，【一】斬首三萬。三年，蒙驁攻韓，取十三城。王齮死。十月，將軍蒙驁攻魏氏暘、有詭。【二】歲大饑。四年，拔暘、有詭。三月，軍罷。秦質子歸自趙，趙太子出歸國。十月庚寅，蝗蟲從東方來，蔽天。天下疫。百姓内粟千石，拜爵一級。五年，將軍驁攻魏，定酸棗、【三】燕、虚、長平、【四】雍丘、山陽城，【五】皆拔之，取二十城。初置東郡。冬雷。六年，韓、魏、趙、衞、楚共擊秦，取壽陵。【六】秦出兵，五國兵罷。拔衞，迫東郡，其君角率其支屬徙居野王，阻其山以保魏之河内。七年，彗星先出東方，見北方，五月見西方。【七】將軍驁死。以攻龍、孤、慶都，【八】還兵攻汲。彗星復見西方【九】十六日。夏太后死。【一〇】八年，王弟長安君成蟜【一一】將軍擊趙，反，【一二】死屯留，【一三】軍吏皆斬死，遷其民於臨洮。【一四】將軍壁死，【一五】卒屯留、蒲鶮反，戮其屍。【一六】河魚大上，【一七】輕車重【一八】馬東就食。【一九】

【一】正義將，子匠反。卒，子必反。卷，丘員反。

【二】集解徐廣曰：「暘，音場。」索隱音暢，魏之邑名。

【三】集解地理志陳留有酸棗縣。正義括地志云：「酸棗故城在滑州酸棗縣北十五里古酸棗縣南。」

【四】集解徐廣曰：「一作『千』。」駰案：地理志汝南有長平縣也。索隱二邑名。春秋桓十二年「會于虛」，又戰國策曰「拔燕、酸棗、虛、桃人」，桃人亦魏邑，虛地今闕，蓋與諸縣相近。按：今東郡燕縣東三十里有故桃城，則亦非遠。正義燕，烏田反。括地志云：「南燕城，古燕國也，滑州胙城縣是也。姚虛在濮州雷澤縣東十三里。孝經援神契云帝舜生於姚墟，即東郡也。長平故城在陳州宛丘縣西六十六里。」

【五】集解地理志陳留有雍丘縣，河内有山陽縣。正義雍，於用反。汴州縣。

【六】正義徐廣云：「在常山。」按：本趙邑也。

【七】正義彗音似歲反。見，並音行練反。孝經內記云：「彗出北斗，兵大起。彗在三台，臣害君。彗在太微，君害臣。彗在天獄，諸侯作亂。所指其處大惡。彗在日旁，子欲殺父。」

【八】集解徐廣曰：「慶，一作『麃』。」正義括地志云：「定州恒陽縣西南四十里有白龍水，又有挾龍山。又定州唐縣東北五十四里有孤山，蓋都山也。帝王紀云望堯母慶都所居。張晏云堯山在北，堯母慶都山在南，相去五十里，北登堯山，南望慶都山也。注水經云『望都故城東有山，不連陵，名之曰孤。「孤」、「都」聲相近，疑即都山』。孤山及望都故城三處相近。」

【九】正義復，扶富反。見，行見反。

【一〇】索隱莊襄王所生母。正義子楚母也。

【一一】正義蟜音紀兆反。成蟜者，長安君名也，號爲長安君。

【一二】正義將，如字。將猶領也。又子匠反。

【一三】正義括地志云：「屯留故城在潞州長子縣東北三十里，漢屯留，留吁國也。」

【一四】索隱臨洮在隴西。正義臨洮水，故名臨洮。洮州在隴右，去京千五百五十一里。言屯留之民被成蟜略衆共反，故遷之於臨洮郡也。

【一五】正義壁，邊覓反。言成蟜自殺壁壘之內。

【一六】集解徐廣曰：「鶡，一作『鶮』。屯留、蒲鶮，皆地名也。壁于此地時，士卒死者皆戮其屍。」

索隱高誘云屯留，上黨之縣名。謂成蟜爲將軍而反，秦兵擊之，而蟜壁於屯留而死。屯留、蒲鶮二邑之反卒雖死，猶皆戮其屍。鶮，古「鶴」字。正義卒，子忽反。鶮音高，注同。蒲、鶮，皆地名。

【一七】索隱謂河水溢，魚大上平地，亦言遭水害也。即漢書五行志劉向所謂「豕蟲之孽〔二〕」。明年，嫪毐誅。魚，陰類，小人象。正義始皇八年，黄河之魚西上入渭。渭，渭水也。漢書五行志云「魚者陰類，臣民之象也」。十七年，滅韓。二十六年，盡并天下。自滅韓至并天下，蓋十年矣。周本紀云「十年，數之紀也。天之所棄，不過其紀」。明關東後屬秦，其象類先見也。

【一八】集解徐廣曰：「一無此『重』字。」

【一九】索隱言河魚大上，秦人皆輕車重馬，並就食於東。言往河旁食魚也。一云，河魚大上爲災，人遂東就食，皆輕車重馬而去。

嫪毐【一】封爲長信侯。予之山陽地，【二】令毐居之。宮室車馬衣服苑囿馳獵恣毐，事無小大皆決於毐。又以河西【三】太原郡更爲毐國。九年，彗星見，或竟天。攻魏垣、蒲陽。【四】四月，上宿雍。【五】己酉，王冠，帶劍。【六】長信侯毐作亂而覺，矯王御璽【七】及太后璽以發縣卒【八】及衛卒、官騎、戎翟君公、舍人，將欲攻蘄年宮爲亂。【九】王知之，令相國昌平君、昌文君發卒攻毐。〔一〇〕戰咸陽，〔一一〕斬首數百，皆拜爵，及宦者皆在戰中，亦拜爵一級。毐等敗走。即令國中：有生得毐，賜錢百萬；殺之，五十萬。盡得毐等。衛尉竭、〔一二〕內史肆、佐弋竭、〔一三〕中大夫令齊等〔一四〕二十人皆梟首。〔一五〕車裂以徇，滅其宗。〔一六〕及其舍人，輕者爲鬼薪。〔一七〕及奪爵遷蜀四千餘家，家房陵。〔一八〕四月寒凍〔三〕，有死者。〔一九〕楊端和攻衍氏。〔二〇〕彗星見西方，又見北方，從斗以南八十日。十年，〔二一〕相國呂不韋坐嫪毐免。桓齮爲將軍。齊、趙來置酒。齊人茅焦說秦王曰：「秦方以天下爲事，而大王有遷母太后之名，恐諸侯聞之，由此倍秦也。」秦王乃迎太后於雍而入咸陽，〔二二〕復居甘泉宮。〔二三〕

〔一〕索隱嫪，姓；毐，字。按：漢書嫪氏出邯鄲。王劭云「賈侍中說秦始皇母予嫪毐淫坐誅，故世人罵淫曰『嫪毐』也」。正義上躬虬反，下酷改反。

〔二〕正義予音與。括地志云：「山陽故城在懷州修武縣西北太行山東南。」

〔三〕集解徐廣曰：「河，一作『汾』。」

〔四〕正義垣，作「垣」。垣音袁。括地志云：「故垣城，漢縣治，本魏王垣也，在絳州垣縣西北二十里。蒲邑故城在隰州縣北四十五里〔四〕。在蒲水之北，故言蒲陽。即晉公子重耳所居邑也。」

〔五〕集解蔡邕曰：「上者，尊位所在也。司馬遷記事〔五〕，當言『帝』則依違但言『上』，不敢媟言，尊尊之意也。」

【六】集解徐廣曰：「年二十二。」 正義冠音灌。禮記云年二十而冠。按：年二十一也。

【七】集解蔡邕曰：「御者，進也。凡衣服加於身，飲食入於口，妃妾接於寢，皆曰御。御之親愛者曰幸。璽者，印信也。天子璽白玉螭虎鈕。古者尊卑共之。月令曰『固封璽』，左傳曰『季武子璽書追而與之』，此諸侯大夫印稱璽也。」衞宏曰：「秦以前，民皆以金玉爲印，龍虎鈕，唯其所好。秦以來，天子獨以印稱璽，又獨以玉，羣臣莫敢用。」 正義崔浩云：「李斯磨和璧作之，漢諸帝世傳服之，謂『傳國璽』。」韋曜吳書云璽方四寸，上句交五龍，文曰「受命于天，既壽永昌」。漢書云文曰「昊天之命，皇帝壽昌」。按：二文不同。漢書元后傳云王莽令王舜逼太后取璽，王太后怒，投地，其角小缺。吳志云孫堅入洛，埽除漢陵廟，軍於甄官井得璽，後歸魏。晉懷帝永嘉五年六月，帝蒙塵平陽，璽入前趙劉聰。至東晉成帝咸和四年，石勒滅前趙，得璽。穆帝永和八年，石勒爲慕容俊滅，濮陽太守戴施入鄴，得璽，使何融送晉。傳宋，宋傳南齊，南齊傳梁。梁傳至天正二年，侯景破梁，至廣陵，北齊將辛術定廣陵，得璽，送北齊。至周建德六年正月，平北齊，璽入周。周傳隋，隋傳唐也。

【八】正義子忽反，下同。

【九】集解地理志蘄年宮在雍。 正義蘄，巨衣反。括地志云：「蘄年宮在岐州城西故城內。」

【一〇】索隱昌平君，楚之公子，立以爲相，後徙於郢，項燕立爲荊王，史失其名。昌文君名亦不知也。

【一一】正義括地志云：「咸陽故城亦名渭城，在雍州北五里，今咸陽縣東十五里。秦孝公已下並都此城。始皇鑄金人十二於咸陽，即此也。」

【一二】集解漢書百官表曰：「衛尉，秦官。」

【一三】集解漢書百官表曰：秦時少府有佐弋，漢武帝改爲佽飛，掌弋射者。正義弋音翊。

【一四】正義令，力政反。中大夫令，秦官也。齊，名也。

【一五】集解縣首於木上曰梟。正義梟，古堯反。懸首於木上曰梟。

【一六】正義說苑云：「秦始皇太后不謹，幸郎嫪毐，始皇取毐四支車裂之，取兩弟撲殺之，取太后遷之咸陽宮〔六〕。下令曰：『以太后事諫者，戮而殺之，蒺藜其脊。』諫而死者二十七人。茅焦乃上說曰：『齊客茅焦，願以太后事諫。』皇帝曰：『走告，若不見闕下積死人耶？』使者問焦。焦曰：『陛下車裂假父，有嫉妬之心；囊撲兩弟，有不慈之名；遷母咸陽，有不孝之行；蒺藜諫士，有桀紂之治。天下聞之，盡瓦解，無向秦者。』王乃自迎太后歸咸陽，立茅焦爲傅，又爵之上卿。」括地志云：「茅焦，滄州人也。」

【一七】集解應劭曰：「取薪給宗廟爲鬼薪也。」如淳曰：「律說鬼薪作三歲。」正義言毐舍人罪重者已刑戮，輕者罰徒役三歲。

【一八】正義括地志云：「房陵即今房州房陵縣，古楚漢中郡地也，是巴蜀之境。地理志云房陵縣屬漢中郡，在益州部，接東南一千三百一十里也。」

【一九】正義四月建巳之月，孟夏寒凍，民有死者，以秦法酷急，則天應之而史書之。故尚書洪範云「急，常寒若」，孔注云「君行急，則常寒順之」。

【二〇】索隱端和，秦將。衍氏，魏邑。正義衍，羊善反。在鄭州。

【二一】集解徐廣曰：「甲子。」

【二二】集解說苑曰：「始皇帝立茅焦爲傅，又爵之上卿。太后大喜，曰『天下亢直，使敗復成，安秦社稷，使妾母子復相見者，茅君之力也』。」

【二三】集解徐廣曰：「表云咸陽南宮也。」

大索，逐客。李斯上書說，乃止逐客令。李斯因說秦王，請先取韓以恐他國，於是使斯下韓。韓王患之，與韓非謀弱秦。大梁人尉繚來，說秦王曰：「以秦之彊，諸侯譬如郡縣之君，臣但恐諸侯合從，翕而出不意，此乃智伯、夫差、湣王之所以亡也。願大王毋愛財物，賂其豪臣，以亂其謀，不過亡三十萬金，則諸侯可盡。」秦王從其計，見尉繚亢禮，衣服食飲與繚同。繚曰：「秦王爲人，蜂準，【一】長目〔七〕，摯鳥膺〔八〕，【二】豺聲，少恩而虎狼心，居約易出人下，【三】得志亦輕食人。【四】我布衣，然見我常身自下我。誠使秦王得志於天下，天下皆爲虜矣。不可與久游。」乃亡去。秦王覺，固止，以爲秦國尉，【五】卒用其計策。而李斯用事。

【一】集解徐廣曰：「蜂，一作『隆』。」正義蜂，孚逢反；準，章允反。蜂，蠆也。高鼻也。文穎曰：「準，鼻也。」

【二】正義鷙鳥，鶻。膺突向前，其性悍勇。

【三】正義易，以豉反。言始皇居儉約之時易以謙卑。

【四】正義言始皇得天下之志，亦輕易而啖食於人。

【五】正義若漢太尉、大將軍之比也。

十一年，王翦、桓齮、楊端和攻鄴，取九城。王翦攻閼與、橑楊，【一】皆并爲一軍。翦將十八日，軍歸斗食以下，【二】什推二人從軍。【三】取鄴安陽，桓齮將。十二年，文信侯不韋死，竊葬。【四】其舍人臨者，晉人也逐出之；【五】秦人六百石以上奪爵，遷；【六】五百石以下不臨，遷，勿奪爵。【七】「自今以來，操國事不道如嫪毐、不韋者籍其門，【八】視此」。秋，復嫪毐舍人遷蜀者。當是之時，天下大旱，六月，至八月乃雨。

【一】集解徐廣曰：「橑音老。在并州。」正義漢表在清河。十三州志云：「橑陽，上黨西北百八十里也。」

【二】集解漢書百官表曰：「百石以下，有斗食、佐史之秩。」正義一曰得斗粟爲料。

【三】索隱言王翦爲將，諸軍中皆歸斗食以下無功佐史，什中唯推擇二人令從軍耳。

【四】索隱按：不韋飲鴆死，其賓客數千人竊共葬於洛陽北芒山。

【五】正義臨，力禁反。臨，哭也。若是三晉之人，逐出令歸也。

【六】正義上音時掌反。若是秦人哭臨者，奪其官爵，遷移於房陵。

【七】正義若是秦人不哭臨不韋者，不奪官爵，亦遷移於房陵。

【八】集解徐廣曰：「一作『文』。」索隱謂籍没其一門皆爲徒隸，後並視此爲常故也。正義籍録其子孫，禁不得仕宦。

十三年，桓齮攻趙平陽，【一】殺趙將扈輒，【二】斬首十萬。王之河南。正月，彗星見東方。十月，桓齮攻趙。十四年，攻趙軍於平陽，取宜安，【三】破之，殺其將軍。桓齮定平陽、武城。【四】韓非使秦，秦用李斯謀，留非，非死雲陽。【五】韓王請爲臣。

【一】正義括地志云：「平陽故城在相州臨漳縣西二十五里。」又云：「平陽，戰國時屬韓，後屬趙。」

【二】正義扈，音户。輒，張獵反。趙之將軍。

【三】正義括地志云：「宜安故城在常山稾城縣西南二十五里也〔九〕。」

【四】正義即貝州武城縣外城是也。七國時趙邑。

【五】正義括地志云：「雲陽城在雍州雲陽縣西八十里，秦始皇甘泉宮在焉。」

十五年，大興兵，一軍至鄴，一軍至太原，取狼孟。【一】地動。十六年九月，發卒受地韓南陽假守【二】騰。初令男子書年。魏獻地於秦。秦置麗邑。【三】十七年，内史騰攻韓，得韓王安，盡納其地，【四】以其地爲郡，命曰潁川。地動。華陽太后卒。民大饑。

【一】集解地理志太原有狼孟縣。

【二】正義假，格雅反。守音狩。

【三】正義麗，力知反。括地志云：「雍州新豐縣，本周時驪戎邑。左傳云晉獻公伐驪戎，杜注云『在京兆新豐縣』，其後秦滅之以爲邑。」

【四】正義韓王安之九年，秦盡滅之。

十八年，【一】大興兵攻趙，王翦將上地，【二】下井陘，【三】端和將河内，羌瘣【四】伐趙，端和圍邯鄲城。十九年，王翦、羌瘣盡定取趙地東陽，得趙王。【五】引兵欲攻燕，屯中山。秦王之邯鄲，諸嘗與王生趙時母家有仇怨，皆阬之。秦王還，從太原、上郡歸。始皇帝母太后崩。趙公子嘉率其宗數百人之代，自立爲代王，東與燕合兵，軍上谷。大饑。

【一】集解徐廣曰：「巴郡出大人，長二十五丈六尺。」

【二】正義上郡上縣，今綏州等是也。

【三】集解服虔曰：「山名，在常山。今爲縣。」音刑。

【四】正義胡罪反。

【五】索隱趙王遷也。正義趙幽繆王遷八年，秦取趙地至平陽。平陽在貝州歷亭縣界。遷王於房陵。

二十年，燕太子丹患秦兵至國，恐，使荆軻刺秦王。秦王覺之，體解【一】軻以徇，而使王翦、辛勝攻燕。燕、代發兵擊秦軍，秦軍破燕易水之西。二十一年，王賁【二】攻荆〔一〇〕。乃益發卒詣王翦軍，遂破燕太子軍，取燕薊城，得太子丹之首。燕王東收遼東而王之。【三】王翦謝病老歸。新鄭反。昌平君徙於郢。大雨雪，【四】深二尺五寸。

【一】正義紀買反。

【二】正義音奔。

【三】正義王，于放反。

【四】正義雨，于遇反。

二十二年，王賁攻魏，引河溝灌大梁，大梁城壞，其王請降，【一】盡取其地。

【一】索隱魏王假也。

二十三年，秦王復召王翦，彊起之，使將擊荆。【一】取陳以南至平輿，【二】虜荆王。【三】秦王游，至郢陳。荆將項燕立昌平君爲荆王，反秦於淮南。【四】二十四年，王翦、蒙武攻荆，破荆軍，昌平君死，項燕遂自殺。

【一】正義秦號楚爲荆者，以莊襄王名子楚，諱之，故言荆也。

【二】集解地理志汝南有平輿縣。正義輿音餘。平輿，豫州縣也〔一一〕。

【三】索隱荆王負芻也。楚稱荆者，以避莊襄王諱，故易之也。

【四】集解徐廣曰：「淮，一作『江』。」正義昌平也。楚淮北之地盡入於秦。

二十五年，大興兵，使王賁將，攻燕遼東，得燕王喜。【一】還攻代，虜代王嘉。王翦遂定荆江南地，【二】降越君，【三】置會稽郡。五月，天下大酺。【四】

【一】正義燕王喜之五十三年〔一二〕，燕亡。

【二】正義言王翦遂平定楚及江南地，降越君，置爲會稽郡。

【三】正義降，閑江反。楚威王已滅越〔一三〕，其餘自稱君長，今降秦。

【四】集解服虔曰：「酺音蒲。」文穎曰：「酺，周禮族師掌春秋祭酺，爲人物災害之神。」蘇林曰：「陳留俗，三月上巳水上飲食爲酺。」正義天下歡樂大飲酒也。秦既平韓、趙、魏、燕、楚五國，故天下大酺也。

二十六年，齊王建與其相后勝【一】發兵守其西界，不通秦。秦使將軍王賁從燕南攻齊，得齊王建。【二】

【一】正義音升。齊相姓名。

【二】索隱六國皆滅也。十七年，得韓王安；十九年，得趙王遷；二十二年，魏王假降；二十三年，虜荆王負芻；二十五年，得燕王喜；二十六年，得齊王建。正義齊王建之三十四年，齊國亡。

秦初并天下，令丞相、御史曰：【一】「異日韓王納地效璽，【二】請爲藩臣，已而倍約，與趙、魏合從畔秦，故興兵誅之，虜其王。寡人以爲善，庶幾息兵革。趙王使其相李牧來約盟，故歸其質子。【三】已而倍盟，反我太原，故興兵誅之，得其王。趙公子嘉乃自立爲代王，故舉兵擊滅之。魏王始約服入秦，已而與韓、趙謀襲秦，秦兵吏誅，遂破之。荆王獻青陽以西，【四】已而畔約，擊我南郡，故發兵誅，得其王，遂定其荆地。燕王昏亂，其太子丹乃陰令荆軻爲賊，兵吏誅，滅其國。齊王用后勝計，絶秦使，欲爲亂，兵吏誅，虜其王，平齊地。寡人以眇眇之身，興兵誅暴亂，賴宗廟之靈，六王咸伏其辜，天下大定。今名號不更，無以稱成功，傳後世。其議帝號。」丞相綰、御史大夫劫、〔五〕廷尉斯等〔六〕皆曰：「昔者五帝地方千里，其外侯服夷服，諸侯或朝或否，天子不能制。今陛下〔七〕興義兵，誅殘賊，平定天下，海内爲郡縣，〔八〕法令由一統，自上古以來未嘗有，五帝所不及。臣等謹與博士議曰：〔九〕『古有天皇，有地皇，有泰皇，〔一〇〕泰皇最貴。』臣等昧死上尊號，王爲『泰皇』。命爲『制』，令爲『詔』，〔一一〕天子自稱曰『朕』。」〔一二〕王曰：「去『泰』，〔一三〕著『皇』，采上古『帝』位號，號曰『皇帝』。他如議。」制曰：「可。」〔一四〕追尊莊襄王爲太上皇。〔一五〕制曰：「朕聞太古有號毋謚，中古有號，死而以行爲謚。如此，則子議父，臣議君也，甚無謂，朕弗取焉。自今已來，除謚法。〔一六〕朕爲始皇帝。後世以計數，〔一七〕二世三世至于萬世，傳之無窮。」

〔一〕正義令，力政反。乃今之敕令、敕書。

〔二〕正義效猶至見〔一四〕。

〔三〕正義質音致。

〔四〕集解漢書鄱陽傳曰：「越水長沙，還舟青陽。」張晏曰：「青陽，地名。」蘇林曰：「青陽，長沙縣是也。」

〔五〕集解漢書百官表曰：「御史大夫，秦官。」應劭曰：「侍御史之率，故稱大夫也。」索隱綰姓王。劫姓馮。

【六】集解 漢書百官表曰：「廷尉，秦官。」應劭曰：「聽獄必質諸朝廷，與衆共之，兵獄同制，故稱廷尉。」

【七】集解 蔡邕曰：「陛，階也，所由升堂也。天子必有近臣立於陛側，以戒不虞。謂之『陛下』者，羣臣與天子言，不敢指斥，故呼在陛下者與之言，因卑達尊之意也。上書亦如之。」

【八】正義 郡，人所羣聚也。

【九】集解 漢書百官表曰：「博士，秦官，掌通古今。」

【一〇】索隱 按：天皇、地皇之下即云泰皇，當人皇也。而封禪書云「昔者太帝使素女鼓瑟而悲」，蓋三皇已前稱泰皇。一云泰皇，太昊也。

【一一】集解 蔡邕曰：「制書，帝者制度之命也，其文曰『制』。詔，詔書。詔，告也。」正義 令音力政反。制詔三代無文，秦始有之。

【一二】集解 蔡邕曰：「朕，我也。古者上下共稱之，貴賤不嫌，則可以同號之義也。皋陶與舜言『朕言惠，可厎行』。屈原曰『朕皇考』。至秦，然後天子獨以爲稱。漢因而不改。」

【一三】正義 去音丘呂反。

【一四】集解 蔡邕曰：「羣臣有所奏，請尚書令奏之，下有司曰『制』，天子答之曰『可』。」

【一五】集解 漢高祖尊父曰太上皇，亦放此也。

【一六】集解 謚法，周公所作。

【一七】正義色主反。

始皇推終始五德之傳，【一】以爲周得火德，秦代周德，從所不勝。【二】方今水德之始，【三】改年始，朝賀皆自十月朔。【四】衣服旄旌節旗【五】皆上黑。【六】數以六爲紀，符、法冠皆六寸，而輿六尺，六尺爲步，乘六馬。【七】更名河曰德水，以爲水德之始。剛毅戾深，事皆決於法，刻削毋仁恩和義，然後合五德之數。【八】於是急法，久者不赦。

【一】集解鄭玄曰：「音亭傳。」索隱音張戀反。傳，次也。謂五行之德始終相次也。漢書郊祀志曰：「齊人鄒子之徒論著終始五德之運，始皇采用。」

【二】正義勝，申證反。秦以周爲火德，能滅火者水也，故稱從其所不勝於秦。

【三】索隱封禪書曰秦文公獲黑龍，以爲水瑞，秦始皇帝因自謂爲水德也。

【四】正義周以建子之月爲正，秦以建亥之月爲正，故其年始用十月而朝賀。

【五】正義旄音精。旄音毛。旗音其。周禮云：「析羽爲旌，熊虎爲旗。」旄節者，編毛爲之，以象竹節，漢書云蘇武執節在匈奴牧羊，節毛盡落是也。韋昭云：「節者，山國用人節，澤國用龍節，皆以金爲之。道路以旌節，門關用符節，都鄙用管節，皆用竹爲之。」

【六】正義以水德屬北方，故上黑。

【七】集解張晏曰：「水，北方，黑，終數六，故以六寸爲符，六尺爲步。」瓚曰：「水數六，故以六爲名。」譙周曰：「步以人足爲數，非獨秦制然。」索隱管子、司馬法皆云六尺爲步。譙周以爲步以人足，非獨秦制。又按：禮記王制曰「古者八尺爲步」，今以周尺六尺四寸爲步，步之尺數亦不同。

【八】索隱水主陰，陰刑殺，故急法刻削，以合五德之數。

丞相綰等言：「諸侯初破，燕、齊、荆地遠，不爲【一】置王，毋以填之。請立諸子，唯上幸許。」始皇下其議於羣臣，羣臣皆以爲便。廷尉李斯議曰：「周文武所封子弟同姓甚衆，然後屬疏遠，相攻擊如仇讎，諸侯更相誅伐，周天子弗能禁止。今海内賴陛下神靈一統，皆爲郡縣，諸子功臣以公賦税重賞賜之，甚足易制。天下無異意，【二】則安寧之術也。置諸侯不便。」始皇曰：「天下共苦戰鬬不休，以有侯王。賴宗廟，天下初定，又復立國，是樹兵也，而求其寧息，豈不難哉！廷尉議是。」

【一】正義于僞反。

【二】正義易音以職反。

分天下以爲三十六郡，【一】郡置守、尉、監。【二】更名民曰「黔首」。【三】大酺。收天下兵，【四】聚之咸陽，銷以爲鍾鐻，【五】金人十二，重各千石，【六】置廷宫中〔一五〕。一法度衡石丈尺。車同軌。書同文字。地東至海暨朝鮮，【七】西至臨洮羌中，【八】南至北嚮户，【九】北據河爲塞，並陰山至遼東。【一〇】徙天下豪富於咸陽十二萬户。諸廟及章臺、上林皆在渭南。秦每破諸侯，寫放其宫室，作之咸陽北阪上，【一一】南臨渭，自雍門【一二】以東至涇、渭，殿屋複道周閣相屬。【一三】所得諸侯美人鍾鼓，以充入之。【一四】

【一】集解三十六郡者，三川、河東、南陽、南郡、九江、鄣郡、會稽、潁川、碭郡、泗水、薛郡、東郡、琅邪、齊郡、上谷、漁陽、右北平、遼西、遼東、代郡、鉅鹿、邯鄲、上黨、太原、雲中、九原、鴈門、上郡、隴西、北地、漢中、巴郡、蜀郡、黔中、長沙凡三十五，與内史爲三十六郡。正義風俗通云：「周制天子方千里，分爲百縣，縣有四郡，故左傳云上大夫受縣，下大夫受郡。秦始皇初置三十六郡以監縣也。」

【二】集解漢書百官表曰：秦郡守掌治其郡，有丞；尉掌佐守典武職甲卒；監御史掌監郡。

【三】集解應劭曰：「黔亦黎黑也。」

【四】集解應劭曰：「古者以銅爲兵。」

【五】集解徐廣曰：「音巨。」

【六】索隱按：二十六年，有長人見于臨洮，故銷兵器，鑄而象之。謝承後漢書「銅人，翁仲，翁仲其名也」。三輔舊事「銅人十二，各重二十四萬斤〔一六〕。漢代在長樂宫門前」。董卓壞其十爲錢，餘二猶在。石季龍徙之鄴，苻堅又徙長安而銷之也。正義漢書五行志云：「二十六年，有大人長五丈，足履六尺，皆夷狄服，凡十二人，見于臨洮，故銷兵器，鑄而象之。」謝承後漢書云：「銅人，翁仲其名也。」三輔舊事云：「聚天下兵器，鑄銅人十二，各重二十四萬斤。漢世在長樂宮門。」魏志董卓傳云：「椎破銅人十及鍾鐻，以鑄小錢。」關中記云：「董卓壞銅人，餘二枚，徙清門裏。魏明帝欲將詣洛，載到霸城，重不可致。後石季龍徙之鄴，苻堅又徙入長安而銷之。」英雄記云：「昔大人見臨洮而銅人鑄，至董卓而銅人毀也。」

【七】正義暨，其記反。朝音潮。鮮音仙。海謂渤海南至揚、蘇、台等州之東海也。暨，及也。東北朝鮮國。括地志云：「高驪治平壤城，本漢樂浪郡王險城，即古朝鮮也。」

【八】正義洮，吐高反。括地志云：「臨洮郡即今洮州，亦古西羌之地，在京西千五百五十一里羌中。從臨洮西南芳州扶松府以西，並古諸羌地也。」

【九】集解吴都賦曰：「開北户以向日。」劉逵曰：「日南之北户，猶日北之南户也。」

【一〇】集解地理志西河有陰山縣。正義塞，先代反。並，白浪反。謂靈、夏、勝等州之北黄河。陰山在朔州北塞外。從河傍陰山，東至遼東，築長城爲北界。

【一一】集解徐廣曰：「在長安西北，漢武時别名渭城。」正義今咸陽縣北阪上。

【一二】集解徐廣曰：「在高陵縣。」正義今岐州雍縣東。

【一三】正義複音福。屬，之欲反。廟記云：「北至九嵏、甘泉，南至長楊、五柞，東至河，西至汧渭之交，東西八百里，離宮别館相望屬也。木衣綈繡，土被朱紫，宫人不徙。窮年忘歸，猶不能遍也。」

【一四】正義三輔舊事云：「始皇表河以爲秦東門，表汧以爲秦西門，表中外殿觀百四十五，後宮列女萬餘人，氣上衝于天。」

二十七年，始皇巡隴西、北地，【一】出雞頭山，【二】過回中。【三】焉作信宮渭南，已更命信宮爲極廟，象天極。【四】自極廟道通酈山。作甘泉前殿，築甬道，【五】自咸陽屬之。是歲，賜爵一級。治馳道。【六】

【一】正義隴西，今隴右；北地，今寧州也。

【二】正義括地志云：「雞頭山在成州上祿縣東北二十里，在京西南九百六十里。酈元云蓋大隴山異名也。後漢書隗囂傳云『王莽塞雞頭【一七】』，即此也。」按：原州平高縣西百里亦有笄頭山，在京西北八百里，黃帝雞山之所。

【三】集解應劭曰：「回中在安定高平。」孟康曰：「回中在北地。」正義括地志云：「回中宮在岐州雍縣西四十里。」言始皇欲西巡隴西之北，從咸陽向西北出寧州，西南行至成州，出雞頭山，東還，過岐州回中宮。

【四】索隱爲宮廟象天極，故曰極廟。天官書曰中宮曰天極是也。

【五】集解應劭曰：「築垣牆如街巷。」正義築音竹。甬音勇。應劭云：「謂於馳道外築牆，天子於中行，外人不見。」

【六】集解應劭曰：「馳道，天子道也，道若今之中道然。」漢書賈山傳曰：「秦爲馳道於天下，東窮燕齊，南極吳楚，江湖之上，濱海之觀畢至。道廣五十步，三丈而樹，厚築其外，隱以金椎，樹以青松。」

二十八年，始皇東行郡縣，上鄒嶧山。【一】立石，與魯諸儒生議刻石頌秦德，議封禪望祭山川之事。【二】乃遂上泰山，【三】立石，封，祠祀。【四】下，風雨暴至，休於樹下，因封其樹爲五大夫。【五】禪梁父。【六】刻所立石，其辭曰：【七】

【一】集解韋昭曰：「鄒，魯縣，山在其北。」正義上，時掌反。鄒，側留反。嶧音亦。國系云：「邾嶧山亦名鄒山，在兗州鄒縣南三十二里（一八）。魯穆公改『邾』作『鄒』，其山遂從邑變。山北去黃河三百餘里。」

【二】正義晉太康地記云：「爲壇於太山以祭天，示增高也。爲墠於梁父以祭地，示增廣也。祭尚玄酒而俎魚。墠皆廣長十二丈。壇高三尺，階三等。而樹石太山之上，高三丈一尺，廣三尺，秦之刻石云。」

【三】正義泰山，一曰岱宗，東嶽也，在兗州博城縣西北三十里。山海經云：「泰山，其上多玉，其下多石。」郭璞云：「從泰山下至山頭，百四十八里三百步。」道書福地記云：「泰山高四千九百丈二尺，周迴二千里，多芝草玉石，長津甘泉，仙人室。又有地獄六，曰鬼神之府，從西上，下有洞天，周迴三千里，鬼神考讁之府。」

【四】集解服虔曰：「增天之高，歸功於天。」張晏曰：「天高不可及，於泰山上立封，禪而祭之，冀近神靈也。」瓚曰：「積土爲封。謂負土於泰山上，爲壇而祭之。」

【五】正義封，一作「復」，音福。

【六】集解服虔曰：「禪，闡廣土地也。」瓚曰：「古者聖王封泰山，禪亭亭或梁父，皆泰山下小山。除地爲墠，祭於梁父。後改『墠』曰『禪』。」正義父音甫。在兖州泗水縣北八十里。

【七】索隱其詞每三句爲韻，凡十二韻。下之罘、碣石、會稽三銘皆然。

皇帝臨位，作制明法，臣下脩飭。【一】二十有六年，初并天下，罔不賓服。親巡遠方黎民，登茲泰山，周覽東極。從臣思迹，【二】本原事業，祗誦功德。【三】治道運行，諸產得宜，皆有法式。大義休明，垂于後世，順承勿革。皇帝躬聖，既平天下，不懈於治。夙興夜寐，建設長利，【四】專隆教誨。訓經宣達，遠近畢理，咸承聖志。貴賤分明，男女禮順，慎遵職事。昭隔內外，【五】靡不清淨，施于後嗣。化及無窮，遵奉遺詔，永承重戒。

【一】正義飭音勑。

【二】正義從，財用反。

【三】正義祇音脂。

【四】正義長，直良反。

【五】集解徐廣曰：「隔，一作『融』。」

於是乃並勃海以東，【一】過黄、腄，【二】窮成山，登之罘，【三】立石頌秦德焉而去。

【一】正義並，白浪反。勃作「渤」，蒲忽反。

【二】集解地理志東萊有黄縣、腄縣。正義腄，逐瑞反。字或作「陲」。括地志云：「黄縣故城在萊州黄縣東南二十五里，古萊子國也。牟平縣城在黄縣南百三十里。十三州志云牟平縣古腄縣也。」

【三】集解地理志之罘山在腄縣。正義罘音浮。括地志云：「在萊州文登縣東北百八十里。成山在文登縣西北百九十里〔一九〕。」窮猶登極也。封禪書云：「八神，五曰陽主，祠之罘；七曰日主，祠成山，成山斗入海。」又云之罘山在海中。文登縣，古腄縣也。

南登琅邪，【一】大樂之，留三月。乃徙黔首三萬户琅邪臺下，【二】復十二歲。【三】作琅邪臺，【四】立石刻，頌秦德，明得意。曰：【五】

【一】正義今兖州東沂州、密州，即古琅邪也〔二〇〕。

【二】集解 地理志越王句踐嘗治琅邪縣，起臺館。索隱 山海經「琅邪臺在渤海閒」。蓋海畔有山，形如臺，在琅邪，故曰琅邪臺。正義 括地志云：「密州諸城縣東南百七十里有琅邪臺，越王句踐觀臺也。臺西北十里有琅邪故城〔三二〕。」吳越春秋云：「越王句踐二十五年，徙都琅邪，立觀臺以望東海，遂號令秦、晉、齊、楚，以尊輔周室，歃血盟。」即句踐起臺處。括地志云：「琅邪山在密州諸城縣東南百四十里。始皇立層臺於山上，謂之琅邪臺，孤立衆山之上。秦王樂之，留三月，立石山上，頌秦德也。」

【三】正義 復音福。復三萬户徙臺下者。

【四】正義 今琅邪臺。

【五】索隱 二句爲韻。

維二十六年〔三三〕，皇帝作始。端平法度，萬物之紀。以明人事，合同父子。聖智仁義，顯白道理。東撫東土，以省卒士。【一】事已大畢，乃臨于海。皇帝之功，勤勞本事。上農除末，黔首是富。普天之下，摶心揖志。【二】器械一量，【三】同書文字。日月所照，舟輿所載。皆終其命，莫不得意。應時動事，是維皇帝。匡飭異俗，陵水經地。【四】憂恤黔首，朝夕不懈。除疑定法，咸知所辟。【五】方伯分職，諸治經易。【六】舉錯必當，莫不如畫。【七】皇帝之明，臨察四方。尊卑貴賤，不踰次行。【八】姦邪不容，皆務貞良。細大盡力，莫敢怠荒。遠邇辟隱，【九】專務肅莊。端直敦忠，事業有常。皇帝之德，存定四極。誅亂除害，興利致福。節事以時，諸產繁殖。黔首安寧，不用兵革。【一〇】六親相保，終無寇賊。驩欣奉教，盡知法式。六合之内，皇帝之土。西涉流沙，【一一】南盡北户。東有東海，北過大夏。【一二】人迹所至，無不臣者。功蓋五帝，澤及牛馬。莫不受德，各安其宇。

【一】正義 省，山井反。卒，子忽反。

【二】索隱 摶，古「專」字。左傳云：「如琴瑟之摶壹。」揖音集。

【三】正義 内成曰器，甲胄兜鍪之屬。外成曰械，戈矛弓戟之屬。壹量者，同度量也。

【四】正義 陵作「淩」，猶歷也。經，界也。

【五】正義 音避。

【六】正義 易音以豉反。言方伯分職治，所理常在平易。

【七】正義 畫音户卦反。謂政理齊整，分明若畫，無邪惡。

【八】正義 音胡郎反。

【九】正義 辟，匹亦反。

【一〇】正義 協韻音棘。

【一一】正義解見夏紀。

【一二】索隱協韻音户。下「無不臣者」音渚。「澤及牛馬」音姥。正義杜預云：「大夏，太原晉陽縣。」按：在今并州，「遷實沈於大夏，主參」，即此也。

維秦王兼有天下，立名爲皇帝，乃撫東土，至于琅邪。列侯【一】武城侯王離、列侯通武侯王賁、倫侯【二】建成侯趙亥、倫侯昌武侯成、倫侯武信侯馮毋擇、丞相隗狀〔二三〕、【三】丞相王綰、卿李斯、卿王戊、五大夫趙嬰、五大夫楊樛【四】從，與【五】議於海上。【六】曰：「古之帝者，地不過千里，【七】諸侯各守其封域，或朝或否，相侵暴亂，殘伐不止，猶刻金石，以自爲紀。古之五帝、三王，知教不同，法度不明，假威鬼神，【八】以欺遠方，實不稱名，【九】故不久長。其身未殁，諸侯倍叛，法令不行。今皇帝并一海内，以爲郡縣，天下和平。昭明宗廟，體道行德，尊號大成。羣臣相與誦皇帝功德，刻于金石，以爲表經。」

【一】集解張晏曰：「列侯者，見序列。」

【二】索隱爵卑於列侯，無封邑者。倫，類也。亦列侯之類。

【三】索隱隗，姓；狀，名〔二四〕。有本作「林」者〔二五〕，非。顔之推云：隋開皇初，京師穿地得鑄秤權〔二六〕，有銘，云始皇時量器，丞相隗狀、王綰二人列名，其作「狀貌」之字，時令校寫，親所按驗。王劭亦云然。斯遠古之證也。正義隗音五罪反。

【四】正義音居虯反。

【五】正義上才用反。下音預。言王離以下十人從始皇，咸與始皇議功德於海上，立石於琅邪臺下，十人名字並刻頌。

【六】正義此頌前後序兩句爲韻，此三句爲韻。

【七】正義過音戈。千里謂王畿。

【八】正義言五帝、三王假借鬼神之威，以欺服遠方之民，若萇弘之比也。

【九】正義稱，尺證反。

既已，齊人徐市等上書，言海中有三神山，名曰蓬萊、方丈、瀛洲，【一】僊人居之。請得齋戒，與童男女求之。於是遣徐市發童男女數千人，入海求僊人。【二】

【一】正義漢書郊祀志云：「此三神山者，其傳在渤海中，去人不遠，蓋曾有至者，諸仙人及不死之藥皆在焉。其物禽獸盡白，而黄金白銀爲宫闕。未至，望之如雲；及至，三神山乃居水下；臨之，患且至，風輒引船而去，終莫能至云。世主莫不甘心焉。」

【二】正義括地志云：「亶洲在東海中，秦始皇使徐福將童男女入海求仙人，止在此洲，共數萬家，至今洲上人有至會稽市易者。吴人外國圖云亶洲去琅邪萬里。」

始皇還，過彭城，【一】齋戒禱祠，欲出周鼎泗水。使千人没水求之，弗得。乃西南渡淮水，之衡山、【二】南郡。【三】浮江，至湘山祠。【四】逢大風，幾不得渡。上問博士曰：「湘君何神？」博士對曰：「聞之，堯女，舜之妻，而葬此。」【五】於是始皇大怒，使刑徒三千人皆伐湘山樹，赭其山。【六】上自南郡由武關歸。【七】

【一】正義彭城，徐州所理縣也。州東外城，古之彭國也。搜神記云陸終弟三子曰籛鏗，封於彭，爲商伯。外傳云殷末，滅彭祖氏。

【二】正義括地志云：「衡山，一名岣嶁山，在衡州湘潭縣西四十一里。」岣音苟。嶁音樓。

【三】正義今荆州也。言欲向衡山，即西北過南郡，入武關至咸陽。

【四】正義括地志云：「黄陵廟在岳州湘陰縣北五十七里，舜二妃之神。二妃冢在湘陰北一百六十里青草山上。盛弘之荆州記云青草湖南有青草山，湖因山名焉。列女傳云舜陟方，死於蒼梧。二妃死於江湘之閒，因葬焉。」按：湘山者，乃青草山。山近湘水，廟在山南，故言湘山祠。

【五】索隱列女傳亦以湘君爲堯女。按：楚詞九歌有湘君、湘夫人。夫人是堯女，則湘君當是舜。今此文以湘君爲堯女，是總而言之。

【六】正義赭音者。

【七】集解應劭曰：「武關，秦南關，通南陽。」文穎曰：「武關在析西百七十里弘農界。」正義括地志云：「故武關在商州商洛縣東九十里，春秋時少習也。杜預云『少習，商縣武關也』。」

二十九年，始皇東游。至陽武博狼沙中，【一】爲盜所驚。求弗得，乃令天下大索十日。

【一】集解地理志河南陽武縣有博狼沙。正義狼音浪。

登之罘，刻石。其辭曰：【一】

【一】索隱三句爲韻，凡十二韻。

維二十九年，時在中春，【一】陽和方起。皇帝東游，巡登之罘，臨照于海。從臣嘉觀，【二】原念休烈，追誦本始。大聖作治，建定法度，顯箸綱紀。外教諸侯，光施文惠，明以義理。六國回辟，【三】貪戾無厭，【四】虐殺不已。皇帝哀衆，遂發討師，奮揚武德。義誅信行，威燀旁達，【五】莫不賓服。烹滅彊暴，振救黔首，周定四極。普施明法，經緯天下，永爲儀則。大矣哉！宇縣之中，【六】承順聖意。【七】羣臣誦功，請刻于石，表垂于常式。

【一】正義中音仲。古者帝王巡狩，常以中月。

【二】正義從，才用反。觀音琯。

【三】正義必亦反。

【四】正義於廉反。

【五】集解徐廣曰：「燀，充善反。」

【六】集解宇，宇宙。縣，赤縣。

【七】索隱協韻音憶。

其東觀曰：

維二十九年，皇帝春游，覽省遠方。逮于海隅，遂登之罘，昭臨朝陽。觀望廣麗，從臣咸念，原道至明。聖法初興，清理疆內，外誅暴彊。武威旁暢，振動四極，禽滅六王。闡并天下，甾害絶息，永偃戎兵。皇帝明德，經理宇內，視聽不怠。【一】作立大義，昭設備器，咸有章旗。職臣遵分，各知所行，事無嫌疑。黔首改化，遠邇同度，臨古絶尤。常職既定，後嗣循業，長承聖治。羣臣嘉德，祗誦聖烈，請刻之罘。

【一】索隱怠，協旗、疑韻，音銅綦反。故國語范蠡曰「得時不怠，時不再來」，亦以怠與臺爲韻〔二七〕。

旋，遂之琅邪，道上黨入。【一】

【一】索隱 道猶從也。

三十年，無事。

三十一年【一】十二月，更名臘曰「嘉平」。【二】賜黔首里六石米，二羊。始皇爲微行咸陽，【三】與武士四人俱，夜出，逢盜蘭池，【四】見窘，武士擊殺盜，關中大索二十日。米石千六百。

【一】集解 徐廣曰：「使黔首自實田也。」

【二】集解 太原真人茅盈内紀曰：「始皇三十一年九月庚子，盈曾祖父濛，乃於華山之中，乘雲駕龍，白日升天。先是其邑謠歌曰『神仙得者茅初成，駕龍上升入泰清，時下玄洲戲赤城，繼世而往在我盈，帝若學之臘嘉平』。始皇聞謠歌而問其故，父老具對此仙人之謠歌，勸帝求長生之術。於是始皇欣然，乃有尋仙之志，因改臘曰『嘉平』。」索隱 廣雅曰：「夏曰『清祀』，殷曰『嘉平』，周曰『大蜡』，亦曰『臘』〔二八〕。」秦更曰「嘉平」，蓋應歌謠之詞而改從殷號也。道書茅濛字初成，今此云「茅濛初成」者爲神仙之道，其意失也。蓋由裴氏所引不明，或後人增益「濛」字，遂令七言之詞有衍爾。

【三】集解 張晏曰：「若微賤之所爲，故曰微行也。」

【四】集解 地理志渭城縣有蘭池宮。正義 括地志云：「蘭池陂即古之蘭池，在咸陽縣界。秦記云『始皇都長安，引渭水爲池，築爲蓬、瀛，刻石爲鯨，長二百丈』。逢盜之處也。」

三十二年，始皇之碣石，使燕人盧生求羨門、〔一〕高誓。〔二〕刻碣石門。〔三〕壞城郭，決通隄防。其辭曰：〔四〕

〔一〕集解韋昭曰：「古仙人。」

〔二〕正義亦古仙人。

〔三〕集解徐廣曰：「一作『盟』。」

〔四〕正義此一頌三句爲韻。

遂興師旅，誅戮無道，爲逆滅息。武殄暴逆，文復無罪，〔一〕庶心咸服。惠論功勞，賞及牛馬，恩肥土域。皇帝奮威，德并諸侯，初一泰平。隳壞城郭，〔二〕決通川防，夷去險阻。地勢既定，黎庶無繇，〔三〕天下咸撫。男樂其疇，女修其業，事各有序。惠被諸產，久並來田，〔四〕莫不安所。羣臣誦烈，請刻此石，垂著儀矩。

〔一〕集解徐廣曰：「復，一作『優』。」正義復音福。言秦以武力能殄息暴逆，以文訓道令無罪失，故復除之。

〔二〕正義隳音許規反。壞音怪。隳，毀也。壞，坼也。言始皇毀坼關東諸侯舊城郭也。夫自頹曰壞，音户怪反。

【三】正義音遥。

【四】集解徐廣曰：「久，一作『分』。」

因使韓終、侯公、石生求仙人不死之藥。始皇巡北邊，從上郡入。燕人盧生使【一】入海還，以鬼神事，因奏録圖書，曰「亡秦者胡也」。【二】始皇乃使將軍蒙恬發兵三十萬人北擊胡，略取河南地。【三】

【一】正義音所吏反。

【二】集解鄭玄曰：「胡，胡亥，秦二世名也。秦見圖書，不知此爲人名，反備北胡。」

【三】正義今靈、夏、勝等州，秦略取之。

三十三年，發諸嘗逋亡人、贅壻、【一】賈人略取陸梁地，【二】爲桂林、【三】象郡、【四】南海，【五】以適遣戍。【六】西北斥逐匈奴。自榆中【七】並河以東，【八】屬之陰山，【九】以爲三十四縣〔二九〕，城河上爲塞。又使蒙恬渡河取高闕、【一〇】陶山、北假中〔三〇〕，【一一】築亭障以逐戎人。徙謫，實之初縣。【一二】禁不得祠明星出西方。【一三】三十四年，適治獄吏不直者，築長城，及南越地。【一四】

【一】集解瓚曰：「贅，謂居窮有子，使就其婦家爲贅壻。」

【二】索隱謂南方之人，其性陸梁，故曰陸梁。正義嶺南之人多處山陸，其性强梁，故曰陸梁。

【三】集解韋昭曰：「今鬱林是也。」

【四】集解韋昭曰：「今日南。」

【五】正義即廣州南海縣。

【六】集解徐廣曰：「五十萬人守五嶺。」正義適音直革反。戍，守也。廣州記云：「五嶺者，大庾、始安、臨賀、揭楊、桂陽。」輿地志云：「一曰臺嶺，亦名塞上，今名大庾；二曰騎田；三曰都龐；四曰萌諸；五曰越嶺。」

【七】集解徐廣曰：「在金城。」

【八】集解服虔曰：「並音傍。傍，依也。」

【九】集解徐廣曰：「在五原北。」正義屬，之欲反。按：五原，今勝州也。

【一〇】正義高闕，山名，在五原北。兩山相對若闕，甚高，故言高闕。

【一一】集解晉灼曰：「王莽傳云『五原北假，膏壤殖穀』。北假，地名也。」索隱高闕，山名。北假，地名，近五原。正義酈元注水經云：「黄河逕河目縣故城西，縣在北假中。」北假，地名。按：河目縣屬勝州，今名河北。漢書地理志云屬五原郡。

【一二】索隱徙有罪而謫之，以實初縣，即上「自榆中屬陰山，以爲三十四縣」是也。故漢七科謫亦因於秦。

【一三】集解徐廣曰：「皇甫謐云彗星見。」

【一四】正義謂戍五嶺，是南方越地。

始皇置酒咸陽宮，博士七十人前爲壽。僕射【一】周青臣進頌曰：「他時秦地不過千里，賴陛下神靈明聖，平定海内，放逐蠻夷，日月所照，莫不賓服。以諸侯爲郡縣，人人自安樂，無戰爭之患，傳之萬世。自上古不及陛下威德。」始皇悦。博士齊人淳于越進曰：「臣聞殷周之王千餘歲，封子弟功臣，自爲枝輔。今陛下有海内，而子弟爲匹夫，卒有田常、六卿之臣〔三二〕，無輔拂，【二】何以相救哉？事不師古而能長久者，非所聞也。今青臣又面諛以重陛下之過，非忠臣。」始皇下其議。丞相李斯曰：「五帝不相復，三代不相襲，各以治，非其相反，時變異也。今陛下創大業，建萬世之功，固非愚儒所知。且越言乃三代之事，何足法也？異時諸侯並爭，厚招游學。今天下已定，法令出一，百姓當家則力農工，士則學習法令辟禁。【三】今諸生不師今而學古，以非當世，惑亂黔首。丞相臣斯昧死言：古者天下散亂，莫之能一，是以諸侯並作，語皆道古以害今，飾虛言以亂實，人善其所私學，【四】以非上之所建立。今皇帝并有天下，別黑白而定一尊。私學而相與非法教，人聞令下，則各以其學議之，入則心非，出則巷議，夸主以爲名，【五】異取以爲高，率羣下以造謗。如此弗禁，則主勢降乎上，黨與成乎下。禁之便。臣請史官非秦記皆燒之。非博士官所職，天下敢有藏詩、書、百家語者，悉詣守、尉雜燒之。有敢偶語詩書者弃市，〔六〕以古非今者族。吏見知不舉者與同罪。令下三十日不燒，黥爲城旦。〔七〕所不去者，醫藥卜筮種樹之書。若欲有學法令〔三二〕，〔八〕以吏爲師。」制曰：「可。」

〔一〕集解漢書百官表曰：「僕射，秦官。古者重武，官有主射以督課之。」應劭曰：「僕，主也。」正義射音夜。

〔二〕正義蒲筆反。

〔三〕正義令，力性反。辟音避。

〔四〕集解徐廣曰：「私，一作『知』。」

〔五〕正義夸，口瓜反。

〔六〕集解應劭曰：「禁民聚語，畏其謗己。」正義偶，對也。

〔七〕集解如淳曰：「律說『論決爲髡鉗，輸邊築長城，晝日伺寇虜，夜暮築長城』。城旦，四歲刑。」

〔八〕集解徐廣曰：「一無『法令』二字。」

三十五年，除道，道九原〔一〕抵雲陽，〔二〕塹山堙谷，直通之。於是始皇以爲咸陽人多，先王之宮廷小，吾聞周文王都豐，武王都鎬，豐鎬之閒，帝王之都也。乃營作朝宮渭南上林苑中。先作前殿阿房，〔三〕東西五百步，南北五十丈，上可以坐萬人，下可以建五丈旗。〔四〕周馳爲閣道，自殿下直抵南山。表南山之顛以爲闕。爲復道，自阿房渡渭，屬之咸陽，以象天極閣道絶漢抵營室也。〔五〕阿房宮未成；成，欲更擇令名名之。作宮阿房，故天下謂之阿房宮。隱宮〔六〕徒刑者七十餘萬人，乃分作阿房宮，或作麗山。發北山石槨，乃寫蜀、荆地材皆至。關中計宮三百，關外四百餘。於是立石東海上朐界中，以爲秦東門。因徙三萬家麗邑，〔七〕五萬家雲陽，皆復不事十歲。

〔一〕集解地理志五原郡有九原縣。

〔二〕集解徐廣曰：「表云『道九原，通甘泉』。」

〔三〕正義房，白郎反。括地志云：「秦阿房宮亦曰阿城，在雍州長安縣西北一十四里。」按：宮在上林苑中，雍州郭城西南面，即阿房宮城東面也。顏師古云「阿，近也。以其去咸陽近，且號阿房」。

〔四〕索隱此以其形名宮也，言其宮四阿旁廣也，故云下可建五丈之旗也。阿房，後爲宮名。正義三輔舊事云：「阿房宮東西三里，南北五百步，庭中可受萬人。又鑄銅人十二於宮前。阿房宮以慈石爲門，阿房宮之北闕門也。」

〔五〕索隱謂爲複道，渡渭屬咸陽，象天文閣道絶漢抵營室也〔三三〕。常考天官書曰「天極紫宮後十七星絶漢抵營室，曰閣道〔三四〕」。

【六】正義餘刑見於市朝。宮刑，一百日隱於蔭室養之乃可，故曰隱宮，下蠶室是。

【七】正義麗音離。

盧生說始皇曰：「臣等求芝奇藥仙者常弗遇，類物有害之者。方中，人主時爲微行以辟惡鬼，惡鬼辟，真人至。人主所居而人臣知之，則害於神。真人者，入水不濡，入火不爇，【一】陵雲氣，與天地久長。今上治天下，未能恬倓。願上所居宮毋令人知，然后不死之藥殆可得也。」於是始皇曰：「吾慕真人，自謂『真人』，不稱『朕』。」乃令咸陽之旁二百里內宮觀二百七十復道甬道相連，帷帳鍾鼓美人充之，各案署不移徙。行所幸，有言其處者，罪死。始皇帝幸梁山宮，【二】從山上見丞相車騎衆，弗善也。中人或告丞相，丞相後損車騎。始皇怒曰：「此中人泄吾語。」案問莫服。當是時，詔捕諸時在旁者，皆殺之。自是後莫知行之所在。聽事，羣臣受決事，悉於咸陽宮。

【一】正義而說反。

【二】集解徐廣曰：「在好畤。」正義括地志云：「俗名望宮山，在雍州好畤縣西十二里，北去梁山九里。秦始皇紀『從山上見丞相車騎衆，弗善』，即此山也。」

侯生、【一】盧生相與謀曰：「始皇爲人，天性剛戾自用，起諸侯，并天下，意得欲從，以爲自古莫及己。專任獄吏，獄吏得親幸。博士雖七十人，特備員弗用。丞相諸大臣皆受成事，倚辨於上。上樂以刑殺爲威，【二】天下畏罪持祿，莫敢盡忠。上不聞過而日驕，下懾伏謾欺以取容。秦法，不得兼方，【三】不驗，輒死。然候星氣者至三百人，皆良士，畏忌諱諛，不敢端言其過。天下之事無小大皆決於上，上至以衡石量書，【四】日夜有呈，不中呈【五】不得休息。貪於權勢至如此，未可爲求仙藥。」於是乃亡去。始皇聞亡，乃大怒曰：「吾前收天下書不中用者盡去之，悉召文學方術士甚衆，欲以興太平。方士欲練以求奇藥，【六】今聞韓衆【七】去不報，徐市等費以巨萬計，終不得藥，徒姦利相告日聞。【八】盧生等吾尊賜之甚厚，今乃誹謗我，以重吾不德也。諸生在咸陽者，吾使人廉問，或爲訞言以亂黔首。」於是使御史悉案問諸生，諸生傳相告引，乃自除。犯禁者四百六十餘人，皆阬之咸陽，使天下知之，以懲後。益發謫徙邊。【九】始皇長子扶蘇諫曰：「天下初定，遠方黔首未集，諸生皆誦法孔子，今上皆重法繩之，臣恐天下不安。唯上察之。」始皇怒，使扶蘇北監蒙恬於上郡。【一〇】

【一】集解說苑曰：「韓客侯生也。」

【二】正義樂，五孝反。

【三】集解徐廣曰：「一云『并力』。」正義言秦施法不得兼方者，令民之有方伎不得兼兩齊，試不驗，輒賜死。言法酷。【正義】衡，秤衡也。言表牋奏請，秤取一石，日夜有程期，不滿不休息。

【四】【集解】石百二十斤。

【五】【正義】中，竹仲反。

【六】【集解】徐廣曰：「一云『欲以練求』。」

【七】【正義】音終。

【八】【集解】徐廣曰：「一作『閒』。」

【九】【集解】徐廣曰：「表云『徙於北河、榆中，耐徙三處，拜爵一級』。」

【一〇】【正義】括地志云：「上郡故城在綏州上縣東南五十里，秦之上郡城也。」

三十六年，熒惑守心。有墜星下東郡，至地爲石，【一】黔首或刻其石曰「始皇帝死而地分」。始皇聞之，遣御史逐問，莫服，盡取石旁居人誅之，因燔銷其石。始皇不樂，使博士爲仙真人詩，及行所游天下，傳令【二】樂人謌弦之。秋，使者從關東夜過華陰平舒道，【三】有人持璧遮使者曰：「爲吾遺滈池君。」【四】因言曰：「今年祖龍死。」【五】使者問其故，因忽不見，置其璧去。使者奉璧具以聞。始皇默然良久，曰：「山鬼固不過知一歲事也。」退言曰：「祖龍者，人之先也。」使御府視璧，乃二十八年行渡江所沈璧也。於是始皇卜之，卦得游徙吉。遷北河、榆中三萬家，【六】拜爵一級。

【一】集解徐廣曰：「表云石畫隕。」

【二】正義傳，逐戀反。令，力呈反。

【三】正義括地志云：「平舒故城在華州華陰縣西北六里。水經注云『渭水又東經平舒北，城枕渭濱，半破淪水，南面通衢。昔秦之將亡也，江神送璧於華陰平舒道〔三五〕，即其處也』。」

【四】集解服虔曰：「水神也。」張晏曰：「武王居鎬，鎬池君則武王也。武王伐商，故神云始皇荒淫若紂矣，今亦可伐也。」孟康曰：「長安西南有滈池。」索隱按：服虔云水神，是也。江神以璧遺滈池之神，告始皇之將終也。且秦水德王，故其君將亡，水神先自相告也。正義遺，庚季反。滈，湖老反。括地志云：「滈水源出雍州長安縣西北滈池。酈元注水經云『滈水承滈池，北流入渭』。今按：滈池水流入來通渠，蓋酈元誤矣。」張晏云：「武王居滈，滈池君則武王也。伐商，故神云始皇荒淫若紂矣，今武王可伐矣。」

【五】集解蘇林曰：「祖，始也。龍，人君象。謂始皇也。」服虔曰：「龍，人之先象也，言王亦人之先也。」應劭曰：「祖，人之先。龍，君之象。」

【六】正義謂北河勝州也。榆中即今勝州榆林縣也。言徙三萬家以應卜卦游徙吉也。

三十七年十月癸丑，始皇出游。左丞相斯從，右丞相去疾守。少子胡亥愛慕請從，上許之。十一月，行至雲夢，望祀虞舜於九疑山。【一】浮江下，觀籍柯，渡海渚。【二】過丹陽，【三】至錢唐。【四】臨浙江，【五】水波惡，乃西百二十里從狹中渡。【六】上會稽，祭大禹，【七】望于南海，而立石刻【八】頌秦德。其文曰：【九】

【一】正義括地志云：「九疑山在永州唐興縣東南一百里。皇覽冢墓記云舜冢在零陵郡營浦縣九疑山。」言始皇至雲夢，望祭虞舜於九疑山也。

【二】正義括地志云：「舒州同安縣東。」按：舒州在江中，疑「海」字誤，即此州也。

【三】正義括地志云：「丹陽郡故在潤州江寧縣東南五里，秦兼并天下，以爲鄣郡也。」

【四】正義錢唐，今杭州縣。

【五】集解晉灼曰：「江水至會稽山陰爲浙江〔三六〕。」音折。

【六】集解徐廣曰：「蓋在餘杭也。」顧夷曰『餘杭者，秦始皇至會稽經此，立爲縣』。」

【七】正義上音上掌反。越州會稽山上有夏禹穴及廟。

【八】索隱望于南海而刻石。三句爲韻，凡二十四韻。

【九】正義此二頌三句爲韻。其碑見在會稽山上。其文及書皆李斯，其字四寸，畫如小指，圓鐫。今文字整頓，是小篆字。

皇帝休烈，平一宇内，德惠脩長。【一】三十有七年，親巡天下，周覽遠方。遂登會稽，宣省習俗，黔首齋莊。羣臣誦功，本原事迹，追首高明。【二】秦聖臨國，始定刑名，顯陳舊章。【三】初平法式，審別職任，以立恒常。六王專倍，貪戾慠猛，率衆自彊。【四】暴虐恣行，【五】負力而驕，數動甲兵。【六】陰通閒使，【七】以事合從，【八】行爲辟方。【九】内飾詐謀，【一〇】外來侵邊，遂起禍殃。義威誅之，殄熄【一一】暴悖，【一二】亂賊滅亡。聖德廣密，六合之中，被澤無疆。皇帝并宇，兼聽萬事，遠近畢清。運理羣物，考驗事實，各載其名。貴賤並通，善否陳前，靡有隱情。飾省宣義，【一三】有子而嫁，【一四】倍死不貞。防隔内外，禁止淫泆，男女絜誠。夫爲寄豭，【一五】殺之無罪，男秉義程。妻爲逃嫁，【一六】子不得母，【一七】咸化廉清。大治濯俗，天下承風，蒙被休經。皆遵度軌，和安敦勉，莫不順令。【一八】黔首脩絜，人樂同則，【一九】嘉保太平。後敬奉法，常治無極，輿舟不傾。從臣誦烈，【二〇】請刻此石，光垂休銘。

【一】索隱 脩亦長也，重文耳。王劭按張徽所録會稽南山秦始皇碑文，「脩」作「攸」。

【二】索隱 今檢會稽刻石文「首」字作「道」，雅符人情也。

【三】正義 作「彰」，音章。碑文作「畫璋」也。

【四】正義 碑文作「率衆邦强」。

【五】正義 寒彭反。

【六】正義數音朔。

【七】正義閒，紀莧反，又如字。使，所吏反。

【八】正義合音閤。從，子容反。

【九】正義行，下孟反。辟，匹亦反。

【一〇】索隱刻石文作「謀詐」。

【一一】集解徐廣曰：「音息。」

【一二】正義殄，田典反。暴，白報反。悖音背。

【一三】集解徐廣曰：「省，一作『非』。」正義飾音式。省，山景反。飾謂文飾也。省，過也。

【一四】正義謂夫死有子，棄之而嫁。

【一五】索隱豭，牡豬也。言夫淫他室，若寄豭之豬也。豭音加。

【一六】正義謂棄夫而逃嫁於人。

【一七】正義言妻棄夫逃嫁，子乃失母。

【一八】正義力呈反。

【一九】正義樂音岳。

【二〇】正義從音才用反。烈，美也。所隨巡從諸臣，咸誦美，請刻此石。

還過吴，從江乘渡。【一】並海上，北至琅邪。方士徐市等入海求神藥，數歲不得，費多，恐譴，乃詐曰：「蓬萊藥可得，然常爲大鮫魚所苦，【二】故不得至，願請善射與俱，見則以連弩射之。」始皇夢與海神戰，如人狀。問占夢，博士曰：「水神不可見，以大魚蛟龍爲候。今上禱祠備謹，而有此惡神，當除去，而善神可致。」乃令入海者齎捕巨魚具，而自以連弩候大魚出，射之。自琅邪北至榮成山，【三】弗見。至之罘，見巨魚，射殺一魚。遂並海西。

【一】集解地理志丹陽有江乘縣。索隱地理志丹陽有江乘縣。正義乘音時升反。江乘故縣在潤州句容縣北六十里，本秦舊縣也。渡謂濟渡也。

【二】正義鮫音交。苦音苦故反。

【三】正義即成山也，在萊州。

至平原津而病。【一】始皇惡言死，羣臣莫敢言死事。上病益甚，乃爲璽書賜公子扶蘇曰：「與喪會咸陽而葬。」書已封，在中車府令趙高【二】行符璽事所，未授使者。七月丙寅，始皇崩於沙丘平臺。【三】丞相斯爲上崩在外，【四】恐諸公子及天下有變，乃祕之，不發喪。棺載轀涼車中，【五】故幸宦者參乘，所至上食、百官奏事如故，宦者輒從轀涼車中可其奏事。獨子胡亥、趙高及所幸宦者五六人知上死。趙高故嘗教胡亥書及獄律令法事，胡亥私幸之。高乃與公子胡亥、丞相斯陰謀破去始皇所封書【六】賜公子扶蘇者，而更詐爲丞相斯受始皇遺詔沙丘，立子胡亥爲太子。更爲書賜公子扶蘇、蒙恬，數以罪，【七】其賜死〔三七〕。語具在李斯傳中。行，遂從井陘【八】抵九原。【九】會暑，上轀車臭，乃詔從官令車載一石鮑魚，【一〇】以亂其臭。

【一】集解徐廣曰：「渡河而西。」正義今德州平原縣南六十里有張公故城，城東有水津焉，後名張公渡，恐此平原郡古津也。漢書公孫弘平津侯，亦近此〔三八〕。蓋平津即此津，始皇渡此津而疾。

【二】集解伏儼曰：「主乘輿路車。」

【三】集解徐廣曰：「年五十。沙丘去長安二千餘里。趙有沙丘宮，在鉅鹿，武靈王之死處。」正義括地志云「沙丘臺在邢州平鄉縣東北二十里」。又云「平鄉縣東北四十里」。按：始皇崩在沙丘之宮平臺之中。邢州去京一千六百五十里。

【四】正義爲，于僞反。

【五】正義棺音館〔三九〕。又古患反。

【六】正義去，丘呂反。

【七】正義數音色具反。

【八】集解徐廣曰：「在常山。」

【九】正義抵，丁禮反。抵，至也。從沙丘至勝州三千里。

【一〇】正義鮑，白卯反。

行從直道至咸陽，發喪。太子胡亥襲位，爲二世皇帝。九月，葬始皇酈山。始皇初即位，穿治酈山，及并天下，天下徒送詣七十餘萬人，穿三泉，下銅【一】而致椁，宮觀百官奇器珍怪徙臧滿之。【二】令匠作機弩矢，有所穿近者，輒射之。以水銀爲百川江河大海，機相灌輸，【三】上具天文，下具地理。以人魚膏爲燭，【四】度不滅者久之。【五】二世曰：「先帝後宮非有子者，出焉不宜。」皆令從死，死者甚衆。葬既已下，或言工匠爲機，臧皆知之，臧重即泄。大事畢，已臧，閉中羨，【六】下外羨門，盡閉工匠臧者，無復出者。樹草木以象山。【七】

【一】集解徐廣曰：「一作『錮』。錮，鑄塞。」正義顏師古云：「三重之泉，言至水也〔四〇〕。」

【二】正義言冢内作宮觀及百官位次，奇器珍怪徙滿冢中。臧，才浪反。

【三】正義灌音館。輸音戍。

【四】集解徐廣曰：「人魚似鮎，四脚。」正義廣志云：「鯢魚聲如小兒啼，有四足，形如鱧，可以治牛，出伊水。」異物志云：「人魚似人形，長尺餘。不堪食。皮利於鮫魚，鋸材木入。項上有小穿，氣從中出。秦始皇冢中以人魚膏爲燭，即此魚也。出東海中，今台州有之。」按：今帝王用漆燈冢中，則火不滅。

【五】正義度音田洛反。

【六】正義音延，下同。謂冢中神道。

【七】集解皇覽曰：「墳高五十餘丈，周迴五里餘。」正義關中記云：「始皇陵在驪山。泉本北流，障使東西流。有土無石，取大石於渭山諸山〔四二〕。」括地志云：「秦始皇陵在雍州新豐縣西南十里。」

二世皇帝元年，年二十一。【一】趙高爲郎中令，【二】任用事。二世下詔，增始皇寢廟犧牲及山川百祀之禮。令羣臣議尊始皇廟。羣臣皆頓首言曰：「古者天子七廟，諸侯五，大夫三，雖萬世世不軼毁。【三】今始皇爲極廟，四海之内皆獻貢職，增犧牲，禮咸備，毋以加。先王廟或在西雍，【四】或在咸陽。天子儀當獨奉酌祠始皇廟。自襄公已下軼毁。所置凡七廟。羣臣以禮進祠，以尊始皇廟爲帝者祖廟。皇帝復自稱『朕』。」

【一】集解徐廣曰：「表云『十月戊寅，大赦罪人』。」

【二】集解漢書百官表曰：「秦官，掌宫殿門户。」

【三】正義軼，徒結反。

【四】正義於用反。西雍在咸陽西，今岐州雍縣故城是也。又一云西雍，雍西縣也。

二世與趙高謀曰：「朕年少，初即位，黔首未集附。先帝巡行郡縣，以示彊，威服海內。今晏然不巡行，即見弱，毋以臣畜天下。」春，二世東行郡縣，李斯從。到碣石，並海，南至會稽，而盡刻始皇所立刻石，石旁著【一】大臣從者名，以章先帝成功盛德焉：

【一】正義丁略反。

皇帝曰：「金石刻盡始皇帝所爲也。今襲號而金石刻辭不稱【一】始皇帝，其於久遠也【二】如後嗣爲之者，不稱成功盛德。」丞相臣斯、臣去疾、【三】御史大夫臣德昧死言：「臣請具刻詔書刻石，因明白矣。臣昧死請。」制曰：「可。」

遂至遼東而還。

【一】正義尺證反。

【二】正義二世言始滅六國，威振古今，自五帝三王未及。既已襲位，而見金石盡刻其頌，不稱始皇成功盛德甚遠矣。

【三】集解徐廣曰：「姓馮。」正義去，丘呂反。

於是二世乃遵用趙高，申法令。乃陰與趙高謀曰：「大臣不服，官吏尚彊，及諸公子必與我爭，爲之柰何？」高曰：「臣固願言而未敢也。先帝之大臣，皆天下累世名貴人也，積功勞世以相傳久矣。今高素小賤，陛下幸稱舉，令在上位，管中事。大臣鞅鞅，特以貌從臣，其心實不服。今上出，不因此時案郡縣守尉有罪者誅之，上以振威天下，下以除去上生平所不可者。今時不師文而決於武力，願陛下遂從時毋疑，即羣臣不及謀。明主收舉餘民，賤者貴之，貧者富之，遠者近之，則上下集而國安矣。」二世曰：「善。」乃行誅大臣及諸公子，以罪過連逮少近官三郎，【一】無得立者，而六公子戮死於杜。公子將閭昆弟三人囚於內宮，議其罪獨後。二世使使令將閭曰：「公子不臣，罪當死，吏致法焉。」將閭曰：「闕廷之禮，吾未嘗敢不從賓贊也；廊廟之位，吾未嘗敢失節也；受命應對，吾未嘗敢失辭也。何謂不臣？願聞罪而死。」使者曰：「臣不得與謀，奉書從事。」將閭乃仰天大呼天者三，曰：「天乎！吾無罪！」昆弟三人皆流涕拔劍自殺。宗室振恐。羣臣諫者以爲誹謗，大吏持祿取容，黔首振恐。

【一】索隱逮訓及也。謂連及俱被捕，故云連逮。少，小也。近，近侍之臣。三郎謂中郎、外郎、散郎。正義漢書百官表云有議郎、中郎、散郎，又有左右三將，謂郎中、車郎、户郎。

四月，二世還至咸陽，曰：「先帝爲咸陽朝廷小，故營阿房宮。爲室堂未就，會上崩，罷其作者，復土〔一〕酈山。酈山事大畢，今釋阿房宮弗就，則是章先帝舉事過也。」復作阿房宮。外撫四夷，如始皇計。盡徵其材士〔二〕五萬人爲屯衞咸陽，令教射，狗馬禽獸當食者多，〔三〕度不足，下調〔四〕郡縣轉輸菽粟芻藁，皆令自齎糧食，咸陽三百里内不得食其穀。用法益刻深。

〔一〕正義謂出土爲陵，既成，還復其土，故言復土。

〔二〕正義謂材官蹶張之士。

〔三〕正義謂材士及狗馬。

〔四〕正義度，田洛反。下，行嫁反。調，田弔反。謂下令調斂也。

七月，戍卒陳勝〔一〕等反故荆地，爲「張楚」。〔二〕勝自立爲楚王，居陳，遣諸將徇地。山東郡縣少年苦秦吏，皆殺其守尉令丞反，以應陳涉，相立爲侯王，合從西鄉，名爲伐秦，不可勝數也。謁者〔三〕使東方來，以反者聞二世。二世怒，下吏。後使者至，上問，對曰：「羣盜，郡守尉方逐捕，今盡得，不足憂。」上悦。武臣自立爲趙王，魏咎爲魏王，田儋〔四〕爲齊王。沛公起沛。項梁舉兵會稽郡。

〔一〕正義音升。

【二】集解李奇曰：「張大楚國也。」

【三】集解漢書百官表曰：謁者，秦官，掌賓贊受事。

【四】集解服虔曰：「音負擔。」

二年冬，陳涉所遣周章等將西至戲，【一】兵數十萬。二世大驚，與羣臣謀曰：「柰何？」少府章邯曰：【二】「盜已至，衆彊，今發近縣不及矣。酈山徒多，請赦之，授兵以擊之。」二世乃大赦天下，使章邯將，擊破周章軍而走，遂殺章曹陽。【三】二世益遣長史司馬欣、董翳佐章邯擊盜，殺陳勝城父，【四】破項梁定陶，【五】滅魏咎臨濟。【六】楚地盜名將已死，章邯乃北渡河，擊趙王歇等於鉅鹿。【七】

【一】集解應劭曰：「戲，弘農湖西界也〔四二〕。」孟康曰：「水名，今戲亭是也。」蘇林曰：「邑名，在新豐東南三十里。」正義戲音許宜反。括地志云：「戲水源出雍州新豐縣西南驪山。水經注云戲水出驪山馮公谷，東北流。今新豐縣東北十一里戲水當官道，即其處。」

【二】集解漢書百官表曰：「少府，秦官。」應劭曰：「掌山澤陂池之稅，名曰禁錢，以給私養，自別爲藏。少者小也，故稱少府。」正義邯，胡甘反。

【三】集解晉灼曰：「亭名，在弘農東十三里。魏武帝改曰好陽。」正義括地志云：「曹陽故亭一名好陽亭，在陝州桃林縣東南十四里，即章邯殺周文處。」

【四】正義父音甫。括地志云：「城父，亳州所理縣。」

【五】正義今曹州定陶縣。

【六】正義今齊州縣。

【七】正義括地志云：「邢州平鄉縣城，本鉅鹿，王離圍趙王歇即此城〔四三〕。」

趙高說二世曰：「先帝臨制天下久，故羣臣不敢爲非，進邪說。今陛下富於春秋，初即位，奈何與公卿廷決事？事即有誤，示羣臣短也。天子稱朕，固不聞聲。」【一】於是二世常居禁中，【二】與高決諸事。其後公卿希得朝見，盜賊益多，而關中卒發東擊盜者毋已。右丞相去疾、左丞相斯、將軍馮劫進諫曰：「關東羣盜並起，秦發兵誅擊，所殺亡甚衆，然猶不止。盜多，皆以戍漕轉作事苦，賦稅大也。請且止阿房宮作者，減省【三】四邊戍轉。」二世曰：「吾聞之韓子曰：『堯舜采椽不刮，【四】茅茨不翦，飯土塯，【五】啜土形，【六】雖監門之養，【七】不觳於此。【八】禹鑿龍門，通大夏，【九】決河亭水，【一〇】放之海，身自持築臿，【一一】脛毋毛，臣虜之勞不烈於此矣。』【一二】凡所爲貴有天下者，得肆意極欲，主重【一三】明法，下不敢爲非，以制御海內矣。夫虞、夏之主，貴爲天子，親處窮苦之實，以徇百姓，尚何於法？朕尊萬乘，毋其實，吾欲造千乘之駕，萬乘之屬，充吾號名。且先帝起諸侯，兼天下，天下已定，外攘四夷以安邊竟，【一四】作宮室以章得意，而君觀先帝功業有緒。今朕即位二年之閒，羣盜並起，君不能禁，又欲罷先帝之所爲，是上毋以報先帝，次不爲朕盡忠力，【一五】何以在位？」下去疾、斯、劫吏，案責他罪。去疾、劫曰：「將相不辱。」自殺。斯卒囚，【一六】就五刑。

【一】索隱一作「固聞聲」。言天子常處禁中，臣下屬望，纔有兆朕，聞其聲耳，不見其形也。

【二】集解蔡邕曰：「禁中者，門户有禁，非侍御者不得入，故曰禁中。」

【三】正義上色反。

【四】索隱采，木名。刮音括。

【五】集解徐廣曰：「呂靜云飯器謂之簋。」索隱如字，一音鏤。一作「簋」。

【六】集解如淳曰：「土形，飯器之屬，瓦器也。」索隱飯器，以瓦爲之。

【七】正義以讓反。

【八】索隱謂監門之卒。養即卒也，有廝養卒。觳音學，謂盡也。又占學反。正義又苦角反。爾雅云：「觳，盡也。」言堯舜采椽不刮，茅茨不翦，飯土塯，啜土形，雖監守門之人，供養亦不盡此之疏陋也。

【九】正義括地志云：「大夏，今并州晉陽及汾、絳等州是。昔高辛氏子實沈居之，西近河。」言禹鑿龍門，河水道，得大通，并州之地不壅溢也。

【一〇】正義亭，平也。又云「決亭壅之水」。

【一一】正義臿音初洽反。築，牆杵也。臿，鍬也。爾雅云：「鍬謂之臿。」

【一二】正義烈，美也。言臣虜之勞，猶不美於此矣。又烈，酷也。禹鑿龍門，通大夏，道決黃河洪水放之海，身持鍬杵，使膝脛無毛，賤臣奴虜之勤勞，不酷烈於此辛苦矣。

【一三】正義直拱反。

【一四】正義音境。

【一五】正義爲，于僞反。

【一六】正義卒，子律反。囚，在由反，謂禁錮也。

三年，章邯等將其卒圍鉅鹿，楚上將軍項羽將楚卒往救鉅鹿。冬，趙高爲丞相，竟案李斯殺之。夏，章邯等戰數卻，二世使人讓邯，邯恐，使長史欣請事。趙高弗見，又弗信。欣恐，亡去，高使人捕追不及。欣見邯曰：「趙高用事於中，將軍有功亦誅，無功亦誅。」項羽急擊秦軍，虜王離，邯等遂以兵降諸侯。八月己亥，【一】趙高欲爲亂，恐羣臣不聽，乃先設驗，持鹿獻於二世，曰：「馬也。」二世笑曰：「丞相誤邪？謂鹿爲馬。」問左右，左右或默，或言馬以阿順趙高。或言鹿〔四四〕，高因陰中諸言鹿者以法。後羣臣皆畏高。

【一】集解徐廣曰：「一作『卯』。」

高前數言「關東盜毋能爲也」，及項羽虜秦將王離等鉅鹿下而前，章邯等軍數卻，上書請益助，燕、趙、齊、楚、韓、魏皆立爲王，自關以東，大氐【一】盡畔秦吏應諸侯，諸侯咸率其衆西鄉。沛公將數萬人已屠武關，使人私於高，高恐二世怒，誅及其身，乃謝病不朝見。二世夢白虎齧其左驂馬，殺之，心不樂，怪問占夢。卜曰：「涇水爲祟。」【二】二世乃齋於望夷宮，【三】欲祠涇，沈四白馬。使使責讓高以盜賊事。高懼，乃陰與其壻咸陽令閻樂、其弟趙成謀曰：「上不聽諫，今事急，欲歸禍於吾宗。吾欲易置上，更立公子嬰。子嬰仁儉，百姓皆載其言。」使郎中令爲內應，【四】詐爲有大賊，令樂召吏發卒，追劫樂母置高舍。遣樂將吏卒千餘人至望夷宮殿門，縛衞令僕射，曰：「賊入此，何不止？」衞令曰：「周廬設卒甚謹，【五】安得賊敢入宮？」樂遂斬衞令，直將吏入，行射，郎宦者大驚，或走或格，格者輒死，死者數十人。郎中令與樂俱入，射上幄坐幃。二世怒，召左右，左右皆惶擾不鬭。旁有宦者一人，侍不敢去。二世入內，謂曰：「公何不蚤告我？乃至於此！」宦者曰：「臣不敢言，故得全。使臣蚤言，皆已誅，安得至今？」閻樂前即二世數曰：「足下驕恣，【六】誅殺無道，天下共畔足下，足下其自爲計。」二世曰：「丞相可得見否？」樂曰：「不可。」二世曰：「吾願得一郡爲王。」弗許。又曰：「願爲萬户侯。」弗許。曰：「願與妻子爲黔首，比諸公子。」閻樂曰：「臣受命於丞相，爲天下誅足下，足下雖多言，臣不敢報。」麾其兵進。二世自殺。

【一】正義丁禮反。氏猶略。

【二】正義雖遂反。

【三】集解張晏曰：「望夷宮在長陵西北長平觀道東故亭處是也。臨涇水作之，以望北夷。」正義括地志云：「秦望夷宮在雍州咸陽縣東南八里。張晏云臨涇水作之，望北夷。」

【四】集解徐廣曰：「一云郎中令趙成。」

【五】集解西京賦曰：「徼道外周，千廬内傅。」薛綜曰：「士傅宮外，内爲廬舍，晝則巡行非常，夜則警備不虞。」

【六】集解蔡邕曰：「羣臣士庶相與言，曰殿下、閣下、足下、侍者、執事，皆謙類。」

閻樂歸報趙高，趙高乃悉召諸大臣公子，告以誅二世之狀。曰：「秦故王國，始皇君天下，故稱帝。今六國復自立，秦地益小，乃以空名爲帝，不可。宜爲王如故，便。」立二世之兄子公子嬰爲秦王。以黔首葬二世杜南宜春苑中。令子嬰齋，當廟見，受王璽。齋五日，子嬰與其子二人謀曰：「丞相高殺二世望夷宮，恐羣臣誅之，乃詳以義立我。【一】我聞趙高乃與楚約，滅秦宗室而王關中。今使我齋見廟，此欲因廟中殺我。我稱病不行，丞相必自來，來則殺之。」高使人請子嬰數輩，子嬰不行，高果自往，曰：「宗廟重事，王柰何不行？」子嬰遂刺殺高於齋宮，三族高家以徇咸陽。子嬰爲秦王四十六日，楚將沛公破秦軍入武關，遂至霸上，【二】使人約降子嬰。子嬰即係頸以組，白馬素車，【三】奉天子璽符，降軹道旁。【四】沛公遂入咸陽，封宮室府庫，還軍霸上。居月餘，諸侯兵至，項籍爲從長，【五】殺子嬰及秦諸公子宗族。遂屠咸陽，燒其宮室，虜其子女，收其珍寶貨財，諸侯共分之。滅秦之後，各分其地爲三，名曰雍王、塞王、翟王，號曰三秦。項羽爲西楚霸王，主命分天下王諸侯，秦竟滅矣。後五年，天下定於漢。

【一】集解詳音羊。

【二】集解應劭曰：「霸水上地名，在長安東三十里。古名滋水，秦穆公更名霸水。」

【三】集解應劭曰：「組者，天子韍也。係頸者，言欲自殺也。素車白馬，喪人之服也。」

【四】集解徐廣曰：「在霸陵。」駰案：蘇林曰「亭名，在長安東十三里」。

【五】索隱謂合關東爲從長也。

太史公曰：秦之先伯翳，嘗有勳於唐虞之際，受土賜姓。及殷夏之閒微散。至周之衰，秦興，邑于西垂。自繆公以來，稍蠶食諸侯，竟成始皇。始皇自以爲功過五帝，地廣三王，而羞與之侔。善哉乎賈生推言之也！曰：

秦并兼諸侯山東三十餘郡，繕津關，據險塞，修甲兵而守之。然陳涉以戍卒散亂之衆數百，奮臂大呼，不用弓戟之兵，鉏櫌白梃，【一】望屋而食，【二】橫行天下。【三】秦人阻險不守，關梁不闔，長戟不刺，彊弩不射。楚師深入，戰於鴻門，曾無藩籬之艱。於是山東大擾，諸侯並起，豪俊相立。【四】秦使章邯將而東征，章邯因以三軍之衆要市於外，【五】以謀其上。羣臣之不信，可見於此矣。子嬰立，遂不寤。藉使子嬰有庸主之材，僅得中佐，山東雖亂，秦之地可全而有，宗廟之祀未當絶也。

【一】集解徐廣曰：「櫌，田器，音憂。」索隱徐以櫌爲田器，非也。孟康以櫌爲鉏柄，蓋得其近也。

【二】索隱言其兵蠶食天下，不裹糧而行。

【三】索隱謂輕前敵，不部伍旅進也。舞陽侯曰「橫行匈奴中」是也。

【四】集解駰案：鶡冠子曰「德萬人者謂之俊，德千人者謂之豪，德百人者謂之英」。索隱謂武臣、田儋、魏豹之屬。

【五】索隱此評失也。章邯之降，由趙高用事，不信任軍將，一則恐誅，二則楚兵既盛，王離見虜，遂以兵降耳。非三軍要市於外以求封明矣。要，平聲。

秦地被山帶河以爲固，四塞之國也。自繆公以來，至於秦王，二十餘君，常爲諸侯雄。豈世世賢哉？其勢居然也。且天下嘗同心并力而攻秦矣。當此之世，賢智並列，良將行其師，賢相通其謀，然困於阻險而不能進，秦乃延入戰而爲之開關，百萬之徒逃北而遂壞。豈勇力智慧不足哉？形不利，勢不便也。秦小邑并大城，【一】守險塞而軍，高壘毋戰，閉關據阸，荷戟而守之。諸侯起於匹夫，以利合，非有素王之行也。其交未親，其下未附，名爲亡秦，其實利之也。彼見秦阻之難犯也，必退師。安土息民，【二】以待其敝，收弱扶罷，以令大國之君，不患不得意於海內。貴爲天子，富有天下，而身爲禽者，其救敗非也。

【一】集解徐廣曰：「大，一作『小』。」

【二】索隱賈誼書「安」作「案」。

秦王足己不問，遂過而不變。二世受之，因而不改，暴虐以重禍。子嬰孤立無親，危弱無輔。三主惑而終身不悟，亡，不亦宜乎？當此時也，世非無深慮知化之士也，然所以不敢盡忠拂過者，秦俗多忌諱之禁，忠言未卒於口而身爲戮没矣。故使天下之士，傾耳而聽，重足而立，拑口而不言。是以三主失道，忠臣不敢諫，智士不敢謀，天下已亂，姦不上聞，豈不哀哉！先王知雍蔽之傷國也，故置公卿大夫士，以飾法設刑，而天下治。其彊也，禁暴誅亂而天下服。其弱也，五伯征而諸侯從。其削也，內守外附而社稷存。故秦之盛也，繁法嚴刑而天下振；及其衰也，百姓怨望而海內畔矣。故周五序【一】得其道，而千餘歲不絕。秦本末並失，故不長久。由此觀之，安危之統相去遠矣。野諺曰「前事之不忘，後事之師也」。是以君子爲國，觀之上古，驗之當世，參以人事，察盛衰之理，審權勢之宜，去就有序，變化有時〔四五〕，故曠日長久而社稷安矣。

【一】索隱 賈誼書「五」作「王」。

秦孝公據殽函之固，擁雍州之地，君臣固守而窺周室，有席卷天下，【一】包舉宇內，囊括四海之意，【二】并吞八荒之心。當是時，商君佐之，【三】內立法度，務耕織，修守戰之備，外連衡而鬬諸侯，【四】於是秦人拱手而取西河之外。

【一】索隱 按：春秋緯曰諸侯冰散席卷也。

【二】集解 張晏曰：「括，結囊也。言其能包含天下〔四六〕。」

【三】索隱商君，衛公孫鞅，仕秦爲左庶長，遂爲秦制法，孝公致霸，封之於商，號商君。

【四】索隱戰國策曰：蘇秦亦爲秦連衡。高誘曰：「合關東從通之秦，故曰連衡也。」

孝公既没，惠王、武王蒙故業，因遺册，南兼漢中，西舉巴、蜀，東割膏腴之地，收要害之郡。諸侯恐懼，會盟而謀弱秦，不愛珍器重寶肥美之地，以致天下之士，合從締交，【一】相與爲一。當是時，齊有孟嘗，趙有平原，楚有春申，魏有信陵。此四君者，皆明知而忠信，寬厚而愛人，尊賢重士，約從離衡，【二】并韓、魏、燕、楚、齊、趙、宋、衛、中山之衆。於是六國之士【三】有寧越、徐尚、蘇秦、杜赫之屬爲之謀，【四】齊明、周最、陳軫、昭滑、樓緩、翟景、蘇厲、樂毅之徒通其意，【五】吴起、孫臏、帶佗、兒良、王廖、田忌、廉頗、趙奢之朋制其兵。【六】常以十倍之地，百萬之衆，叩關而攻秦。秦人開關延敵，九國之師逡巡遁逃而不敢進。秦無亡矢遺鏃之費，而天下諸侯已困矣。於是從散約解，爭割地而奉秦。秦有餘力而制其敝，追亡逐北，伏尸百萬，流血漂鹵。【七】因利乘便，宰割天下，分裂河山，彊國請服，弱國入朝。延及孝文王、莊襄王，享國日淺，國家無事。

【一】集解漢書音義曰：「締，結也。」

【二】索隱言孟嘗等四君皆爲其國共相約結爲從，以離散秦之横。

【三】索隱 六國者，韓、魏、趙、燕、齊、楚是也。與秦爲七國，亦謂之七雄。又六國與宋、衞、中山爲九國。其三國蓋微，又前亡。

【四】集解 徐廣曰：「越，一作『經』。或自別有此人，不必甯越也。」索隱 寧越，趙人，賈誼作「甯越」。徐尚，未詳。蘇秦，東周洛陽人。呂氏春秋「杜赫以安天下説周昭文君」，高誘曰「杜赫，周人也」。

【五】索隱 戰國策齊明，東周臣，後仕秦、楚及韓。周最，周之公子，亦仕秦。陳軫，夏人，亦仕秦。昭滑，楚人。樓緩，魏文侯弟，所謂樓子也。蘇厲，秦之弟，仕齊。樂毅本齊臣，入燕，燕昭王以客禮待之，以爲亞卿。翟景，未詳也。

【六】索隱 吳起，衞人，事魏文侯爲將。孫臏，孫武之後也。呂氏春秋曰「王廖貴先，兒良貴後」，二人皆天下之豪士。田忌，齊將也。廉頗，趙將也。趙奢亦趙之將。

【七】集解 徐廣曰：「鹵，楯也。」

及至秦王，續六世之餘烈，【一】振長策而御宇內，吞二周而亡諸侯，履至尊而制六合，執棰拊【二】以鞭笞天下，威振四海。南取百越之地，【三】以爲桂林、象郡，百越之君俛首係頸，委命下吏。乃使蒙恬北築長城而守藩籬，卻匈奴七百餘里，胡人不敢南下而牧馬，士不敢彎弓而報怨。於是廢先王之道，焚百家之言，以愚黔首。墮名城，【四】

殺豪俊，收天下之兵聚之咸陽，銷鋒鑄鐻，以爲金人十二，以弱黔首之民。然後斬華爲城，【五】因河爲津，據億丈之城，臨不測之谿以爲固。良將勁弩守要害之處，信臣精卒陳利兵而誰何，【六】天下以定。秦王之心，自以爲關中之固，金城千里，【七】子孫帝王萬世之業也。

【一】集解張晏曰：「孝公、惠文王、武王、昭王、孝文王、莊襄王。」

【二】集解徐廣曰：「拊，拍也，音府。一作『槁朴』。」索隱賈本論作「槁朴」。

【三】集解韋昭曰：「越有百邑。」

【四】集解應劭曰：「壞堅城，恐人復阻以害己也。」

【五】集解徐廣曰：「斬，一作『踐』。」駰案：服虔曰「斷華山爲城」。索隱斬，亦作「踐」，亦出賈本論。又崔浩云：「踐，登也。」

【六】集解如淳曰：「何猶問也。」索隱崔浩云：「何或爲『呵』。」漢舊儀：「宿衞郎官分五夜誰呵，呵夜行者誰也。」何呵字同。

【七】索隱金城，言其實且堅也。韓子曰「雖有金城湯池」，漢書張良亦曰「關中所謂金城千里，天府之國」。

秦王既没，餘威振於殊俗。陳涉，甕牖繩樞之子，【一】甿隸之人，【二】而遷徙之徒，才能不及中人，非有仲尼、墨翟之賢，陶朱、猗頓之富，躡足行伍之閒，而倔起什伯之中，【三】率罷散之卒，將數百之衆，而轉攻秦。斬木爲兵，揭竿爲旗，天下雲集響應，嬴糧而景從，山東豪俊遂並起而亡秦族矣。

【一】集解服虔曰：「以繩係户樞也。」孟康曰：「瓦甕爲窻也。」

【二】集解如淳曰：「甿，古『氓』字。氓，民也。」

【三】集解漢書音義曰：「首出十長百長之中。」如淳曰：「時皆辟屈在十百之中。」

且夫天下非小弱也，雍州之地，殽函之固自若也。【一】陳涉之位，非尊於齊、楚、燕、趙、韓、魏、宋、衞、中山之君；鉏櫌棘矜，【二】非錟於句戟長鎩也；【三】適戍之衆，非抗於九國之師；深謀遠慮，行軍用兵之道，非及鄉時之士也。然而成敗異變，功業相反也。試使山東之國與陳涉度長絜大，【四】比權量力，則不可同年而語矣。然秦以區區之地，千乘之權，招八州而朝同列，百有餘年矣。然后以六合爲家，殽函爲宫，一夫作難而七廟墮，身死人手，爲天下笑者，何也？仁義不施而攻守之勢異也。

【一】集解韋昭曰：「殽謂二殽。函，函谷關也。」

【二】集解服虔曰：「以鉏柄及棘作矛槿也。」如淳曰：「櫌，椎塊椎也。」

【三】集解徐廣曰：「錟，一作『銛』。」駰案：如淳曰「長刃矛也」。又曰「鉤戟似矛，刃下有鐵，横方上鉤曲也」。鎩音所拜反。

【四】集解漢書音義曰：「『絜束』之『絜』。」

秦并海内，兼諸侯，南面稱帝，【一】以養四海，天下之士斐然鄉風，若是者何也？曰：近古之無王者久矣。周室卑微，五霸既歿，令不行於天下，是以諸侯力政，彊侵弱，衆暴寡，兵革不休，士民罷敝。今秦南面而王天下，是上有天子也。既元元之民冀得安其性命，莫不虚心而仰上，當此之時，守威定功，安危之本在於此矣。

【一】集解徐廣曰：「一本有此篇，無前者『秦孝公』已下，而又以『秦并兼諸侯山東三十餘郡』繼此末也。」索隱按：賈誼過秦論以「孝公」已下爲上篇，「秦兼并諸侯山東三十餘郡」爲下篇。鄒誕生云「太史公删賈誼過秦篇著此論，富其義而省其辭」。褚先生增續既已混殽，而世俗小智不唯删省之旨，合寫本論於此，故不同也。今頗亦不可分别」。

秦王懷貪鄙之心，行自奮之智，不信功臣，不親士民，廢王道，立私權，禁文書而酷刑法，先詐力而後仁義，以暴虐爲天下始。夫并兼者高詐力，安定者貴順權，此言取與守不同術也。秦離戰國而王天下，其道不易，其政不改，是其所以取之守之者無異也〔四七〕。孤獨而有之，故其亡可立而待。借使秦王計上世之事，並殷周之迹，以制御其政，後雖有淫驕之主而未有傾危之患也。故三王之建天下，名號顯美，功業長久。

今秦二世立，天下莫不引領而觀其政。夫寒者利裋褐〔一〕而飢者甘糟糠，天下之嗷嗷，新主之資也。此言勞民之易爲仁也。鄉使二世有庸主之行，而任忠賢，臣主一心而憂海内之患，縞素而正先帝之過，裂地分民以封功臣之後，建國立君以禮天下，虚囹圄而免刑戮，除去收帑汙穢之罪，使各反其鄉里，發倉廩，散財幣，以振孤獨窮困之士，輕賦少事，以佐百姓之急，約法省刑以持其後，使天下之人皆得自新，更節修行，各慎其身，塞萬民之望，而以威德與天下，天下集矣。即四海之内，皆讙然各自安樂其處，唯恐有變，雖有狡猾之民，無離上之心，則不軌之臣無以飾其智，而暴亂之姦止矣。二世不行此術，而重之以無道，壞宗廟與民，〔二〕更始作阿房宫，繁刑嚴誅，吏治刻深，賞罰不當，賦斂無度，天下多事，吏弗能紀，百姓困窮而主弗收恤。然後姦僞並起，而上下相遁，蒙罪者衆，刑戮相望於道，而天下苦之。自君卿以下至于衆庶，人懷自危之心，親處窮苦之實，咸不安其位，故易動也。是以陳涉不用湯武之賢，不藉公侯之尊，奮臂於大澤而天下響應者，其民危也。故先王見始終之變，知存亡之機，是以牧民之道，務在安之而已。天下雖有逆行之臣，必無響應之助矣。故曰「安民可與行義，而危民易與爲非」，此之謂也。貴爲天子，富有天下，身不免於戮殺者，正傾非也。是二世之過也。

【一】集解徐廣曰：「一作『短』，小襦也，音豎。」索隱趙岐曰：「褐以毛毳織之，若馬衣。或以褐編衣也。」裋，一音豎。謂褐布豎裁，爲勞役之衣，短而且狹，故謂之短褐，亦曰豎褐。

【二】集解徐廣曰：「一無此上五字。」

襄公立，享國十二年。初爲西畤。葬西垂。【一】生文公。

【一】索隱此已下重序列秦之先君立年及葬處，皆當據秦紀爲說，與正史小有不同，今取異說重列於後。襄公，秦仲孫，莊公子，救周，周始命爲諸侯。初爲西畤，祠白帝。立十三年，葬西土。

文公立，居西垂宮。五十年死，葬西垂。【一】生靜公。

【一】索隱作鄜畤，又作陳寶祠。

靜公不享國而死。生憲公。

憲公享國十二年，居西新邑。死，葬衙。【一】生武公、德公、出子。

【一】集解地理志云馮翊有衙縣。索隱憲公滅蕩社，居新邑，葬衙。本紀憲公徙居平陽，葬西山。

出子享國六年，居西陵。【一】庶長弗忌、威累、參父三人，率賊賊出子鄙衍，葬衙。武公立。

【一】索隱 一云居西陂，葬衙。本紀不云。

武公享國二十年。居平陽封宮。【一】葬宣陽聚東南。【二】三庶長伏其罪。德公立。

【一】集解 徐廣曰：「一云居平封宮。」

【二】索隱 紀云「葬平陽，初以人從死」。

德公享國二年。居雍大鄭宮。生宣公、成公、繆公。葬陽。初伏，以御蠱〔四八〕。【一】

【一】索隱 二年初伏。本紀此已下居葬絕不言也。

宣公享國十二年。居陽宮。葬陽。【一】初志閏月。

【一】索隱 四年，作密畤。

成公享國四年，居雍之【一】宮。葬陽。齊伐山戎、孤竹。

【一】集解 徐廣曰：「之，一作『走』。」

繆公享國三十九年。天子致霸。葬雍。繆公學著人。【一】生康公。

【一】索隱 著音宁，又音貯，著即宁也。門屏之閒曰宁，謂學於宁門之人。故詩云「俟我於著乎而」

是也。

康公享國十二年。居雍高寢。葬竘社。生共公。

共公享國五年，居雍高寢。葬康公南。生桓公。

桓公享國二十七年。居雍太寢。葬義里丘北。生景公。【一】

【一】索隱 一作「僖公」。系本云名后伯車。

景公享國四十年。居雍高寢，葬丘里南。【一】生畢公。【二】

【一】正義 丘，一作「二」也。

【二】集解 徐廣曰：「春秋作『哀公』。」

畢公享國三十六年。【一】葬車里北。生夷公。

【一】正義 一作「三十七年」。

夷公不享國。死，葬左宮。生惠公。【一】

【一】正義 十年，葬車里。元年，孔子行魯相事。

惠公享國十年。葬車里康景〔四九〕。生悼公。

悼公享國十五年。【一】葬僖公西。城雍。生剌【二】龔公。【三】

【一】正義本紀作「十四年〔五〇〕」。

【二】正義一作「利」。

【三】索隱一作「厲共公」。

剌龔公享國三十四年。葬入里。【一】生躁公、【二】懷公。【三】其十年，彗星見。

【一】集解徐廣曰：「一作『人』。」

【二】索隱又作「趮公」。正義十四年，居受寢，葬悼公南也。

【三】正義四年，葬櫟圉氏。

躁公享國十四年。居受寢。葬悼公南。其元年，彗星見。【一】

【一】集解徐廣曰：「年表云星晝見。」

懷公從晉來。享國四年。葬櫟圉氏。生靈公。諸臣圍懷公，懷公自殺。

肅靈公，昭子子也。【一】居涇陽。享國十年。葬悼公西。生簡公。

【一】集解徐廣曰：「懷公生昭子，昭子生靈公。」索隱紀年及系本無「肅」字。立十年，表同，紀十二年。

簡公從晉來。享國十五年。葬僖公西。【一】生惠公。其七年，百姓初帶劍。

【一】索隱按：本紀簡公名悼子，即刺龔公之子，懷公弟也〔五一〕。且紀及系本皆以爲然，今此文云「靈公」，謬也。立十六年，葬僖公西。

惠公享國十三年。葬陵圉。【一】生出公。

【一】索隱王劭按紀年云「簡公後次敬公，敬公立十三年，乃至惠公」，辭即難憑，時參異説。

出公享國二年。【一】出公自殺，葬雍。

【一】索隱系本謂「少主」。

獻公享國二十三年。【一】葬嚻圉。生孝公。

【一】集解徐廣曰：「靈公子。」索隱系本稱「元獻公」。立二十三年，表同，紀二十四年。

孝公享國二十四年。【一】葬弟圉。生惠文王。其十三年，始都咸陽。【二】

【一】索隱本紀十二年〔五二〕。

【二】正義本紀云「十二年作咸陽，築冀闕」，是十三年始都之。

惠文王享國二十七年。【一】葬公陵。【二】生悼武王。

【一】索隱十九而立。

【二】正義括地志云：「秦惠文王陵在雍州咸陽縣西北一十四里。」

悼武王享國四年，葬永陵。【一】

【一】集解徐廣曰：「皇甫謐曰葬畢，今安陵西畢陌〔五三〕。」索隱系本作「武烈王」。十九而立，立三年。本紀四年。正義括地志云：「秦悼武王陵在雍州咸陽縣西十里〔五四〕，俗名周武王陵，非也。」

昭襄王享國五十六年。葬茝陽。【二】生孝文王。

【二】索隱十九年而立，葬芷陵也。正義括地志云：「秦莊襄王陵在雍州新豐縣西南三十五里，俗亦謂爲子楚。始皇陵在北，故亦謂爲見子陵。」

孝文王享國一年。葬壽陵。生莊襄王。

莊襄王享國三年。葬茝陽。生始皇帝。呂不韋相。

獻公立七年，初行爲市。十年，爲户籍相伍。

孝公立十六年。時桃李冬華。

惠文王生十九年而立。立二年，初行錢。有新生嬰兒曰「秦且王」。

悼武王生十九年而立。立三年，渭水赤三日。

昭襄王生十九年而立。立四年，初爲田開阡陌。

孝文王生五十三年而立。

莊襄王生三十二年而立。立二年，取太原地。莊襄王元年，大赦，脩先王功臣，施德厚骨肉，布惠於民。東周與諸侯謀秦，秦使相國不韋誅之，盡入其國。秦不絕其祀，以陽人地賜周君，奉其祭祀。

始皇享國三十七年。葬酈邑。【一】生二世皇帝。始皇生十三年而立。

【一】正義酈，力知反。

二世皇帝享國三年。葬宜春。【一】趙高爲丞相安武侯。二世生十二年而立。【二】

【一】正義括地志云：「秦故胡亥陵在雍州萬年縣南三十四里。」上文「葬以黔首」也。

【二】集解徐廣曰：「本紀云二十一。」

右秦襄公至二世，六百一十歲。【一】

【一】正義秦本紀自襄公至二世，五百七十六年矣。年表自襄公至二世，五百六十一年。三説並不同，未知孰是。

孝明皇帝十七年【一】十月十五日乙丑，曰：【二】

【一】正義班固典引云後漢明帝永平十七年，詔問班固：「太史遷贊語中寧有非邪？」班固上表陳秦過失及賈誼言答之。

【二】索隱此已下是漢孝明帝訪班固評賈、馬贊中論秦二世亡天下之得失，後人因取其説附之此末。

周曆已移，【一】仁不代母。秦直其位，【二】呂政殘虐。然以諸侯十三，【三】并兼天下，極情縱欲，養育宗親。三十七年，兵無所不加，制作政令，施於後王。【四】蓋得聖人之威，河神授圖，【五】據狼、狐〔五五〕，蹈參、伐，佐政驅除，【六】距之【七】稱始皇。

【一】正義周初卜世三十，卜年七百，以五序得其道，故王至三十七，歲至八百六十七。曆數既過，秦并天下，是周曆已移也。

【二】索隱周曆已移，周亡也。仁不代母，謂周得木德，木生火，周爲漢母也。言曆運之道，仁恩之情，子不代母而王，謂火不代木，言漢不合即代周也。秦值其閏位，得在木火之閒也。此論者之辭也。正義始皇以爲周火德，秦代周從所不勝，爲水德之始也。按：周木德也，秦水德也。五行之運，水生木，木生火，火生土，土生金，金生水。所生者爲母，出者爲子。帝王之次，子代母。秦稱水是母代子，故言若有德之君相代，不母承其子。直音值。言秦并天下稱帝，是秦德值帝王之位。

【三】集解始皇初爲秦王，年十三也。索隱呂政者，始皇名政，是呂不韋幸姬有娠，獻莊襄王而生始皇，故云吕政。

【四】正義謂置郡縣，壞井田，開阡陌，不立侯王，始爲伏臘；又置丞相、太尉、御史大夫、奉常、郎中令、僕射、廷尉、典客、宗正、少府、中尉、將作、詹事、水衡都尉、監、守、縣令、丞等，皆施於後王，至于隋、唐矣。

【五】正義蓋者，疑辭也。言始皇之威，能呑并天下稱帝，疑得聖人之威靈，河神之圖録。

【六】正義狼音郎。狼、狐〔五六〕，主弓矢星。天官書云參、伐主斬艾事。言秦據蹈狼、狐、參、伐之氣，驅滅天下。

【七】正義上音巨。之，至也。

始皇既殁，胡亥極愚，酈山未畢，復作阿房，以遂前策。云「凡所爲貴有天下者，肆意極欲，大臣至欲罷先君所爲」。誅斯、去疾，任用趙高。痛哉言乎！人頭畜鳴。【一】不威不伐惡，【二】不篤不虚亡，【三】距之不得留，殘虐以促期，雖居形便之國，猶不得存。

【一】正義畜，許又反。言胡亥人身有頭面，目能言語〔五七〕，不辨好惡，若六畜之鳴。

【二】正義此五字爲一句也。

【三】正義言胡亥藉帝王之威器，殘酷暴虐滋己惡，惡既深篤，以至滅亡，豈其虚哉。

子嬰度次得嗣，冠玉冠，【一】佩華紱，【二】車黄屋，【三】從【四】百司，謁七廟。小人乘非位，莫不怳忽失守，偷安日日，獨能長念卻慮，父子作權，近取於户牖之閒，竟誅猾臣，爲【五】君討賊。高死之後，賓婚未得盡相勞，餐未及下咽，酒未及濡脣，楚兵已屠關中，真人翔霸上，素車嬰組，奉其符璽，以歸帝者。鄭伯茅旌鸞刀，嚴王退舍。【六】河決不可復壅，魚爛不可復全。【七】賈誼、司馬遷曰：「向使嬰有庸主之才，僅得中佐，山東雖亂，秦之地可全而有，宗廟之祀未當絶也。」秦之積衰，天下土崩瓦解，【八】雖有周旦之材，無所復陳其巧，而以責一日之孤，【九】誤哉！俗傳秦始皇起罪惡，胡亥極，得其理矣。復責小子，【一〇】云秦地可全，所謂不通時變者也。紀季以酅，春秋不名。【一一】吾讀秦紀，至於子嬰車裂趙高，未嘗不健其決，憐其志。嬰死生之義備矣。【一二】

【一】正義上「冠」音綰。

【二】正義音拂。

【三】集解蔡邕曰：「黄屋者，蓋以黄爲裏。」

【四】正義才用反。

【五】正義于僞反。

【六】集解公羊傳曰：「楚莊王伐鄭，鄭伯肉袒，左執茅旌，右執鸞刀，以逆莊王，莊王退舍七里。」何休曰：「茅旌，鸞刀，祭祀宗廟所用也。執宗廟器者，示以宗廟血食自歸。」正義旌音精。嚴音莊。

【七】索隱宋均曰：「言如魚之爛，從内而出。」

【八】正義言秦國敗壞，若屋宇崩積，衆瓦解散也。

【九】正義日音馹。一日之孤謂子嬰。

【一〇】正義亦謂子嬰。

【一一】集解春秋曰：「紀季以酅入于齊。」公羊傳曰：「何以不名？賢之也。謂設五廟以存姑姊妹也。」正義酅音户圭反。括地志云：「安平城在青州臨淄縣東十九里，古紀之酅邑。」帝王紀云周之紀國，姜姓也。紀侯譖齊哀公於周懿王，王烹之。外傳曰紀侯入爲周士。竹書云齊襄公滅紀、郱、鄑、郚。」又括地志云：「郱城在青州臨朐縣東三十里。鄑城在北海縣東北七十里。郚城在密州安丘縣界。」郱音駢。鄑音訾。按：秦始皇起罪惡，胡亥極，得其理。國既崩絶，箕子、比干尚不能存殷，庸主子嬰焉能救秦之敗？以賈誼、史遷不通時變，不如紀季之深識也。季，紀侯少弟，不書名，故曰紀季。

【一二】集解徐廣曰：「班固典引曰『永平十七年，詔問臣固，太史遷贊語中寧有非邪？臣對，賈誼言子嬰得中佐，秦未絶也。此言非是，臣素知之耳』。」

【索隱述贊】六國陵替，二周淪亡。并一天下，號爲始皇。阿房雲構，金狄成行。南遊勒石，東瞰浮梁。滈池見遺，沙丘告喪。二世矯制，趙高是與。詐因指鹿，災生噬虎。子嬰見推，恩報君父〔五八〕。下乏中佐，上乃庸主。欲振穨綱，云誰克補。

校勘記

〔一〕本名子異　「異」下疑脱「人」字。按：本書卷八五呂不韋列傳「安國君中男名子楚」索隱：「戰國策曰本名異人。」戰國策秦策五或曰「子異人」，或曰「異人」。

〔二〕豕蟲之孽　「豕」，疑當作「魚」。按：漢書卷二七中之下五行志中之下：「史記秦始皇八年，河魚大上。劉向以爲近魚孽也。」正文云「河魚大上」，與豕無涉。索隱下云「魚，陰類」是也。

〔三〕四月寒凍　梁玉繩志疑卷五：「上文已書四月，則此爲重出矣，豈因寒不以時，重書以見異耶？史詮云當更曰『是月』。」張文虎札記卷一：「疑本作『是月』，後人因正義『四月建巳』之文而妄改之。」按：此書「四月寒凍」，謂寒凍非時，與上「四月」敍事筆法不同。

〔四〕隰州縣　「縣」上疑脱「隰川」二字。按：本書卷四四魏世家「秦拔我垣、蒲陽、衍」正義引括地志：「蒲邑故城在隰州隰川縣南四十五里。」同卷「秦降我蒲陽」正義云「在隰州隰川縣，蒲邑故城是也」，卷七〇張儀列傳「使公子華與張儀圍蒲陽」正義同。

〔五〕司馬遷記事　此上原有「騶案」二字，據景祐本、紹興本、耿本刪。按：水澤利忠校補：「游無『騶案』二字。」此條集解自「上者」至「尊尊之意也」，皆引蔡邕獨斷。

〔六〕取太后遷之咸陽宮　「咸陽宮」，疑當作「棫陽宮」。下「遷母咸陽」同。按：本書卷八五呂不韋列傳「遂遷太后於雍」索隱：「說苑云遷太后棫陽宮。」地理志雍縣有棫陽宮，秦昭王所起也。」本書卷六秦始皇本紀、卷八五呂不韋列傳皆曰秦王乃迎太后於雍，復歸咸陽。

〔七〕蜂準長目　漢書卷一上高帝紀上「隆準而龍顏」顏師古注晉灼引史記作「蜂目長準」，本書卷八高祖本紀「隆準而龍顏」索隱引李斐云「始皇蜂目長準」。

〔八〕摯鳥膺　疑有脫文。御覽卷七二九引史記作「鷙喙鳥膺」，南宋高似孫緯略卷七引史記云「始皇鷙喙」。

〔九〕常山稾城縣　「常山」，黄本、柯本、殿本作「常州」，疑當作「恒州」。按：本書卷四三趙世家「秦攻赤麗、宜安」及「李牧率師與戰肥下」正義兩引括地志皆作「恒州」。

〔一〇〕王賁攻荆　「荆」，原作「薊」。梁玉繩志疑卷五：「年表及王翦傳王賁擊楚，此言『攻薊』，明是『荆』字之譌，時賁父翦方定燕薊也。」今據改。

〔一一〕豫州縣也　黄本、柯本、凌本、殿本此下有「楚淮北之地盡入於秦」九字。

〔一二〕燕王喜之五十三年　「五十三」，疑當作「三十三」。按：本書卷三四燕召公世家：「三十三年，秦拔遼東，虜燕王喜，卒滅燕。」卷一五六國年表秦滅燕亦在燕王喜三十三年。

〔三〕楚威王已滅越　「越」字原無。張文虎札記卷一：「疑下脱『越』字。」按：本書卷一二二酷吏列傳「買臣楚士」正義：「周末越王句踐滅吳，楚威王滅越，吳之地總屬楚，故謂朱買臣爲楚士。」今據補。

〔四〕效猶至見　「至見」，疑當作「呈見」。按：禮記曲禮上「效馬效羊者右牽之」鄭玄注：「效猶呈見。」本書卷九二淮陰侯列傳「諸將效首虜」索隱：「鄭玄注禮『效猶呈見也』。」

〔五〕置廷宮中　王念孫雜志史記第一：「此當作『置宮廷中』。今本『廷』字誤在『宮』字之上，則文不成義。文選過秦論注、太平御覽皇王部引此竝作『置宮廷中』。」按：通鑑卷七秦紀二始皇帝二十六年作「宮庭」。

〔六〕各重二十四萬斤　「二十四萬」，原作「三十四萬」，據耿本、索隱本及正義改。按：水經注卷四河水云秦始皇鑄金人十二，各重二十四萬斤。

〔七〕王莽塞雞頭　「王莽」，黄本、柯本、凌本作「王猛」，疑當作「王孟」。「頭」下疑脱「道」字。按：通鑑卷九五晉紀十七成帝咸和八年「匿於雞頭山」胡三省注引括地志作「王孟塞雞頭道」，與後漢書卷一三隗囂傳合。

〔八〕三十二里　黄本、柯本、凌本作「二十二里」。按：本書卷二夏本紀「嶧陽孤桐」正義引括地志亦作「二十二里」。

〔一九〕在萊州文登縣東北百八十里成山在文登縣西北百九十里　此句「成山」、「之罘」誤倒，當云「成山在萊州文登縣東北百八十里，之罘在文登縣西北百九十里」。按：本書卷二八封禪書「祠之罘」正義引括地志：「之罘山在萊州文登縣西北九十里。」卷一一七司馬相如列傳「觀乎成山」正義引括地志：「成山在萊州文登縣東北百八十里也。」又「射乎之罘」正義引括地志：「罘山在萊州文登縣西北百九十里。」

〔二〇〕今兗州東沂州密州即古琅邪也　此條正義，原標集解，據黄本、彭本、柯本、凌本、殿本改。按：元和志卷一一河南道七密州始置於隋開皇五年，沂州始置於周武帝時，二州之地於秦皆屬琅邪郡。裴駰生當劉宋，其時未有密州、沂州之名。景祐本、紹興本、耿本無此條集解，益知其爲正義無疑。

〔二一〕臺西北十里有琅邪故城　「城」字原無。張文虎札記卷一：「疑脱『城』字。」今據補。

〔二二〕維二十六年　「二十六年」，原作「二十八年」，據景祐本、紹興本、耿本、黄本、彭本、柯本、凌本、殿本改。按：史文云「維二十六年，皇帝作始。端平法度，萬物之紀。以明人事，合同父子。聖智仁義，顯白道理。東撫東土，以省卒士。事已大畢，乃臨于海」。前二十八年泰山刻石辭云「二十有六年，初并天下，罔不賓服，親巡遠方黎民，登茲泰山，周覽東極。從臣思迹，本原事業，祗誦功德」。述出巡之背景，明刻石之緣起，文例正同。

〔二三〕隗狀　原作「隗林」，據殿本、會注本改。參見下條。

〔二四〕隗姓狀名　「狀」，原作「林」，據殿本、會注本改。按：顏氏家訓卷六書證：「史記始皇本紀：『二十八年，丞相隗林、丞相王綰等，議於海上。』諸本皆作山林之『林』。開皇二年五月，長安民掘得秦時鐵稱權，旁有銅塗鐫銘二所。其一所曰：『廿六年，皇帝盡并兼天下諸侯，黔首大安，立號爲皇帝，乃詔丞相狀、綰，灋度量鼎不壹歉疑者，皆明壹之。』凡四十字。余被敕寫讀之，與内史令李德林對，見此稱權，今在官庫；其『丞相狀』字，乃爲『狀貌』之『狀』，爿旁作犬；則知俗作『隗林』，非也，當爲『隗狀』耳。」

〔二五〕有本作林者　「林」，原作「狀」，據殿本、會注本改。參見上條。

〔二六〕鑄秤權　「鑄」，疑當作「鐵」。按：玉海卷八引正義、顏氏家訓卷六書證皆作「鐵」。

〔二七〕亦以怠與臺爲韻　「臺」，疑當作「來」。國語越語下：「臣聞之：得時無怠，時不再來；天予不取，反爲之災；嬴縮轉化，後將悔之。」張文虎札記卷一：「越語范蠡語以怠、來、災、之爲韻，無『臺』字，此『臺』乃『來』字之誤。」

〔二八〕亦曰臘　廣雅釋天作「秦曰臘」。

〔二九〕三十四縣　本書卷一五六國年表集解、卷一一〇匈奴列傳、漢書卷九四上匈奴傳上作「四十四縣」。

〔三〇〕陶山北假　王念孫雜志史記第一：「『陶山』之名，不見於各史志。『陶』當爲『陰』。隸書『陶』字或作『陰』，『陰』字或作『陰』，二形相似，故『陰』譌爲『陶』。水經河水注『秦始皇逐匈奴，竝河以東，屬之陰山』，今本『陰』譌作『陶』，即其證也。陰山已見上文，是以集解、索隱、正義皆不復作注。若此處作『陶山』，則必當有注。」

〔三一〕卒有田常六卿之臣　「臣」，本書卷八七李斯列傳作「患」。

〔三二〕若欲有學法令　王念孫雜志史記第一：「『欲有』當爲『有欲』。李斯傳作『若有欲學者』，通鑑秦紀二正作『若有欲學法令者』。」

〔三三〕象天文閣道　「天文」，疑當作「天極」。按：正文作「天極」。本卷「已更命信宮爲極廟，象天極」，索隱：「爲宮廟象天極，故曰極廟。天官書曰中宮曰天極是也。」本書卷一五六國年表：「爲天極廟。」

〔三四〕天官書曰天極紫宮後十七星絶漢抵營室曰閣道　疑文有譌誤。按：漢書卷二六天文志：「後十七星絶漢抵營室，曰閣道。」殿本漢書考證：「此志於經星俱直用天官書，閣道星數，天官書云『六星』是也，何以言十七星乎！晉志亦作『六星』。疑『十七』二字係傳寫之訛。」王叔岷斠證以爲索隱「蓋誤以天文志爲天官書」。

〔三五〕江神送璧於華陰平舒道　「送」，殿本作「返」。按：水經注卷一九渭水作「返」。後漢書志第十九郡國志一京兆尹劉昭注引孟康曰：「長安西南有鎬池。秦始皇江神反璧曰：『爲吾遺鎬池君。』」

〔三六〕江水至會稽山陰爲浙江　原作「其流東至會稽山陰而西折故稱浙」，據景祐本、紹興本、耿本、黄本、彭本、柯本、凌本、殿本改。按：漢書卷三一項籍傳「渡浙江」顔師古注引晉灼曰：「江水至會稽山陰爲浙江。」

〔三七〕其賜死　王念孫雜志史記第一：「『賜死』上本無『其』字，後人據李斯傳加之耳。不知彼言『其賜死』，乃趙高所爲始皇書語，此言『賜死』，乃史公記事之文，不當有『其』字也。太平御覽皇王部引此無『其』字。」

〔三八〕公孫弘平津侯亦近此　通鑑卷七秦紀二始皇帝三十七年胡三省注引正義作「平津侯公孫弘所封亦近此」。

〔三九〕棺音館　正義論字例云：「棺音官。」

〔四〇〕言至水也　漢書卷五一賈山傳、卷七二鮑宣傳顔師古注皆作「言其深也」。

〔四一〕取大石於渭山諸山　「渭山」，疑當作「渭北」。按：御覽卷五五九禮儀部引潘岳關中記：「驪山泉本北流者，皆陂障使西流。又此無大石，運取於渭北諸山。故其歌曰：『運石甘泉口，渭水爲不流，千人一唱，萬人相鉤。』」元和志卷一關内道一京兆尹：「驪山水泉本北流者，陂障使東西流，又此土無石，取大石於渭北諸山。」

〔四二〕弘農湖西界也　「湖」下疑脱「縣」字。按：漢書卷一上高帝紀上「至戲」顔師古注引應劭作「弘農湖縣西界也」。

〔四三〕王離圍趙王歇即此城　上「王」字原無。張文虎札記卷一：「『離』上當有『王』字。」按：本書卷七項羽本紀、卷八高祖本紀、卷七三白起王翦列傳皆云王離圍鉅鹿。今據補。

〔四四〕或言鹿　此下原有「者」字。王念孫雜志史記第一：「『或言鹿』下不當有『者』字，此因下文『言鹿者』而誤衍耳。群書治要、後漢書文苑傳注、太平御覽職官部、獸部引此竝無『者』字。」今據删。

〔四五〕變化有時　「有」，景祐本、紹興本、耿本作「應」。按：重廣會史卷一五引作「變化應時」。

〔四六〕言其能包含天下　此下原有「索隱注同」四字，據景祐本、紹興本、耿本、索隱本删。

〔四七〕是其所以取之守之者無異也　「無」字原無。王念孫雜志史記第一：「『異』上當有『無』字。上文言『取與守不同術』，今秦以不仁取天下，而又以不仁守之，則其所以守之者，無異於其所以取之者矣，故曰『是其所以取之守之者無異也』。脱去『無』字則義不可通。」今據補。

〔四八〕初伏以御蠱　據水澤利忠校補卷六，桃古、楓、棭、三、謙、高、中彭諸本「以」下有「狗」字。按：本書卷五秦本紀：「二年，初伏，以狗禦蠱。」卷二八封禪書：「作伏祠。磔狗邑四門以禦蠱菑。」漢書卷二五上郊祀志上同。

〔四九〕葬車里康景　凌稚隆史記評林：「『康景』二字疑衍，或下有闕文。」張文虎札記卷一：「上文康公葬竘社，景公葬丘里南。疑車里在康、景二墓閒，脱『閒』字。」

〔五〇〕本紀作十四年　此上原有「雍」字，殿本史記考證以爲衍文，今據删。

〔五一〕即刺龔公之子懷公弟也　本書卷五秦本紀作「昭子之弟而懷公子也」。

〔五二〕本紀十二年　「十二年」，本書卷五秦本紀作「二十四年」，卷一五六國年表同。疑此當爲下文「其十三年始都咸陽」注文，錯簡在此。

〔五三〕今安陵西畢陌　「安」，原作「按」，據景祐本、紹興本、耿本、黄本、彭本、柯本、凌本、殿本改。按：本書卷五秦本紀「武王死」集解引皇覽曰「秦武王冢在扶風安陵縣西北，畢陌中大冢是也」。後漢書志第十九郡國志一右扶風安陵劉昭注引皇覽：「縣西北畢陌，秦武王冢。」

〔五四〕雍州咸陽縣西十里　「西十里」，本書卷五秦本紀「武王死」正義引括地志作「西北十五里」。

〔五五〕據狼狐　「狐」，疑當作「弧」。按：本書卷二七天官書：「（狼）下有四星曰弧，直狼。」弧，又稱弧矢，以其象弓矢之形也。天官書：「秦之疆也，候在太白，占於狼、弧。」正義：「太白、狼、弧，皆西方之星，故秦占候也。」

〔五六〕狼狐　「狐」，疑當作「弧」。參見上條。下「狼狐」同。

〔五七〕言胡亥人身有頭面目能言語　「目」，黄本、殿本作「口」。

〔五八〕恩報君父　「恩」，索隱本作「思」。

史記卷七

項羽本紀第七

【索隱】項羽掘起，爭雄一朝，假號西楚，竟未踐天子之位，而身首別離，斯亦不可稱本紀，宜降爲系家〔一〕。

項籍者，下相人也，【一】字羽。【二】初起時，年二十四。其季父項梁，【三】梁父即楚將項燕，【四】爲秦將王翦所戮者也。【五】項氏世世爲楚將，封於項，【六】故姓項氏。

【一】【集解】地理志臨淮有下相縣。【索隱】縣名，屬臨淮。案：應劭云「相，水名，出沛國。沛國有相縣，其水下流，又因置縣，故名下相也」。【正義】括地志云：「相故城在泗州宿豫縣西北七十里，秦縣。」項，胡講反。籍，秦昔反。

【二】【索隱】按：下序傳籍字子羽也。

【三】【索隱】按：崔浩云「伯、仲、叔、季，兄弟之次，故叔云叔父，季云季父」。

【四】正義燕，烏賢反。

【五】集解始皇本紀云：「項燕自殺。」索隱此云爲王翦所殺，與楚漢春秋同，而始皇本紀云項燕自殺。不同者，蓋燕爲王翦所圍逼而自殺，故不同耳。

【六】索隱地理志有項城縣，屬汝南。正義括地志云：「今陳州項城縣城即古項子國。」

項籍少時，學書不成，去；學劍，又不成。項梁怒之。籍曰：「書足以記名姓而已。劍一人敵，不足學，學萬人敵。」於是項梁乃教籍兵法，籍大喜，略知其意，又不肯竟學。項梁嘗有櫟陽逮，【一】乃請蘄【二】獄掾曹咎書抵櫟陽獄掾司馬欣，以故事得已。【三】項梁殺人，與籍避仇於吳中。吳中賢士大夫皆出項梁下。每吳中有大繇役及喪，項梁常爲主辦，陰以兵法部勒賓客及子弟，以是知其能。秦始皇帝游會稽，渡浙江，【四】梁與籍俱觀。籍曰：「彼可取而代也。」梁掩其口，曰：「毋妄言，族矣！」梁以此奇籍。籍長八尺餘，力能扛鼎，【五】才氣過人，雖吳中子弟皆已憚籍矣。

【一】索隱按：逮訓及。謂有罪相連及，爲櫟陽縣所逮録也。故漢史每制獄皆有逮捕也〔二〕。正義櫟音藥。逮音代。

【二】集解蘇林曰：「蘄，音機，縣，屬沛國。」

【三】集解應劭曰：「項梁曾坐事傳繫櫟陽獄，從蘄獄掾曹咎取書與司馬欣。抵，歸；已，止也。」韋昭曰：「抵，至也。謂梁嘗被櫟陽縣逮捕，梁乃請蘄獄掾曹咎書至櫟陽獄掾司馬欣，事故得止息也。」 索隱按：服虔云「抵，歸也」。韋昭云「抵，至也」。劉伯莊云「抵，相憑託也」。故應劭云「項梁曾坐事繫櫟陽獄，從蘄獄掾曹咎取書與司馬欣。抵，歸；已，息也」。

【四】索隱韋昭云：「浙江在今錢塘。」浙音「折獄」之「折」。晉灼音逝，非也。蓋其流曲折，莊子所謂淛河，即其水也。「淛」「折」聲相近也。

【五】集解韋昭曰：「扛，舉也。」 索隱說文云：「橫關對舉也。」韋昭云：「扛，舉也。」音江。

秦二世元年七月，陳涉等起大澤中。【一】其九月，會稽守【二】通謂梁曰：【三】「江西皆反，此亦天亡秦之時也。吾聞先即制人，後則爲人所制。【四】吾欲發兵，使公及桓楚將。」【五】是時桓楚亡在澤中。梁曰：「桓楚亡，人莫知其處，獨籍知之耳。」梁乃出，誡籍持劍居外待。梁復入，與守坐，曰：「請召籍，使受命召桓楚。」守曰：「諾。」梁召籍入。須臾，梁眴籍曰：「可行矣！」於是籍遂拔劍斬守頭。項梁持守頭，佩其印綬。門下大驚，擾亂，籍所擊殺數十百人。【六】一府中皆慴伏，【七】莫敢起。梁乃召故所知豪吏，諭以所爲起大事，遂舉吴中兵。使人收下縣，得精兵八千人。梁部署吴中豪傑爲校尉、候、司馬。有一人不得用，自言於梁。梁曰：「前時某喪使公主某事，不能辦，以此不任用公。」衆乃皆伏。於是梁爲會稽守，籍爲裨將，徇下縣。【八】

【一】索隱徐氏以爲在沛郡，即蘄縣大澤中。

【二】集解徐廣曰：「爾時未言太守。」正義守音狩。漢書云景帝中二年七月，更郡守爲太守。

【三】集解楚漢春秋曰：「會稽假守殷通。」正義按：言「假」者，兼攝之也。

【四】索隱按：謂先舉兵能制得人，後則爲人所制。故荀卿子曰制人之與爲人制也，其相去遠矣。

【五】正義張晏云：「項羽殺宋義時，桓楚爲羽使懷王。」

【六】索隱此不定數也。自百已下或至八十九十，故云數十百。

【七】索隱說文云：「讋，失氣也。」音之涉反。

【八】集解李奇曰：「徇，略也。」如淳曰：「徇音『撫徇』之『徇』。徇其人民。」

廣陵人召平於是爲陳王徇廣陵，【一】未能下。【二】聞陳王敗走，秦兵又且至，乃渡江矯陳王命，【三】拜梁爲楚王上柱國。【四】曰：「江東已定，急引兵西擊秦。」項梁乃以八千人渡江而西。聞陳嬰已下東陽，【五】使使欲與連和俱西。陳嬰者，故東陽令史，【六】居縣中，素信謹，稱爲長者。東陽少年殺其令，相聚數千人，欲置長，無適用，乃請陳嬰。嬰謝不能，遂彊立嬰爲長，縣中從者得二萬人。少年欲立嬰便爲王，異軍蒼頭特起。【七】陳嬰母謂嬰曰：「自我爲汝家婦，未嘗聞汝先古之有貴者。今暴得大名，不祥。不如有所屬，事成猶得封侯，事敗易以亡，非世所指名也。」〔八〕嬰乃不敢爲王。謂其軍吏曰：「項氏世世將家，有名於楚。今欲舉大事，將非其人不可。我倚名族，亡秦必矣。」於是衆從其言，以兵屬項梁。項梁渡淮，黥布、蒲將軍〔九〕亦以兵屬焉。凡六七萬人，軍下邳。〔一〇〕

〔一〕正義 揚州。

〔二〕正義 胡嫁反。以兵威服之曰下。

〔三〕正義 矯，紀兆反。召平從廣陵渡京口江至吳，詐陳王命拜梁。

〔四〕集解 徐廣曰：「二世之二年正月也。」駰案：應劭曰「上柱國，上卿官，若今相國也」。

〔五〕集解 晉灼曰：「東陽縣本屬臨淮郡，漢明帝分屬下邳，後復分屬廣陵。」索隱 下音如字。按：以兵威伏之曰下，胡嫁反。彼自歸伏曰下，如字讀。他皆放此。東陽，縣名，屬廣陵也。

正義 括地志：「東陽故城在楚州盱眙縣東七十里，秦東陽縣城也，在淮水南。」

〔六〕集解 晉灼曰：「漢儀注云令吏曰令史，丞吏曰丞史。」正義 楚漢春秋云東陽獄史陳嬰。

〔七〕集解 應劭曰：「蒼頭特起，言與衆異也。蒼頭，謂士卒皁巾，若赤眉、青領，以相別也。」如淳曰：「魏君兵卒之號也。戰國策魏有蒼頭二十萬。」索隱 晉灼曰：「殊異其軍爲蒼頭，謂著青帽。」如淳云：「特起猶言新起也。」按：爲蒼頭軍特起，欲立陳嬰爲王，嬰母不許嬰稱王，言天下方亂，未知瞻烏所止。

〔八〕集解 張晏曰：「陳嬰母，潘旌人，墓在潘旌。」索隱 按：潘旌是邑聚之名，後爲縣，屬臨淮。

【九】集解服虔曰：「英布起於蒲地，因以爲號。」如淳曰：「言當陽君、蒲將軍皆屬項羽，此自更有蒲將軍。」索隱按：布姓英，咎繇之後，後以罪被黥，故改姓黥，以應相者之言。韋昭云「蒲，姓也」，是英布與蒲將軍二人共以兵屬項梁也。故服虔以爲「英布起蒲」，非也。按：黥布初起於江湖之閒。

【一〇】正義被悲反。下邳，泗水縣也。應劭云：「邳在薛，徙此，故曰下邳。」按：有上邳，故曰下邳。

當是時，秦嘉【一】已立景駒爲楚王，【二】軍彭城東，【三】欲距項梁。項梁謂軍吏曰：「陳王先首事，戰不利，未聞所在。今秦嘉倍陳王而立景駒，逆無道。」乃進兵擊秦嘉。秦嘉軍敗走，追之至胡陵。【四】嘉還戰一日，嘉死，軍降。景駒走死梁地。項梁已并秦嘉軍，軍胡陵，將引軍而西。章邯軍至栗，【五】項梁使別將朱雞石、餘樊君與戰。餘樊君死。朱雞石軍敗，亡走胡陵。項梁乃引兵入薛，【六】誅雞石。項梁前使項羽別攻襄城，【七】襄城堅守不下。已拔，皆阬之。還報項梁。項梁聞陳王定死，召諸別將會薛計事。此時沛公亦起沛，往焉。

【一】集解陳涉世家曰：「秦嘉，廣陵人〔三〕。」

【二】集解文穎曰：「景駒，楚族，景，氏；駒，名。」

【三】正義括地志云：「徐州彭城縣，古彭祖國也。」言秦嘉軍於此城之東。

【四】集解鄧展曰：「今胡陸，屬山陽。漢章帝改曰胡陵〔四〕。」

【五】集解徐廣曰：「縣名，在沛。」

【六】正義括地志云：「故薛城古薛侯國也，在徐州滕縣界，黄帝之所封。左傳曰定公元年薛宰云『薛之祖奚仲居薛，爲夏車正』，後爲孟嘗君田文封邑也。」

【七】正義許州襄城縣。

居鄛人范增，【一】年七十，素居家，好奇計，往説項梁曰：「陳勝敗固當。【二】夫秦滅六國，楚最無罪。自懷王入秦不反，楚人憐之至今，故楚南公曰【三】『楚雖三户，亡秦必楚』也。【四】今陳勝首事，不立楚後而自立，其勢不長。今君起江東，楚蠭午之將【五】皆爭附君者，以君世世楚將，爲能復立楚之後也。」【六】於是項梁然其言，乃求楚懷王孫心民閒，爲人牧羊，立以爲楚懷王，【七】從民所望也。【八】陳嬰爲楚上柱國，封五縣，與懷王都盱台。【九】項梁自號爲武信君。

【一】索隱晉灼音「勦絶」之「勦」。地理志居鄛縣在廬江郡。音巢。是故巢國，夏桀所奔。荀悦漢紀云：「范增，阜陵人也。」

【二】正義顧著作云：「固宜當應敗也。」當音如字。

【三】集解徐廣曰：「楚人也，善言陰陽。」駰案：文穎曰「南方老人也」。索隱徐廣云：「楚人，善言陰陽者。」見天文志也〔五〕。正義虞喜志林云：「南公者，道士，識廢興之數，知亡秦者必於楚。」漢書藝文志云南公十三篇，六國時人，在陰陽家流。

【四】集解瓚曰：「楚人怨秦，雖三户，猶足以亡秦也。」索隱臣瓚與蘇林解同。韋昭以爲三户，楚三大姓昭、屈、景也。二説皆非也。按：左氏「以畀楚師于三户」，杜預注云「今丹水縣北三户亭」，則是地名不疑。正義按：服虔云「三户，漳水津也」。孟康云「津峽名也，在鄴西三十里」。括地志云「濁漳水又東經葛公亭北，經三户峽，爲三户津，在相州滏陽縣界」。然則南公辨陰陽，識廢興之數，知秦亡必於三户，故出此言。後項羽果度三户津破章邯軍，降章邯，秦遂亡。是南公之善讖。

【五】集解如淳曰：「蠭午猶言蠭起也。衆蠭飛起，交横若午，言其多也。」索隱凡物交横爲午，言蠭之起交横屯聚也。故劉向傳注云「蠭午，雜沓也」。又鄭玄曰「一縱一横爲午」。

【六】正義爲，于僞反。

【七】集解徐廣曰：「此時二世之二年六月。」

【八】集解應劭曰：「以祖謚爲號者，順民望。」

【九】集解鄭氏曰：「音煦怡。」正義盱，況于反，眙，以之反。盱眙，今楚州，臨淮水，懷王都之。

居數月，引兵攻亢父，【一】與齊田榮、司馬龍且【二】軍救東阿，【三】大破秦軍於東阿。

田榮即引兵歸，逐其王假。假亡走楚。假相田角亡走趙。角弟田閒故齊將，居趙不敢歸。田榮立田儋子市爲齊王。項梁已破東阿下軍，遂追秦軍。數使使趣【四】齊兵，欲與俱西。田榮曰：「楚殺田假，趙殺田角、田閒，乃發兵。」項梁曰：「田假爲與國之王，【五】窮來從我，不忍殺之。」趙亦不殺田角、田閒以市於齊。【六】齊遂不肯發兵助楚。項梁使沛公及項羽別攻城陽，【七】屠之。西破秦軍濮陽東，【八】秦兵收入濮陽。沛公、項羽乃攻定陶。【九】定陶未下，去，西略地至雝丘，【一〇】大破秦軍，斬李由。【一一】還攻外黃，【一二】外黃未下。

【一】正義亢音剛，又苦浪反。父音甫。括地志云：「亢父故城在兗州任城縣南五十一里。」

【二】正義子余反。

【三】正義括地志云：「東阿故城在濟州東阿縣西南二十五里，漢東阿縣城，秦時齊之阿也。」

【四】正義下「使」色吏反。趣音促。

【五】集解如淳曰：「相與交善爲與國，黨與也。」索隱按：高誘注戰國策云「與國，同禍福之國也」。

【六】集解張晏曰：「若市買相貿易以利也。梁救榮難，猶不用命。梁念殺假等，榮未必多出兵，不如依春秋寄公待以禮也，又可以貿易他利，以除己害，遂背德可輔假以伐齊，故曰市貿易也〔六〕。」晉灼曰：「假，故齊王建之弟，欲令楚殺之，以爲己利，而楚保全不殺，以買其計，故曰市也。」索隱按：張晏云「市，貿易也」，韋昭云「市利於齊也」，故劉氏亦云「市猶要也」。留田假而不殺，欲以要脅田榮也。

【七】正義括地志云：「濮州雷澤縣，本漢城陽，在州東九十一里〔七〕。地理志云城陽屬濟陰郡，古郕伯國，姬姓之國。史記周武王封季弟載于郕，其後遷於城之陽，故曰城陽。」

【八】正義括地志云：「濮陽縣在濮州西八十六里濮縣也〔八〕，古昊之國〔九〕。」按：攻城陽，屠之，西破秦軍濮陽縣也。東即此縣東。

【九】正義定陶，曹州城也。從濮陽南攻定陶。

【一〇】正義雍丘，今汴州縣也。地理志云「古杞國，武王封禹後於杞，號東樓公，二十一世簡公爲楚所滅」，即此城也。

【一一】集解應劭曰：「由，李斯子也。」

【一二】正義括地志云：「故周城即外黄之地，在雍丘縣東。」張晏曰：「魏郡有内黄縣，故加『外』也。」臣瓚曰：「縣有黄溝，故名。」

項梁起東阿西，比至定陶〔一〇〕，再破秦軍，項羽等又斬李由，益輕秦，有驕色。宋義乃諫項梁曰：「戰勝而將驕卒惰者敗。今卒少惰矣，秦兵日益，臣爲君畏之。」項梁弗聽。乃使宋義使於齊。道遇齊使者高陵君顯，【一】曰：「公將見武信君乎？」曰：「然。」曰：「臣論武信君軍必敗。公徐行即免死，疾行則及禍。」秦果悉起兵益章邯，擊楚軍，大破之定陶，項梁死。沛公、項羽去外黄攻陳留，陳留堅守，不能下。沛公、項羽相與謀曰：「今項梁軍破，士卒恐。」乃與吕臣軍俱引兵而東。吕臣軍彭城東，項羽軍彭城西，沛公軍碭。【二】

【一】集解張晏曰：「顯，名也。高陵，縣名。」索隱按：晉灼云「高陵屬琅邪」。

【二】集解應劭曰：「碭，屬梁國。」蘇林曰：「碭音唐。」正義括地志云：「宋州碭山縣，本漢碭縣也，在宋州東百五十里。」

章邯已破項梁軍，則以爲楚地兵不足憂，乃渡河擊趙，大破之。當此時，趙歇爲王，陳餘爲將，張耳爲相，皆走入鉅鹿城。章邯令王離、涉閒圍鉅鹿，【一】章邯軍其南，築甬道而輸之粟。【二】陳餘爲將，將卒數萬人而軍鉅鹿之北，此所謂河北之軍也。

【一】集解張晏曰：「涉，姓；閒，名。秦將也。」

【二】集解應劭曰：「恐敵抄輜重，故築牆垣如街巷也。」

楚兵已破於定陶，懷王恐，從盱台之彭城，并項羽、吕臣軍自將之。以吕臣爲司徒，以其父吕青爲令尹。【一】以沛公爲碭郡長，【二】封爲武安侯，將碭郡兵。

【一】集解應劭曰：「天子曰師尹，諸侯曰令尹，時去六國尚近，故置令尹。」瓚曰：「諸侯之卿，唯楚稱令尹。時立楚之後，故置官司皆如楚舊。」

【二】集解蘇林曰：「長如郡守也。」

初，宋義所遇齊使者高陵君顯在楚軍，見楚王曰：「宋義論武信君之軍必敗，居數日，軍果敗。兵未戰而先見敗徵，此可謂知兵矣。」王召宋義與計事而大説之，因置以爲上將軍；項羽爲魯公，爲次將，范增爲末將，救趙。諸別將皆屬宋義，號爲卿【一】子冠軍。【二】行至安陽，留四十六日不進。【三】項羽曰：「吾聞秦軍圍趙王鉅鹿，疾引兵渡河，楚擊其外，趙應其内，破秦軍必矣。」宋義曰：「不然。夫搏牛之蝱不可以破蟣蝨。【四】今秦攻趙，戰勝則兵罷，我承其敝；不勝，則我引兵鼓行而西，必舉秦矣。故不如先鬭秦趙。夫被堅執鋭，義不如公；坐而運策，公不如義。」因下令軍中曰：「猛如虎，很如羊，【五】貪如狼，彊不可使者，皆斬之。」乃遣其子宋襄相齊，身送之至無鹽，【六】飲酒高會。【七】天寒大雨，士卒凍飢。項羽曰：「將戮力而攻秦，久留不行。今歲饑民貧，士卒食芋菽，【八】軍無見糧，【九】乃飲酒高會，不引兵渡河因趙食，與趙并力攻秦，乃曰『承其敝』。夫以秦之彊，攻新造之趙，其勢必舉趙。趙舉而秦彊，何敝之承！且國兵新破，王坐不安席，埽境内而專屬於將軍，國家安危，在此一舉。今不恤士卒而徇其私，【一〇】非社稷之臣。」項羽晨朝上將軍宋義，即其帳中斬宋義頭，出令軍中曰：「宋義與齊謀反楚，楚王陰令羽誅之。」當是時，諸將皆慴服，莫敢枝梧。【一】皆曰：「首立楚者，將軍家也。今將軍誅亂。」乃相與共立羽爲假上將軍。【二】使人追宋義子，及之齊，殺之。使桓楚報命於懷王。懷王因使項羽爲上將軍，【三】當陽君、蒲將軍皆屬項羽。

【一】集解徐廣曰：「一作『慶』。」

【二】集解文穎曰：「卿子，時人相褒尊之辭，猶言公子也。上將，故言冠軍。」張晏曰：「若霍去病功冠三軍，因封爲冠軍侯，至今爲縣名。」

【三】索隱按：傅寬傳云「從攻安陽、扛里」，則安陽與扛里俱在河南。顏師古以爲今相州安陽縣。按：此兵猶未渡河，不應即至相州安陽。今檢後魏書地形志，云「己氏有安陽城，隋改己氏爲楚丘」，今宋州楚丘西北四十里有安陽故城是也。正義括地志云：「安陽縣，相州所理縣。七國時魏寧新中邑，秦昭王拔魏寧新中，更名安陽。」張耳傳云章邯軍鉅鹿南，築甬道屬河，餉王離。項羽數絶邯甬道，王離軍乏食。項羽悉引兵渡河，遂破章邯，圍鉅鹿下。又云渡河湛船，持三日糧。按：從滑州白馬津齎三日糧不至邢州，明此渡河，相州漳河也。宋義遣其子襄相齊，送之至無鹽，即今鄆州之東宿城是也。若依顏監説，在相州安陽，宋義送子不可棄軍渡河，南向齊，西南入魯界，飲酒高會，非入齊之路。義雖知送子曲，由宋州安陽理順，然向鉅鹿甚遠，不能數絶章邯甬道及持三日糧至也。均之二理，安陽送子至無鹽爲長。濟河絶甬道，持三日糧，寧有遲留？史家多不委曲説之也。

【四】集解如淳曰：「用力多而不可以破蟣蝨，猶言欲以大力伐秦而不可以救趙也。」索隱張晏云：「搏音博。」韋昭云「蝱大在外，蝨小在内」。故顏師古言「以手擊牛之背，可以殺其上蝱，而不能破其内蝨，喻方欲滅秦，不可與章邯即戰也」。鄒氏搏音附。今按：言蝱之搏牛，本不擬破其上之蟣蝨，以言志在大不在小也。

【五】正義很，何懇反。

【六】索隱按：地理志東平郡之縣，在今鄆州之東也。

【七】集解韋昭曰：「皆召尊爵，故云高。」索隱韋昭曰：「皆召高爵者，故曰高會。」服虔云：「大會是也。」

【八】集解徐廣曰：「芋，一作『半』。半，五升器也。」駰案：瓚曰「士卒食蔬菜，以菽雜半之」。索隱芋，蹲鴟也。菽，豆也。故臣瓚曰「士卒食蔬菜，以菽半雜之」，則芋菽義亦通。漢書作「半菽」。徐廣曰：「芋，一作『半』。半，五升也。」王劭曰：「半，量器名，容半升也。」

【九】正義胡練反。顏監云：「無見在之糧。」

【一〇】索隱私，謂使其子相齊，是徇其私情。崔浩云：「徇，營也。」

【一一】集解如淳曰：「梧音悟。枝梧猶枝捍也。」瓚曰：「小柱爲枝，邪柱爲梧，今屋梧邪柱是也。」正義枝音之移反。梧音悟。

【一二】正義 未得懷王命也。假，攝也。

【一三】集解 徐廣曰：「二世三年十一月。」

項羽已殺卿子冠軍，威震楚國，名聞諸侯。乃遣當陽君、蒲將軍將卒二萬渡河，【一】救鉅鹿。戰少利，陳餘復請兵。項羽乃悉引兵渡河，皆沈船，破釜甑，燒廬舍，持三日糧，以示士卒必死，無一還心。於是至則圍王離，與秦軍遇，九戰，絶其甬道，大破之，殺蘇角，【二】虜王離。涉閒不降楚，自燒殺。當是時，楚兵冠諸侯。諸侯軍救鉅鹿下者十餘壁，莫敢縱兵。及楚擊秦，諸將皆從壁上觀。楚戰士無不一以當十，楚兵呼聲動天，諸侯軍無不人人惴恐。【三】於是已破秦軍，項羽召見諸侯將〔二〕，入轅門，【四】無不膝行而前，莫敢仰視。項羽由是始爲諸侯上將軍，諸侯皆屬焉。

【一】正義 漳水。

【二】集解 文穎曰：「秦將也。」

【三】集解 漢書音義曰：「惴音章瑞反。」

【四】集解 張晏曰：「軍行以車爲陳，轅相向爲門，故曰轅門。」

章邯軍棘原，【一】項羽軍漳南，【二】相持未戰。秦軍數卻，二世使人讓章邯。章邯恐，使長史欣請事。至咸陽，留司馬門【三】三日，趙高不見，有不信之心。長史欣恐，還走其軍，【四】不敢出故道，趙高果使人追之，不及。欣至軍，報曰：「趙高用事於中，下無可爲者。今戰能勝，高必疾妒吾功；戰不能勝，不免於死。願將軍孰計之。」陳餘亦遺章邯書曰：「白起爲秦將，南征鄢、郢，北阬馬服，【五】攻城略地，不可勝計，而竟賜死。蒙恬爲秦將，北逐戎人，開榆中地數千里，【六】竟斬陽周。【七】何者？功多，秦不能盡封，因以法誅之。今將軍爲秦將三歲矣，所亡失以十萬數，而諸侯並起滋益多。彼趙高素諛日久，今事急，亦恐二世誅之，故欲以法誅將軍以塞責，使人更代將軍以脱其禍。夫將軍居外久，多内郤，有功亦誅，無功亦誅。且天之亡秦，無愚智皆知之。今將軍内不能直諫，外爲亡國將，孤特獨立而欲常存，豈不哀哉！將軍何不還兵與諸侯爲從，【八】約共攻秦，分王其地，南面稱孤；此孰與身伏鈇質，【九】妻子爲僇乎？」章邯狐疑，陰使候始成【一〇】使項羽，欲約。約未成，項羽使蒲將軍日夜引兵度三户，【一一】軍漳南，與秦戰，再破之。項羽悉引兵擊秦軍汙水上，【一二】大破之。

【一】集解張晏曰：「在漳南。」晉灼曰：「地名，在鉅鹿南。」

【二】正義括地志云：「濁漳水一名漳水，今俗名柳河，在邢州平鄉縣南。注水經云漳水一名大漳水，兼有浸水之目也。」

【三】集解凡言司馬門者，宮垣之內，兵衞所在，四面皆有司馬，主武事。總言之，外門爲司馬門也。索隱按：天子門有兵闌，曰司馬門也。

【四】正義走音奏。

【五】索隱韋昭云：「趙奢子括也，代號馬服。」崔浩云：「馬服，趙官名，言服武事。」

【六】索隱服虔云：「金城縣所治。」蘇林曰：「在上郡。」崔浩云：「蒙恬樹榆爲塞也。」

【七】集解孟康曰：「縣屬上郡。」正義括地志云：「寧州羅川縣在州東南七十里，漢陽周縣。」

【八】索隱此諸侯謂關東諸侯也。何以知然？文穎曰：「關東爲從，關西爲横。」高誘曰：「關東地形從長，蘇秦相六國，號爲合從。關西地形横長，張儀相秦，壞關東從，使與秦合，號曰連横。」

【九】索隱公羊傳云：「加之鈇質。」何休云：「要斬之罪。」崔浩云：「質，斬人椹也。」又郭注三蒼云：「質，莝椹也。」

【一〇】集解張晏曰：「候，軍候。」索隱候，軍候，官名。始成，其名。

【一一】集解服虔曰：「漳水津也。」張晏曰：「三户，地名，在梁淇西南。」孟康曰：「津峽名也，在鄴西三十里。」索隱水經注云「漳水東經三户峽，爲三户津」也。淇當爲「湛」。案：晉八王故事云「王浚伐鄴，前至梁湛」，蓋梁湛在鄴西四十里〔一三〕。孟康云「在鄴西三十里」。又闞駰十三州志云「鄴北五十里梁期故縣也」，字有不同。

【一二】集解徐廣曰：「在鄴西。」索隱汙音于。郡國志鄴縣有汙城。酈元云「汙水出武安山東南，經汙城北入漳」。【正義】括地志云：「汙水源出懷州河內縣北大行山。」又云：「故邘城在河內縣西北二十七里，古邘國地也。左傳云『邘、晉、應、韓，武之穆也』。」

章邯使人見項羽，欲約。項羽召軍吏謀曰：「糧少，欲聽其約。」軍吏皆曰：「善。」項羽乃與期洹水南殷虛上。【一】已盟，章邯見項羽而流涕，爲言趙高。項羽乃立章邯爲雍王，置楚軍中。使長史欣爲上將軍，將秦軍爲前行。【二】

【一】【集解】徐廣曰：「二世三年七月也。」駰案：應劭曰「洹水在湯陰界。殷墟，故殷都也」。瓚曰「洹水在今安陽縣北，去朝歌殷都一百五十里。然則此殷虛非朝歌也。汲冢古文曰『盤庚遷于此』，汲冢〔一三〕曰『殷虛南去鄴三十里』。是舊殷虛，然則朝歌非盤庚所遷者」。【索隱】按：釋例云「洹水出汲郡林慮縣，東北至長樂入清水」是也。汲冢古文云「盤庚自奄遷于北蒙，曰殷虛，南去鄴州三十里」，是殷虛南舊地名號北蒙也〔一四〕。

【二】【正義】胡郎反。

到新安。【一】諸侯吏卒異時故繇使屯戍過秦中，秦中吏卒遇之多無狀，及秦軍降諸侯，諸侯吏卒乘勝多奴虜使之，輕折辱秦吏卒。秦吏卒多竊言曰：「章將軍等詐吾屬降諸侯，今能入關破秦，大善；即不能，諸侯虜吾屬而東，秦必盡誅吾父母妻子。」諸將微聞其計，以告項羽。項羽乃召黥布、蒲將軍計曰：「秦吏卒尚衆，其心不服，至關中不聽，事必

危，不如擊殺之，而獨與章邯、長史欣、都尉翳入秦。」於是楚軍夜擊阬秦卒二十餘萬人新安城南。【二】

【一】正義 括地志云：「新安故城在洛州澠池縣東一十三里，漢新安縣城也。即阬秦卒處。」

【二】集解 徐廣曰：「漢元年十一月。」

行略定秦地。函谷關【一】有兵守關，不得入。又聞沛公已破咸陽，項羽大怒，使當陽君等擊關。項羽遂入，至于戲西。沛公軍霸上，未得與項羽相見。沛公左司馬曹無傷使人言於項羽曰：「沛公欲王關中，使子嬰爲相，珍寶盡有之。」項羽大怒，曰：「旦日饗士卒，爲擊破沛公軍！」當是時，項羽兵四十萬，在新豐鴻門，【二】沛公兵十萬，在霸上。范增説項羽曰：「沛公居山東時，貪於財貨，好美姬。今入關，財物無所取，婦女無所幸，此其志不在小。吾令人望其氣，皆爲龍虎，成五采，此天子氣也。急擊勿失。」

【一】集解 文穎曰：「時關在弘農縣衡山嶺〔一五〕，今移在河南穀城縣。」索隱 文穎曰：「在弘農縣衡山嶺，今移在穀城。」顔師古云：「今桃林縣南有洪滔澗水〔一六〕，即古之函關〔一七〕。」按：山形如函，故稱函關。正義 括地志云：「函谷關在陝州桃林縣西南十二里，秦函谷關也。圖記云西去長安四百餘里，路在谷中，故以爲名。」

【二】集解孟康曰：「在新豐東十七里，舊大道北下阪口名也。」

楚左尹項伯者，項羽季父也，【一】素善留侯張良。張良是時從沛公，項伯乃夜馳之沛公軍，私見張良，具告以事，欲呼張良與俱去。曰：「毋從俱死也。」張良曰：「臣爲韓王送沛公，【二】沛公今事有急，亡去不義，不可不語。」良乃入，具告沛公。沛公大驚，曰：「爲之柰何？」張良曰：「誰爲大王爲此計者？」曰：「鯫生【三】説我曰『距關，毋内諸侯，秦地可盡王也』。故聽之。」良曰：「料大王士卒足以當項王乎？」沛公默然，曰：「固不如也，且爲之柰何？」張良曰：「請往謂項伯，言沛公不敢背項王也。」沛公曰：「君安與項伯有故？」張良曰：「秦時與臣游，項伯殺人，臣活之。今事有急，故幸來告良。」沛公曰：「孰與君少長？」良曰：「長於臣。」沛公曰：「君爲我呼入，吾得兄事之。」張良出，要項伯。項伯即入見沛公。沛公奉卮酒爲壽，約爲婚姻，曰：「吾入關，秋豪不敢有所近，籍吏民，封府庫，而待將軍。所以遣將守關者，備他盜之出入與非常也。日夜望將軍至，豈敢反乎！願伯具言臣之不敢倍德也。」項伯許諾。謂沛公曰：「旦日不可不蚤自來謝項王。」沛公曰：「諾。」於是項伯復夜去，至軍中，具以沛公言報項王。因言曰：「沛公不先破關中，公豈敢入乎？今人有大功而擊之，不義也，不如因善遇之。」項王許諾。

【一】索隱名纏，字伯，後封射陽侯。

【二】正義爲，于僞反。

【三】集解徐廣曰：「鯫音士垢反，魚名。」駰案：服虔曰「鯫音淺。鯫，小人貌也」。瓚曰「楚漢春秋鯫，姓也」。

沛公旦日從百餘騎來見項王，至鴻門，謝曰：「臣與將軍戮力而攻秦，將軍戰河北，臣戰河南，然不自意能先入關破秦，得復見將軍於此。今者有小人之言，令將軍與臣有郤。」項王曰：「此沛公左司馬曹無傷言之；不然，籍何以至此〔一八〕。」項王即日因留沛公與飲。項王、項伯東嚮坐，亞父南嚮坐。亞父者，范增也。【一】沛公北嚮坐，張良西嚮侍。范增數目項王，舉所佩玉玦以示之者三，項王默然不應。范增起，出召項莊，【二】謂曰：「君王爲人不忍，若入前爲壽，壽畢，請以劍舞，因擊沛公於坐，殺之。不者，若屬皆且爲所虜。」莊則入爲壽。壽畢，曰：「君王與沛公飲，軍中無以爲樂，請以劍舞。」項王曰：「諾。」項莊拔劍起舞，項伯亦拔劍起舞，常以身翼蔽沛公，莊不得擊。於是張良至軍門，見樊噲。樊噲曰：「今日之事何如？」良曰：「甚急。今者項莊拔劍舞，其意常在沛公也。」噲曰：「此迫矣，臣請入，與之同命。」噲即帶劍擁盾入軍門。【三】交戟之衞士欲止不內，樊噲側其盾以撞，【四】衞士仆地，噲遂入，披帷西嚮立，瞋目視項王，【五】頭髮上指，目眥盡裂。【六】項王按劍而跽【七】曰：「客何爲者？」張良曰：「沛公之參乘樊噲者也。」項王曰：「壯士，賜之卮酒。」則與斗卮酒。噲拜謝，起，立而飲之。項王曰：「賜之彘肩。」則與一生彘肩。樊噲覆其盾於地，加彘肩上，拔劍切而啗之。〔八〕項王曰：「壯士，能復飲乎？」樊噲曰：「臣死且不避，卮酒安足辭！夫秦王有虎狼之心，殺人如不能舉，刑人如恐不勝，天下皆叛之。懷王與諸將約曰『先破秦入咸陽者王之』。今沛公先破秦入咸陽，豪毛不敢有所近，封閉宮室，還軍霸上，以待大王來。故遣將守關者，備他盜出入與非常也。勞苦而功高如此，未有封侯之賞，而聽細說，欲誅有功之人。此亡秦之續耳，竊爲大王不取也。」項王未有以應，曰：「坐。」樊噲從良坐。坐須臾，沛公起如廁，因招樊噲出。

〔一〕集解如淳曰：「亞，次也。尊敬之次父，猶管仲爲仲父。」

〔二〕正義項羽從弟。

〔三〕正義擁，紆拱反。盾，食允反。

〔四〕正義直江反。

〔五〕正義瞋，昌真反。

〔六〕正義眥，自賜反。

〔七〕索隱其紀反，謂長跪。

〔八〕索隱啗，徒覽反。凡以食餧人則去聲，自食則上聲。

沛公已出，項王使都尉【一】陳平召沛公。沛公曰：「今者出，未辭也，爲之柰何？」樊噲曰：「大行不顧細謹，大禮不辭小讓。如今人方爲刀俎，我爲魚肉，何辭爲！」於是遂去。乃令張良留謝。良問曰：「大王來何操？」曰：「我持白璧一雙，欲獻項王，玉斗一雙，欲與亞父，會其怒，不敢獻。公爲我獻之。」張良曰：「謹諾。」當是時，項王軍在鴻門下，沛公軍在霸上，相去四十里。沛公則置車騎，脱身獨騎，與樊噲、夏侯嬰、靳彊、紀信等【二】四人持劍盾步走，從酈山下，道芷陽閒行。沛公謂張良曰：「從此道至吾軍，不過二十里耳。度我至軍中，公乃入。」沛公已去，閒至軍中，張良入謝，曰：「沛公不勝桮杓，不能辭。謹使臣良奉白璧一雙，再拜獻大王足下；玉斗一雙，再拜奉大將軍足下。」項王曰：「沛公安在？」良曰：「聞大王有意督過之，脱身獨去，已至軍矣。」【三】項王則受璧，置之坐上。亞父受玉斗，置之地，拔劍撞而破之，曰：「唉！【四】豎子不足與謀。奪項王天下者，必沛公也，吾屬今爲之虜矣。」沛公至軍，立誅殺曹無傷。

【一】集解徐廣曰：「一本無『都』字。」

【二】索隱漢書作「紀通」。通，紀成之子。

【三】集解如淳曰：「脱身逃還其軍。」

【四】集解徐廣曰：「唉，烏來反。」索隱音虚其反。皆歎恨發聲之辭。

居數日，項羽引兵西屠咸陽，殺秦降王子嬰，燒秦宮室，火三月不滅；收其貨寶婦女而東。人或説項王曰：「關中阻山河四塞，【一】地肥饒，可都以霸。」項王見秦宮室皆以燒殘破，又心懷思欲東歸，曰：「富貴不歸故鄉，如衣繡夜行，誰知之者！」説者曰：「人言楚人沐猴而冠耳，果然。」【二】項王聞之，烹説者。【三】

【一】集解徐廣曰：「東函谷，南武關，西散關，北蕭關。」

【二】集解張晏曰：「沐猴，獼猴也。」索隱言獼猴不任久著冠帶，以喻楚人性躁暴。果然，言果如人言也。

【三】集解楚漢春秋、楊子法言云説者是蔡生，漢書云是韓生。

項王使人致命懷王。懷王曰：「如約。」乃尊懷王爲義帝。項王欲自王，先王諸將相。謂曰：「天下初發難時，【一】假立諸侯後以伐秦。然身被堅執鋭首事，暴露於野【二】三年，滅秦定天下者，皆將相諸君與籍之力也。義帝雖無功，故當分其地而王之。」諸將皆曰：「善。」乃分天下，立諸將爲侯王。項王、范增疑沛公之有天下，業已講解，【三】又惡負約，恐諸侯叛之，乃陰謀曰：「巴、蜀道險，秦之遷人皆居蜀。」乃曰：「巴、蜀亦關中地也。」故立沛公爲漢王，【四】王巴、蜀、漢中，都南鄭。【五】而三分關中，王秦降將以距塞漢王。項王乃立章邯爲雍王，王咸陽以西，都廢丘。【六】長史欣者，故爲櫟陽獄掾，嘗有德於項梁；都尉董翳者，本勸章邯降楚。故立司馬欣爲塞王，【七】王咸陽以東至河，都櫟陽；【八】立董翳爲翟王，王上郡，都高奴。【九】徙魏王豹爲西魏王，王河東，都平陽。瑕丘【一〇】申陽者，【一一】張耳嬖臣也，先下河南〔一九〕，迎楚河上，故立申陽爲河南王，都雒陽。【一二】韓王成因故都，都陽翟。【一三】趙將司馬卬定河内，數有功，故立卬爲殷王，王河内，都朝歌。徙趙王歇爲代王。趙相張耳素賢，又從入關，故立耳爲常山王，王趙地，都襄國。【一四】當陽君黥布爲楚將，常冠軍，故立布爲九江王，都六。【一五】鄱君【一六】吴芮率百越佐諸侯，【一七】又從入關，故立芮爲衡山王，都邾。【一八】義帝柱國共敖【一九】將兵擊南郡，功多，因立敖爲臨江王，【二〇】都江陵。【二一】徙燕王韓廣爲遼東王。【二二】燕將臧荼從楚救趙，因從入關，故立荼爲燕王，都薊。徙齊王田市爲膠東王。【二三】齊將田都從共救趙，因從入關，故立都爲齊王，都臨菑。【二四】故秦所滅齊王建孫田安，項羽方渡河救趙，田安下濟北數城，引其兵降項羽，故立安爲濟北王，都博陽。【二五】田榮者，數負項梁，又不肯將兵從楚擊秦，以故不封。成安君【二六】陳餘弃將印去，不從入關，然素聞其賢，有功於趙，聞其在南皮，【二七】故因環封三縣。【二八】番君將梅鋗【二九】功多，故封十萬户侯。項王自立爲西楚霸王，【三〇】王九郡，都彭城。【三一】

【一】集解 服虔曰：「兵初起時。」 正義 難，乃憚反。

【二】正義暴，蒲北反。

【三】集解蘇林曰：「講，和也。」索隱服虔云：「解，折伏也。」說文云：「講，和解也。」漢書作「媾解」。蘇林云：「媾，和也。」是「講」之與「媾」俱訓和也。業，事也。言雖有疑心，然事已和解也。

【四】集解徐廣曰：「以正月立。」

【五】正義括地志云：「南梁州所理縣也〔二〇〕。」

【六】索隱孟康曰：「縣名。今槐里是也。」韋昭曰：「周時名犬丘，懿王所都，秦欲廢之，故曰廢丘。」正義括地志云：「犬丘故城一名廢丘，故城在雍州始平縣東南十里。地理志云漢高二年，引水灌廢丘，章邯自殺，更廢丘曰槐里。」

【七】集解韋昭曰：「在長安東，名桃林塞。」

【八】集解蘇林曰：「櫟音藥。」正義括地志云：「櫟陽故城一名萬年城，在雍州櫟陽東北二十五里。秦獻公之城櫟陽，即此也。」

【九】集解文穎曰：「上郡，秦所置，項羽以董翳爲翟王，更名爲翟。」索隱按：今鄜州有高奴城。正義括地志云：「延州州城即漢高奴縣。」

【一〇】集解徐廣曰：「一云瑕丘公也。」

【一一】集解服虔曰：「瑕丘縣屬山陽。申，姓；陽，名。」文穎曰：「姓瑕丘，字申陽。」瓚曰：「瑕丘公申陽是。瑕丘，縣名。」

【一二】正義括地志云：「洛陽故城在洛州洛陽縣東北二十六里，周公所築，即成周城也。輿地志云成周之地，秦莊襄王以爲洛陽縣，三川守理之。後漢都洛陽，改爲『雒』。漢以火德，忌水，故去洛旁『水』而加『隹』。魏於行次爲土，土，水之忌也，水得土而流，土得水而柔，故除『隹』而加『水』。」

【一三】正義括地志云：「陽翟，洛州縣也。左傳云『鄭伯突入于櫟』。杜預云『櫟，鄭別都，今河南陽翟縣』是也。地理志云陽翟縣是，屬潁川郡，夏禹之國。」

【一四】正義括地志云：「邢州城本漢襄國縣，秦置三十六郡，於此置信都縣，屬鉅鹿郡，項羽改曰襄國，立張耳爲常山王，理信都。地理志云故邢侯國也。帝王世紀云邢侯爲紂三公，以忠諫被誅。史記云周武王封周公旦之子爲邢侯。左傳云『凡、蔣、邢、茅，周公之胤也』。」

【一五】索隱六縣，古國，皋陶之後。正義括地志云：「故六城在壽州安豐縣南百三十二里，本六國，偃姓，皋繇之後所封也。黥布亦皋繇之後，居六也。」

【一六】正義番君。番音婆。

【一七】集解韋昭曰：「鄱音蒲河反。初，吳芮爲鄱令，故號曰鄱君。今鄱陽縣是也。」

【一八】集解文穎曰：「邾音朱，縣名，屬江夏。」正義說文云音誅。括地志云：「故邾城在黃州黃岡縣東南二十里〔二二〕，本春秋時邾國。邾子，曹姓。俠居。至魯隱公徙蘄。」音機。

【一九】正義共音恭。

【二〇】集解漢書音義曰：「本南郡，改爲臨江國。」

【二一】正義江陵，荆州縣。史記江陵，故郢都也。

【二二】集解徐廣曰：「都無終。」

【二三】集解徐廣曰：「都即墨。」正義括地志云：「即墨故城在萊州膠水縣南六十里。古齊地，本漢舊縣。」膠音交。在膠水之東。

【二四】索隱按：高紀及田儋傳云「臨濟」，此言「臨菑」，誤。正義菑，側其反。括地志云：「青州臨菑縣也。即古臨菑地也。一名齊城，古營丘之地，所封齊之都也。少昊時有爽鳩氏，虞、夏時有季崱，殷時有逢伯陵，殷末有薄姑氏，爲諸侯，國此地。後太公封，方五百里。」

【二五】正義在濟北。

【二六】正義地理志云成安縣在潁川郡，屬豫州。

【二七】正義括地志云：「故南皮城在滄州南皮縣北四里，本漢皮縣城，即陳餘所封也。」

【二八】集解漢書音義曰：「繞南皮三縣以封之。」

【二九】集解韋昭曰：「呼玄反。」

【三〇】正義貨殖傳云淮以北，沛、陳、汝南、南郡爲西楚也。彭城以東，東海、吴、廣陵爲東楚也。衡山、九江、江南、豫章、長沙爲南楚。孟康云：「舊名江陵爲南楚，吴爲東楚，彭城爲西楚。」

【三】集解孟康曰：「舊名江陵爲南楚，吴爲東楚，彭城爲西楚。」正義彭城，徐州縣。

漢之元年四月，諸侯罷戲下，各就國。【一】項王出之國，使人徙義帝，曰：「古之帝者地方千里，必居上游。」【二】乃使使徙義帝長沙郴縣。【三】趣義帝行，其羣臣稍稍背叛之，乃陰令衡山、臨江王擊殺之江中。【四】韓王成無軍功，項王不使之國，與俱至彭城，廢以爲侯，已又殺之。臧荼之國，因逐韓廣之遼東，廣弗聽，荼擊殺廣無終，并王其地。

【一】索隱戲，音羲，水名也。言「下」者，如許下、洛下然也。按：上文云項羽入至戲西鴻門，沛公還軍霸上，是羽初停軍於戲水之下。後雖引兵西屠咸陽，燒秦宫室，則亦還戲下。今言「諸侯罷戲下」，是各受封邑號令訖，自戲下各就國。何須假借文字，以爲旌麾之下乎？顔師古、劉伯莊之説皆非。

【二】集解文穎曰：「居水之上流也。游，或作『流』。」

【三】集解如淳曰：「郴音綝。」

【四】集解文穎曰：「郴縣有義帝冢，歲時常祠不絶。」

田榮聞項羽徙齊王市膠東，而立齊將田都爲齊王，乃大怒，不肯遣齊王之膠東，因以齊反，迎擊田都。田都走楚。齊王市畏項王，乃亡之膠東就國。田榮怒，追擊殺之即墨。

陳餘陰使張同、夏説説齊王田榮曰：「項羽爲天下宰不平。今盡王故王於醜地，而王其羣臣諸將善地，逐其故主，趙王乃北居代，餘以爲不可。聞大王起兵，且不聽不義，願大王資餘兵，請以擊常山，以復趙王，請以國爲扞蔽。」齊王許之，因遣兵之趙。陳餘悉發三縣兵，與齊并力擊常山，大破之。張耳走歸漢。陳餘迎故趙王歇於代，反之趙。趙王因立陳餘爲代王。

【一】集解漢書音義曰：「齊與濟北、膠東。」正義三齊記云：「右即墨，中臨淄，左平陸，謂之三齊。」

是時，漢還定三秦。項羽聞漢王皆已并關中，且東，齊、趙叛之，大怒。乃以故吴令鄭昌爲韓王，以距漢。令蕭公角等【一】擊彭越。彭越敗蕭公角等。漢使張良徇韓，乃遺項王書曰：「漢王失職，欲得關中，如約即止，不敢東。」又以齊、梁反書遺項王曰：「齊欲與趙并滅楚。」楚以此故無西意，而北擊齊。徵兵九江王布。布稱疾不往，使將將數千人行。項王由此怨布也。

【一】集解蘇林曰：「官號也。或曰蕭令也。時令皆稱公。」

漢之二年冬，項羽遂北至城陽，田榮亦將兵會戰。田榮不勝，走至平原，平原民殺之。

遂北燒夷齊城郭室屋，皆阬田榮降卒，係虜其老弱婦女。徇齊至北海，多所殘滅。齊人相聚而叛之。於是田榮弟田横收齊亡卒得數萬人，反城陽。項王因留，連戰未能下。

春，漢王部【一】五諸侯兵，【二】凡五十六萬人，東伐楚。項王聞之，即令諸將擊齊，而自以精兵三萬人南從魯出胡陵。【三】四月，漢皆已入彭城，收其貨寶美人，日置酒高會。項王乃西從蕭晨擊漢軍【四】而東，至彭城，日中，大破漢軍。【五】漢軍皆走，相隨入穀、泗水，【六】殺漢卒十餘萬人。漢卒皆南走山，【七】楚又追擊至靈壁東【八】睢水上。【九】漢軍卻，爲楚所擠，【一〇】多殺，漢卒十餘萬人皆入睢水，睢水爲之不流。【一一】圍漢王三帀。於是大風從西北而起，折木發屋，揚沙石，窈冥晝晦，【一二】逢迎楚軍。楚軍大亂，壞散，而漢王乃得與數十騎遁去。欲過沛，收家室而西；楚亦使人追之沛，取漢王家；家皆亡，不與漢王相見。漢王道逢得孝惠、魯元，【一三】乃載行。楚騎追漢王，漢王急，推墮孝惠、魯元車下，滕公常下收載之。如是者三。曰：「雖急不可以驅，柰何棄之？」於是遂得脱。求太公、呂后不相遇。審食其【一四】從太公、呂后閒行，【一五】求漢王，反遇楚軍。楚軍遂與歸，報項王，項王常置軍中。

【一】集解徐廣曰：「一作『劫』。」索隱按：漢書見作「劫」字。

【二】集解徐廣曰：「塞、翟、魏、殷、河南。」駰案：應劭曰「雍、翟、塞、殷、韓也」。韋昭曰「塞、翟、殷、韓、魏，雍時已敗也」。[索隱]按：徐廣、韋昭皆數翟、塞及殷、韓等；顔師古不數三秦，謂常山、河南、韓、魏、殷；顧胤意略同，乃以陳餘兵爲五，未知孰是。鄒意按：韓王鄭昌拒漢，漢使韓信擊破之，則是韓兵不下而已破散也，韓不在此數。五諸侯者，塞、翟、河南、魏、殷也。[正義]師古云：「諸家之説皆非。張良遺羽書曰『漢欲得關中，如約即止，不敢復東』，謂出關之東也。今羽聞漢東之時，漢固已得三秦矣。五諸侯者，謂常山、河南、韓、魏、殷也。此年十月，常山王張耳降，河南王申陽降，韓王鄭昌降，魏王豹降，虜殷王卬，皆漢東之後，故知謂此爲五諸侯。時雖未得常山之地，功臣年表云『張耳棄國，與大臣歸漢』，則當亦有士卒爾。時雍王猶在廢丘被圍，即非五諸侯之數也。尋此紀文，昭然可曉。前賢注釋，並失指趣。」高紀及漢書皆言「劫五諸侯兵」。凡兵初降，士卒未有自指麾，故須劫略而行。又云「發關中兵，收三河士」。發謂差點撥發也，收謂劫略收斂也。韋昭云河南、河東、河内。申陽都雒陽，韓王成都陽翟，皆河南也。魏豹都平陽，河東也。司馬卬都朝歌，張耳都襄國，河内也。此三河士則五諸侯兵也。更著雍、塞、翟，則成八諸侯矣。重明顔公之説是。故韓信傳云「漢二年出關，收魏、河南，韓、殷王皆降」是。

【三】[正義]括地志云：「魯，兗州曲阜縣也〔二二〕。地理志云胡陵在山陽縣屬也〔二三〕。」

【四】[正義]括地志云：「徐州蕭縣，古蕭叔之國，春秋時爲宋附庸。帝王世紀云周封子姓之別爲附庸也。」

【五】集解張晏曰：「一日之中也。或曰旦擊之，至日中大破。」

【六】集解瓚曰：「二水皆在沛郡彭城。」

【七】正義走音奏。

【八】集解徐廣曰：「在彭城。」索隱孟康曰：「故小縣，在彭城南。」

【九】集解徐廣曰：「睢水於彭城入泗水。」正義睢音雖。括地志云：「靈壁故城在徐州符離縣西北九十里。睢水首受浚儀縣莨蕩水，東經取慮，入泗，過郡四，行千二百六十里。」

【一〇】集解服虔曰：「擠音『濟民』之『濟』。」瓚曰：「排擠也（二四）。」

【一一】正義爲，于僞反。

【一二】集解徐廣曰：「窈亦作『窅』字。」

【一三】集解服虔曰：「元，長也。食邑於魯。」韋昭曰：「元，謚也。」

【一四】集解瓚曰：「其音基。」索隱食音異。按：酈、審、趙三人同名，其音合並同，以六國時衞有司馬食其，並慕其名。

【一五】集解如淳曰：「閒出，閒步，微行，皆同義也。」

是時呂后兄周呂侯【一】爲漢將兵居下邑，【二】漢王閒往從之，稍稍收其士卒。至滎陽，諸敗軍皆會，蕭何亦發關中老弱未傅悉詣滎陽，【三】復大振。楚起於彭城，常乘勝逐北，與漢戰滎陽南京、索閒，漢敗楚，【四】楚以故不能過滎陽而西。

【一】集解徐廣曰：「名澤。」正義蘇林云：「以姓名侯也。」晉灼云：「外戚表周呂令武侯澤也。呂，縣名。封於呂，以爲國。」顏師古云：「周呂，封名。令武，其謚也。蘇云『以姓名侯』，非也。」

【二】集解徐廣曰：「在梁。」正義括地志云：「宋州碭山縣本下邑縣也，在宋州東一百五十里。」按：今下邑在宋州東一百一十里。

【三】集解服虔曰：「傅音附。」孟康曰：「古者二十而傅，三年耕有一年儲，故二十三年而後役之。」如淳曰：「律，年二十三傅之，疇官各從其父疇內學之〔二五〕。高不滿六尺二寸以下爲罷癃。漢儀注『民年二十三爲正，一歲爲衞士，一歲爲材官騎士，習射御騎馳戰陣』。又曰『年五十六衰老，乃得免爲庶民，就田里』。今老弱未嘗傅者皆發之。未二十三爲弱，過五十六爲老。食貨志曰『月爲更卒，已復爲正，一歲屯戍，一歲力役，三十倍於古者』。」索隱按：姚氏云「古者更卒不過一月，踐更五月而休」。又顏云「五當爲『三』，言一歲之中三月居更，三日戍邊，總九十三日。古者役人歲不過三日，此所謂『一歲力役三十倍於古』也」。斯說得之。

【四】集解應劭曰：「京，縣名，屬河南，有索亭。」晉灼曰：「索音栅。」正義括地志云：「京縣城在鄭州滎陽縣東南二十里。鄭之京邑也。晉太康地志云鄭太叔段所居邑。滎陽縣即大索城。杜預云『成皋東有大索城』，又有小索，故城在滎陽縣北四里。京相璠地名云京縣有大索亭、小索亭，大小氏兄弟居之，故有小大之號。」按：楚與漢戰滎陽南京、索閒，即此三城耳。

項王之救彭城，追漢王至滎陽，田横亦得收齊，立田榮子廣爲齊王。漢王之敗彭城，諸侯皆復與楚而背漢。漢軍滎陽，築甬道屬之河，以取敖倉粟。【一】

【一】集解瓚曰：「敖，地名，在滎陽西北，山臨河有大倉。」正義括地志云：「敖倉在鄭州滎陽縣西十五里，縣門之東〔二六〕，北臨汴水，南帶三皇山，秦時置倉於敖山，名敖倉云。」

漢之三年，項王數侵奪漢甬道，漢王食乏，恐，請和，割滎陽以西爲漢。項王欲聽之。歷陽侯范增曰：【一】「漢易與耳，今釋弗取，後必悔之。」項王乃與范增急圍滎陽。漢王患之，乃用陳平計閒項王。項王使者來，爲太牢具，舉欲進之。見使者，詳驚愕曰：「吾以爲亞父使者，乃反項王使者。」更持去，以惡食食【二】項王使者。使者歸報項王，項王乃疑范增與漢有私，稍奪之權。范增大怒，曰：「天下事大定矣，君王自爲之。願賜骸骨歸卒伍。」項王許之。行未至彭城，疽發背而死。【三】

【一】正義括地志云：「和州歷陽縣，本漢舊縣也。淮南子云『歷陽之都，一夕而爲湖』。漢帝時，歷陽淪爲歷湖。」

【二】正義上如字，下音寺。

【三】集解皇覽曰：「亞父冢在廬江居巢縣郭東。居巢廷中有亞父井，吏民皆祭亞父於居巢廷上。長吏初視事，皆祭然後從政。後更造祠於郭東，至今祠之。」正義疽，七餘反。崔浩云：「疽，附骨癰也。」括地志云：「髑髏山在廬州巢縣東北五里。昔范增居北山之陽，後佐項羽。」

漢將紀信說漢王曰：「事已急矣，請爲王誑楚爲王，王可以閒出。」於是漢王夜出女子滎陽東門被甲二千人，楚兵四面擊之。紀信乘黄屋車，【一】傅左纛，【二】曰：「城中食盡，漢王降。」楚軍皆呼萬歲。漢王亦與數十騎從城西門出，走成皋。【三】項王見紀信，問：「漢王安在？」信曰：「漢王已出矣。」項王燒殺紀信。

【一】正義李斐云：「天子車以黄繒爲蓋裏。」

【二】集解李斐曰：「纛，毛羽幢也。在乘輿車衡左方上注之。」蔡邕曰：「以犛牛尾爲之，如斗，或在騑頭，或在衡上也。」

【三】正義括地志云：「成皋故縣在洛州汜水縣西南二里。」

漢王使御史大夫周苛、樅公、【一】魏豹守滎陽。周苛、樅公謀曰：「反國之王，難與守城。」乃共殺魏豹。楚下滎陽城，生得周苛。項王謂周苛曰：「爲我將，我以公爲上將軍，封三萬户。」周苛罵曰：「若不趣降漢，漢今虜若，若非漢敵也。」項王怒，烹周苛，并殺樅公。

【一】集解縱音七容反。

漢王之出滎陽，南走宛、葉，得九江王布，行收兵，復入保成皋。漢之四年，項王進兵圍成皋。漢王逃，【一】獨與滕公出成皋北門，【二】渡河走脩武，從張耳、韓信軍。諸將稍稍得出成皋，從漢王。楚遂拔成皋，欲西。漢使兵距之鞏，令其不得西。

【一】集解晉灼曰：「獨出意。」索隱音徒凋反。漢書作「跳」字。

【二】集解徐廣曰：「北門名玉門。」

是時，彭越渡河擊楚東阿，殺楚將軍薛公。項王乃自東擊彭越。漢王得淮陰侯兵，欲渡河南。鄭忠說漢王，乃止壁河內。使劉賈將兵佐彭越，燒楚積聚。【一】項王東擊破之，走彭越。漢王則引兵渡河，復取成皋，軍廣武，就敖倉食。項王已定東海來西，與漢俱臨廣武而軍，【二】相守數月。

【一】正義上積賜反。

【二】集解孟康曰：「於滎陽築兩城相對爲廣武，在敖倉西三皇山上。」正義括地志云：「東廣武、西廣武在鄭州滎陽縣西二十里。戴延之西征記云三皇山上有二城，東曰東廣武，西曰西廣武，各在一山頭，相去百步。汴水從廣澗中東南流，今涸無水。城各有三面，在敖倉西。郭緣生述征記云一澗横絕上過，名曰廣武。相對皆立城塹，遂號東西廣武。」

當此時，彭越數反梁地，絶楚糧食，項王患之。爲高俎，置太公其上，〔一〕告漢王曰：「今不急下，吾烹太公。」漢王曰：「吾與項羽俱北面受命懷王，曰『約爲兄弟』，吾翁即若翁，必欲烹而翁，則幸分我一桮羹。」項王怒，欲殺之。項伯曰：「天下事未可知，且爲天下者不顧家，雖殺之無益，祇益禍耳。」項王從之。

〔一〕集解如淳曰：「高俎，几之上。」李奇曰：「軍中巢櫓，方面，人謂之俎也。」索隱俎亦机之類，故夏侯湛新論爲「机」，机猶俎也。比太公於牲肉，故置之俎上。姚察按：左氏「楚子登巢車以望晉軍」，杜預謂「車上櫓也」，故李氏云「軍中巢櫓」，又引時人亦謂此爲俎也。正義括地志云：「東廣武城有高壇，即是項羽坐太公俎上者，今名項羽堆，亦呼爲太公亭。」顏師古云：「俎者，所以薦肉，示欲烹之，故置俎上。」

楚漢久相持未決，丁壯苦軍旅，老弱罷轉漕。項王謂漢王曰：「天下匈匈數歲者，徒以吾兩人耳，願與漢王挑戰〔一〕決雌雄，毋徒苦天下之民父子爲也。」漢王笑謝曰：「吾寧鬭智，不能鬭力。」項王令壯士出挑戰。漢有善騎射者樓煩，〔二〕楚挑戰三合，樓煩輒射殺之。項王大怒，乃自被甲持戟挑戰。樓煩欲射之，項王瞋目叱之，樓煩目不敢視，手不敢發，遂走還入壁，不敢復出。漢王使人閒問之，乃項王也。漢王大驚。於是項王乃即漢王相與臨廣武閒而語。漢王數之，項王怒，欲一戰。漢王不聽，項王伏弩射中漢王。漢王傷，走入成皋。

【一】集解李奇曰：「挑身獨戰，不復須衆也。挑音荼了反。」瓚曰：「挑戰，擿嬈敵求戰，古謂之致師。」

【二】集解應劭曰：「樓煩，胡也。」今樓煩縣。

項王聞淮陰侯已舉河北，破齊、趙，且欲擊楚，乃使龍且【一】往擊之。淮陰侯與戰，騎將灌嬰擊之，大破楚軍，殺龍且。韓信因自立爲齊王。項王聞龍且軍破，則恐，使盱台人武涉往説淮陰侯。淮陰侯弗聽。是時，彭越復反，下梁地，絶楚糧。項王乃謂海春侯大司馬曹咎等曰：「謹守成皋，則漢欲挑戰，慎勿與戰，毋令得東而已。我十五日必誅彭越，定梁地，復從將軍。」乃東，行擊陳留、【二】外黄。

【一】集解韋昭曰：「音子閭反。」

【二】正義括地志云：「陳留，汴州縣也。在州東五十里，本漢陳留郡及陳留縣之地。」孟康云：「留，鄭邑也。後爲陳所并，故曰陳留。」臣瓚又按：「宋有留，彭城留是也。此留屬陳，故曰陳留。」

外黄不下。數日，已降，項王怒，悉令男子年十五已上詣城東，欲阬之。外黄令舍人兒年十三，【一】往説項王曰：「彭越彊劫【二】外黄，外黄恐，故且降，待大王。大王至，又皆阬之，百姓豈有歸心？從此以東，梁地十餘城皆恐，莫肯下矣。」項王然其言，乃赦外黃當阬者。東至睢陽，〔三〕聞之皆爭下項王。

〔一〕集解蘇林曰：「令之舍人兒也。」瓚曰：「稱兒者，以其幼弱，故係其父，春秋傳曰『仍叔之子』是也。」

〔二〕正義彊，其兩反。

〔三〕正義括地志云：「宋州外城本漢睢陽縣也。地理志云睢陽縣，故宋國也。」

漢果數挑楚軍戰，楚軍不出。使人辱之，五六日，大司馬怒，渡兵汜水。〔一〕士卒半渡，漢擊之，大破楚軍，盡得楚國貨賂。大司馬咎、長史翳、塞王欣皆自剄汜水上〔二七〕。〔二〕大司馬咎者，故蘄獄掾，長史欣亦故櫟陽獄吏，兩人嘗有德於項梁，是以項王信任之。當是時，項王在睢陽，聞海春侯軍敗，則引兵還。漢軍方圍鍾離眜〔三〕於滎陽東，項王至，漢軍畏楚，盡走險阻。

〔一〕集解張晏曰：「汜水在濟陰界。」如淳曰：「汜音祀。左傳曰『鄙在鄭地汜』。」瓚曰：「高祖攻曹咎成皋，渡汜水而戰，今成皋城東汜水是也。」索隱按：今此水見名汜水，音似。張晏云在濟陰，亦未全失。按：古濟水當此截河而南，又東流，溢爲滎澤。然水南曰陰，此亦在濟之陰，非彼濟陰郡耳。臣瓚之説是。正義括地志云：「汜水源出洛州汜水縣東南三十二里方山。山海經云『浮戲之山，汜水出焉』。」

【二】集解鄭氏曰〔二八〕：「剄音經鼎反。以刀割頸爲剄。」

【三】集解漢書音義曰：「眛音末。」

是時，漢兵盛食多，項王兵罷食絶。漢遣陸賈説項王，請太公，項王弗聽。漢王復使侯公往説項王，項王乃與漢約，中分天下，割鴻溝以西者爲漢，【一】鴻溝而東者爲楚。項王許之，即歸漢王父母妻子。軍皆呼萬歲。漢王乃封侯公爲平國君。【二】匿弗肯復見。曰：「此天下辯士，所居傾國，故號爲平國君。」項王已約，乃引兵解而東歸。

【一】集解文穎曰：「於滎陽下引河東南爲鴻溝，以通宋、鄭、陳、蔡、曹、衛，與濟、汝、淮、泗會於楚，即今官渡水也。」正義應劭云：「在滎陽東二十里〔二九〕。」張華云：「大梁城在浚儀縣北，縣西北渠水東經此城南，又北屈分爲二渠。其一渠東南流，始皇鑿引河水以灌大梁，謂之鴻溝，楚漢會此處也。其一渠東經陽武縣南，爲官渡水。」按：張華此説是。

【二】正義楚漢春秋云：「上欲封之，乃肯見。曰『此天下之辨士，所居傾國，故號曰平國君』。」按：説歸太公、呂后，能和平邦國。

漢欲西歸，張良、陳平説曰：「漢有天下太半，【一】而諸侯皆附之。楚兵罷食盡，此天亡楚之時也，不如因其機而遂取之。今釋弗擊，此所謂『養虎自遺患』也。」【二】漢王聽之。

漢五年，漢王乃追項王至陽夏【三】南，止軍，與淮陰侯韓信、建成侯彭越期會而擊楚軍。至固陵，【四】而信、越之兵不會。楚擊漢軍，大破之。漢王復入壁，深塹而自守。謂張子房曰：「諸侯不從約，爲之柰何？」對曰：「楚兵且破，信、越未有分地，【五】其不至固宜。君王能與共分天下，今可立致也。即不能，事未可知也。君王能自陳以東傅海，【六】盡與韓信；睢陽以北至穀城，【七】以與彭越：使各自爲戰，【八】則楚易敗也。」漢王曰：「善。」於是乃發使者告韓信、彭越曰：「并力擊楚。楚破，自陳以東傅海與齊王，睢陽以北至穀城與彭相國。」使者至，韓信、彭越皆報曰：「請今進兵。」韓信乃從齊往，劉賈軍從壽春並行，屠城父，【九】至垓下。【一〇】大司馬周殷叛楚，以舒屠六，【一一】舉九江兵，【一二】隨劉賈、彭越皆會垓下，詣項王。

【一】集解韋昭曰：「凡數三分有二爲太半，一爲少半。」

【二】正義遺，唯季反。

【三】集解如淳曰：「夏音賈。」　正義括地志云：「陳州太康縣，本漢陽夏縣也。續漢書郡國志云陽夏縣屬陳國。」按：太康縣城夏后太康所築，隋改陽夏爲太康。

【四】集解徐廣曰：「在陽夏。」駰案：晉灼曰「即固始也」。　正義括地志云：「固陵，縣名也。在陳州宛丘縣西北四十二里。」

【五】集解李奇曰：「信、越等未有益地之分也。」韋昭曰：「信等雖名爲王，未有所畫經界。」

【六】正義傅音附，著也。陳即陳州，古陳國都也。自陳著海，并齊舊地，盡與齊王韓信也。

【七】正義括地志云：「穀城故在濟州東阿縣東二十六里〔三〇〕。」睢陽，宋州也。自宋州以北至濟州穀城際黃河，盡與相國彭越。

【八】正義爲，于僞反。

【九】集解如淳曰：「並行，並擊之。」正義父音甫。壽州壽春縣也。城父，亳州縣也。屠謂多刑殺也。劉賈入圍壽州，引兵過淮北，屠殺亳州城父，而東北至垓下。

【一〇】集解徐廣曰：「在沛之洨縣。洨，下交切。」駰案：應劭曰「垓音該」。李奇曰「沛洨縣聚邑名也」。索隱張揖三蒼注云：「垓，堤名，在沛郡。」正義按：垓下是高岡絕巖，今猶高三四丈，其聚邑及堤在垓之側，因取名焉。今在亳州真源縣東十里，與老君廟相接。洨音户交反。

【一一】集解如淳曰：「以舒之衆屠破六縣。」正義括地志云：「舒，今廬江之故舒城是也。故六城在壽州安豐南百三十二里，偃姓，咎繇之後。」按：周殷叛楚，兼舉九江郡之兵，隨劉賈而至垓下。

【一二】正義九江郡，壽州也。楚考烈王二十二年，自陳徙壽春，號云郢。至王負芻爲秦將王翦、蒙武所滅，於此置九江郡。應劭云：「自廬江尋陽分爲九江。」

項王軍壁垓下，兵少食盡，漢軍及諸侯兵圍之數重。夜聞漢軍四面皆楚歌，〔一〕項王乃大驚曰：「漢皆已得楚乎？是何楚人之多也！」項王則夜起，飲帳中。有美人名虞，〔二〕常幸從；駿馬名騅，〔三〕常騎之。於是項王乃悲歌忼慨，自爲詩曰：「力拔山兮氣蓋世，時不利兮騅不逝。騅不逝兮可柰何，虞兮虞兮柰若何！」歌數闋，美人和之。〔四〕項王泣數行下，〔五〕左右皆泣，莫能仰視。

〔一〕集解應劭曰：「楚歌者，謂雞鳴歌也。漢已略得其地，故楚歌者多雞鳴時歌也。」正義顏師古云：「楚人之歌也，猶言『吴謳』、『越吟』。若雞鳴爲歌之名，於理則可，不得云『雞鳴時』也。高祖戚夫人楚舞〔三二〕，自爲楚歌，豈亦雞鳴時乎？」按：顏説是也。

〔二〕集解徐廣曰：「一云姓虞氏。」正義括地志云：「虞姬墓在濠州定遠縣東六十里。長老傳云項羽美人冢也。」

〔三〕正義音隹。顧野王云青白色也。釋畜云：「蒼白雜毛，騅也。」

〔四〕正義和音胡卧反。楚漢春秋云：「歌曰『漢兵已略地，四方楚歌聲。大王意氣盡，賤妾何聊生』。」

〔五〕正義數，色庾反。行，户郎反。

於是項王乃上馬騎，【一】麾下【二】壯士騎從者八百餘人，直夜潰圍南出，馳走。平明，漢軍乃覺之，令騎將灌嬰以五千騎追之。項王渡淮，騎能屬者【三】百餘人耳。項王至陰陵，【四】迷失道，問一田父，田父紿曰「左」。【五】左，乃陷大澤中。以故漢追及之。項王乃復引兵而東，至東城，【六】乃有二十八騎。漢騎追者數千人。項王自度不得脱。謂其騎曰：「吾起兵至今八歲矣，身七十餘戰，所當者破，所擊者服，未嘗敗北，遂霸有天下。然今卒困於此，【七】此天之亡我，非戰之罪也。今日固決死，願爲諸君快戰，必三勝之，爲諸君潰圍，斬將，刈旗，令諸君知天亡我，非戰之罪也。」乃分其騎以爲四隊，四嚮。漢軍圍之數重。項王謂其騎曰：「吾爲公取彼一將。」令四面騎馳下，期山東爲三處。【八】於是項王大呼【九】馳下，漢軍皆披靡，【一〇】遂斬漢一將。是時，赤泉侯爲騎將，追項王，項王瞋目而叱之，赤泉侯人馬俱驚，辟易數里。【一一】與其騎會爲三處。漢軍不知項王所在，乃分軍爲三，復圍之。項王乃馳，復斬漢一都尉，殺數十百人，復聚其騎，亡其兩騎耳。乃謂其騎曰：「何如？」騎皆伏曰：「如大王言。」

【一】正義其倚反。凡單乘曰騎。後同。

【二】正義麾亦作「戲」，同呼危反。

【三】正義屬音燭。

【四】集解徐廣曰：「在淮南。」正義括地志云：「陰陵縣故城在濠州定遠縣西北六十里。」地理志云陰陵縣屬九江郡。」

【五】集解文穎曰：「紿，欺也。欺令左去。」

【六】集解漢書音義曰：「縣名，屬臨淮。」正義括地志云：「東城縣故城在濠州定遠縣東南五十里。地理志云東城縣屬九江郡。」

【七】正義卒，子律反。

【八】正義期遇山東，分爲三處，漢軍不知項羽處。括地志云：「九頭山在滁州全椒縣西北九十六里。江表傳云項羽敗至烏江，漢兵追羽至此，一日九戰，因名。」

【九】正義火故反。

【一〇】正義上披彼反。靡，言精體低垂。

【一一】正義言人馬俱驚，開張易舊處，乃至數里。

於是項王乃欲東渡烏江。【一二】烏江亭長檥船待，【一三】謂項王曰：「江東雖小，地方千里，衆數十萬人，亦足王也。願大王急渡。今獨臣有船，漢軍至，無以渡。」項王笑曰：「天之亡我，我何渡爲！且籍與江東子弟八千人渡江而西，今無一人還，縱江東父兄憐而王我，我何面目見之？縱彼不言，籍獨不愧於心乎？」乃謂亭長曰：「吾知公長者。吾騎【三】此馬五歲，所當無敵，嘗一日行千里，不忍殺之，以賜公。」乃令騎皆下馬步行，持短兵接戰。獨籍所殺漢軍數百人。項王身亦被十餘創。顧見漢騎司馬呂馬童，曰：「若非吾故人乎？」馬童面之，【四】指王翳曰：【五】「此項王也。」項王乃曰：「吾聞漢購我頭千金，【六】邑萬户，吾爲若德。」【七】乃自刎而死。王翳取其頭，餘騎相蹂踐爭項王，相殺者數十人。最其後，郎中騎楊喜，騎司馬呂馬童，郎中呂勝、楊武各得其一體。五人共會其體，皆是。故分其地爲五：封呂馬童爲中水侯，【八】封王翳爲杜衍侯，【九】封楊喜爲赤泉侯，【一〇】封楊武爲吴防侯，【一一】封呂勝爲涅陽侯。【一二】

【一】集解瓚曰：「在牛渚。」索隱按：晉初屬臨淮。正義括地志云：「烏江亭即和州烏江縣是也。晉初爲縣。注水經云江水又北，左得黄律口，漢書所謂烏江亭長檥船以待項羽，即此也。」

【二】集解徐廣曰：「檥音儀。一音俄。」駰案：應劭曰「檥，正也」。孟康曰「檥音蟻，附也，附船著岸也」。如淳曰「南方人謂整船向岸曰檥」。索隱檥字，服、應、孟、晉各以意解爾〔三二〕。鄒誕生作「漾船」，以尚反，劉氏亦有此音。

【三】正義音奇。

【四】集解張晏曰：「以故人故，難視斫之，故背之。」如淳曰：「面，不正視也。」

【五】集解如淳曰：「指示王翳。」

【六】正義漢以一斤金爲一金，當一萬錢也。

【七】集解徐廣曰：「亦可是『功德』之『德』。」正義爲，于僞反。言呂馬童與項羽先是故人，舊有恩德於羽。一云德行也。

【八】索隱按晉書地道記，其中水縣屬河閒。正義地理志云中水縣屬涿郡。應劭云：「在易、滱二水之中，故曰中水。」

【九】索隱按地理志，縣在南陽。按：表作「王翥」也。正義括地志云：「杜衍侯故縣在鄧州南陽縣西八里。」

【一〇】索隱南陽有丹水縣，疑赤泉後改。按：漢書表及後漢作「憙」，音火志反。

【一一】索隱地理志縣名，屬汝南，故房子國。正義吴防，豫州縣。括地志云：「吴房縣本漢舊縣。孟康云『吴王闔廬弟夫概奔楚，楚封於此，爲堂谿氏，本房子國，以封吴，故曰吴房』。」

【一二】集解徐廣曰：「五人後卒，皆謚壯侯。」索隱地理志南陽縣名。正義涅，年結反。括地志云：「涅陽故城在鄧州穰縣東北六十里，本漢舊縣也。應劭云『在涅水之陽』。」

項王已死，【一】楚地皆降漢，獨魯不下。漢乃引天下兵欲屠之，爲其守禮義，爲主死節，乃持項王頭視魯，魯父兄乃降。始，楚懷王初封項籍爲魯公，及其死，魯最後下，故以魯公禮葬項王穀城。【二】漢王爲發哀，泣之而去。

【一】集解 徐廣曰：「漢五年之十二月也。項王以始皇十五年己巳歲生，死時年三十一。」

【二】集解 皇覽曰：「項羽冢在東郡穀城，東去縣十五里。」正義 括地志云：「項羽墓在濟州東阿縣東二十七里，穀城西三里。述征記項羽墓在穀城西北三里，半許毀壞，有碣石『項王之墓』。」

諸項氏枝屬，漢王皆不誅。乃封項伯爲射陽侯。【一】桃侯、【二】平皋侯、【三】玄武侯【四】皆項氏，賜姓劉氏〔三三〕。

【一】集解 徐廣曰：「項伯名纏，字伯。」正義 射音食夜反。括地志云：「楚州山陽，本漢射陽縣。吴地志云在射水之陽，故曰射陽。」

【二】集解 徐廣曰：「名襄。其子舍爲丞相。」正義 括地志云：「故城在滑州胙城縣東四十里〔三四〕。漢書云高祖十二年封劉襄爲桃侯也。」

【三】集解 徐廣曰：「名佗。」正義 括地志云：「平皋故城在懷州武德縣東二十里，漢平皋縣。」按：佗音徒何反。

【四】集解 徐廣曰：「諸侯表中不見。」

太史公曰：吾聞之周生曰【一】「舜目蓋重瞳子」，【二】又聞項羽亦重瞳子。羽豈其苗裔邪？何興之暴也！夫秦失其政，陳涉首難，豪傑蠭起，相與並爭，不可勝數。然羽非有尺寸，乘埶起隴畝之中，三年，遂將五諸侯滅秦，【三】分裂天下，而封王侯，政由羽出，號爲「霸王」，位雖不終，近古以來未嘗有也。及羽背關懷楚，【四】放逐義帝而自立，怨王侯叛己，難矣。自矜功伐，奮其私智而不師古，謂霸王之業，欲以力征經營天下，五年卒亡其國，【五】身死東城，尚不覺寤而不自責，過矣。乃引「天亡我，非用兵之罪也」，豈不謬哉！

【一】集解文穎曰：「周時賢者。」正義孔文祥云：「周生，漢時儒者，姓周也。」按：太史公云「吾聞之周生」，則是漢人，與太史公耳目相接明矣。

【二】集解尸子曰：「舜兩眸子，是謂重瞳。」

【三】集解此時山東六國，而齊、趙、韓、魏、燕五國並起，從伐秦，故云五諸侯。

【四】正義顏師古云：「背關，背約不王高祖於關中。懷楚，謂思東歸而都彭城。」

【五】正義卒音子律反。五年，謂高帝元年至五年，殺項羽東城。

【索隱述贊】亡秦鹿走，僞楚狐鳴。雲鬱沛谷，劍挺吳城。勳開魯甸，勢合碭兵。卿子無罪，亞父推誠。始救趙歇，終誅子嬰。違約王漢，背關懷楚。常遷上游，臣迫故主。靈壁大振，成皋久拒。戰非無功，天實不與。嗟彼蓋代，卒爲凶豎。

校勘記

〔一〕此條索隱原無，據耿本、黄本、彭本、索隱本、柯本、凌本、殿本、會注本補。

〔二〕故漢史每制獄皆有逮捕也　張文虎札記卷一疑「史」當作「世」。

〔三〕秦嘉廣陵人　「廣」字疑衍。按：本書卷四八陳涉世家「陵人秦嘉」集解：「地理志泗水國有陵縣也。」漢書卷二八下地理志下泗水國「淩，莽曰生夌」。顏師古注引應劭曰：「淩水所出，南入淮。」漢書卷三一陳涉傳「淩人秦嘉」顏師古注引張晏曰：「淩，泗水縣也。」

〔四〕漢章帝改曰胡陵　「胡陵」，疑當作「胡陸」。按：本書卷八高祖本紀「攻胡陵」索隱引鄧展曰：「縣名，屬山陽。章帝改曰胡陸。」卷九呂太后本紀「立其弟呂禄爲胡陵侯」正義：「縣名，屬山陽，章帝改曰胡陸。」後漢書志第二十一郡國志三山陽郡：「湖陸故湖陵，章帝更名。」劉昭注：「前漢志王莽改曰湖陸，章帝復其號。」

〔五〕天文志　疑當作「藝文志」。按：漢書卷二六天文志無關於楚南公之記載，卷三〇藝文志有南公三十一篇，在陰陽家。

〔六〕市貿易也　漢書卷三一項籍傳「以市於齊」顏師古注引張晏作「市市貿易也」。

〔七〕在州東九十一里　「東」，本書卷三五管蔡世家「次曰成叔武」正義引括地志作「東南」，卷九二淮陰侯列傳「信追逐北至城陽」正義同。

〔八〕濮陽縣在濮州西八十六里濮縣也　「濮縣也」，疑當作「濮陽縣也」，或「本漢濮陽縣也」。按：水澤利忠校補卷七云，彭、韓、嵯諸本作「濮陽縣也」。本書卷八高祖本紀「軍濮陽之東」正義：「濮陽故城在濮州西八十六里，本漢濮陽縣。」通鑑卷八秦紀三二世皇帝二年胡三省注引括地志：「濮陽縣在濮州西八十六里。」

〔九〕古昊之國　「昊」，疑當作「昆吾」。按：本書卷四〇楚世家「一曰昆吾」正義引括地志：「濮陽縣，古昆吾國也。」後漢書志第二十一郡國志三東郡：「濮陽，古昆吾國。」

〔一〇〕比至定陶　「比」，原作「北」。王念孫雜志史記第一：「『西北至定陶』，漢書作『比至定陶』，是也。考水經濟水篇濟水自定陶縣東北流，至壽張縣西與汶水會，又北過穀城西。穀城故城，即今東阿縣治，東阿故城在其西北，而定陶故城在今定陶縣西北，是定陶在東阿之西南，不得言『西北至定陶』也。」今據改。

〔一一〕項羽召見諸侯將　景祐本、紹興本、殿本重「諸侯將」三字，通鑑卷八秦紀三二世皇帝三年同。

〔一二〕蓋梁湛在鄴西四十里　黄本、彭本、柯本、凌本、殿本無此九字。

〔一三〕此汲冢　疑當作「北蒙」。按：下文索隱引汲冢古文云「盤庚自奄遷于北蒙，曰殷虚，南去鄴州三十里」，本書卷三殷本紀「殷契」正義引竹書紀年：「盤庚自奄遷于北蒙，曰殷墟，南去鄴四十里。」

〔一四〕是殷虛南舊地名號北蒙也　「南」字疑衍。參見上條。

〔一五〕時關在弘農縣衡山嶺　「衡山嶺」，漢書卷一上高帝紀上「可急使守函谷關」顔師古注、通鑑卷二周紀二周顯王三十六年胡三省注引文潁皆作「衡嶺」。下索隱「衡山嶺」同。

〔一六〕洪滔澗水　疑當作「洪溜澗水」。按：本書卷八高祖本紀「可急使兵守函谷關」正義引顔師古注作「洪溜澗」，漢書卷一上高帝紀上顔師古注作「洪溜澗水」。

〔一七〕即古之函關　「函關」，漢書卷一上高帝紀上「可急使守函谷關」顔師古注作「函谷」，通鑑卷二周紀二周顯王三十六年胡三省注引同。

〔一八〕籍何以至此　「至」，景祐本、紹興本、耿本、黄本、彭本作「生」，與本書卷八高祖本紀合。按：王叔岷斠證：「『生』字是。廣雅釋詁：『生，出也。』『生此』，猶『出此』。淮陰侯列傳：『不務出此，而天下已集，乃謀畔逆。』彼文『出此』，此文『生此』，其義一也。」

〔一九〕先下河南　此下原有「郡」字。梁玉繩志疑卷六：「漢書籍傳無『郡』字是，此衍。河南郡高帝二年始置。」今據删。按：本書卷一六秦楚之際月表云「申陽下河南，降楚」，亦無「郡」字。

〔二〇〕南梁州所理縣也　「南」下疑脱「鄭」字。按：本書卷五秦本紀「南鄭反」正義：「南鄭，今梁州所理縣也。」卷四五韓世家「請道南鄭、藍田」正義：「南鄭，梁州縣。」

〔二一〕黄岡縣東南二十里　「東南」下疑脱「百」字。按：本書卷四〇楚世家正義引括地志作「百二十一里」。元和志卷二七江南道三黄州黄岡縣：「故邾城，在縣東南一百二十里。」

〔二二〕魯兗州曲阜縣也　「魯」上原有「徐州」二字。張文虎札記卷一：「二字疑涉下節注而衍。」按：本書卷八高祖本紀「從魯出胡陵」正義：「兗州曲阜也。」卷九八傅靳蒯成列傳「破項冠軍魯下」正義：「魯城之下，今兗州曲阜縣也。」今據刪。

〔二三〕胡陵在山陽縣屬也　「在」與「縣屬」相齟齬，疑有誤。按：本書卷八高祖本紀「出胡陵」正義：「地理志云胡陵在山陽郡。」

〔二四〕排擠也　漢書卷三一項籍傳「爲楚所擠」顔師古注引臣瓚作「擠排也」，疑是。按：說文手部：「擠，排也。」

〔二五〕各從其父疇内學之　漢書卷一上高帝紀上「老弱未傅者悉詣軍」顔師古注引如淳無「内」字。

〔二六〕縣門之東　「縣門」，本書卷九七酈生陸賈列傳「據敖倉之粟」正義作「石門」，疑是。按：水經注卷七濟水：「漢靈帝建寧四年，于敖城西北，壘石爲門，以遏渠口，謂之石門。」

〔二七〕大司馬咎長史翳塞王欣皆自剄汜水上　梁玉繩志疑卷六：「高紀及漢書紀、傳皆無『翳塞王』三字，此後人妄增之。盧學士云『翳塞王』三字必非史記本文，觀下但舉咎、欣兩人可知。翳舊爲都尉，不爲長史。又欣既稱塞王，則翳亦當稱翟王，此數者皆不協，故知非也。」

〔二八〕鄭氏　紹興本作「鄭德」。按：集解、索隱屢引鄭德說。

〔二九〕在滎陽東二十里　「東」，本書卷八高祖本紀「割鴻溝而西者爲漢」正義引應劭作「東南」，漢書卷一上高帝紀上「割鴻溝以西爲漢」顔師古注引同。

〔三〇〕故在濟州東阿縣東　殿本史記考證：「『故』下宜有『城』字。」按：通鑑卷一一漢紀三高祖五年「皆以王彭越」胡三省注引括地志有「城」字。

〔三一〕高祖戚夫人楚舞　「高祖」下疑脱「令」字。按：漢書卷一下高帝紀下「四面皆楚歌」顔師古注有「令」字，通鑑卷一一漢紀三高帝五年胡三省注引同。

〔三二〕服應孟晉各以意解爾　「服應孟晉」，黄本、彭本、柯本、凌本、殿本作「諸家」，通鑑卷一一漢紀三高帝五年胡三省注引索隱同。

〔三三〕賜姓劉氏　「氏」字原無，據景祐本、紹興本、耿本、黄本、彭本、柯本、凌本、殿本補。按：漢書卷三一項籍傳：「諸項支屬皆不誅。封項伯等四人爲列侯，賜姓劉氏。」

〔三四〕滑州胙城縣東四十里　「四十里」，本書卷一〇三萬石張叔列傳「代桃侯舍」正義作「三十里」，通鑑卷四周紀四赧王四十二年胡三省注引正義同。